中国社会科学院文库
历史考古研究系列
The Selected Works of CASS
History and Archaeology

中国社会科学院创新工程学术出版资助项目

中国社会科学院文库·历史考古研究系列
The Selected Works of CASS · History and Archaeology

清前期宫廷政治释疑

IMPERIAL POLITICS IN THE EARLY QING DYNASTY: Reexamined

杨珍 著

中国社会科学出版社

图书在版编目(CIP)数据

清前期宫廷政治释疑 / 杨珍著 . —北京：中国社会科学出版社，2018.6
(2021.10 重印)
ISBN 978-7-5203-2730-5

Ⅰ.①清… Ⅱ.①杨… Ⅲ.①宫廷—政治制度史—研究—中国—清前期 Ⅳ.①D691.21

中国版本图书馆 CIP 数据核字(2018)第 143428 号

出 版 人	赵剑英
责任编辑	刘　芳
责任校对	冯英爽
责任印制	李寡寡

出　　版	中国社会科学出版社
社　　址	北京鼓楼西大街甲 158 号
邮　　编	100720
网　　址	http://www.csspw.cn
发 行 部	010-84083685
门 市 部	010-84029450
经　　销	新华书店及其他书店
印　　刷	北京君升印刷有限公司
装　　订	廊坊市广阳区广增装订厂
版　　次	2018 年 6 月第 1 版
印　　次	2021 年 10 月第 2 次印刷
开　　本	710×1000　1/16
印　　张	18.5
字　　数	308 千字
定　　价	79.00 元

凡购买中国社会科学出版社图书，如有质量问题请与本社营销中心联系调换
电话：010-84083683
版权所有　侵权必究

《中国社会科学院文库》出版说明

《中国社会科学院文库》（全称为《中国社会科学院重点研究课题成果文库》）是中国社会科学院组织出版的系列学术丛书。组织出版《中国社会科学院文库》，是我院进一步加强课题成果管理和学术成果出版的规范化、制度化建设的重要举措。

建院以来，我院广大科研人员坚持以马克思主义为指导，在中国特色社会主义理论和实践的双重探索中做出了重要贡献，在推进马克思主义理论创新、为建设中国特色社会主义提供智力支持和各学科基础建设方面，推出了大量的研究成果，其中每年完成的专著类成果就有三四百种之多。从现在起，我们经过一定的鉴定、结项、评审程序，逐年从中选出一批通过各类别课题研究工作而完成的具有较高学术水平和一定代表性的著作，编入《中国社会科学院文库》集中出版。我们希望这能够从一个侧面展示我院整体科研状况和学术成就，同时为优秀学术成果的面世创造更好的条件。

《中国社会科学院文库》分设马克思主义研究、文学语言研究、历史考古研究、哲学宗教研究、经济研究、法学社会学研究、国际问题研究七个系列，选收范围包括专著、研究报告集、学术资料、古籍整理、译著、工具书等。

中国社会科学院科研局
2006 年 11 月

前　言

　　清朝宫廷政治史是清史研究的一个重要领域。与清史其他领域相比，宫廷政治史有三方面值得关注。

　　一是研究起始早，影响较大。1911年清朝灭亡后，宫廷政治史逐步受到学界重视，著述迭出。近年来，清宫人物和史事也引起民间的浓厚兴趣。清朝宫廷史内容频繁出现在影视作品中，被渲染附会，为世人喜闻乐道。

　　二是原始史料缺乏。由于宫廷政治涉及宫中隐密，或事关军机要务，故史料欠缺相当严重。顺康雍三朝，与今相距久远，能够找到的原始史料更少。加之皇帝隐瞒、歪曲史事，史官曲笔、删削等原因，官私史籍对某些史事的记载时有阙如，甚至失实。这是考察清前期宫廷政治史的一个难点。

　　三是研究后劲不足。20世纪90年代以降，中国史研究在研究对象、研究视角、研究方法等方面，有很大拓展和变化。文化史研究、社会史研究异军突起，发展迅猛，引起了学人的研究兴趣。相对而言，传统政治史研究受到一定冷落，甚至被认为过于陈旧，缺乏新的发展空间。学界已在逐步修正这一认识上的偏颇。不过，仅就清前期宫廷政治史研究而言，局面尚未明显改观。综览十余年来的研究成果，新意创获较少。

　　清前期宫廷政治史中许多热点问题，有的长期争论未果，有的因缺乏史料而迷雾重重。如对多尔衮"皇父摄政王"称号的理解，对乌兰布通之战胜负的判断，鳌拜和索额图等重臣、陈梦雷等文士为何获罪，清宫太监的身世境遇，等等。对这些问题的探讨，成为本书进一步认识清前期宫廷政治的入射角。

　　在对历史问题释疑过程中，我们力求展现以下几点。

　　第一，历史学是人学，人物是宫廷政治史的灵魂。我们的出发点，是形形色色之人在宫廷政治中的活动。宫廷是封建王朝最高统治中心，也是统治集团权力斗争的最大汇集处。这些人在追求着自己的目的时，利益一致或相冲突的情况显现得更加充分，更为多样。所以，本书考察宫廷政治事件，将相关人物的身世、行为、人与人之间多层面的关系作为讨论重点。

第二，宫廷政治史应当扩展其研究领域。通常认为，宫廷政治的参与者主要是皇帝、皇室成员、宗室成员及大臣贵戚等。这种认识局限性较大。宫廷政治直接或间接地关系到当朝统治集团所有人的切身利益。所以，除去上述主要宫廷成员外，宫廷内外身份各异、地位悬殊的旗人、汉人等，也以不同方式参与宫廷政治，或在其中有所作为。这就扩展了宫廷政治史的研究范围，使研究内容更为丰富。

第三，皇权发展状况对宫廷政治具有最直接、最重要影响。自康熙帝亲政起，清朝皇权在其后一个半世纪中日益集中强化，于乾隆年间臻于顶峰。这是清前期宫廷政治的最大特征。清统治者吸收了汉、唐、明等王朝的统治经验和教训，在皇权强化过程中排除了外戚、宦官和权臣干政的可能。宫廷政治无论怎样变幻莫测，始终处于皇权的掌控之下。

第四，皇位传承是宫廷政治的核心内容。它作为一条主线，将本书相对独立的各章贯穿在一起。宫廷内部各种权力角逐、利益之争，各色人物的表现及其荣辱遭际，无不与皇权巩固和皇位继承密切相关。所述事件之结果，人物之结局，大都符合皇权不断集中强化这一总的发展趋势，带有这一特定时期皇权政治的烙印。我们力图以问题为导向，以人物活动为中心，再现相隔久远却又可触可及的历史场景，从一个侧面反映出17、18世纪清朝宫廷的政治生态。

本书以历史唯物主义为指导，秉持满文、汉文史料并重方针。一方面，以新的眼光审视旧史料；另一方面，大力发掘、利用满、汉文新史料，将原始档案与官私史籍相互对照、相互补充、相互印证。同时，将史事放在当时的历史背景下，结合政治、文化和社会状况，探讨这些史事的成因、史事背后有影响的各种因素。在阐释诸多疑点的基础上，获得一些新的认识。

本书的研究和准备工作，最早可追溯到二十多年前。释疑的目的是澄清史实，弥补缺遗，为日后研究铺垫道路。内中如有疏漏之处，敬请方家指正。

杨珍

2018年1月

目　　录

第一章　"皇父摄政王"考辨 …………………………………（1）
　第一节　"皇父摄政王"研究回顾 …………………………（1）
　第二节　多尔衮摄政时期称号演变过程 …………………（4）
　第三节　多尔衮称号的满汉文歧义 ………………………（14）
　第四节　称尊长为父的满洲习俗 …………………………（17）
　第五节　多尔衮称号形成前后的满汉因素 ………………（30）
　小结 …………………………………………………………（36）

第二章　皇权分合中的帝王与辅政 ………………………（38）
　第一节　康熙帝回忆四辅臣 ………………………………（38）
　第二节　辅政前期：皇权与皇位分离 ……………………（41）
　第三节　辅政后期：康熙亲政与皇权皇位归一 …………（65）
　第四节　鳌拜罪案及史料辨正 ……………………………（81）
　小结 …………………………………………………………（98）

第三章　硝烟中的君臣与将士 ……………………………（100）
　第一节　乌兰布通之战历史背景 …………………………（100）
　第二节　战前准备 …………………………………………（102）
　第三节　康熙帝的用人方针 ………………………………（111）
　第四节　清军将士的战时表现 ……………………………（118）
　第五节　战后惩奖 …………………………………………（125）
　第六节　史料辨正 …………………………………………（128）
　小结 …………………………………………………………（144）

第四章　皇储风波　罪及外戚 ……………………………………… (146)
第一节　索额图功过再论 …………………………………………… (147)
第二节　常泰事迹钩沉 ……………………………………………… (161)
第三节　噶礼获罪新解 ……………………………………………… (167)
小结 ……………………………………………………………………… (195)

第五章　宫廷政治中的满汉文士 ……………………………………… (197)
第一节　朱天保奏请复立太子案 …………………………………… (197)
第二节　陈梦雷二次流放案 ………………………………………… (215)
小结 ……………………………………………………………………… (235)

第六章　清宫太监补遗 ………………………………………………… (237)
第一节　清前期太监述略 …………………………………………… (238)
第二节　清朝首任敬事房总管顾问行 ……………………………… (245)
第三节　"哈哈住塞"梁九功 ……………………………………… (250)
第四节　哈哈珠子太监魏珠 ………………………………………… (255)
第五节　哈哈珠子太监李玉、陈福与太监张启麟 ………………… (261)
小结 ……………………………………………………………………… (265)
附录一《敕赐定慧寺碑记》 ………………………………………… (266)
附录二《云光洞碑记》 ……………………………………………… (267)

结论　研究实践与理论思考 …………………………………………… (268)

参考文献 ………………………………………………………………… (273)

第一章

"皇父摄政王"考辨

多尔衮,清太祖努尔哈赤第十四子,清太宗皇太极之弟。崇德元年(1636)封和硕睿亲王。八年皇太极病逝后,因顺治帝年幼,由多尔衮与郑亲王济尔哈朗共同摄政。顺治元年(1644),多尔衮封"叔父摄政王",二年称"皇叔父摄政王",五年称"皇父摄政王"。

清入关后最初七年(1644—1650),摄政王多尔衮是清朝大政方针的主要制定者和实施者。顺治七年十二月,多尔衮病逝。追封"义皇帝",庙号"成宗"。八年正月,顺治帝亲政。二月,追论多尔衮罪。以"生前谋逆"革爵、黜宗室。乾隆四十三年(1778),复还多尔衮爵位。赐谥"忠"。

关于多尔衮的生平功过,已有较多研究。[①] 本章仅就多尔衮称"皇父摄政王"问题阐述一些看法。

第一节 "皇父摄政王"研究回顾

"太后下嫁"是清初三大疑案之一,指皇太极之妻、顺治帝生母孝庄文皇后下嫁多尔衮。此说源于多尔衮称"皇父摄政王"。学界关于"太后下嫁"的探讨已逾八十载,至今未达成共识。这是由于对多尔衮"皇父摄政王"称号中"皇父"二字有不同理解。

20世纪30年代,孟森发表《太后下嫁考实》,将这一"故老传说"

[①] 今人所撰多尔衮传记如周远廉、赵世瑜:《皇父摄政王多尔衮》,吉林文史出版社1986年版;史明星:《多尔衮》,军事科学出版社1991年版;陈作荣、赵毅:《多尔衮评传》,东北师范大学出版社1993年版。

纳入学术研究。他依据汉文档案指出，"顺治四年后，内外奏疏中，亦多称'皇父'。父之为称，古有'尚父'、'仲父'，皆君之所以尊臣，仍不能指为太后下嫁之确据"。顺治五年加"皇叔父摄政王"为"皇父摄政王"，是"由报功而来，非由渎伦而来，实符古人尚父、仲父之意"①。

胡适认为孟文"终未能完全解释'皇父'之称之理由"。下嫁之传说已无证据可凭，而"皇父"之称自是史实。②

萧一山《清代通史》对此阐述了不同看法：孝庄后下嫁摄政王一事，至今未得确证。"然就皇父封号，及满洲风俗观之，则此事殆非不可能。""因仲父尚父犹之伯父，叔父，何得与皇父相提并论。满洲风俗，凡娶继母，伯母，婶母，兄嫂，弟媳，侄妇，均不禁。"③

1936年，郑天挺依据满文题本，撰写了《多尔衮称皇父之臆测》。指出"皇父摄政王"，满文作"Han i ama wang"④，译为"汗（君）的父王"。"疑在满洲旧俗向有呼尊者为父之例"，并以乌喇贝勒布占泰称清太祖为父加以说明。"疑此种称尊敬如父者为父，盖金、元以来之旧俗。"皇叔父摄政王，满文作"Han i ecike ama wang"，译为"汗（君）的叔父父王"。"世人徒疑其后称'皇父'为可骇怪，不知在称'皇叔父'时，早用'阿玛'（父亲）之称矣。"⑤

四年后，郑天挺又撰写了《释"阿玛王"》，指出清初耶稣会士之书牍及著作中所称阿玛王（ama wang）即多尔衮。多尔衮摄政后，其满文称号莫不系此二字。所谓"皇叔父摄政王"，在满文无"摄政"字而有"阿玛"字。"疑当日世祖（顺治）在宫中于多尔衮亦必有此称，即世俗所谓'寄父'也。"⑥

1970年，陈捷先依据《旧满洲档》、《满洲实录》、顺治初年满文题本

---

① 孟森：《太后下嫁考实》，载孟森《明清史论著集刊续编》，中华书局1986年版，第162、163页。
② 《胡适之君来书》，载孟森《明清史论著集刊续编》，第167、168页。
③ 萧一山：《清代通史》卷上第1册，中华书局1986年版，第383页。另参见萧一山《清代史》，辽宁教育出版社1997年版，第22页。
④ 凡满文书写，本书以罗马字母转写替代。下同。
⑤ 郑天挺：《多尔衮称皇父之臆测》，载郑天挺《清史探微》，北京大学出版社1999年版，第79、81、82、83页。此文收入郑天挺《探微集》（中华书局1980年版），名《多尔衮称皇父之由来》。
⑥ 郑天挺：《释"阿玛王"》，载郑天挺《清史探微》，第92—94页。

等，在《多尔衮称"皇父摄政王"研究》中指出，"皇父"一词的满文是"han（汗）i（的）ama（父）wang（王）"，即"汗的父王"。"皇父"或"阿玛王"这一称号，有时也可能用来尊称一个关系亲密或有权势的人，清太祖时期甚至还规定他的近侍大臣称他"阿玛王"。"皇父摄政王"称号绝不是由太后下嫁的原因而起。①

1990年，王锺翰发表《释汗依阿玛》。他依据顺治年间七份刑部题本中的满文批红，指出顺治五年十一月初八日"宣布加封'皇叔父摄政王'为'皇父摄政王'之前五天，在满文批红中已经有了'Doro be aliha Han i ama wang'即'皇父摄政王'之称"。"皇父摄政王"的"汉文只能是分成'皇父'与'摄政王'两个词组，满文也只能是分成'Han i ama'与'Doro be aliha wang'两个词组。"他认为："世祖福临之称多尔衮为'皇父摄政王'与孝庄皇太后下嫁摄政王多尔衮，两者之间有着内在联系，多尔衮既可称为'皇父'，太后当然可以下嫁多尔衮，都是完全可以相信确有其事的。"②

1991年，许曾重发表《太后下嫁说新探》。他对顺治帝即位前后，满洲统治集团各派之间的力量对比进行分析后指出，多尔衮准备"以我为君，以今上居储位"，使自己和福临从叔侄关系成为父子关系，所以由"皇叔父摄政王"改称"皇父摄政王"自然顺理成章。将这一称号与太后下嫁相联系是一种推论，并无史实可以证明。③

1996年，姚念慈发表《多尔衮与皇权政治》。他认为："多尔衮称皇父摄政王，与福临的关系变为父子，这就使由外藩宗王摄政的多尔衮，在皇统中找到了合法的地位。不仅此前的僭越可因此而否定，也为尔后的行动留下斟酌取舍的余地。归政福临，可以解释为传位；废除福临，亦是以父废子，名正言顺。"④

以上著述，大致反映出多尔衮称皇父摄政王问题的研究进展。数代学者从诠释"皇父摄政王"称谓，到探讨满洲风俗、征引满文档案、解析满

---

① 陈捷先：《多尔衮称"皇父摄政王"研究》，台湾《故宫文献》第1卷第2期，1970年。
② 王锺翰：《释汗依阿玛》，载《王锺翰学术论著自选集》，中央民族大学出版社1999年版，第259、264、270、271页。另见王锺翰《千虑一得·满文诠释及其它》，载王锺翰《清心集》，新世界出版社2002年版，第133—138页；姚念慈：《王锺翰先生的学术成就及其在史学领域中的地位》，《燕京学报》第25期，北京大学出版社2008年版。
③ 许曾重：《太后下嫁说新探》，《清史论丛》第8辑，中华书局1991年版。
④ 姚念慈：《多尔衮与皇权政治》，1996年《清史论丛》，辽宁古籍出版社1996年版。

文文法，继而将这一问题"置于政局的变化及统治集团之间的斗争中来考察"，显示出研究视角、研究层面的不断拓展和认识的逐步深入。

诸文对太后是否下嫁持不同看法，但几乎一致认为多尔衮曾称"皇父"。实际上，"皇父摄政王"中"皇父"二字，是满、汉文互译时造成的歧义。

"皇父""皇考""汗父"，满文均为"han ama"，音译"汗阿玛"。以"han i ama"（音译"汗依阿玛"，汉译"汗的父亲"）指称皇父（皇考、汗父），在满文档案中从未曾见。

"汗"（han）即"可汗"，这是我国北方游牧（渔猎）民族对其首领的尊称。清人将满文"han"译为"皇帝"①。有清一代，唯有皇帝（后金汗）生前，被其子女等人称为"汗父"或"皇父"（han ama），死后被称为"皇考"（han ama）。② 多尔衮摄政期间，称号数变。而"皇父摄政王"称号的满文书写中，只有"han i ama wang"（汗的父王），没有"han ama"（皇父）。

我们拟在已有研究成果基础上，利用满汉档案文献，对多尔衮摄政时期称号的形成、变化以及"皇父摄政王"的满、汉文歧义，做进一步阐述。

第二节　多尔衮摄政时期称号演变过程

中国第一历史档案馆藏满文内国史院档案，是考察多尔衮称皇父摄政王问题的原始史料。

清天聪三年（1629），后金设立文馆。十年三月，改文馆为内三院，即内国史院、内秘书院、内弘文院。内国史院职掌记录皇帝起居诏令，撰修历代祖宗实录，将用兵行政、机密文移、各官章奏等项编纂成史书。满文内国史院档案（下称内国史院档）是编年体档簿，分为清入关前和顺治

---

① 顺治八年（1651）追封多尔衮"成宗义皇帝"诏书所钤玉玺"皇帝之宝"之满文，以及康熙六年（1667）七月康熙帝亲政诏书所钤玉玺"皇帝之宝"之满文，均为"han i boobai"。两诏书影印件，参见中国第一历史档案馆编《御笔诏令说清史——影响清朝历史进程的重要档案文献》，山东教育出版社2003年版，第40—41、58—59页。
② 顺治元年十月"恭上大行皇帝尊谥"，顺治帝在告祭祝文中称乃父皇太极"han ama"（皇考）。参见中国第一历史档案馆藏满文内国史院档（缩微胶片，下同），顺治元年十月初七日；《清世祖实录》卷9，顺治元年十月辛酉。

朝两部分。清入关前档案起于天聪元年（1627），止于崇德八年（1643）；顺治朝档案起于顺治元年（1644），止于顺治十八年（1661）。

下面，我们根据现存内国史院档，考察多尔衮摄政时期称号演变过程。

一　多尔衮称号的变化

1．崇德八年（1643）八月至十二月：从辅政到摄政

崇德八年八月初九日，五十二岁的皇太极因病猝死。经过激烈论争，十四日，经诸王大臣定议，六龄第九子福临继统，是为顺治帝。嗣帝堂叔、四十五岁的和硕郑亲王济尔哈朗与嗣帝叔父、三十二岁的和硕睿亲王多尔衮共同辅政。二十五日，顺治帝在盛京（今沈阳）即位。

据康熙十一年（1672）修讫的《清世祖实录》，崇德八年十二月十五日，和硕郑亲王济尔哈朗、和硕睿亲王多尔衮首次冠以"摄政"之衔。是日，罢诸王贝勒等办理部院事务。①

"辅政"，满文为"doro de aisilambi"（顺治时期），一作"dasan de aisilambi"（康熙初年）。②"doro"，意为"道""道统""礼"，在此引申为"国政"；"aisilambi"，意为辅助；"dasan"，意为"国政""政治"。"摄政"，满文为"doro de alimbi"③。"alimbi"，意为承当。"aisilambi"（辅助）与"alimbi"（承当），"辅政"与"摄政"之语义，显然有轻重之分。

时诸王大臣并无欲立摄政王之议。因多尔衮胞弟和硕豫郡王多铎"唆词劝进"，众人畏势附和。④于是，济尔哈朗和多尔衮并称"摄政二王"：济尔哈朗称"摄政和硕郑亲王"（doro be aliha hošoi ujen cin wang）⑤，多尔衮称"摄政和硕睿亲王"（doro be aliha hošoi mergen cin wang）⑥。

济尔哈朗较多尔衮资深，同样战功卓著。可是，若以同顺治帝亲属关系之远近、个人才略以及在诸王大臣中之威望论，济尔哈朗均比多尔衮逊色。顺治元年正月十五日，摄政二王率诸王大臣"誓告天地，期同矢忠报

---

① 《清世祖实录》卷2，崇德八年十二月乙亥。
② 中国第一历史档案馆藏满文内国史院档，顺治元年十月初十日、顺治四年十二月三十日；《宫中档雍正朝奏折》第32辑（满文谕折第5辑），台北"故宫博物院"1980年印行，第599页。
③ 中国第一历史档案馆藏满文内国史院档，顺治元年四月初九日。
④ 蒋良骐：《东华录》卷6，中华书局1980年版，第102页。
⑤ 中国第一历史档案馆藏满文内国史院档，顺治元年四月十五日。
⑥ 中国第一历史档案馆藏满文内国史院档，顺治元年四月十二日。

国"。此前数日，济尔哈朗告知内三院、六部等：嗣后凡各衙门办事禀报，或有记档者，"皆先启知睿亲王，档子书名亦宜先书睿亲王名"①。济尔哈朗的自知之明，反衬出多尔衮的权势在逐日扩大。

2. 顺治元年四月至九月：从"大将军摄政和硕睿亲王"到"摄政王奉命大将军"②

顺治元年四月，顺治帝命摄政和硕睿亲王多尔衮代统大军，进取中原，用加殊礼，赐以御用纛盖等物。特授奉命大将军印。③ 济尔哈朗留守盛京。今人见顺治元年九月的两件敕书上，分别钤有朱色水印，上面有满文："hese be aliha amba cooha i ejen"，译为"奉旨大兵主，即奉命大将军也"④。这是摄政王多尔衮所钤印章。清入关之初，尚未袭用汉文"大将军"一词，仍以满洲传统称谓"ejen"（主子），指称统兵将帅。故多尔衮的这枚印章中，写有"amba cooha i ejen"（大兵之主）。

据顺治元年四月至七月内国史院档，清朝入关后，多尔衮先是被称为"amba coohai ejen doro be aliha hošoi mergen cin wang"（大将军摄政和硕睿亲王）⑤，不久又称"doro be aliha wang hese be aliha amba coohai ejen"（摄政王奉命大将军，按，"coohai ejen"在此译为"大将军"，下同）。⑥ 但前一个称号未弃而不用。

多尔衮称号中词语顺序的变化，与明清易代进程密切关联。

顺治元年四月下旬，在明朝降将吴三桂协助下，多尔衮率清军击败刚刚推翻明朝的李自成农民起义军。五月初二日，进入北京城。内国史院档记载，当月十二日多尔衮遣官奏报底定燕京捷音时，首次称"doro be aliha wang hese be aliha amba coohai ejen"（摄政王奉命大将军）。这个称呼中，"hese be aliha amba coohai ejen"（奉命大将军）被移至"doro be aliha wang"（摄政王）之后，表明多尔衮的个人威信和实际地位仍在提升。其后数月

---

① 《清世祖实录》卷3，顺治元年正月甲辰、己亥。
② 中国第一历史档案馆藏满文内国史院档，顺治元年部分只有四、五、六、七、十月，其他月份缺失。
③ 《清世祖实录》卷4，顺治元年四月乙丑。
④ 奉宽：《清理红本记》卷2，载《近代中国史料丛刊续编》，台湾文海出版社1974年印行，第7辑，第137、138页。
⑤ 中国第一历史档案馆藏满文内国史院档，顺治元年四月二十五日；顺治元年七月十八日。
⑥ 中国第一历史档案馆藏满文内国史院档，顺治元年五月十二日、二十三日；六月二十二日、二十五日。

内,"doro be aliha wang"(摄政王)之称与"daicing gurun i han i funde doro be aliha wang"(直译"大清国代汗摄政之王",即"大清国摄政王")之称,唯指多尔衮一人。济尔哈朗仍被称为"doro be aliha hošoi ujen cin wang"(摄政和硕郑亲王)。①

然而据《清世祖实录》,顺治元年四月至七月,多尔衮除去被称为"摄政和硕睿亲王","大将军摄政和硕睿亲王"之称仅出现一次;②"摄政王奉命大将军""大清国摄政王"之称未曾出现。

3. 顺治元年十月至二年五月③:"摄政叔父父王"与"叔父摄政王"

多尔衮率清军进入北京后,采取追吊明崇祯帝、任用汉官、招抚地方、免除三饷加派等措施,畿辅秩序得以稳定。八月,清朝迁都。九月,顺治帝偕孝端、孝庄两太后由盛京抵京师。

十月初一日,顺治帝赴南郊(天坛)告祭天地,第二次即皇帝位。当日,告祭太庙。祝文内称:"授命叔父睿亲王多尔衮(ecike mergen cin wang dorgon)统率大军,廓清中原。"这是目前所见满文档案中,首次称多尔衮"ecike"(叔父)。④

十月初三日,以"摄政父王多尔衮"(doro be aliha ama wang dorgon)功最高,建碑纪绩。这是目前所见满文档案中,首次称多尔衮"ama wang"(父王)。⑤

十月初十日,顺治帝至皇极门(太和门),颁布即位诏。加封多尔衮"叔父摄政王"。赐册宝、册文。内国史院档中载有是日加封"摄政王"(doro be aliha wang)的"皇帝谕旨"(hūwangdi hese),此即《清世祖实录》元年十月甲子条"赐多尔衮册文"。该谕旨所述多尔衮功绩,与册文略同。如内称"叔父摄政王"之功德高于周公;"又亲率大军,西征流贼,攻入山海关,破贼兵二十万,遂取燕京,抚定中夏,迎朕来京,膺受大

---

① 中国第一历史档案馆藏满文内国史院档,顺治元年五月十五日、二十七日、六月初六日、初十日、七月十八日。
② 《清世祖实录》卷5,顺治元年五月乙巳条:"上命学士詹霸、侍卫巴泰赍敕谕大将军摄政和硕睿亲王多尔衮。"
③ 中国第一历史档案馆藏满文内国史院档,顺治元年十月至二年五月部分只有元年十月,其他月份缺失。
④ 本章所引满文档案除注明出处外,均引自中国第一历史档案馆藏满文内国史院档。下文征引该档凡注明日期,略去出处。
⑤ 《清世祖实录》顺治元年十月初三日丁巳条记载此事,称"摄政王多尔衮"。

宝。此皆周公所未有而叔父过之。……有此殊勋，尤宜褒显，特封'叔父摄政王'（doro be aliha han i ecike ama wang fungnehe）"。

按，最关键的末句"doro be aliha han i ecike ama wang fungnehe"，直译："封为摄政的汗的叔父父王。"这是多尔衮的称号中，首次出现"han i"（汗的）。然而此处之"han i"（汗的）是补写的。补写前的原文是："doro be aliha ecike ama wang funggnehe"（直译："封为摄政的叔父父王"）。

"han i"（汗的）不可能因疏忽而漏写。册文原件已无存，内国史院档所载，或为册文之底稿，上面有重大文字改动。这可能是多尔衮"叔父摄政王"封号的首次满文设计。但旋即出现变化。

仍然是十月初十日，内国史院档记述"定诸王、贝勒、贝子、公俸禄"①时，对多尔衮改称"doro be aliha ecike ama wang"（直译"摄政的叔父父王）, 即在称号中去除了"han i"。

此前，清朝（后金）没有类似"崇号"，无先例可循。时顺治帝年幼，乏主见，主要依照孝庄、多尔衮等人旨意行事。

去除"han i"后的"doro be aliha ecike ama wang"，成为多尔衮封号"叔父摄政王"正式的满文表述。

可以与多尔衮封号作一比较的，是顺治帝给另一位摄政王济尔哈朗所上封号。

顺治元年十月初十日定诸王等俸禄份额，称济尔哈朗"doro de aisilara ecike wang"（辅政叔王）。这是目前所见满文档案中，首次称济尔哈朗"ecike wang"（叔王）。

十月十三日，顺治帝再至皇极门，加封济尔哈朗"akdun jurgangga aisilara ecike wang"（信义辅政叔王）。复和硕肃亲王豪格爵位，对多罗武英郡王阿济格、多罗豫郡王多铎等叔辈晋封有差。

是日晋封阿济格的册文中，再次提及济尔哈朗，称"doro de aisilara wang ecike"（辅政王叔）。济尔哈朗从"doro be aliha"（摄政）降为"doro de aisilara"（辅政）。这表明多尔衮已独掌摄政大权。

济尔哈朗的封号"akdun jurgangga aisilara ecike wang"（信义辅政叔

---

① 《清世祖实录》卷10，顺治元年十月辛未。

王）中，只有"ecike"（叔父），没有"ama"（父亲）。这是与多尔衮所得称号的关键之别。

4. 顺治二年五月至五年十一月①：恢复"han i"（汗的）的"皇叔父摄政王"

顺治二年（1645）春，阿济格率清军击败李自成军。五月，多铎奏报攻克扬州，"定江南"②。南明弘光王朝覆灭。清朝统一战争进展顺利，多尔衮的"功绩"进一步凸显。是月，济尔哈朗等定议："以皇叔摄政王代天摄政，虽赏罚等于朝廷，而体统尚未崇隆。……一切仪制，亦应加礼。"③陕西道监察御史赵开心奏称：摄政王"以皇叔之亲，而兼摄政之尊"，仪制宜定，称号必须正名。"臣见上谕，皆称摄政叔父王。夫叔父为皇上叔父，唯皇上得而称之。若臣庶皆呼，则尊卑无异矣。臣以为当于叔父上加一皇字，庶上下辨而体统尊，此名义宜定者也。"④于是，礼部议定摄政王称号及仪注。凡文移皆书"皇叔父摄政王"⑤。

此前，赵开心因"日日上疏"，颇得多尔衮的关注。这位汉臣依循儒家礼法，请求为多尔衮"正名"，显有迎合满洲当权者之心。不久，清廷分派御史差遣之任。以赵开心"直声久著，令别候优擢"⑥。多尔衮还在众大学士前称赞赵开心，说他"言事十件未必尽是，然可听者居多"⑦。看来，赵开心所奏甚当其意。

现存内国史院档中，"doro be aliha han i ecike ama wang"（直译"摄政的汗的叔父父王"），最早出现在顺治二年六月初二日。多尔衮正式封号"叔父摄政王"的原始满文设计中，"叔父"（ecike）前面就有"han i"（汗的），后被删除。恢复被删除的"han i"后，称号则为"doro be aliha han i ecike ama wang"（皇叔父摄政王），与原始设计相符。

---

① 中国第一历史档案馆藏满文内国史院档，这一时期仅存顺治二年六、八（字迹无法辨认）、九、十一月；三年正、四、十一、十二月；四年九、十、十一、十二月以及五年六月部分；其他月份缺失。
② 《清世祖实录》卷16，顺治二年五月己酉。
③ 《清世祖实录》卷16，顺治二年五月丙戌。
④ 《清世祖实录》卷16，顺治二年五月乙未。
⑤ 《清世祖实录》卷16，顺治二年五月甲辰。
⑥ 《清世祖实录》卷16，顺治二年五月庚子。
⑦ 《多尔衮摄政日记》，故宫博物院1933年印行。此为"清内阁大库旧物"。

5. 顺治五年十一月至七年十二月①：无"皇父"（han ama）之称的"皇父摄政王"

顺治三年（1646）底，豪格率清军于四川击杀农民军领袖张献忠，消灭大西政权。四年，济尔哈朗罢辅政叔王，改为和硕亲王；②多铎晋封"辅政叔德豫王"（"doro de aisilara ecike erdemungge erke cin wang"③）。与济尔哈朗一样，多铎所得封号内只有"ecike"（叔父），没有"ama"（父亲）。顺治五年春，豪格被幽禁致死。随着清廷对全国的统治趋于稳固，多尔衮大力排除异己，加强摄政权力。

顺治五年十一月，"恭奉太祖配天，四祖入庙……覃恩大赦。加皇叔父摄政王为皇父摄政王，凡进呈本章旨意，具书皇父摄政王"④。

多尔衮的称号中去除"叔父"后，汉文由"皇叔父摄政王"变为"皇父摄政王"，满文由"doro be aliha han i ecike ama wang"变为"doro be aliha han i ama wang"（直译：摄政的汗的父王）。⑤这一变化发生时的具体情况，目前尚未发现记载。"han i ama wang"是"汗的父王"，在汉文里竟成了"皇父"。而满文中"皇父"应为"han ama"，这在"皇父摄政王"的满文书写中并不存在。关于"doro be aliha han i ama wang"（摄政的汗的父王）满汉文翻译问题，下面还要详细讨论。

现存内国史院档中，"doro be aliha han i ama wang"首次出现是顺治六年正月初一日，最后一次是顺治七年十二月二十四日，而多尔衮已于顺治七年十二月初九日病逝。

二 多尔衮称号的册封

顺治元年十月至顺治七年底，多尔衮首称"叔父摄政王"，次称"皇叔父摄政王"，三称"皇父摄政王"。三个称号中，只有元年十月加封的第一个称号"doro be aliha ecike ama wang"（叔父摄政王）是正式册封，赐予册宝、册文。顺治二年五月改称"doro be aliha han i ecike ama wang"

---

① 中国第一历史档案馆藏满文内国史院档，这一时期仅存顺治六年正、七、八、十、十一月，七年十、十一、十二月，其他月份缺失。中国第一历史档案馆《清初内国史院满文档案译编》下册有顺治七年七月档。
② 《清世祖实录》卷110，顺治十四年七月癸丑。
③ 中国第一历史档案馆藏满文内国史院档，顺治四年十月初四日。
④ 蒋良骐：《东华录》卷6，第93页。
⑤ 中国第一历史档案馆藏满文内国史院档，顺治六年正月初一日。

（皇叔父摄政王），只是奉有"明旨"①，没有正式加封并赐册宝、册文。关于顺治五年十一月称"doro be aliha han i ama wang"（皇父摄政王），《清世祖实录》云："叔父摄政王治安天下，有大勋劳，宜增加殊礼，以崇功德。"② 前引蒋良骐《东华录》中相关记载，也未言及对多尔衮予以册封并赐册宝、册文。

未经册封即非正式封号。所以，顺治五年十一月后，"叔父摄政王""皇叔父摄政王"等称有时仍出现在清朝官文书中。

例如，顺治六年（1649）五月，清廷改封恭顺王孔有德为定南王，怀顺王耿仲明为靖南王，智顺王尚可喜为平南王，各授金册金印。所颁册文中，均称多尔衮"叔父摄政王"③。

又如，顺治七年三月，御制辅政德豫亲王多铎碑文内，称多尔衮为"叔父摄政王"④。

再如，顺治七年三月，顺治帝给朝鲜国王的"敕谕"中，称多尔衮为"皇叔摄政王"⑤。多尔衮给朝鲜国王的敕书"既称皇父王，而回谢文书，则称以摄政王"⑥。

上述事例说明，与正式加封并赐册宝、册文的"叔父摄政王"不同，"皇叔父摄政王"与"皇父摄政王"只是当时通行的叫法。

三　多尔衮称号在满文书写中的抬格

满文奏疏中，具奏人对皇帝的称呼有多种，如"ejen"（主子），"han"（汗），"hūwangdi"（皇帝），"dele"（皇上），"dergi"（君上之上），"enduringge han"（圣汗），"enduringge ejen"（圣主），"ejen enduringge han"（主子圣汗）等。清制，凡书及"皇帝"（汗、皇考），必须抬写以示尊崇。满文、汉文均如此。不过，从《旧满洲档》显示的情况看，这一规制在清朝入关前尚未确立。如《旧满洲档》书及后金汗努尔哈赤、

---

① 顺治二年（1645）底礼部磨勘河南乡试录，因内称"皇叔父"为"王叔父"，疏请处分主考官。得旨："皇叔父摄政王封号久奉明旨，中外恪遵。"参见《清世祖实录》卷22，顺治二年十二月庚子。
② 《清世祖实录》卷41，顺治五年十一月辛未。
③ 《清世祖实录》卷44，顺治六年五月丁丑。
④ 《清世祖实录》卷48，顺治七年三月己巳。
⑤ 吴晗辑：《朝鲜李朝实录中的中国史料》，中华书局1980年版，第9册，第3787页。
⑥ 同上书，第3783页。

皇太极时，有时抬写，有时不抬写。清朝创始之时，典制未备，自无庸议。①

顺治前期内国史院档中，"han"或抬写，或与前一字之间空一格。在特定情况下，空一格也是抬写形式之一。

关于多尔衮称号抬写与否，可分四个阶段考察。

1. 顺治元年十月前

多尔衮"摄政和硕睿亲王"称号以及其他称号，大都未见抬写。但以下情况较特殊。

例一，元年四月十五日"平西伯吴三桂叩致九王爷书"（"wargi be necihiyara be usangui hengkileme uyuci wang ni yamun i fejile bithe"）。内称"王之威望，素所深慕"。"wang"（王）抬写。②

例二，元年四月十六日"大清国摄政王（daicing gurun i han i fundedoro be aliha wang）谕吴大将军书"。"daicing"（大清）抬写；同时，"daicing gurun i"（大清国的）与"han"（汗）之间空一格。③

例三，元年四月二十三日"大清国摄政王（daicing gurun i han i fundedoro be aliha wang）谕明国官民人等"。"daicing gurun i"（大清国的）与"han"（汗）之间空一格。④

例四，元年六月二十二日，侍卫等奏报"摄政王奉命大将军（doro be aliha wang hese be aliha amba coohai ejen）多尔衮跪奏朝廷（"han i yamun"，直译"汗的衙门"）之语"。"doro"前空一格；"han"前没有空格，也未抬写。

例五，元年六月十三日，户科给事中刘昌启陈十事，多次对多尔衮以"王"（wang）相称。"wang"有时抬写，有时未抬写。

例六，元年六月二十五日多尔衮给济尔哈朗的信札。信中述及两人称号，均有"摄政"（doro be aliha）一词。但是，指称多尔衮的"摄政王奉命大将军"（doro be aliha wang hese be aliha amba coohai ejen），"doro"（国

---

① 康熙初年仍偶见满文奏疏内"han"（汗）未抬写。参见第二章第四节"鳌拜罪案及史料辨正"。
② 此文内容参见《清世祖实录》卷4，顺治元年四月壬申。
③ 此文内容部分参见《清世祖实录》卷4，顺治元年四月癸酉。
④ 另见满文内国史院档顺治元年四月二十八日"大清国摄政王"谕长城沿边诸将士等文。

政）前空一格，"hese"（命、旨）前也空一格；济尔哈朗称号的书写中无此现象。

这一阶段（顺治元年四月至十月）多尔衮满文称号的抬写有两个特点。一是何字抬写、何处空格尚无一定之规；二是降清汉官称多尔衮为王（wang）时，有时将"王"（wang）抬写。

2. 顺治元年十月至二年五月

"doro be aliha ecike ama wang"（叔父摄政王），"doro"（国政）有时抬写，有时不抬写。①

3. 顺治二年五月后至五年十一月前

"doro be aliha han i ecike ama wang"（皇叔父摄政王）的抬写有以下情况。

一是"doro"（国政）抬写，同时"han"与前一字"aliha"（承当）之间空一格。②

二是"han"与前一字"aliha"之间空一格。③

三是"han"抬写。④

4. 顺治五年十一月至七年十二月

"doro be aliha han i ama wang"（皇父摄政王），"han"（汗）与前一字"aliha"（承当）之间空一格，⑤或将"han"抬写。⑥"doro"的抬写再未出现。

此外，"doro be aliha han i ama wang"（皇父摄政王）多尔衮给朝鲜国王的敕书中，"han i"（汗的）均抬写。⑦

综上，多尔衮三个称号的满文书写中，"daicing"（大清）、"han"（汗、皇帝）、"han i"（汗的）、"hese"（命、旨）、"doro"（国政）等

---

① 中国第一历史档案馆藏满文内国史院档，顺治元年十月初一日、初十日、十三日、二十二日、二十五日、三十日。
② 中国第一历史档案馆藏满文内国史院档，顺治二年六月初二日、二十一日。
③ 中国第一历史档案馆藏满文内国史院档，顺治二年六月初八日、三年四月初一日。
④ 中国第一历史档案馆藏满文内国史院档，顺治二年六月初八日、三年正月初一日、三年四月初一日、四年十月初四日、四年十月初十日、五年六月三十日。
⑤ 另参见中国第一历史档案馆藏满文内国史院档，顺治六年十一月初十日、七年十二月二十四日等。
⑥ 中国第一历史档案馆藏满文内国史院档，顺治六年十一月十八日。
⑦ 中国第一历史档案馆藏满文内国史院档，顺治七年四月初五日、初十日。

字，都曾抬写；① 指称多尔衮本人的"ecike ama wang"（叔父父王）和"ama wang"（父王），从未抬写。单独称多尔衮"ama wang"（父王）时，"ama"前面有时空一格。② 这些情况说明，多尔衮虽然权重位尊，却不能与"汗"（皇帝）相提并论。

第三节 多尔衮称号的满汉文歧义

从目前所见满、汉文史料看，"叔父摄政王""皇叔父摄政王"与"皇父摄政王"三个称号的满文、汉文语义，分别存在不同程度的差异。我们依次进行分析。

一 第一个称号"doro be aliha ecike ama wang"（叔父摄政王）

1. "叔父摄政王"的满文汉译直译为"摄政叔父父王"

内国史院档记述顺治元年十月初十日加封多尔衮的谕旨，先是称多尔衮"ecike doro be aliha wang"（直译"叔父摄政王"），无论语义或词语排序，均与汉文"叔父摄政王"相符、等同。可是，给多尔衮的正式封号则为"doro be aliha ecike ama wang"（直译"摄政的叔父父王"）。

从"ecike doro be aliha wang"（叔父摄政王）到"doro be aliha ecike ama wang"（直译"摄政的叔父父王"），有以下重要变化。

第一，"doro be aliha"（摄政）被移至首位，表明受此称号者是代皇帝（朝廷）统摄大政。

第二，"ecike"（叔父）后加上"ama"（父亲），这使"wang"（王）的前面有两个作为并列定语的亲属称谓："ecike"（叔父）与"ama"（父亲）。由此说明，"ecike"（叔父）和"ama"（父亲）指称同一人。称号中先称多尔衮"叔父"，体现出他与顺治帝是叔侄关系，后面加"父亲"，主要是表示尊崇其功绩，也符合满洲习俗。这一点下面还要讨论。

---

① 顺治八年（1651）正月十二日顺治帝亲政诏书及正月二十六日追封多尔衮"成宗义皇帝"诏书（汉文本）内，"皇帝"与"皇父摄政王"均抬写，"皇父摄政王"之"皇"字高出"皇帝"之"皇"字一格。两诏书影印件参见中国第一历史档案馆编《御笔诏令说清史——影响清朝历史进程的重要档案文献》，第34—35、40—41页。

② 中国第一历史档案馆藏满文内国史院档，顺治六年正月初一日、初二日；顺治七年七月二十四日。

2. 汉译中发生的歧义

"摄政的叔父父王"（doro be aliha ecike ama wang）中的"叔父"和"父亲"，在汉语文里是两个不同的亲属称谓。如果按照满文原义译为"叔父父王"，不符合汉语习惯。所以，汉译是将"ecike ama"译为"叔""父"，然后将两者在称号中合并为"叔父"，这样既与满文原文一致，又符合汉文习惯。从翻译角度讲，可谓匠心独具，但却造成汉文表达中的误解，即显示"叔""父"的两个亲属称谓，变成了仅有"叔父"之意。

3. 满文词序及汉译词序的改变

"doro be aliha ecike ama wang"有两种汉译。

一译体现满文词语顺序，仍以"摄政"（doro be aliha）在前，"叔父王"（ecike ama wang）在后，即"摄政叔父王"。

另一译改变满文词语顺序，将"叔父"（ecike ama）放在"摄政王"（doro be aliha wang）之前，即"叔父摄政王"。

《清世祖实录》中，顺治元年十月至二年五月前的诏旨，均称多尔衮"叔父摄政王"[①]。多尔衮所用满汉合璧印章，汉文为"叔父摄政王宝"[②]。可是，这一时期大臣所见（汉文）上谕，"皆称摄政叔父王"[③]。

"摄政叔父王"之称保留了满洲特色，"叔父摄政王"之称更符合汉语文用词习惯。然而不同译法反映出不同的政治含义。"摄政叔父王"以"摄政"在前，"叔父王"居次，意在突出多尔衮受皇帝委托，摄理政事。这应当是清廷之本意。相反，多尔衮印章等则称"叔父摄政王"。以"叔父"在前，"摄政王"在后，将多尔衮置于朝廷之前，突出了他的个人地位。

二 第二个称号"doro be aliha han i ecike ama wang"（皇叔父摄政王）

1. 汉译延续了原来的歧义

与"皇叔父摄政王"对应的满文是"doro be aliha han i ecike ama

[①] 《清世祖实录》卷9，顺治元年十月甲子；卷10，顺治元年十月丁卯；卷15，顺治二年四月丁卯。

[②] 参见陈捷先《多尔衮称"皇父摄政王"研究》，附图一，台湾《故宫文献》第1卷第2期。

[③] 《清世祖实录》卷16，顺治二年五月乙未。

wang"（直译"摄政的汗的叔父父王"）。汉文"皇叔父"字面上仍是指皇帝的叔父，并非指皇帝的"叔""父"。这与第一个称号由满文译为汉文时的译法一致，当然也就延续了同样的歧义。

2. 汉译仍然倒置满文词语顺序

如果将"皇叔父摄政王"与对应的"doro be aliha han i ecike ama wang"（摄政皇叔父王）相较，词序仍有错位。它没有依照满文词序，而是仍将"皇叔父"放在"摄政王"之前，称"皇叔父摄政王"，突出了多尔衮的个人地位。

三 第三个称号"doro be aliha han i ama wang"（皇父摄政王）

相较第二个称号"doro be aliha han i ecike ama wang"（皇叔父摄政王），第三个称号"doro be aliha han i ama wang"（皇父摄政王，直译"摄政的汗的父王"）的满汉文中，均去除了"ecike／叔"，但保持了词序的错位，即将"皇父"放在"摄政王"之前。

先看汉译问题。

第一，顺治朝满文档案中，多尔衮称号"皇父摄政王"的满文原文是"doro be aliha han i ama wang"，直译为"摄政的汗的父王"。满文中"汗的父王"（han i ama wang）并不是"皇父"。大量满文档案显示，凡称"皇父"，满文表述必是"han ama"，从未以"han i ama"或"han i ama wang"指称"皇父"。

第二，称号原文中"ama wang"正确的汉译是"父王"不是"皇父"。但是，将"汗的父"（han i ama）从"汗的父王"（han i ama wang）词组中分离出来，移至句首，"ama"（父）便与"wang"（王）分开。"ama"（父）单独被"han i"（皇帝的）修饰，就理解成了汉文中"皇帝的父亲"，即"皇父"。

第三，在称号"doro be aliha han i ama wang"（摄政的汗的父王）中，"han i ama"不是一个独立的单元，而是与后面的"wang"（王）合在一起，构成称号中一个完整的、不可分割的词组，因此"han i ama"不应单独译出，而必须与"han i ama wang"同译。这样就不可能译成"皇父"，而只能译成"汗的父王"。可见，"han i ama"被分离出来，单独译成"皇父"，是原文结构改变导致原意改变后的误译。

根据以上三点，所以我们说"皇父摄政王"的满文表述（doro be aliha

han i ama wang）中并无"皇父"（han ama）二字。满文中"汗的父亲"汉译时误译为"皇父"，造成了多尔衮是皇父的错觉。

多尔衮满文称号中没有"皇父"二字，却被汉译成"皇父"。从翻译角度可以说这是误译。但在当时很可能不是误译，而是出于政治考量的有意曲笔。如此重要的称号翻译，汉译当然要按最高统治者，即多尔衮的要求来译，译文也必须得到他的首肯。将"doro be aliha han i ama wang"译为"皇父摄政王"，以显示他至高无上的地位，也就不足为奇了。

再看身份地位问题。

如果是"doro be aliha han i ama wang"（直译"摄政的汗的父王），"doro be aliha"（摄政的）、"han i"（汗的）仍是"ama wang"（父王）的定语，将多尔衮的职权限定于"摄政"。如果是"皇父摄政王"，从字面看，多尔衮的身份首先是皇父，同时行摄政王之职。

总之，多尔衮上述三个满文称号在汉译时均有改动。这种改动有一个共同特点：满文、汉文之间词序不一致。满文中职权身份在前，皇亲身份在后；而汉译则将皇亲身份提前，职权身份后置，突出了多尔衮是皇帝前辈亲属的身份地位。从翻译角度看，三个称号的满汉文之间均有歧义。不过，"叔父摄政王"和"皇叔父摄政王"，与太后下嫁问题并无干涉，故未受到后人特别关注。只有"摄政的汗的父王"（直译），由于汉译成"皇父摄政王"，造成误解，引出历史疑案，因此成为争议之焦点。

第四节 称尊长为父的满洲习俗

一 顺治帝及满洲大臣等称多尔衮为父

称尊长为父是满洲（女真）人的一种习俗。清朝入关后，这一习俗仍存。顺治帝称叔父多尔衮"ama wang"（父王），是这一习俗的反映，并不意味多尔衮就真成了顺治帝之父。

相关史料中有不少例子。

1. 内国史院档的记载

例一，顺治六年（1649）正月初一日，因顺治帝避痘，免朝贺。诸王大臣随多尔衮诣堂子行礼。内国史院档记述此事时，先是称多尔衮"doro be aliha han i ama wang"（皇父摄政王），继之称"ama wang"（父王）；初二日，文武大臣叩拜"doro be aliha han i ama wang"（皇父摄政王），"ama wang"（父王）命免礼。

例二，顺治七年十二月二十四日，大臣以审理侍卫喇嘛案件事启知多尔衮。内国史院档记述此事时，先是称多尔衮"doro be aliha han i ama wang"（皇父摄政王）；记述多尔衮的答复，称"ama wang i hese"（父王之旨）。按，多尔衮已于是月初九日去世，此事应是追记。

此外还有不少事例，兹不复举。

2. 来华传教士的记载

与满文档案的记载相呼应，"阿玛王"一词也频繁出现在来华传教士的著述中。

意大利籍传教士卫匡国（Martin Martini）于1643年来到中国，初至浙江。顺治元年（1644）、二年期间，游历数省，"北至京师，抵于长城"。三年还杭州，居住四年，传布宗教。七年赴欧洲。① 卫匡国于1654年（顺治十一年）出版的《鞑靼战纪》中写道：

"在年轻的皇帝（按，顺治帝福临）登基的同一天，他把年长的叔叔认做摄政和父亲，用鞑靼语言称他为'阿玛王'（Amavang）。"② 可见，在卫匡国看来，多尔衮的实际身份是"叔叔"，只是被称为"阿玛王"（父王）。

据前引内国史院档，顺治元年十月初三日，清廷为多尔衮建碑纪绩，称多尔衮"doro be aliha ama wang"（摄政父王）。此即卫匡国在其著作中所称"摄政阿玛王"③。

顺治元年十月初十日顺治帝颁布即位诏书时，加封多尔衮为"doro be aliha ecike ama wang"（叔父摄政王）。称号内的"ama wang"（父王），即"阿玛王"。颁诏和加封是同时宣布，这应当就是卫匡国所说皇帝在"登基的同一天"，用鞑靼语称多尔衮为阿玛王之由来。也就是说，顺治帝在颁布即位诏并加封多尔衮为"叔父摄政王"时，于王公众臣前称多尔衮"阿玛王"。既已布告天下，无论卫匡国是否在京城，均可得闻。

引人瞩目的是，在《鞑靼战纪》中，"阿玛王"出现十余次（约顺治

---

① ［法］费赖之：《在华耶稣会士列传及书目》，冯承钧译，中华书局1995年版，上册，第261页。
② ［意］卫匡国：《鞑靼战纪》（鞑靼在中国战争的历史），戴寅译，载杜文凯编《清代西人见闻录》，中国人民大学出版社1985年版，第30页。
③ 同上书，第63页。

元年至七年);① "摄政阿玛王" 出现两次 (顺治五年、六年);② "皇叔阿玛王" 出现一次 (多尔衮死后)。③

德籍传教士汤若望 (Joannes Adam Schall von Bell) 供职清廷,与顺治帝、孝庄皇太后等皇室成员关系亲密。成书于20世纪30年代的《汤若望传》,是德籍著者魏特根据汤若望的《生活回忆录》等"源头史料"撰成。《汤若望传》中,"阿玛王"(Amawang)出现约五次(顺治元年、五年至七年)。④ 该书写道:"阿玛王即'父王'之意。在教会报告中,他(按,多尔衮)只是在这个名字之下为人们所知。"⑤

再如费赖之[Louis (Aloys) Pfister] 神甫撰成于19世纪后期的《在华耶稣会士列传及书目》第四十九《汤若望》中,"阿玛王"和"皇叔阿玛王"各出现一次。⑥

依据满文档案,并以数位传教士的著述作为旁证,可以确定:自顺治元年十月顺治帝颁布即位诏,宣布加封多尔衮为"叔父摄政王",至七年十二月多尔衮去世,在这七年多中,多尔衮被顺治帝及满洲大臣等称为"ama wang"(父王)。

满文档案还显示,无论顺治朝以前还是其后,后金汗与清帝被其侄辈及满洲大臣等称为"han ama"(汗父、皇父)的事例有很多。

二 努尔哈赤的子女、侄辈、满洲大臣等称努尔哈赤为父

《旧满洲档》及其抄本《满文老档》,是考察这一问题的第一手史料。

清太祖努尔哈赤先是被属下称为"sure beile"(音译"淑勒贝勒",即"聪睿贝勒")。⑦ 万历三十四年(1606),喀尔喀蒙古众贝勒"尊太祖淑勒贝勒为昆都仑汗"(原文按,即汉语恭敬之意)。"昆都仑汗",满文是

---

① [意] 卫匡国:《鞑靼战纪》(鞑靼在中国战争的历史),戴寅译,载杜文凯编《清代西人见闻录》,第30、51、52、55、63、64页。
② 同上书,第50、63页。
③ 同上书,第64页。
④ [德] 魏特:《汤若望传》,杨丙辰译,商务印书馆1949年版,第224、246、249页。
⑤ 同上书,第224页。
⑥ [法] 费赖之:《在华耶稣会士列传及书目》,冯承钧译,上册,第176、174页。按,《汤若望》述及"阿玛王"史事,所记时间有误。参见郑天挺《释"阿玛王"》,载郑天挺《清史探微》,第92—94页。
⑦ 《满洲实录》卷1,中华书局1986年影印本,第17页。

"kundulen han"①。这是努尔哈赤称"汗"之始。其后，他被称为"sure kundulen han"（聪睿恭敬汗）。

天命十年（1625）五月，努尔哈赤规定，近身侍卫、为首众大臣以及他的女婿们称他"父贝勒"（beile ama），"国人"（gurun i niyalma）称他"汗"（han）。

记载这一史事的文字上端有一方框，内有数句：

hanciki hiyasa、ambasa be beile ama seme henduhengge, ini gosirebe ilgahangge.②

译文：命近身侍卫及众大臣称父贝勒，乃为识别其厚爱也。

按，无论称努尔哈赤"beile ama"（父贝勒），还是"ama han"（父汗）或"han ama"（汗父），均有称其为 ama（父亲）之意。大致有以下几类人，可以这样称呼努尔哈赤。

1. 努尔哈赤之子、女、婿③

例如：bonio aniya uyun biyade……bujantai hendume, ama han de duin sunja jergi gashūha gisun be gūwaliyafi, ehe ofi bi umai dere akū kai. ama han i beye de banjiha emu jui be buci, bi ama han de enteheme akdafi banjiki aina seme gisurehe manggi, sure kundulen han i beyede banjiha muksi gege be geli bujantai de buhe.④

译文：申年（按，万历三十六年，1608）九月……布占泰称："我向父汗盟誓四五次，竟违约悖行，实无颜面矣！父汗若能将一亲生女与我，我愿永赖父汗为生，何如？"于是，聪睿恭敬汗复将亲生女儿穆库什格格与布占泰为妻。

---

① 《满洲实录》卷3，第126页。
② 《旧满洲档》，天命十年五月十四日，台北"故宫博物院"1969年影印本，第4册，第1890页。陈捷先《多尔衮称"皇父摄政王"研究》一文已引用这条满文史料。
③ 他们有时也直接称努尔哈赤"ama"（父）。参见《旧满洲档》，癸亥年（天命八年）八月二十一日，第5册，第2056、2057页；日本满文老档研究会译注《满文老档》，东洋文库丛刊本，天命九年正月初六日，第2册，第888、889页。按，本书引用东洋文库丛刊本《满文老档》时，与中国第一历史档案馆整理、编印的《内阁藏本满文老档》满文部分逐条做了核对。
④ 日本满文老档研究会译注：《满文老档》，戊申年（万历三十六年，1608）六月，第1册，第9页。按，明万历二十一年（1593）乌喇贝勒布占泰被努尔哈赤捕获后乞降，遂解其缚，"抚育之"。二十六年、三十一年，努尔哈赤分别以其弟舒尔哈齐女妻焉。故努尔哈赤既是布占泰的岳父，也是其养父（ujihe ama）。参见《清史稿》卷223，中华书局1977年版，第30册，第9145—9148页。

2. 侍卫、大臣等

例一，tofohon de, han de darhan hiya i wesimbuhe bithe, han ama juwan duin se te ujihe, umai weile bahakū. liyoodung de jihe ci ebsi, han ama, geren deote i afabuha jurgan be tondoi akūmbuhakū。①

译文：（天命八年三月）十五日，侍卫达尔汉奏曰："我十四岁为汗父养育，不曾获罪。到辽东以来，未能秉公办理汗父、众弟交付之事宜。"

例二，han ama, daimbu mimbe ujihe jui gese ujihe, ujihe han be waliyafi ukaka, ukacibe geli gosime ujimbi.②

译文：我戴木布蒙汗父恩养如子。我曾弃恩养之汗而逃，虽有此过，仍蒙恩养。

按，戴木布或是努尔哈赤的侍卫。这些侍卫、大臣中应有努尔哈赤的侄辈。

3. 蒙古王公

例如：ice duin de, monggo i urut beise i gashūha gisun "……genggiyen han be akdacun seme gūnifi jihe, genggiyen han gosime beyei juse niyalma seme gosiha, gosiha be dahame, aika han ama ci fudarame yabuci, dergi abka bulekušekini."③

译文：（天命八年七月）初四日，蒙古厄鲁特贝勒之誓词称："……因信赖英明汗，方来归附。英明汗仁爱我等，有如亲子。若背逆汗父而行，乞上苍明鉴。"

4.《旧满洲档》撰写者

与内国史院档中称多尔衮"ama wang"（父王）的情况相类似，《旧满洲档》记述某些史事时，称努尔哈赤"ama han"（父汗）。

例如，tere aniya ninggun biyade……ahūngga jui argatu tumen be doro jafabuha, tuttu doro jafabuha ahūngga jui, ama han i afabuha amba gurun be necin neigen i dasame, doronggo mujilen be jafafi banjirakū, ama han i beyei gese

---

① 日本满文老档研究会译注：《满文老档》，天命八年三月十五日，第 2 册，第 692 页。
② 日本满文老档研究会译注：《满文老档》，无年，第 3 册，第 1122 页。
③ 日本满文老档研究会译注：《满文老档》，天命八年七月初四日，第 2 册，第 834、835 页。另参见天命八年五月二十日条，第 2 册，第 767 页；天命五年三月初一日条，第 1 册，第 212 页。

tukiyefi ujire sunja amban be ishunde ehe acabume jobobure.①

译文：是年六月……令长子阿尔哈图土门执政。长子执政后，未以公正之心治理父汗托付之大国，且与如同父汗自身一样擢用恩养之五大臣结怨。

综上，后金政权建立以前，努尔哈赤被侍卫、大臣等称为"ama han（父汗）"。天命元年（1616）后金政权建立后，努尔哈赤逐渐被称为"han ama"（汗父），称号"han"移至"ama"之前。随着努尔哈赤从家族首领到地方政权首领的角色嬗变，其部分家人及属下对他的称呼，也从突出血缘关系的"ama han（父汗）"，变为突出后金汗权威的"han ama"（汗父）。这是一个缓慢的变化过程。② 直至天聪后期，皇太极祭告乃父努尔哈赤的祝文内，对努尔哈赤或称"han ama"，或称"ama han"③。

满文档案中，少见清太宗皇太极、顺治帝福临生前被称为"han ama"之例。这可能与父子二人之子嗣大都年幼有一定关系。

三　康熙帝、雍正帝的子女、侄辈及满洲大臣等称皇帝为父

现存康熙、雍正两朝满文朱批奏折显示，康雍年间，大致有三类人称皇帝"han ama"（皇父），他们是皇帝的儿女、皇帝的侄辈和部分满洲大臣。此外，也有满洲大臣称皇帝为"ejen ama"（主子父亲）。

1. 皇子等称皇帝"han ama"（皇父）

皇子给皇帝上折时，均称皇帝"han ama"（皇父）。这里要提及两种情况。一是皇太子、皇子同大臣谈到康熙帝时，同样称"han ama"（皇父）；大臣在奏折中也如是转述皇太子、皇子所言。④ 二是皇子奏折中，时有转述其祖母孝惠皇太后之言。孝惠向孙儿说到康熙帝，称"suweni han ama"（尔等之皇父）。⑤

---

① 日本满文老档研究会译注：《满文老档》，癸丑年（万历四十一年）六月，第1册，第28页。另参见天命七年三月初三日，第2册，第556页。
② 参见江桥《"父汗""汗父"辨——读〈无圈点档〉及其抄本札记》，《历史档案》2014年第4期。
③ 中国第一历史档案馆藏满文内国史院档，天聪八年十月二十七日。
④ 中国第一历史档案馆藏满文朱批奏折，赫世亨奏，无年月。
⑤ 中国第一历史档案馆藏满文朱批奏折，胤祉等奏，康熙四十五年九月十五日。按，雍正帝胤禛继位后，诸兄弟之名上一字改"胤"为"允"。

2. 皇帝的侄辈称皇帝"han ama"（皇父）

例一，康熙帝之侄保绶弟兄

康熙四十四年（1705）初秋，康熙帝结束塞外之行回銮。八月二十七日，康熙帝之侄、裕亲王福全子保绶对留守京城的皇三子允祉、皇八子允禩，说："我的身子今已大好，欲同我的兄王（ahūn wang）一道，前去迎接皇父（han ama）。"① 按，保绶之父、康熙帝长兄裕亲王福全已于四十二年（1703）病逝。保绶逝于四十五年（1706），年仅二十三岁。被保绶称为"ahūn wang"（兄王）的保泰是福全长子，四十二年十月袭封和硕裕亲王。因弟弟保绶患病延医一事，保泰多次向康熙帝上折。在向御医转述谕旨时，也称康熙帝"han ama"②。

例二，康熙帝堂侄雅尔江阿

和硕简亲王雅尔江阿是舒尔哈齐的曾孙，比康熙帝小一辈，是其堂侄。康熙朝后期，雅尔江阿曾为其女择婿事上奏。这件奏折中，雅尔江阿先后四次称康熙帝"han ama"（皇父）。③ 按，雅尔江阿之父和硕简亲王雅布病逝于康熙四十年（1701）。雅尔江阿上此折是在乃父病逝后。

例三，雍正帝之侄弘晳

弘晳是雍正帝之兄、康熙朝废太子允礽之长子。允礽病逝于雍正二年（1724）。

雍正六年（1728），弘晳晋封和硕理亲王。他在奏请增补侍卫折内，先后六次称雍正帝"han ama"（皇父），以示感激爱戴。仅举其一：

ilaci jergi hiya juwe eden, ede han ama i šangnaha lamun funggala hūwase、lamun funggala jashū be juwe ilaci jergi hiya sindaki sembi. ④

译文：三等侍卫两缺，请将皇父所赏蓝翎花色、蓝翎扎斯虎二人补授。

3. 满洲大臣称皇帝"han ama"（皇父）

例一，两江总督傅拉塔

傅拉塔（一作傅腊塔），伊尔根觉罗氏，满洲镶黄旗人。曾祖福禄，

---

① 中国第一历史档案馆藏满文朱批奏折，康熙四十四年八月二十八日，胤祉、胤禩奏。
② 中国第一历史档案馆藏满文朱批奏折，康熙四十四年六月初六日，胤祉、胤禩奏。
③ 中国第一历史档案馆藏满文朱批奏折，雅尔江阿奏，无具奏日期，据内容看写于康熙四十九年（1710）雅尔江阿袭任宗人府宗令后。
④ 《宫中档雍正朝奏折》第32辑（满文谕折第5辑），第536—537页。

天聪时归附皇太极。① 傅拉塔初任内阁中书。康熙二十八年（1689）擢两江总督，有政声。三十三年闰五月卒于任。赐谥"清端"。吏民追念，建祠崇祀。康熙帝特赐"两江遗爱"祠额。②

康熙三十二年（1693）春，傅拉塔先后两次上折，均称康熙帝"han ama"（皇父）。③ 这时，他的儿女只有十几岁。他本人可能与康熙帝年龄相仿。

例二，"亲近侍卫"娄徵额

"新满洲"娄徵额（一作娄征额），兀札喇氏，满洲正黄旗人。曾任镶红旗蒙古副都统、满洲副都统等职。曾祖舒尔汉，"国初来归"④。

康熙五十一年（1712）四月，康熙帝奉皇太后起行，避暑塞外。五月初三日，留守皇子允祉等奉朱批："娄徵额怎样了？仍取信奏告。"五月初六日，允祉等奏报探视娄徵额的情形，并转述娄徵额的话："较之皇父（han ama）起行前一日我入大内请安时，我的身子又强健些。""皇父（han ama）这样惦念奴才，特降旨阿哥等，前来看视并问候我，我不知以何言表述，只是喜悦不尽。……请将此情代我奏闻。"逾数日，允祉等奉朱批："仍将娄徵额之情形取信具奏。"五月十八日，允祉等奏称，十八日娄徵额亲至畅春园大门，向巴隆、五格等言："请皇父（han ama）安。"⑤

允祉等奏报八旗大臣病情折中，凡转述病者之言，大都称康熙帝"ejen"（主子）或"enduringge ejen"（圣主）。娄徵额却称康熙帝"han ama"（皇父）。如果对娄徵额与康熙帝的关系有所了解，就不会感到奇怪了。

康熙四十七年（1708）九月，康熙帝以"不仁不孝"为由，废黜皇太子允礽。十一月，命满汉大臣推举皇太子人选。谕称："娄徵额侍朕左右，殆三十余年，其人亦极诚实。今令伊等与满汉大臣等会同详议，于诸阿哥

---

① 《八旗满洲氏族通谱》卷15，辽沈书社1989年版，第213页。
② 《八旗通志初集》卷145，东北师范大学出版社1985年版，第6册，第3763页。
③ 中国第一历史档案馆藏满文朱批奏折2件，傅拉塔奏，康熙三十二年正月初四日、三月初一日。
④ 《八旗满洲氏族通谱》卷30，第393页。该书称娄徵额曾任内大臣，但《清圣祖实录》《八旗通志初集·八旗大臣年表》《钦定八旗通志·内大臣年表》均无载。待考。
⑤ 中国第一历史档案馆藏满文朱批奏折3件，胤祉等奏，康熙五十一年五月初三日、五月初六日、五月十八日。

中举奏一人。"① 这是对娄徵额的莫大信任，康熙帝期望他能在这一关键时刻发挥作用，使众臣的保举体现出康熙帝本人的意图。然而举奏结果令康熙帝失望。② 娄徵额未受怪罪，继续跟随康熙帝身边。

康熙四十八年春，康熙帝率众皇子从霸州回銮途中，因故怒责随行内大臣鄂伦岱（按，国舅佟国纲长子，康熙帝表弟）。皇四子胤禛在旁察言观色，向娄徵额云："圣躬初愈，今又震怒，于风沙中行三十里。若少顷圣驾出，又复动怒，尔先行奏劝，我当随同奏恳。"当康熙帝再次严责鄂伦岱时，娄徵额依照胤禛所言，进前奏劝。胤禛见势随即"泣奏"，劝皇父息怒。③

由此观之，皇帝与侍卫的关系，有时要超过皇帝父子之间。即使像胤禛这样很有心机，地位甚高（是年三月封和硕雍亲王）的皇子，在特定情境下，仍然需要侍卫暗中相助，方能达到取悦皇父之目的。

4. 满洲大臣称皇帝"ejen ama"（主子父亲）

满语文中的"ejen"（主子），曾用于八旗大臣的职衔。顺治中期以降，这种现象逐步减少，至雍正初年基本消失。④ 有清一代，八旗内部主奴关系始终存在。旗员称自己所在旗宗室为"ejen"（主子），旗员家仆也称其家主为"ejen"（主子），而清帝乃八旗共主。顺治朝以降，在满文书面语尤其是满文奏折中，除去少数情况，⑤ 大都以"ejen"（主子）指称皇帝并予抬写。

现存清前期满文档案中，满洲大臣称皇帝"ejen ama"（主子父亲）之例较多。

---

① 《清圣祖实录》卷235，四十七年十一月丙戌。
② 关于康熙朝两废太子及诸皇子储位之争，参见杨珍《清朝皇位继承制度》，学苑出版社2009年修订版，第四章第一节"两废太子"。
③ 《清世宗实录》卷29，雍正三年二月丁酉。
④ 例如，"八旗都统"之满文，原为"gūsa ejen"，意为"旗主"；雍正元年改为"gūsa amban"，即"gūsa be kadalara amban"，意为"管旗大臣"。参见《清世祖实录》卷133，顺治十七年三月甲戌；《清世宗实录》卷9，雍正元年七月壬辰。
⑤ 例如，索额图获罪后，其家仆朴二（piyool）被审问时，仍称索额图为"mini ejen"（我的主子）。参见中国第一历史档案馆藏满文朱批奏折，胤祉、胤禛奏，康熙四十二年七月二十一日。按，经核对原档，审问索额图及其家人两件档案（具奏日期分别为康熙朝四十二年七月十八日、二十一日）之奏人，均为"amban in chi、in si"（臣胤祉、胤禛）。《康熙朝满文朱批奏折全译》，中国社会科学出版社1996年版，第291页将两折具奏人均译为"臣胤祉、胤禛"，有误。（皇四子）"胤禛"的满文是"in jen"。

例一，大学士索额图

索额图，赫舍里氏，满洲正黄旗人，曾任大学士、领侍卫内大臣，后罹罪被执（参见第四章第一节"索额图功过再论"）。康熙四十二年（1703）七月，三阿哥允祉、八阿哥允禩奉密谕至索额图拘禁地，进行秘密审问。两皇子对索额图说到康熙帝时，称"ejen"（主子）。索额图在口供中自称"aha"（奴才），两次言及康熙帝，均称"ejen ama"（主子父亲）。与索额图同拘一室的宗室根度向两皇子下跪求饶时，也是自称"aha"（奴才），称康熙帝"ejen ama"（主子父亲）。①

例二，满洲都统玛勒赛

玛勒赛（marsai），姓氏、旗籍未详。他与同时期的满洲正黄旗人、图海之孙马尔赛（marsai）不是同一人。马尔赛曾任领侍卫内大臣、大学士，雍正十年（1732）在军前被正法。雍正二年玛勒赛任镶蓝旗满洲都统，三年任正黄旗满洲都统，后被革职。②

三年正月，玛勒赛奏请解除满洲都统一职。内称："aha bi daci mentuhun gūlhi, mini muterkū babe ejen ama de tucibume wesimburkū, bihei baita be dookabuha erinde, aha mini weile baharangge giyan i baita."③

译文："奴才原本愚钝。倘若不将无法胜任之情陈奏主子父亲，久而误事，奴才理应获罪。"

此外，满洲正白旗人山东巡抚佛伦，④ 镶黄旗包衣武英殿总监造赫世亨，⑤ 满洲正蓝旗人步军统领托合齐⑥，满洲正黄旗人漕运总督赫寿⑦等，都曾在奏折中称康熙帝"ejen ama"（主子父亲）。

---

① 中国第一历史档案馆藏满文朱批奏折，胤祉、胤禩奏，康熙四十二年七月十八日。
② 《钦定八旗通志》卷321，吉林文史出版社2002年版，第10册，第7380、7381页。
③ 《宫中档雍正朝奏折》第30辑（满文谕折第3辑），台北"故宫博物院"1980年印行，第134、135页。这件奏折内，玛勒赛还先后两次称雍正帝"enduringge ejen"（圣主），四次称雍正帝"ejen"（主子）。
④ 中国第一历史档案馆藏满文朱批奏折2件，佛伦奏，康熙三十一年十月初十日、三十三年八月二十七日。
⑤ 中国第一历史档案馆藏满文朱批奏折2件，赫世亨奏，康熙五十一年八月十六日，另一件无年月。
⑥ 中国第一历史档案馆藏满文朱批奏折3件，托合齐奏，无年月。
⑦ 中国第一历史档案馆藏满文朱批奏折2件，赫寿奏，康熙五十年三月初七日、五十四年三月初九日。

佛伦，舒穆禄氏，清初"胡勒额驸叶臣"之族孙。① 初为笔帖式，官至川陕总督、文渊阁大学士。赫世亨（一作赫什横），完颜氏，原任员外郎。父给事中阿什坦，被康熙帝称为"我朝之大儒"②。托合齐（一作陶和气），兆佳氏，佐领赖达之曾孙③，因附皇太子允礽罪死。赫寿，舒穆禄氏，初为笔帖式。其五世祖尼雅宁阿布库，天命年间归附后金。④

综观康雍年间皇帝侄辈、满洲大臣等称皇帝为"皇父"（han ama）、满洲大臣称皇帝为"主子父亲"（ejen ama）诸例，有以下特点。

第一，凡称"皇父"，满文必是"han ama"（皇父），"ama han"（父皇）再未一见；称皇帝为"ejen ama"（主子父亲），从未称"ama ejen"（父亲主子）。

在清朝皇权高度集中、强化的大势下，皇权统摄一切，包括血缘亲属关系。皇帝子侄、大臣等称皇帝为"皇父"或"主子父亲"时，代表皇权的"han"（汗）或"ejen"居前，代表血缘关系的"ama"（父亲）置之于后。这一词语顺序看似约定俗成，实为政治态势使然。所以，至迟康熙中期，此种叫法得以固定，直至清亡。⑤

满文档案还显示，时人对内宫主位的称呼，同样是将位号置之于亲属称谓之前。如康熙朝皇子称皇太后为"hūwangtaiheo mama"（皇太后祖母）或"taiheo mama"（太后祖母）；⑥ 皇子称其封有妃嫔位号的生母、庶母为

---

① 《八旗满洲氏族通谱》卷6，第121页。
② 《八旗满洲氏族通谱》卷28，第366页；《八旗通志初集》卷3，第1册，第42页；卷237，第8册，第5340页。按，第5340页《阿什坦传》称传主是满洲正黄旗人，有误。
③ 《八旗满洲氏族通谱》卷31，第399页。
④ 《八旗满洲氏族通谱》卷6，第118页。
⑤ 如乾隆帝第四女和硕和嘉公主之夫、额驸福隆安奏折中，称乾隆帝为"汗阿玛"。参见金梁《清帝外纪·清后外传》，1934年铅印本，"汗阿玛"条。又如道光七年（1827）十月，道光帝与弟和硕惇亲王绵恺（是月缘事降为郡王，八年十月复亲王爵）的谈话中，称嘉庆帝为"罕阿玛"。参见朱家溍《故宫退食录》，北京出版社1999年版，上册，第439—440页。按，"罕阿玛"，即"han ama"（皇父）。清代汉文史籍中，或将"han ama"译为"父皇"。如中国第一历史档案馆整理《康熙起居注》，中华书局1984年版，第3册第2007页：四十五年（1706）八月，皇十三女和硕温恪公主之夫、翁牛特多罗郡王额驸臧津（一作仓津）称康熙帝"父皇"。
⑥ 《宫中档康熙朝奏折》第8辑（满文谕折第1辑），台北"故宫博物院"1977年印行，第493、495页。

"fei eniye"（妃母）或"pin eniye"（嫔母）。① 雍正帝则称已故生母孝恭仁皇后乌雅氏为"taiheo eniye"（太后额娘）。②

第二，称皇帝为"han ama"（皇父）或"ejen ama"（主子父亲）之人，其年龄较皇帝长少不等，辈分高低不一。其中，皇帝的侄辈大都比皇帝年小，而索额图年长康熙帝约十岁。

第三，满洲大臣称皇帝为"han ama"（皇父）或"ejen ama"（主子父亲）时，本人之生父大都已去世。确知此种情况的，如康熙帝之侄保绥弟兄，雍正帝之侄弘晳，以及满洲大臣赫世亨、索额图等。还有，康熙帝堂侄雅尔江阿奏报乃父和硕简亲王雅布病情时，称康熙帝为"enduringge ejen"（圣主）或"ejen"（主子）。③ 其父雅布死后，他的奏报中则称康熙帝为"han ama"（皇父）。同样，顺治帝是在生父皇太极去世后，方称叔父多尔衮为父王。

第四，除去皇帝之侄，称皇帝"han ama"（皇父）或"ejen ama"（主子父亲）之人都是满洲大臣，并非尽为两黄旗大臣。他们的职位有高有低，但几乎都有宫中当差经历。他们的出身大都不算显赫，而祖上无不是在天命前后归附努尔哈赤。看来，本人曾在皇帝身边任职，直系前辈则是最早追随努尔哈赤的满洲老臣，是这些人的共同处。

他们在奏折中称皇帝为"han ama"（皇父）或"ejen ama"（主子父亲）时，往往带着较强烈的情感色彩。所以，并非每次上折均如是称。此外，不仅只是书面语，其口语中有时也对皇帝称"han ama"（皇父）或"ejen ama"（主子父亲）。

清帝被其侄辈及满洲大臣等称为"皇父"（汗父）或"主子父亲"，多尔衮被其侄子顺治帝及满洲大臣等称为"父王"等史实表明，称尊长为父确是满洲（女真）人的一种习俗。

四 原始社会称谓残存

上述皇帝侄辈称皇帝（汗）为"父亲"（汗父、皇父），皇帝本人将

---

① 中国第一历史档案馆藏满文朱批奏折，胤祉、胤禛奏，康熙四十六年四月初七日；《宫中档雍正朝奏折》第28辑（满文谕折第1辑），台北"故宫博物院"1980年印行，第374页。
② 中国第一历史档案馆藏满文朱批奏折，隆科多奏，雍正朝，无年月。
③ 中国第一历史档案馆藏满文朱批奏折2件，雅尔江阿奏，康熙四十年六月初八日、七月初七日。

做了摄政王的叔父称为"父亲"(父王),这是原始社会群婚制婚姻形态下亲属称谓的一种残存。即男子"不仅把自己亲生的子女称为自己的儿子和女儿,而且把他兄弟的子女也称为自己的儿子和女儿,而他们都称他为父亲"①。这种习俗不仅仅存在于满洲(女真)社会。有学者指出,在汉人的亲族称谓中,也保留了若干原始社会时期称谓的残迹。如父与父辈的兄弟,均可以被子女称为"父",父也可以称其所有兄弟的子女为子。②

17世纪初叶后金政权建立后,带有氏族社会痕迹的女真社会由奴隶制迅速向封建制迈进。③ 皇太极时期,对汉文化采取学习、接纳态度,并完成由后金汗权向清朝皇权的转变。清入关后,汉化进程加快。但视侄儿为子,称伯、叔为父,称尊者为父的满洲习俗,仍保留在清帝与满洲大臣的思想意识中。

例如,和硕贝勒萨哈廉是皇太极兄、和硕礼亲王代善子,比叔父皇太极小十二岁。萨哈廉是皇太极的心腹,"一切皇猷,多所赞助"。崇德元年(1636)五月,三十三岁的萨哈廉病笃。皇太极不顾众臣劝阻,亲往探望。他对众臣说:"诸兄弟之子,视朕犹父,朕亦视之犹子。子有故,父不往视可乎?"④

又如顺治十年(1653),"肃王子□□从万岁山射兔,连中双兔。上大悦曰:'我安得生子如尔乎?'。诸臣曰:'此即陛下子也'。因子之。"⑤按,顺治帝兄和硕肃亲王豪格有七子。第一子齐正额生于天聪八年(1634),长顺治帝四岁。第二子国泰与顺治帝同年同月(崇德三年正月)生。第七子舒书生于顺治二年(1645),比顺治帝小七岁。⑥无论此次随同顺治帝射猎的是豪格第几子,从年龄看,做其叔父顺治帝之子均不适宜。这一年顺治帝十六岁,已有两子。第一子牛钮幼殇,第二子福全生于当年七月。上述满洲众臣对顺治帝所言,虽然有奉承意,也反映出以兄弟之子为己子,侄辈称叔、伯为父的满洲传统观念。此时,豪格已死去数

---

① 恩格斯:《家庭、私有制和国家的起源》,《马克思恩格斯选集》第4卷,人民出版社1995年第2版,第24页。
② 彭卫:《汉代婚姻形态》,三秦出版社1988年版,第240—241、412页。
③ 关于清朝入前满族社会形态的讨论,参见高翔《五十年来的清史研究》,1999年《清史论丛》,河北教育出版社2001年版。
④ 《清太宗实录》卷29,崇德元年五月壬子。
⑤ 谈迁:《北游录》(不分卷),《纪闻下·肃王子》。
⑥ 《爱新觉罗宗谱》,奉天爱新觉罗宗谱修谱处1938年版,甲册,第1510、1511、1894页。

年。这与前举侄辈称叔父为父的案例中,侄辈生父已故情况相似,应非巧合。

第五节 多尔衮称号形成前后的满汉因素

一 孝庄皇太后、顺治帝的考量

清入关初期,孝庄母子的汉语文水平较低。据说孝庄"甚厌汉语",严禁儿孙习汉俗。① 她可能更关注多尔衮称号的满文书写,对汉译有所忽视。而多尔衮日理万机,披览奏章,与汉臣有很多接触。他的汉语文水平无疑比孝庄等高很多。顺治元年(1644)十月册封多尔衮为"doro be aliha ecike ama wang"(叔父摄政王),应是孝庄母子同多尔衮的一致主张。不仅如此,关于将这一封号中"ecike ama"(叔父父亲)汉译为"叔父",称"叔父摄政王",双方也应无异议。

不过,关于汉文称号词序的排列,孝庄母子与多尔衮之间可能有分歧。如前所述,顺治帝"上谕"称多尔衮为"摄政叔父王",多尔衮印章等则称"叔父摄政王"。这一不同,透露出孝庄母子和摄政王多尔衮之间的角力。

"皇叔父摄政王"的满文书写,是恢复"叔父摄政王"的满文原始设计,即在"ecike ama wang"(叔父父王)前面加上"han i"(汗的)。这是孝庄母子与多尔衮都可以接受的。

顺治五年(1648)十一月多尔衮称"皇父摄政王"时,顺治帝已十一岁。由明朝遗留太监服侍起居的宫中环境,明清易代后社会动荡尚未平复的客观形势,都促使这位少年皇帝早熟。他的汉语文水平也在逐步提高。两年后亲政,很快表现出与其年龄很不相称的自信与决断。由此看来,多尔衮摄政后期,顺治帝应非完全懵懂无知、不关心朝政。虽然尚无实权,但下述情况说明,他对多尔衮称"皇父摄政王"不以为然。

一是顺治七年给朝鲜国王的敕谕中,仍然称多尔衮为"皇叔(父)摄政王"。这透露出作为清朝皇权正统代表者的顺治帝和孝庄皇太后,对多尔衮称"皇父摄政王"持保留态度。

二是顺治八年(1651)二月追论多尔衮罪,罪状之一是"背誓肆行,

---

① 吴晗辑:《朝鲜李朝实录中的中国史料》,第9册,第3938页。

自称皇父摄政王"①。这就为顺治帝对"皇父摄政王"之称不以为然,提供了一个注脚。

还应指出,《清世祖实录》对多尔衮称"叔父摄政王"或"皇叔父摄政王",从未称为"皇父摄政王",并在记述"追论多尔衮罪,昭示中外"时,删除了"自称皇父摄政王"等内容。② 所以有此避讳,不愿"皇父"之称引起汉人误会尚在其次,主要是出于以下顾虑:皇父,指当朝皇帝,也指皇帝之父即太上皇。称皇帝之叔父"阴谋篡逆",尚有可能,"皇父"本人怎有可能谋反?如果以此书之于史,流传万世,岂非诋毁清廷?故为大忌。

二 称"皇父摄政王"之后的多尔衮

多尔衮本人在其不同称号形成中的所言所为,未见相关记载。不过,"皇父摄政王"之称并没有带给他更大的实际利益。

顺治元年(1644)清朝入主中原,建立"元功"的多尔衮成为"中国实际上之统治者"③。从此时至顺治七年底,多尔衮代行皇权,"关内关外,咸知有睿王一人"④。元年十月,清廷加封多尔衮"叔父摄政王",对他的殊勋予以表彰。然而就多尔衮的摄政权力来说,似已没有进一步发展的空间。除非取代顺治帝,成为名副其实的皇帝。

顺治五年(1648)十一月多尔衮称"皇父摄政王",他的名分、地位、权势并无实质性提升,有的只是某些形式上的变化。例如,多尔衮称"叔父摄政王"以及称"皇叔父摄政王"时,满文均以"fafun"(法度之法、王法)指称他的命令,如"doro be aliha ecike ama wang i fafun"(叔父摄政王令);⑤"ama wang ni fafun"(父王令)。⑥ 多尔衮称"皇父摄政王"后,其所下"命令"均同皇帝之旨,用"hese"(上谕、旨、敕)表示,如"doro be aliha han i ama wang ni hese"(奉皇父摄政王旨)。⑦ 故多尔衮的罪

---

① 蒋良骐:《东华录》卷6,第102页。
② 《清世祖实录》卷53,顺治八年二月己亥。
③ [德]魏特:《汤若望传》,杨丙辰译,第234页。
④ 《清世祖实录》卷90,顺治十二年三月庚子。
⑤ 中国第一历史档案馆藏满文内国史院档,顺治元年十月二十二日、二十五日。
⑥ 中国第一历史档案馆藏满文内国史院档,顺治二年十一月三十日。
⑦ 中国第一历史档案馆藏满文内国史院档,顺治六年十一月十日、七年四月初五日、初十日、二十三日等。

状之一是，"凡批票本章，概用皇父摄政王之旨，不用皇上之旨"①。

虽然"进呈本章旨意，俱书皇父摄政王"，但多尔衮本人很清楚，他只是"han i ama wang"（汗的父王），而不是"han ama"（皇父）。当顺治帝长大成人，收回摄政权力之日渐渐临近时，多尔衮的内心纠结也在日益加重。

顺治六年（1649）秋冬，多尔衮亲往蒙古地区为顺治帝订婚。② 未来的皇后是孝庄的侄女（此即废后博尔济吉特氏）。顺治帝行将大婚，亲政已为期不远。是年三月，多尔衮所倚任的辅政叔王多铎因痘疹而亡。十一月，多尔衮嫡妻博尔济吉特氏病逝。此时，清朝统一战争仍在不断取得胜利，全国抗清斗争再次转入低潮。大同总兵姜瓖叛清历时数月，已被平定。可是，自顺治七年始，多尔衮却有一系列看似反常的表现，如纵情声色，相继娶豪格福晋和"朝鲜国送来福晋"③；易怒暴躁，吹毛求疵，因细故多次议罪王公大臣与随扈人员。④ 又拟于关外修建一座小城，以作避暑之用，故于直隶等九省新增钱粮加派。⑤

顺治七年（1650）七月，多尔衮对顺治帝未循家人之礼，在他失去嫡妻、"体复不快"时未来探视，很是不满。他将此情透露给亲信大臣贝子锡翰等，但又不让"擅请临幸"。当锡翰等告知顺治帝，顺治帝前去探望多尔衮时，多尔衮先是在顺治帝面前严斥锡翰等，继而对锡翰等"跪且拜"，随之又予议罪惩处，以锡翰等人"视上与己有异，厥罪愈甚"⑥。

清朝统一战争的顺利进展，不能使多尔衮心生快慰；胞弟多铎和嫡妻博尔济吉特氏之死，并非是他性情乖戾的主要原因；对于可能失去摄政权力而产生的恐惧、焦虑和无奈，才是他无法解开的心结。顺治七年（1650）八月，在他的授意下，清廷追谥其生母乌喇纳喇氏"孝烈武皇后"，升祔太庙。此举反映出他有时不我待的紧迫感。

顺治七年（1650）十一月，多尔衮因"有疾不乐"，行猎塞外。一个

---

① 蒋良骐：《东华录》卷6，第103页。
② ［意］卫匡国：《鞑靼战纪》（鞑靼在中国战争的历史），戴寅译，载杜文凯编《清代西人见闻录》，第51—52页。
③ 《清世祖实录》卷47，顺治七年正月己卯；卷49，顺治七年五月癸酉。
④ 《清世祖实录》卷49，顺治七年六月己丑、己酉；卷50，顺治七年八月丁亥。
⑤ 《清世祖实录》卷49，顺治七年七月乙卯。
⑥ 《清世祖实录》卷49，顺治七年七月辛酉；中国第一历史档案馆：《清初内国史院满文档案译编》，光明日报出版社1989年版，下册，第89页。

月后，病逝于喀喇城（今河北承德西南滦河镇）。

三　满洲大臣的态度和作用

满洲大臣称多尔衮"ama wang"（父王），符合称尊长为父的满洲习俗。所以，对于顺治帝称年长其二十六岁的叔父多尔衮为父王，他们认为是在情理之中。

"皇叔父摄政王"与"皇父摄政王"的汉文文义虽然差异显著，两称号的满文（"doro be aliha han i ecike ama wang"与"doro be aliha han i ama wang"），只是有无"ecike"（叔父）的不同。此时清朝入关只有三五年，满人的汉语文水平普遍较低，奏疏均用满文。他们与汉人之间的交流，也因言语不通受到限制。因此，多数满洲大臣对于汉文"皇父摄政王"之称不会像汉人那样敏感。

在多尔衮称号形成、变化过程中，起有较大作用的可能有内国史院大学士刚林、内弘文院大学士祁充格等人。

顺治二年（1645）五月赵开心疏上，下礼部详开仪注以闻。未几，礼部议定摄政王称号及仪注，多尔衮始称"皇叔父摄政王"。时礼部尚书是觉罗郎邱（一作郎球），其事迹未详。汉尚书空缺。礼部对此事不可能自行定夺。据《清世祖实录》，叔父摄政王宜加之殊礼"及妃、世子应得封号，院部诸大臣集议具奏"①。"院"主要指内三院，"部"则指六部等。内三院大臣在"诸大臣集议"中起有重要作用。

时内三院大学士共七人，满洲大学士二人（刚林、祁充格），汉军大学士三人（范文程、洪承畴、宁完我），汉大学士二人（冯铨、李建泰）。其中，冯铨、李建泰曾为明朝大学士，清入关后降附。此时，两人可能还不很会说满语。范文程、洪承畴、宁完我三人归清有年，受到多尔衮的倚重。可是，由于各种原因，顺治初年他们的实际境遇并不顺畅，故言行大都比较谨慎。更重要的是，汉军身份使他们在多尔衮称号问题上不可能过多发表意见。

值得注意的是，顺治五年（1648）正月，多尔衮将大学士范文程、刚林、祁充格三人比为文职衙门领袖，命"三人可用珠顶玉带，以示优

---

① 《清世祖实录》卷41，顺治五年十一月辛未。

崇"①。

刚林，瓜尔佳氏，原隶正蓝旗满洲旗下，后改隶正黄旗满洲旗下。天聪八年（1634）以汉文参加后金举行的科举考试，考中举人。十年三月首任内国史院大学士。崇德八年（1643）皇太极去世前，刚林在大学士中处于领衔之位，曾协助处理大量政务，深得嘉许。多尔衮摄政期间，凡召集大学士等商讨军政大事，刚林仍领衔启读本章、应答问询。因赞理机务，"忠勤懋著"，顺治四年、五年（1647、1648）两次晋爵，赐号"巴克什"②。刚林是多尔衮的心腹，而且兼通满汉文。他在多尔衮称号的满汉文书写定式中起到一定作用，应是顺理成章的。

祁充格，乌苏氏，满洲镶白旗人。天聪、崇德时期任礼部启心郎，后缘事革职。③顺治二年（1645）二月超授内弘文院大学士。内弘文院主要职掌是注释历代政事得失、进讲御前、颁行制度等。二年至七年期间，祁充格任《明史》《太宗文皇帝实录》总裁官，出任会试主考官，主持翻译《三国志》，并赍敕出使朝鲜。他的汉语文相当出色。

顺治八年（1651）二月，清廷追论多尔衮罪。不久，审议刚林等罪状。刚林罪共八款，其中第五款是："以刚林、祁充格二人预睿王逆谋，朝夕筹画、定议迁驻永平一案，讯之刚林，据供不知。但刚林、祁充格与罗什、博尔惠等，推崇睿王功德，僭拟至尊，何事不与谋议，尚欲狡词抵饰。"祁充格的罪状内，则有"共议推崇功德、移驻永平各案，无不与刚林同预逆谋"等语。两人遂因"诣附睿王，一切密谋逆迹皆为之助"等罪名被正法。④ 内院大学士中受多尔衮牵连而获罪论死，只有刚林与祁充格二人。刚林、祁充格的罪状中，有"推崇睿王功德，僭拟至尊"之说。此似隐含多尔衮称皇父摄政王事。

此外，民国初年金梁在其著述中写道："睿忠亲王由叔父摄政王崇封皇父，官书失载。"顺治五年（1648），"礼部议定摄政王称号，凡文移书皇叔父王，常称则云父王。或当时已拟崇封，议而未行，而王遂自称

---

① 《清世祖实录》卷36，顺治五年正月壬寅。
② 参见杨珍《刚林》，载何龄修、张捷夫主编《清代人物传稿》上编第2卷，中华书局1986年版，第313—317页。
③ 《清太宗实录》卷46，崇德四年五月辛巳；《清世祖实录》卷54，顺治八年闰二月乙亥。
④ 《清世祖实录》卷54，顺治八年闰二月乙亥。罗什、博尔惠等可能是侍卫。待考。

欤？"① 按，金梁，满洲正白旗人，光绪进士，曾任内阁中书等职。其所言有不确处，但表明直至民国年间，即使是做过清朝官员的满洲人金梁，虽然指出"父王"是多尔衮的"常称"，但仍以为多尔衮曾"崇封皇父"，从而产生"皇父""父王"两称抵牾之疑问。

四　汉族官民的反应

这里所言汉人，包括在朝者与在野者。赵开心的奏请与张煌言的诗，分别具有代表性。

顺治二年（1645）五月赵开心奏请为多尔衮"正名"时，距多尔衮加封"叔父摄政王"已逾七个月。可是，赵开心对"叔父摄政王"的满文表述茫然不知：因为不知道满文是"doro be aliha ecike ama wang"，而此句即应译为"摄政叔父王"（直译另当别论），所以竟对"上谕皆称'摄政叔父王'"产生不解；因不知满文称号内有"ama wang"（父王），所以只是辩驳"叔父为皇上叔父"，却未言"父王乃皇上父王"，更不知对尊长者可以称为父亲的满俗。多尔衮被顺治帝及满臣等称为"ama wang"（父王），京内外西方传教士无不闻知，在朝汉臣岂能充耳未闻。不过，"阿玛王"之称并未引起赵开心的关注，或因是满语而予忽略。

与满洲统治者有所接触的当朝汉官，尚且未知多尔衮称号的满文之意，更不用说各地汉族百姓。

顺治七年（1650），在东南沿海一带坚持抗清斗争的张煌言赋诗云："上寿觞为合卺尊，慈宁宫里烂盈门。春官昨进新仪注，大礼恭逢太后婚。"② 张煌言以抗清复明为志业，虽然远离京城，仍密切关注清廷动向。当他闻知多尔衮"皇父摄政王"之称，遂认为顺治帝生母孝庄皇太后已下嫁多尔衮，故多尔衮方称"皇父"。后人继续循此思路，将张煌言的诗作为太后下嫁的主要证据。这虽然源于误解，却是可以理解的。

综上，"皇父摄政王"的满汉文字差异，对满汉官民的影响是不同的。在当时满汉官民之间尚有语言障碍的特定环境下，双方首先关注的是本民族语言的具体表述，即满人知道多尔衮为"doro be aliha han i ama wang"

---

① 金梁：《清帝外纪·清后外传》，"皇父摄政王"条；另参见该书"孝庄文皇后"条。
② 张煌言：《张苍水集》，上海古籍出版社1985年版，第70页。按，顺治十年（1653）六月，慈宁宫成。闰六月，孝庄皇太后移居慈宁宫。参见《清世祖实录》卷76，顺治十年六月庚申、闰六月乙亥。时距张煌言诗三年矣。

（摄政的汗的父王），汉人则只知多尔衮是"皇父摄政王"。当然，多尔衮的少数亲信，可能在造成满汉文称号的表述差异中起有一定作用，另当别论。

顺治帝与孝庄皇太后对多尔衮称"皇父摄政王"怀有反感，但是，因满文表述并无此意，而清朝是以满文为"国语"。顺治帝随着年龄增长，日益感受到多尔衮对皇权的威胁，不过这一威胁因多尔衮称"皇父摄政王"而加重的程度似不会很大。

尽管名不符实，"皇父摄政王"之称仍使多尔衮感到荣耀和满足。同时，对唯恐失去权势的担忧也在与日俱增，这是他过早病亡的原因之一。

在不谙满语文的汉族官民看来，多尔衮既然称"皇父摄政王"，表明他已具有"皇父"之身份。这使多尔衮的震慑力进一步提高，对加强清朝统治有一定作用，也成为汉人认为顺治帝之母孝庄皇太后已下嫁多尔衮的直接原因。

小　结

根据上述分析，我们可以获得以下认识。

第一，多尔衮称号"doro be aliha han i ama wang"（皇父摄政王）的满文原文中，并无"皇父"（han ama）二字。无论是"ama wang"（父王）、"han i ama"（汗的父亲），还是"han i ama wang"（汗的父王），都不是"han ama"（皇父）。汉译时将"han i ama"译为"皇父"是将原文结构改变导致原意改变后的误译。

第二，顺治元年（1644）十月顺治帝在北京第二次即大位后，公开称多尔衮"ama wang"（父王）。当朝满洲大臣也如此称呼多尔衮。这样做符合称尊长为父的满洲习俗。"父王"与"皇父"虽然只有一字之差，身份、地位却有天壤之别。

第三，清入关后正式册封的多尔衮称号，只有"doro be aliha ecike ama wang"（叔父摄政王）。"doro be aliha han i ecike ama wang"（皇叔父摄政王）和 doro be aliha han i ama wang"（皇父摄政王）都不是正式册封的称号。

第四，由于多尔衮称号"皇父摄政王"的满文原文无"皇父"二字，所以，多尔衮称"皇父摄政王"并没有在满洲君臣中引发大的震动，多尔衮也并未因此改变父王身份。可是，由于"han i ama"被汉译为"皇父"，引起汉人的误解，出现了"太后下嫁"说。

总之，清初宫廷政治中满汉文化的差异，造成"皇父摄政王"的满、汉文歧义。这一称号不能作为"太后下嫁"的依据，却反映了清朝入关初始，天下未定，皇位与皇权相分离之时，最高统治者之间的合作与角力。

第二章

皇权分合中的帝王与辅政

清前期宫廷政治研究中，有关清朝初年四辅臣的辅政及其相关情况，存留至今的满、汉文史料甚少。所存留的史料，有些尚未得到发掘利用，有些需要进一步研究分析。史料是研究的基石。我们拟在发掘新史料，重新研读原有史料基础上，考析涉及四辅臣辅政的若干疑点，对史料记载中模糊不清之处加以辨正，以期推进对相关问题的了解和认识。

第一节 康熙帝回忆四辅臣

康熙四十五年（1706）二月初一日，康熙帝在畅春园内召见了四位老臣。他们是：满洲正黄旗人内大臣明珠、满洲正白旗人兵部尚书马尔汉、满洲正黄旗人原户部尚书麻尔图、满洲正白旗人原兵部侍郎温代。依次叩见后，分别赐坐。接着，康熙帝向他们讲了下面的话：

"先前辅政大臣办理政务时，结纳植党，专擅威权。谄媚者任意使用，不附者寻隙治罪。

尚书苏纳海、总督朱昌祚、巡抚王登联等因更换地亩事，未合其意，结下仇怨。伊等将苏纳海等人定为死罪。入内具奏时，朕念伊等俱为年迈老臣，故赐坐一排，加以问询。彼时，索尼、鳌拜、遏必隆三人均奏称当斩，迫朕杀之。苏克萨哈侧身而坐，不像索尼等三人奏请急切，催逼朕躬。朕看出伊等不睦，降旨云：'辅政之事乃皇考交付尔等。（苏纳海等）若果真当杀，尔等即杀之；若应恩养，即应恩养。'伊等屡屡奏请，非杀不可，朕并未依其言降旨。可是，伊等出去后，竟称是朕旨意，将苏纳海等处绞。朱昌祚乃三省总督，王登联任直隶巡抚。他们奉差办理地亩事，既在地方任上，稔知百姓、旗人之困苦，理应据实奏闻。虽被处绞，终属无罪之人。若因阻挠更换田亩治罪，为何于大蓟州将其执捕？观此，鳌拜等对无辜之人结仇擅杀之心迹，昭然若揭矣。

又，苏克萨哈乃辅政大臣。奏请前去守陵，乃因患病，行走不便，并无其他可谓有罪处。鳌拜等以此为借口，奏称将苏克萨哈斩首，希图从此独擅威权。故捕风捉影，栽赃各项罪愆，拟定将苏克萨哈及其子孙灭族抄斩之罪。伊等入奏时，朕曰：'苏克萨哈与尔等同为辅政大臣。朕惟念终养尔等，断不至因尔等有罪而杀之。'朕言毕，鳌拜攘臂回称：'嗣后若我等犯了同样之罪，主子也应将我等一同斩首。'朕见伊等结下仇怨，执意杀戮，便暗自定意，断不允准。随后，曾向太皇太后述及此事。朕奏称：'此事断不可推托，务必阻止方妥。'又派纳尔泰传旨苏克萨哈：'尔把心放宽。伊等尚未将朕放在眼中，于尔无庸言矣。'当日所遣之纳尔泰如今尚在。鳌拜等为此事一连七日强奏，朕全力拒辞，仍不能说服之。具奏日期及降旨日期均记载于档，一览即明。

又，彼时安王岳乐也是众人之首，力言应杀苏克萨哈，强行具奏，惟以斩杀为是。伊称：'苏克萨哈一惯欺瞒主子，罪过断不可赦'。还说：'苏克萨哈曾向人言，主子前往天坛时，问伊猪为何物'。朕告知安王：'尔错矣！朕幼时，因尚未出痘，曾去妈妈、嬷嬷、乳母家居住。民间之事无论官兵生养、人情教化、牲畜繁殖等，朕无所不知。朕见识之广博胜于苏克萨哈，岂会问伊猪为何物？岂可以此全无踪影之事，诬告苏克萨哈而治罪乎？安王听罢，垂头不语，无言以对。朕自此不再倚重安王。伊子未得承袭亲王，仅袭封郡王，乃缘于此。

朕亲政后，以滥用威权、植党营私罪将鳌拜执之，带至武英殿大门。朕面询鳌拜：'先前尔在朕前强奏，执意斩杀苏克萨哈。彼时曾言，嗣后若我等犯了同样之罪，主子也应将我等一并斩首。尔如今尚有何言？'伊无辞以供，只是叩首，称'年老衰迈，乞请从宽免死'。朕令松开铁链，免杀，圈禁。又怜念苏克萨哈、苏纳海等无罪被斩，实属冤屈。特降旨给还苏克萨哈等官爵；给苏纳海、朱昌祚、王登联等谥号，伊等子孙准为荫生。苏克萨哈事发前，索尼已病殁。

此事在内阁有记载之处。尔等与大学士等查奏。"①

以上就是现存满文档案中，康熙帝关于他和四辅臣关系的回忆。

明珠等遵旨办理时，发现议罪苏纳海、朱昌祚、王登联的两件朱批奏疏、议罪苏克萨哈之本章封面俱已烂损，满文、汉文朱批、谕旨等均无存。于是，明珠等将内阁档案所记谕旨抄录后，贴在残缺奏本上呈览。奉旨："看得此处所记谕旨，仅将苏克萨哈之名写入，其他正法之人概未写入。著再查。"

明珠等随即查找刑部档案后奏览。奉旨："凡在本上批圈正法之人，必将名字逐一写入。彼时，鳌拜等带来将苏克萨哈等议罪之本，于朕前宣读名字，逐一批圈时，朕拟宽赦数人。鳌拜等仍旧不听朕言，逼迫朕将所列名字全部批允后离去。此情朕记忆犹新。今览刑部档案，苏克萨哈案内被杀戮者甚多。然而记载谕旨处，只写有'立即将苏克萨哈处绞，余依议'等语。其他正法之人均未记入，只是写在档簿后面。况且原议罪苏克萨哈等人之朱批档簿，若满文烂毁无存，还应有汉文；若汉文烂毁无存，则应有满文。今满汉文档俱已无存，伊等所做手脚昭然矣。乃因鳌拜等明知诛杀苏克萨哈等并非朕所情愿，故将原有朱批处改写后，总合记下'余依议'等语，作为朕已办理之事记载档上。如此蒙混完结，与伊等无干矣。

朕于此事力拒不允等情，倘不明记于档案史书，俟老臣俱殁，后人不知其中缘由，以为诛杀苏纳海、朱昌祚、王登联及苏克萨哈等出自朕意。朕前后所降谕旨，尔等一并缮写呈览。"②

此时距康熙帝亲政已历三十九年，距鳌拜被执、辅政终结已有三十七年。在此期间，清廷有一系列重要作为：康熙二十年（1681）平定三藩之乱，二十二年收复台湾。清朝进入康乾盛世。三十年举行多伦会盟，漠北蒙古喀尔喀部正式归附清廷。三十五年、三十六年康熙帝三次亲征，漠西蒙古准噶尔部首领噶尔丹败亡，清廷对西北边疆的统治得到加强。由于采取与民休息、治理黄河、赈荒蠲免等举措，清朝经济逐步恢复，四十四年河工告成。是年康熙帝第五次南巡，见百姓"随舟拥道，欢声洋溢"，倍

---

① 中国第一历史档案馆藏康熙朝满文折件，无年月。按，这件满文档案系明珠等遵旨记录康熙帝所言后，呈康熙帝过目之原件。上面书有四人奉召日期"康熙四十五年二月初一日"。没有朱批。

② 中国第一历史档案馆藏康熙朝满文折件，无年月。

感快慰。① 暂无内忧外患，康熙帝对清朝前景估计乐观，踌躇满志。然而，愈是感受臣民之拥戴，愈是担心数十年前处理苏纳海案、苏克萨哈案的若干举措被后人误解，有损令名。于是，他特向明珠等老臣做此回忆，命记录在案。

康熙帝的回忆（下称"口述回忆"）涉及他与辅臣多方面互动情况。本章利用这一新发现的满文档案，结合其他满汉文史料，进一步探讨康熙初年皇权与辅政的关系。

第二节 辅政前期：皇权与皇位分离

从顺治十八年（1661）正月至康熙八年（1669）五月，四辅臣辅政历时八年又四个月，其间又以康熙六年七月康熙帝亲政为界，分为前后两个时期。辅政前期指顺治十八年正月至康熙六年六月，历时六年余。这一阶段的特点是：四辅臣综理朝政，代行皇权；康熙帝参与政事，受制于辅臣。

一 顺治帝遗诏的拟定

康熙年间《王熙自订年谱》②、张宸所撰《平圃遗稿》③，雍正九年（1731）修讫的《清圣祖实录》，乾隆后期修讫的蒋良骐《东华录》④ 以及《汤若望传》⑤、《正教奉褒》⑥ 等官私著述中，关于顺治帝患病、去世期间宫廷内部活动均有少量记载。以这些著述相互补充、印证，可以勾勒出当时择定皇嗣人选、确定辅臣人选及拟定遗诏的大致情况。

顺治十八年（1661）正月初四日，年轻的顺治帝突然感到不适。此时距他二十四岁生日，仅剩二十多天。满汉大臣入"大内"问安，

---

① 《清圣祖实录》卷219，康熙四十四年三月壬戌；卷220，康熙四十四年闰四月癸卯。
② 《王文靖公集·年谱》（下称《王熙自订年谱》），《四库全书存目丛书》，齐鲁书社1997年版，集部第214册。
③ 张宸：《平圃遗稿》卷14，《四库未收书辑刊》，北京出版社2000年版，第5辑，第29册。
④ 蒋良骐：《东华录》卷8，第134、135页。
⑤ [德]魏特：《汤若望传》，杨丙辰译，第324—327页。
⑥ 黄伯禄：《正教奉褒》，载韩琦、吴旻校注《熙朝崇正集 熙朝定案》（外三种），中华书局2006年版，第288、289页。

"始知上不豫"。钦天监监正汤若望听闻，立即赴内廷请安，由太监引至养心殿御榻前。他依然受到礼遇，免跪叩，得赐坐赐茶，片刻即出。

初五日，经御医诊视，顺治帝乃染患痘疹。这一消息被严格保密。满汉大臣照例齐集问安时，见宫殿各门所悬门神、对联全部摘去，大为惊异。有人向亲信宦官打听顺治帝的病情，被问者掩口耳语，神色仓皇。

初六日，顺治帝的病情加重。清廷开始考虑嗣君问题。两位核心人物顺治帝与孝庄皇太后面商后，决定了两件事：第一，择定嗣君；第二，确定辅政大臣。

关于嗣君人选：孝庄提出八岁皇三子玄烨，顺治帝则想到一位堂兄，这可能是三十七岁的和硕安亲王岳乐。因难下决断，顺治帝差近侍前去征询汤若望的意见。汤若望站在孝庄一方，认为被选中的皇子已出过痘疹，以后不会再受此病伤害。于是，顺治帝同意立皇三子为嗣君。① 时众皇子皆幼，而且均为庶妃所生。其中皇长子牛钮早殇，皇二子福全比玄烨长一岁，未曾出痘。② 相比之下，玄烨具有优势。

关于辅政大臣人选：确定索尼、苏克萨哈、遏必隆、鳌拜担当辅政之任。

商议嗣君人选时，不排除有宗室成员、上三旗重臣在场。最终确定嗣君和辅臣人选，应是孝庄母子二人达成一致后做出，无他人参与。嗣君人选和辅臣人选的确定，意味着顺治帝如果离世，清廷面临的首要难题已有解决方案。若拟遗诏，这两件事是关键内容。两事既已商定，遗诏的撰拟可得稍缓。因玄烨年幼，只有满语小名，尚未正式以汉语起名。为嗣君择定汉名一事，自然是由顺治帝决定。

自顺治帝发病起，上三旗重臣及侍卫等共同守候在养心殿近地，屡屡面请主安。当辅臣人选确定后，索尼、苏克萨哈、遏必隆、鳌拜四人一起在顺治帝病榻前护守，不时面奉旨意。因时久困倦，索尼、遏必隆、鳌拜等入养心殿院内东厢房小憩，由苏克萨哈独守榻前。

挨至初六日夜三鼓，顺治帝召汉学士王熙入养心殿。谕称："朕患痘

---

① ［德］魏特：《汤若望传》，杨丙辰译，第325—326页；另参见龚鼎孳《定山堂文集》卷4，《汤道末七十寿序》，载《定山堂全集》，民国十三年（1924）刊本。

② 据萧奭《永宪录》卷3，中华书局1959年版，第205页："裕宪王向以损一目不得立。"

势将不起，尔可详听朕言，速撰诏书。"王熙就榻前书写，"泣不能止，奏对时不能成语"。顺治帝曰："朕平日待尔如何优渥，训尔如何详切。今事已至此，皆有定数。君臣遇合，缘尽则离。尔不必如此悲痛。此何时，尚可迁延从事，致误大事。"① 王熙拭泪，于御榻前书就诏书首段，随即奏明。因见顺治帝体力不支，奏请将奉过面谕详拟进呈，得到允准。

偕王熙一同撰拟遗诏的，还有满臣麻勒吉。② 奉面谕："诏书著麻勒吉怀收。俟朕更衣毕，麻勒吉、贾卜嘉尔二人捧诏，奏知皇太后，宣示王、贝勒、大臣。"③

王熙等退至乾清门西围屏内撰拟遗诏时，顺治帝亲定嗣君御名玄烨。④ 即命苏克萨哈"独送御讳"，备遗诏之用。⑤ 王熙等"凡三次进览，三蒙钦定"。初七日"日入时始完"⑥。此时顺治帝已至弥留之际。遂释放刑狱，诸囚一空。子时，顺治帝病逝。⑦

麻勒吉、贾卜嘉捧遗诏奏知皇太后。孝庄立刻召集索尼、苏克萨哈、遏必隆、鳌拜及安亲王岳乐等，宣布嗣君、辅臣之名，紧急商讨治丧事宜。

初八日申时，满汉文武奉召携朝服入紫禁城内齐集。二鼓余，宣布顺治帝遗诏。宣毕，嘱百官勿退，候新帝登基。

初九日早，玄烨即位。是为康熙帝。

顺治帝遗诏拟定前后的情况反映出以下问题。

顺治帝从发病到离世仅四天。不过，从初六日深夜召见王熙等起草遗诏并予改定看，至少在发病后头三天，即正月初四日至初六日，顺治帝的神志基本清醒；一天后即初七日子夜，病亡。

《王熙自订年谱》所记草拟遗诏时有关情形，大致可信，却未透露遗

---

① 《王熙自订年谱》，《四库全书存目丛书》集部第214册，第752、753页。
② 据《清圣祖实录》卷1，顺治十八年正月丙辰条，满臣麻勒吉偕王熙遵旨于乾清门撰拟遗诏，付侍卫贾卜嘉进奏。
③ 《清圣祖实录》卷1，顺治十八年正月丙辰。
④ 《清圣祖实录》卷1，顺治十八年正月壬子。
⑤ 《清圣祖实录》卷23，康熙七年七月己未。
⑥ 《王熙自订年谱》，《四库全书存目丛书》集部第214册，第753页。
⑦ 《清世祖实录》卷144，顺治十八年正月丁巳；《清圣祖实录》卷1，顺治十八年正月丁巳。另据张宸《平圃遗稿》卷14，《四库未收书辑刊》，第5辑，第29册，第757页：（顺治十八年正月）初七日晚释刑狱，"传谕民间毋炒豆，毋燃灯，毋泼水。始知上疾为出痘"。

诏的具体内容。① 谱主自幼饱读经史，二十岁中进士。君为臣纲、侍君如父等儒家伦理观念已融入他的血脉。编造撰写遗诏情况乃大逆不道行为，对王熙这样的汉臣而言几无可能。

顺治帝于病危之际自述遗诏，与其平日善感多疑，为人为事苛刻较真的性情相符。清廷公布的顺治帝遗诏，历数逝者二十四款罪，如"不能仰法太祖、太宗谟烈""渐习汉俗""不能信任满洲诸臣"等。② 顺治帝口述遗诏时，可能会有自责之语，但不致对自己亲政后所为全部予以否定。学界认为，遗诏是由孝庄皇太后最终确定，所谓罪款反映了以孝庄为首的朝中老一辈满洲贵族对顺治帝的看法。③ 事实上，自顺治帝病亡至清廷公布遗诏，间隔约八九个时辰。④ 即使重写遗诏，时间绰绰有余。孝庄等既然要将遗诏的基调改为独尊满洲、遵行满洲旧制，并将这一新的大政方针，通过逝者的二十四款自责之语道出。这就需要费一番心思，并拖延宣读遗诏的时间。

孝庄母子商定嗣君人选，不再经过诸王大臣推举；择选大臣辅政，不再由宗亲辅政；父死子继，嗣君从皇子中择选等一系列做法，表明清朝入关十八年后，宗亲关系对皇权发展的牵制、影响明显削弱，清廷最高权力逐步集中。不过，顺治帝自授遗诏被任意改写，则表明唯上独尊，皇帝之言行不容置疑的汉族传统封建意识，尚未得到满洲贵族的认同。这也间接透露，满洲贵族顶级人物孝庄与顺治帝之间在满汉文化、满汉关系问题上存在分歧。

---

① 姚念慈《顺治遗诏与清初政局》认为，《王熙自订年谱》记福临死之日受命撰写遗诏，"凡三次进览，三蒙亲定"云云，亦非全系虚语。该文载《庆贺王锺翰教授九十华诞清史论集》，紫禁城出版社2003年版。

② 《清世祖实录》卷144，顺治十八年正月丁巳。

③ 参见孟森《明清史论著集刊续编》，第226、228页；王戎笙《顺治遗诏与清初权力斗争》，1994年《清史论丛》，辽宁古籍出版社1994年版；杨珍《康熙皇帝一家》，学苑出版社1994年版，第8—9页；姚念慈《顺治遗诏与清初政局》，载《庆贺王锺翰教授九十华诞清史论集》。

④ 另据《清圣祖实录》卷1，顺治十八年正月初七日夜子刻，"世祖章皇帝宾天。……至是，麻勒吉……奏知皇太后，即宣示诸王、贝勒、贝子、公、大臣、侍卫等。……是日，卤簿大驾全设。王以下文武各官俱成服，齐集举哀。戊午，宣读遗诏，遣官颁行天下"。按，所谓麻勒吉奏知皇太后，即宣示王公大臣等情，是依照顺治帝对麻勒吉所下面谕而撰述。顺治帝本意是，先奏知皇太后，随即向全体王公大臣宣布遗诏。但实际情况是，孝庄等认为遗诏内容需要修改，故只能先对少数亲信宣布嗣君及辅臣之名。所以，时任内阁中书的《平圃遗稿》作者张宸于正月初八日下午奉召入宫时，遇同僚，"询主器，曰：'吾君之子也'"。

二 四辅臣的选用与排名

遗诏所载顺治帝与孝庄商定的四位辅臣，全部隶属满洲上三旗，即正黄旗大臣索尼、正白旗大臣苏克萨哈、镶黄旗大臣遏必隆、镶黄旗大臣鳌拜。这一排名顺序深有寓意。

1. 四辅臣的经历

索尼，赫舍里氏，生于明万历二十九年（1601）。① 天命四年（1619）随父兄归附后金。兼通满、汉、蒙古文，供职于文馆。任一等侍卫。天聪、崇德年间，随皇太极征伐明朝，奉命以汉文书、汉语谕告当地汉官百姓。任吏部启心郎。顺治初年，因不附多尔衮，两次革职免死，遣守昭陵。顺治帝亲政后被召还。以内大臣兼议政，又兼总管内务府大臣。② 索尼任辅政大臣时六十一岁。

苏克萨哈，纳喇氏，苏纳额驸长子。③ 生年未详。清史传记中，关于苏克萨哈的最早记载，是崇德五年（1640）随睿亲王多尔衮征伐明朝，围攻锦州；④ 多尔衮摄政期间，其属下苏克萨哈除去授晋骑都尉、三等轻车都尉等世职外，无其他事迹。顺治七年（1650）十二月初九日，多尔衮病逝于喀喇城。二十六日，议政王大臣等会议多尔衮同母兄英亲王阿济格罪。八年正月初六日，再议阿济格"谋乱"罪，幽禁之（同年十月令自尽）。初七日，苏克萨哈与詹岱（原睿亲王府护卫）任议政大臣。十二日，顺治帝亲政。二月十五日，苏克萨哈、詹岱等举首多尔衮生前"谋逆"，多尔衮被追罪。原由多尔衮领属的正白旗改由皇帝自将，与两黄旗一起组成上三旗。至此，苏克萨哈与顺治帝母子之间方有直接的隶属关系。

是年，苏克萨哈以额驸之子随侍御前，受到顺治帝"恩眷"。未几擢任镶白旗护军都领。顺治十二年，偕都统陈泰等领兵驻镇湖南，败大西农民军刘文秀部。十三年任领侍卫内大臣。苏克萨哈任辅政大臣时，大约未过知天命之年。

---

① 顺治十二年（1655）索尼五十五岁。参见戴维·基德《宫廷肖像画中的规范和现实主义——一幅杰出的十七世纪中国肖像画》，赵世瑜节译，《清史研究通讯》1984 年第 3 期。
② 据《八旗通志初集》卷 113，第 5 册，第 2831——2858 页，顺治元年至康熙七年（是年六月索尼病故），索尼任领侍卫内大臣，"内大臣"内无其名。疑《清世祖实录》中"内大臣"即指"领侍卫内大臣"。鳌拜、遏必隆、苏克萨哈等均有类似情况。
③ 明万历四十一年（1613），努尔哈赤第六女下嫁苏纳。
④ 《八旗通志初集》卷 154，第 6 册，第 3905 页。

遏必隆，钮祜禄氏。父弘毅公额亦都巴图鲁，天命六年（1621）六月卒。遏必隆为幺子，母为和硕公主。天聪六年（1632），袭父一等总兵官世职，任头等侍卫。其故后御制碑文称："袭显秩于髫年，膺禁近之职守。"① 所谓髫年，一般指三岁至十岁。所以，遏必隆的生年当不晚于天命七年（1622）。若以此计，天聪六年袭爵时十一岁。崇德六年（1641）松山之战中，明军来袭，遏必隆拼力守御营，得皇太极褒奖："巴图鲁（满语'勇士'）之子，仍巴图鲁也。"② 顺治二年（1645）从征湖广，叙功为头等。五年，被人讦告"与白旗诸王有隙"，革职，籍家产之半。③ 顺治帝亲政，诏复职。九年三月任议政大臣，四月总管銮仪卫事。十二月任领侍卫内大臣。遏必隆任辅政大臣时约四十岁。

鳌拜，瓜尔佳氏，生于明万历二十八年（1600），④ 长索尼一岁。父卫齐。天聪年间皇太极统兵出征，每令卫齐留守盛京，任八门总督。鳌拜早入行伍，身经百战。崇德二年（1637）得赐号"巴图鲁"。擢护军统领。顺治元年（1644），随多尔衮定鼎燕京。其后，随阿济格征伐湖广，败李自成农民军。复随肃亲王豪格进军四川，射杀大西军领袖张献忠。参与平定大同总兵姜瓖叛乱。因不附多尔衮，数次获罪论死。八年正月底，任议政大臣。九年四月任领侍卫内大臣，总管侍卫。奉命教习武进士。鳌拜任辅政大臣时六十二岁。

2. 四辅臣与孝庄母子之亲疏

皇太极生前自将两黄旗。八旗诸王与所属旗员既互为主仆，双方便具有休戚与共的关系。崇德八年（1643）皇太极病逝后，因生前未立储君，清统治集团内部发生继统之争。在两黄旗大臣索尼、鳌拜等支持下，六岁福临即大位，多尔衮的继统图谋未能实现。两黄旗大臣盟誓天地，效忠幼主，这其中也包括索尼、鳌拜、遏必隆等。多尔衮摄政期间，索尼等忠于孝庄母子，受到多尔衮的打击迫害。⑤

对于孝庄母子来说，鳌拜、索尼、遏必隆等乃勋旧大臣，立有殊功。

---

① 《八旗通志初集》卷142，第6册，第3722页。
② 同上书，第3721页。
③ 同上。
④ 康熙八年（1669）鳌拜七十岁。参见《鳌拜等罪案残件》，《明清史料》丁编，中央研究院历史语言研究所1931年铅印本，第8本，第724页。
⑤ 参见许曾重《太后下嫁说新探》，《清史论丛》第8辑，中华书局1991年版。

孝庄生于明万历四十一年（1613），比鳌拜和索尼年少十余岁。清入关时，孝庄三十出头，鳌拜、索尼已逾不惑。一般来说，愈为年长，受满洲传统习俗、观念浸淫愈深，往往对汉文化怀有排斥心理，对汉臣怀有戒心。不仅孝庄是这样，①清朝开国元老之一、郑亲王济尔哈朗也如此。顺治十二年（1655），济尔哈朗上疏，希望顺治帝"效法太祖、太宗"。内称：太祖开创之初，日与四大贝勒、五大臣及众台吉等讨论政务之得失；太宗又虑武备废弛，不忘骑射，时时亲行较猎；"常恐后世子孙，弃我国淳厚之风，沿习汉俗"，特遣索尼再三诫谕。②又如顺治十三年夏秋，鳌拜先后两疏，一是奏请将景祖翼皇帝、显祖宣皇帝之陵由东京迁返兴京（今辽宁新宾）；二是奏请三年一次大阅，以重武备。③孝庄、济尔哈朗、索尼、鳌拜等分别代表了当时皇室、宗室以及满臣中的保守势力。相近的年龄和关外生活经历，也使鳌拜、索尼等在思想感情上与孝庄比较亲近，主奴关系非同一般。

顺治十三年（1656）夏，孝庄母子对册妃人选发生争执，互不让步。④孝庄无法说服顺治帝，遂以坤宁、景仁等宫殿修讫为由，命鳌拜、遏必隆、索尼启知皇帝，尽快册立妃嫔。⑤孝庄让三位领侍卫内大臣（内大臣）一起向顺治帝传达后宫要事，可见视其为心腹。同为领侍卫内大臣的苏克萨哈，却没有被交付此任。

又如顺治十四年（1657）冬，孝庄患痘诊，在南苑疗治。她生病期间，以鳌拜为首的近侍护卫与顺治帝一起侍疾，"昼夜勤劳，食息不暇"。孝庄病愈，八十二人受到嘉奖。首列四人中，鳌拜、遏必隆分居第一位、第二位。苏克萨哈则后居二列。⑥

与孝庄等老一辈满洲贵族不同，顺治帝七岁入住紫禁城，在接受汉文化时较少心理障碍，而且很快产生了浓厚兴趣。不过，对于索尼、鳌拜等

---

① 吴晗辑：《朝鲜李朝实录中的中国史料》，第9册，第3938页。
② 《清世祖实录》卷89，顺治十二年二月壬戌。
③ 《清世祖实录》卷102，顺治十三年六月癸巳、八月辛丑。按，鳌拜前疏未允，后疏著为令。
④ 参见杨珍《历程 制度 人——清朝皇权略探》第五章第二部分"董鄂妃与清前期宫廷史"，学苑出版社2013年版。
⑤ 《清世祖实录》卷102，顺治十三年六月庚辰。
⑥ 《清世祖实录》卷113，顺治十四年十二月丁酉。按，索尼因值守紫禁城，未得前往南苑侍疾。

两黄旗老臣，顺治帝也是另眼相看的。

如顺治十二年（1655）十一月，皇后博尔济吉特氏染患痘疹，顷刻危重。顺治帝赴南苑避痘，将保护病后之任全权托付总管内务府大臣索尼。索尼恪尽职守，"虑无不周，能无不备"，皇后顺利脱险，勿药而愈。顺治帝特赐敕书，称赞索尼"可谓国之荩臣乃心王事者矣"①。

又如十三年十一月顺治帝自南苑回宫后，闻知鳌拜创发卧病，立即亲临其邸看视。②皇帝赴大臣家中探病的记载，在《清世祖实录》中仅此一例。

在孝庄母子对汉文化的不同态度上，苏克萨哈倾向于顺治帝。由鳌拜等罗织的苏克萨哈罪状有以下两款③：

其一，"苏克萨哈将内院收贮故明洪武实录，擅专取回私家观看，伊欲效洪武所行何事"。

其二，"苏克萨哈向班布尔善等称说，周公辅佐成王，成王时年十四，至二十余岁方归政务等语"。

顺治帝生前对明洪武帝相当钦佩。曾对大学士云："朕以为历代贤君（按，指汉高、文帝、光武、唐太宗、宋太祖、明洪武），莫如洪武。何也？数君德政，有善者，有未尽善者。至洪武所定条例章程，规画周详。朕所以谓历代之君不及洪武也。"④

辅政时期，苏克萨哈私下调取明洪武实录看阅，未必是因顺治帝赞赏洪武帝之故。但是，若将上述两条罪款并观，说明他对汉族王朝历史有一定了解。康熙帝晚年，忆及与辅政大臣等共理政事，称"额必伦公、巴图鲁公皆粗卤"⑤。康熙帝还透露，鳌拜不能流畅阅读满汉文（见下文）。以文化水平论，苏克萨哈自然不如索尼，但胜于鳌拜和遏必隆。苏克萨哈是否也像顺治帝那样"专厌胡俗，慕效华制"？⑥从他任辅臣后的表现看，答案是否定的。不过，为了提高自己在朝中的地位，他需要比鳌拜等两黄旗

---

① 《清世祖实录》卷96，顺治十二年十二月辛亥。
② 《清世祖实录》卷104，顺治十三年十一月戊申。
③ 《清圣祖实录》卷23，康熙六年七月己未。
④ 《清世祖实录》卷71，顺治十年正月丙申。
⑤ 台北"故宫博物院"：《清代起居注册·康熙朝》，台湾联经出版事业公司2009年版，第22册，第12318页。
⑥ ［朝鲜］李渲：《燕途纪行》，载［韩］林中基编《燕行录全集》，韩国东国大学校出版部2001年版，第22册，第156页。

大臣更善于迎合顺治帝。

顺治帝临终前，独命苏克萨哈送御讳并传谕大赦。苏克萨哈奏称愿殉死，不允。奉口谕："尔不知死事易，守主事重。"① 相关史料显现，鳌拜等人无此情况。

相比鳌拜等人，苏克萨哈与孝庄的关系比较疏远。所以如此，除去由于正白旗归属皇帝最晚，还与顺治帝和孝庄之间的矛盾有关。

顺治十三年（1656），顺治帝对领侍卫内大臣和内大臣人选做出调整。领侍卫内大臣原七人：满洲镶黄旗伯伊尔登（七月休致）、鳌拜、遏必隆，满洲正黄旗索尼、公额尔克戴青、额齐尔；觉罗塞勒（清太祖伯祖武功郡王礼敦巴图鲁后代），旗分未明。是年三月，增补满洲正白旗苏克萨哈为领侍卫内大臣。

内大臣原三人：蒙古镶黄旗多尔济达尔汉诺颜、满洲正白旗吴拜、满洲镶黄旗费扬古。顺治十三年三月，上三旗内各有两人新任内大臣，即满洲镶黄旗赵布泰、达素，满洲正黄旗希尔根、努山，满洲正白旗鄂硕、苏拜。至此，内大臣总计九人，其中正白旗大臣三人。

顺治帝增补领侍卫内大臣、内大臣期间，正与孝庄皇太后在立妃人选上产生分歧，孝庄通过鳌拜等传谕劝诫顺治帝。顺治帝热恋满洲正白旗女子董鄂氏，执意立董鄂氏为妃，孝庄则对此持保留态度。直至十三年八月，孝庄母子达成妥协：董鄂氏立为贤妃，孝庄侄女废后博尔济吉特氏随父亲吴克善返归科尔沁。②

新任内大臣之一、正白旗大臣鄂硕即董鄂氏之父。调整后的内大臣人选已打破上三旗之间的平衡，而独增苏克萨哈为领侍卫内大臣，更有加强正白旗之意。顺治十五年，顺治帝拟以董鄂氏所生之子为皇储，不料新生儿数月而殇。如果此愿得以实现，正白旗与两黄旗在朝中的势力对比将发生很大变化，这是孝庄及两黄旗大臣不愿看到的。苏克萨哈任领侍卫内大臣，成为正白旗大臣中官职最高之人。孝庄对此予以默认，但不会像对鳌拜等两黄旗大臣那样，视苏克萨哈为亲信。

苏克萨哈曾首告其主多尔衮，这既迎合了顺治帝定罪多尔衮、清除其党羽的需要，也符合孝庄及两黄旗大臣的利益。可是，苏克萨哈由此多被

---

① 《清圣祖实录》卷23，康熙六年七月己未。
② 参见杨珍《历程 制度 人——清朝皇权略探》第五章第二部分 "董鄂妃与清前期宫廷史"。

诉病，故"望浅"①。百余年后，当乾隆帝为多尔衮平反时，谈到对苏克萨哈的看法：多尔衮殁后，"为苏克萨哈等所构，授款于其属人首告，诬以谋逆"②。

综上，顺治帝临终前决定辅臣人选时，孝庄会提出鳌拜、索尼、遏必隆等人。以苏克萨哈为辅臣，很可能是顺治帝之意。

3. 四辅臣的排名

有学者认为四辅臣的排名与年龄有关，实则不然。索尼、鳌拜皆过耳顺之年，在辅臣排名中分居首位和末位，比两人年少的遏必隆居第三位。可以肯定，顺治遗诏所列四辅臣排列之序，不是以年龄之长幼为依据。上三旗乃以镶黄、正黄、正白为排序。四辅臣的名次则与四人所隶旗分、所得爵位之高低不符。③ 另外，从此前侍疾、传谕等事例看，鳌拜所受孝庄之倚信，在遏必隆之上。顺治十四年八月后，领侍卫内大臣排名是以索尼居首，鳌拜、遏必隆分居第二位、第三位，苏克萨哈居后位。可见，四辅臣排名也不是按照领侍卫内大臣的排名而定。

根据以上分析，可以推论，遗诏中所列四辅臣名次，是孝庄母子之间做出的最后一次重大妥协。顺治帝对四位辅臣人选的情况了如指掌。将鳌拜列后，或因虑及此人性傲气盛，恐其日后专横。以苏克萨哈居次，与鳌拜相牵制，可使四辅臣的权势尽可能维持均衡。再者，鳌拜在四位辅臣中军功最著，但文化素养较低。这可能也是顺治帝以鳌拜居末位的理由。总之，辅臣排名之序，应是顺治帝原拟遗诏中被保留的真实部分。

三 孝庄与辅臣分掌皇权

1. 孝庄太皇太后的地位

康熙帝即位后第四天，顺治十八年（1661）正月十三日，孝庄皇太后谕诸王、贝勒、贝子、公、内大臣、侍卫、大学士、都统、尚书及文武官员等："尔等思报朕子皇帝之恩，偕四大臣同心协力，以辅幼主，则名垂万世矣。"④ 按，秦始皇以降，只有皇帝可以自称"朕"。这是孝庄首次也

---

① 《清史稿》卷6，第2册，第174页。
② 《清高宗实录》卷1048，乾隆四十三年正月辛未。
③ 参见姚念慈《康熙初年四大臣辅政刍议》，2007年《清史论丛》，中国广播电视出版社2007年版。
④ 《清圣祖实录》卷1，顺治十八年正月癸亥。

是唯一一次对全体宗室、满汉文武颁谕，而自称为"朕"，表明她是不在皇位的清朝最高统治者。两个月后，江南桐城县生员周南诣阙条奏十款，内称："请垂帘以勷盛治之隆。"① 孝庄对此未予采纳。

辅政前期，四辅臣担当国事，裁决庶务。凡重大事项，共同奏告孝庄。康熙元年（1662）夏末由清廷返国的朝鲜使者向其国王报告：辅臣奏白，孝庄"则别无可否，惟唯诺而已。以至纪纲法令，半不如前"②。仍供职清廷的汤若望则称，"这时的太皇太后对于政府具有巨大的势力"③。从目前掌握的史料看，康熙帝是皇权的正统代表，四辅臣代行皇权，孝庄太皇太后握有对国事的最后决定权，但她较少使用这一权力。在重大事情上，孝庄明确否定四辅臣意见，仅有两例。

其一，大约康熙三年（1664）底，孝庄谕告苏克萨哈、遏必隆、鳌拜：拟将索尼孙女、领侍卫内大臣噶布喇之女立为皇后。苏克萨哈对此不以为然。于是，以皇帝与未来的皇后年庚不符为由，对鳌拜、遏必隆说："噶布喇之女立为皇后，必动刀枪。满洲下人之女，岂有立为皇后之理？"遏必隆害怕惹事，劝说道："太皇太后所定之事，我等何以管得。"鳌拜却同意苏克萨哈的看法。于是，苏克萨哈、鳌拜偕遏必隆赴慈宁宫奏阻，希望孝庄改变这一决定。孝庄断然予以拒绝："满洲属人之女为何立不得皇后？我意已定，不必再议。"④ 四年九月，立噶布喇女赫舍里氏为皇后。按，从选立蒙古族女子为顺治帝皇后，到选立满洲女子为康熙帝皇后，似表明孝庄在思想观念和价值观上有所变化。

其二，康熙四年（1665）三月，在辅政大臣的支持下，清廷依据徽州新安卫官生杨光先的指控，拟将推行时宪历（新历）的钦天监监正汤若望等凌迟处死。⑤ 恰于此时，京城发生地震。时人眼中，这是上天示警之象。索尼认为，汤若望罪案须奏请懿旨定夺，事方允当，庶免追议。于是，四

---

① 《清圣祖实录》卷2，顺治十八年三月甲子。
② 吴晗辑：《朝鲜李朝实录中的中国史料》，第9册，第3884页。
③ ［德］魏特：《汤若望传》，杨丙辰译，第328页。另据［法］费赖之《在华耶稣会士列传及书目》，冯承钧译，上册，第178页：因皇太子（康熙皇帝）年幼，"命大臣四人为辅政大臣，凡要政皆取决于皇太后"。
④ 《鳌拜等罪案残件》，《明清史料》丁编第8本，第713、716页。按，"下人"之"下"，应为满语 xiya（侍卫）。类似例子还有"头等下（xiya）""三等下（xiya）"等，参见第714、722页。
⑤ 《清圣祖实录》卷14，康熙四年三月壬寅；卷15，康熙四年四月己未。

辅臣一同奏见孝庄。孝庄览奏，大不悦，掷还原折。申饬曰："汤若望向为先帝信任，礼待极隆，尔等岂俱已忘却，而欲置之死耶？"① 令速行释放。四辅臣立即照办，汤若望获释。

上述事例表明，孝庄位尊权重，辅臣不能也不敢违背她的意志。不过，孝庄隐居后宫，年事渐高。既已放手倚用辅臣，她本人不大关心也不愿关注与其利益无直接关系的具体事务。更重要的是，对于如何纠正顺治帝"渐习汉俗，于淳朴旧制日有更张"等"过失"，孝庄与辅臣之间已有共识。故一切政务"率循祖制，咸复旧章"②，"凡事俱遵太祖太宗例行"③。

2. 辅政大臣的施政举措

四辅臣辅政期间，在维护清朝统治，促进社会安定等方面采取了一些积极措施。例如，由于经济拮据，清廷曾一度恢复"练饷"，康熙元年通令停止；重视并力图缓解逃人问题；实施变通之法，减少迁海政策给沿海居民造成的损失；等等。在四辅臣协力治理下，清朝国家机器正常运转，统一战争进展顺利。顺治十八年（1661）年底，消灭南明永历政权。康熙三年，消灭坚持抗清的夔东十三家军。对退居台湾的郑氏政权采取以抚为主，以攻为辅策略。

所谓"率循祖制，咸复旧章"的施政方针，主要体现在部分改变中央机构建置和崇满抑汉等方面。如恢复清太宗时期的内三院，罢除内阁、翰林院；抬高满官地位，排挤汉官；排斥汉族封建礼仪；减少儒家思想传播；重惩拖欠钱粮的江南士绅，借"哭庙案""庄廷鑨明史案"打击汉族文人；等等。④ 四辅臣等将汉文化视为满洲旧制的对立面，以恪遵祖制为名，采取了一些阻碍汉化的措施。然而满汉统治集团成员的交往共事，满汉文化的逐步融合，满汉民族矛盾的逐步缓解，既是大势所趋，也是清朝统治得以巩固的基石。总的来说，四辅臣在思想认识上保守片面，对清朝未来发展缺乏长远眼光。

当然，对辅政时期"率循祖制"的若干举措，仍应予以客观评价。例

---

① 黄伯禄：《正教奉褒》，载韩琦、吴旻校注《熙朝崇正集 熙朝定案》（外三种），第303页。
② 《清圣祖实录》卷3，顺治十八年六月丁酉。
③ 《清圣祖实录》卷18，康熙五年正月辛丑。参见《清圣祖实录》卷1，顺治十八年二月乙未；卷3，顺治十八年七月辛未；卷4，顺治十八年八月甲戌。
④ 参见杨珍《中国史稿》第7册第一章第一节"康熙嗣位和亲政"，人民出版社1995年版。

如，革除十三衙门，"内官俱永不用"①，旨在纠正顺治帝生前倚用太监的倾向，具有积极意义。又如，乡试、会试停止以八股文取士，②这是对中国封建社会实施千余年的科举考试制度进行重大改革。再如，规定陈奏本章不得超过三百字，以简约真切为要，切忌浮饰之言。由辅臣所倡导的这一纯朴文风，康熙帝亲政后予以发扬。③

四辅臣施政期间，尤为注重扶持蒙古王公，重视蒙古族文化。以通婚为纽带的满蒙贵族联盟，建立于后金时期。清朝能够以弱胜强，取得对明战争中的优势，最终入主中原，这一联盟起有重要作用。顺康年间，为了维护漠南、漠北蒙古地区稳定，防范漠西厄鲁特蒙古准噶尔部对漠北喀尔喀蒙古的侵扰，亟须巩固、加强这一政治联盟。然而顺治帝的若干做法与此背道而驰。例如，清入关后，满文和汉文并为官文书通用文字，紫禁城内宫殿及庙坛匾额，则为满、蒙、汉三体文字。顺治十四年、十五年之交，顺治帝下令，宫殿、庙坛匾额一律去除蒙古字，只留满、汉两种文字。④此举显有轻视蒙古族文化之意。四辅臣采取了若干修正措施：如顺治十八年九月规定，凡亲王、郡王、贝勒、贝子、公、将军之正室及女封诰册文内，兼用满、汉、蒙古文字样；恢复理藩院独立地位，扩大人员设置，以理藩院尚书入议政之列；外藩世职视同在内各官，一体给俸；等等。这些举措对促进满、蒙、汉文化协调发展，巩固满蒙贵族联盟，加强对蒙古诸部的管理，均有裨益。

孝庄太皇太后来自漠南蒙古科尔沁部。四辅臣实施优惠蒙古政策与此不无关联，但不是主要原因。

四 辅臣的身份地位

康熙初年辅政体制下，辅臣的身份和地位比较特殊。他们全权处理国事，但相关礼仪中并未与皇帝相等同。

1. 辅臣与满汉大臣

四辅臣裁决庶务，以"上谕""谕旨""敕"等形式发布旨令，具有票拟、批红之权。同时，通过议政王贝勒大臣会议贯彻其意图。

---

① 《清圣祖实录》卷1，顺治十八年二月乙未。
② 《清圣祖实录》卷9，康熙二年八月癸卯。
③ 《清圣祖实录》卷24，康熙六年十二月壬申；卷281，康熙五十七年十月甲寅。
④ 《清世祖实录》卷105，顺治十三年十二月戊戌；卷106，顺治十四年正月癸丑。

这一时期主持议政王贝勒大臣会议的宗室，主要有正蓝旗和硕安亲王岳乐与镶红旗和硕康亲王杰书。顺治十八年（1661）正月康熙帝即位后数日，岳乐与杰书率领王公大臣于大光明殿设誓，愿为冲主竭忠效力。① 可见二人已在议政王之位。

议政王贝勒大臣会议被辅臣牢牢掌控，这同领衔议政宗室的个人情况也有一定关系。

杰书，礼亲王代善之孙，生于顺治二年（1645）。五岁袭封郡王。十五岁袭封亲王，赐号康亲王。

岳乐，饶余亲王阿巴泰子，生于天命十年（1625）。顺治初年屡次出征。八年（1651）由多罗贝勒袭封郡王，赐号安郡王。奉命管部务，任议政大臣、宗人府宗正。十四年晋封亲王，时年三十三岁。岳乐既有战功，又有从政经验。顺治帝对他另眼相看，倚任尤重。

此外，四辅臣时期曾领衔议政的满洲宗室，还有镶白旗和硕显亲王福寿（一作富寿）。他是肃亲王豪格子，生于崇德八年（1643）。顺治八年（1651）袭亲王，改号"显"，年九岁。康熙八年（1669）年底病故，年二十七岁。

康熙帝即位时，福寿十九岁，杰书十七岁，岳乐三十八岁。此前，福寿与杰书从未参与政务，从未出征疆场。所以，在议政会议成员内，年龄既长、阅历丰富、辈分最高的安亲王岳乐，成为"众人之首"。杰书、福寿抑或领衔议政，实则只是随从角色。康熙帝"口述回忆"中透露岳乐谄媚辅臣，对辅臣言听计从。岳乐如此，杰书、福寿勿庸论。

辅臣代行皇权，处理政事，但仍然具有亦臣亦奴的双重身份。他们与皇太后、皇帝之间的主奴关系并没有改变。部分满洲王公大臣从实际利益出发，对辅臣竭力奉迎。可是，在以儒家纲常为行为规范的汉臣眼中，对待辅臣的礼仪应与皇帝有严格区别。

康熙帝即位初始，仍在守丧。辅臣索尼、鳌拜等颇张威福，凡奏事者皆长跪。吏科给事中汉臣杨雍建认为，这样做有违礼法。当他入见辅臣时，"独立而语"。言毕，从容离去。辅臣不快却无可奈何。指其背影说："此南苑上书谏猎者也。"② 按，顺治十六年（1659）春，杨雍建任兵科给

---

① 《清圣祖实录》卷1，顺治十八年正月甲子。
② 李元度：《国朝先正事略》卷4，岳麓书社1991年版，上册，第94页。

事中。因顺治帝数赴南苑行围,杨雍建上疏劝阻:"愿皇上出入以时,起居必谨。"① 奏入,顺治帝震怒而未予治罪,杨雍建由是声名远扬。杨雍建进见辅臣立而不跪之举,为满汉众臣所仿效。

原顺治帝引见官员时,被引见者无不跪奏履历。辅臣当政,"诸臣引见俱不跪"。康熙七年(1668)正月,康熙帝已亲政半载。广西道御史杨维乔条奏称,引见不跪,于尊卑之分未合,请敕部遵旧制行。于是,礼部遵旨议覆。一议:"各官引见,原系察验身材面貌,应照前站立。天语垂问,方行跪奏。"另一议:"站立非人臣对君之体。嗣后引见文武各官,应跪。"得旨:"依后议。"② 事后,跪皇帝不跪辅臣成为定制。

辅政权力尽可使四辅臣掌控议政王贝勒大臣会议,指令宗室王公,然而亦臣亦奴身份又使其所受尊崇被限制在一定范围、一定程度内。权力与身份之间的制衡与平衡,在四辅臣与满汉大臣的关系中得到充分体现。

2. 四辅臣之间的关系

辅臣奉遗诏辅政时,奏知皇太后,"乃誓告于皇天上帝、大行皇帝灵位前"。内称:"索尼等誓协忠诚,共生死,辅佐政务,不私亲戚,不计怨仇……惟以忠心仰报先皇帝大恩。"③ 辅政头五年(顺治十八年至康熙四年),四辅臣之间矛盾还不突出。苏克萨哈与鳌拜结为姻娅,估计是在这一时期内。

康熙元年(1662)冬,索尼已患病。④ 因体衰年迈,往日勇谋相济风采日渐消失。他与鳌拜同为四朝老臣,故对鳌拜有一定牵制力。例如,鳌拜拟选取遏必隆亲家卓灵阿之弟为侍卫。索尼曾为此与鳌拜相争:"此系紊乱朝政。已经正法犯人之子,不宜选取侍卫。"⑤ 遏必隆既是晚辈,又性懦,多附从。鳌拜以功高自负,颐指气使,遇事专断,人多惮之。相比索尼和遏必隆,排在辅臣第二位的苏克萨哈很想有所作为。他一向自视甚高,非随波逐流之辈。故议事时,苏克萨哈与鳌拜屡有争执。然而处理具体事务中,如果四辅臣利益一致,则无异议。

---

① 《清世祖实录》卷123,顺治十六年正月癸卯。按,张宸《平圃杂记·补遗》记此事为顺治十七年(1660)。参见赵诒琛、王大隆辑《庚辰丛编》,1940年排印本,第3册,第10页。
② 《清圣祖实录》卷25,康熙七年正月戊午。
③ 《清圣祖实录》卷1。
④ 吴晗辑:《朝鲜李朝实录中的中国史料》,第9册,第3898页。
⑤ 《清圣祖实录》卷23,康熙六年七月己未。

康熙三年（1664）正月，正黄旗副都统穆占奏称，其牛录下部分壮丁地亩不堪，祈给地更换。经户部查覆，镶黄、正黄、正白、正红、镶蓝各旗壮丁地亩不堪者，共二万六千四百五十名。辅臣决定，将顺天、保定、河间、永平等府属州县，圈出地亩十三万二千二百五十晌分给各旗。① 圈占民地给予八旗官兵，是清初祸民最烈的弊政之一。被圈土地之民苦不堪言，流离失所，加剧社会动荡。顺治四年（1647）谕称："自今以后，民间田屋不得复行圈拨。"② 但是，八旗圈占民地现象仍有出现。此次圈地事件中，索尼所在正黄旗、苏克萨哈所在正白旗以及遏必隆、鳌拜所在镶黄旗均获利。故四人对此做法一致赞同。

鳌拜原与内大臣飞扬古有隙。康熙三年（1664）夏初，飞扬古子侍卫倭赫等四人同值御前。在鳌拜的挑唆下，索尼、苏克萨哈、遏必隆等认为倭赫等对辅臣有所不敬。于是，四辅臣共同罗织罪名，先将倭赫等四人论斩，又将飞扬古及另外二子处绞，一子发配宁古塔，飞扬古之房产籍入鳌拜弟穆里玛家。③ 鳌拜利用辅政权力排除异己，得到苏克萨哈、索尼等人纵容支持。

总的来看，辅政初期辅臣之间虽有龃龉，尚无重大利益冲突，故能大体相安无事。

五　辅政前期的康熙帝

1. 少年皇帝的忧患意识与勤奋历练

康熙帝即位时，不足七周岁；亲政时十三周岁零四个月。短短六年时光，康熙帝从一位髫龄天子，成长为胸怀大志的少年皇帝。他的早熟和睿智有先天因素，更多的是由客观环境造就。

康熙帝祖父清太宗皇太极是满洲人，祖母孝庄是蒙古族人，父亲顺治帝兼有满、蒙血统，生母孝康章皇后佟佳氏是汉军旗人。康熙帝兼有满、蒙、汉血统。顺治帝自幼聪慧，感情丰富细腻。康熙帝同样灵心善感。可是，对世事之洞察以及处理人际关系方面，少年康熙帝高于乃父。原因之一，是父子两人幼儿时的生活环境有较大不同。

---

① 《清圣祖实录》卷11，康熙三年正月甲戌。
② 《清世祖实录》卷31，顺治四年三月庚午。
③ 《清圣祖实录》卷11，康熙三年四月己亥。

顺治帝福临六岁以前，生长在盛京皇宫。崇德年间，清朝宫廷制度尚未健全。相比清入关后历代皇子，顺治帝幼儿时期的成长氛围相当开放宽松。他可以尽情从事骑射及其他户外游戏，较少受到宫廷礼仪的约束。从另一角度看，他的生活环境也比较单纯，对人间甘苦、世事万象感知甚少。当他入住紫禁城后，鲜有机会深入体察民情，"故于满兵之艰辛，人民之疾苦，原未周知"①。这一缺憾对其心智的发展弊大于利。顺治帝亲政后，无论是处理同后宫的关系，还是处理重大国政，常常表现出思想方法比较片面，好感情用事。

康熙帝生在紫禁城内，却有宫外生活经历。以往，我们只知道他大约三四岁时，迁居紫禁城外北长街路东福佑寺内，以避痘疹。据"口述回忆"，为了避痘，他还去服侍之人（如乳母、妈妈、嬷嬷等）家中住过，而且时间不短。这一经历使他在幼儿时期，亲身感受中下层旗人暨内务府包衣的家庭生活，目睹人间万象，粗知人性物理。这些对人与社会的认识，从典籍中是得不到的，对其心智的成长、成熟大有裨益。清入关后十位皇帝中，只有曾在藩邸生活十余载，自认为"于群情利弊，事理得失，无不周知"②的雍正帝，在这方面可与康熙帝相埒。雍正帝四十五岁即大位时，对清代社会的认识自然比乃父深刻。而康熙帝是以童子之心、幼儿之眼去观察体味，感受感知。这就为其日后的"人情练达，世事洞明"打下基础。

康熙帝十二岁大婚，在清朝十二帝中婚龄最早。像顺治帝一样，康熙帝也是十四岁亲政，但大婚却比顺治帝提前两年。这一情况也表明其身心发育皆早。

康熙帝所处时代以及他的皇帝角色，使他自幼具有忧患意识。

明清之际，发生了中国封建社会最后一次改朝换代。1644年（明崇祯十七年）短短数月内，清廷由偏居一隅的地方政权，转变为君临天下的全国政权。作为清朝统治民族的满洲入主中原后，主要统治对象是数量上占绝对优势、对清朝依然抱有疑虑、抵触态度的广大汉族民众。康熙帝做皇子期间，从他的长辈以及宫内侍奉人员，特别是留在宫中的旧明太监口中，对十余年间发生的社会巨变与诸多具体情况皆有耳闻。当他即位时，

---

① 《清世祖实录》卷88，顺治十二年正月戊戌。
② 《清世宗实录》卷24，雍正二年九月乙丑。

清廷已确立对全国的统治权。但社会尚未安定，经济凋敝状况没有完全缓解，因清廷实施薙发、圈地、逃人法等弊政而引发的满汉民族矛盾，尚未得到真正缓和。这种客观形势，对于他心智的早熟起到促进作用。

康熙帝即位初期，因年小不能亲掌朝政，有位无权。这与顺治帝曾受制于摄政王多尔衮的情况有相似处。在不很重要的事情上，康熙帝或能行使皇权。但凡重大政务，则须依从辅臣意见，不能以个人意志行事。这种身处至尊却受制于人的感受，伴随着他的成长，造就了他的早熟和深沉。

康熙帝即位后，屡有汉臣疏请举行经筵大典，建议从满汉大臣内慎选博通经史者数员，"令其出入侍从，以备朝夕顾问"。辅臣对此不以为然，辄以"报闻""下部知之"敷衍了结。① 辅臣辅政期间，经筵大典始终没有举行。不过，康熙帝至迟从登极时起，就在旧明太监辅导下习读经史，文化素养得到逐步提高。

如果没有孝庄的安排支持，康熙帝何能如此？可见，虽然孝庄不愿后辈习汉俗，但在皇孙的培养教育上，仍有一定政治眼光。

康熙帝尚是髫龄，已表现出对朝政的关心和兴趣，以及对行使权力的热情和主动性。

2. 康熙帝亲政前的理政实践

顺治帝亲政五年后云："于时睿王摄政，朕惟拱手以承祭祀。凡天下国家之事，朕既不预，亦未有向朕详陈者。"② 与乃父相似，自康熙元年（1662）始，康熙帝频繁参与例行祭祀活动。二年冬，朝鲜使臣返国后称："辅政大臣专管国政，一不禀达于儿皇。"③ 但康熙帝对朝廷大事并非无所闻。宗亲摄政与大臣辅政下少年皇帝之境遇，终究有较大不同。

例一，康熙元年三月，"北城监察御史祝钟灵，请解佐领并御史任养亲。部议以汉军无解任侍养之例，不准所请。上特允之"④。按，四辅臣辅政期间，可以使用"得旨""上谕""敕""批红"等方式表达意图，发布命令，但绝不能自称为"上"。清官修史籍中，"上"字唯指皇帝本人。

据《清圣祖实录》，这是康熙帝第一次过问政务，行使皇权，时不足 8

---

① 《清圣祖实录》卷 14，康熙四年三月丙午；卷 4，顺治十八年闰七月庚辰。
② 《清世祖实录》卷 88，顺治十二年正月戊戌。
③ 吴晗辑：《朝鲜李朝实录中的中国史料》，第 9 册，第 3898—3899 页。
④ 《清圣祖实录》卷 6，康熙元年三月丙子。

周岁。否定"部议"之举,表现出皇帝的专断和绝对权威。

康熙帝尚未亲政,何以得知汉军御史奏请解任养亲一事?况且奏请者并非上三旗人。据康熙帝晚年回忆:"朕自幼与旧时大臣同理国事。"这是指"十三岁亲政"之前。① 辅臣向孝庄奏告政务时,康熙帝或也在旁。所以,虽然没有亲政,康熙帝却能够在一定程度上了解政事,表达看法。

祝钟灵隶镶红旗汉军第二参领。顺治十年(1653)后,祝钟灵继伯父祝万年管理该参领下第二佐领。清初,北京外城分为中、东、南、西、北五城。十五年十月,工部郎中祝钟灵任北城监察御史。所谓"养亲",大约是指侍奉三年前因病解任的父亲、礼部侍郎祝万春。辅臣上台后,在若干待遇和相关政策上将汉军旗与满、蒙八旗区分对待,对汉军旗员相当苛刻,对满、蒙旗员倍加优宠。② 康熙元年八月一件吏部题本透露,凡汉军外官革职解任,不回旗者颇多。③ 这反映出汉军内部潜在的离心倾向。康熙帝特准汉军旗人养亲之请,其意义是多方面的。

解职"养亲"是尊奉儒家孝道的表现之一。这种做法在汉官中很普遍,八旗官员内尚无先例。祝钟灵的祖辈约在清入关前已隶汉军旗,但终究属于汉族血统。因长期受到汉文化浸染,祝钟灵的价值观仍带有儒家思想的烙印,故有是请。康熙帝批允其请,体现出对汉族传统礼义的认可和提倡。这也从一侧面表明,他研读经史有年,所受影响非浅。

康熙帝批允汉军御史祝钟灵的解职"养亲"之请,体现出对汉军旗官员的关注和关照。这与辅臣轻视、亏待汉军诸举措形成对比,从中可见康熙帝与辅臣在处理满汉关系上的差异。康熙帝的生母佟佳氏来自汉军旗,他本人有二分之一汉人血统,满洲血统只占四分之一。仅从这个意义上说,他更多的是一位汉族皇帝而不是满洲皇帝。他的乳母、保姆中也有汉军旗人。所以,他自幼跟汉军旗人学说汉语,直至老迈,讲汉语时仍带有沈阳汉语的语音特点。④ 就连日后他为皇太子允礽所选嫡妃,也是汉军女子,不是满蒙贵族女子。⑤ 这些情况,特别是他与汉族(汉军旗)具有血

---

① 台北"故宫博物院":《清代起居注册·康熙朝》,第22册,第12317页。
② 《清圣祖实录》卷5,顺治十八年十二月乙卯;卷6,康熙元年正月丁酉;卷8,康熙二年二月庚子。
③ 《清圣祖实录》卷7,康熙元年八月辛酉。
④ 爱新觉罗·瀛生:《满语杂识》,学苑出版社2004年版,第721—724页。
⑤ 参见杨珍《史实在清代传记中的变异:佟国纲、华善奏请改隶满洲考辨》,2013年《清史论丛》,中国广播电视出版社2013年版。

缘关系，是促使他对汉军旗的态度与辅臣显著不同的因素之一。

例二，康熙三年（1664）正月，满洲镶白旗人沙木哈被其弟三泰殴伤濒死，沙木哈妻哈里克誓以身殉。三泰被执送刑部。沙木哈重伤致死前，想到仅此一位胞弟，如果自己身亡，弟又抵罪，则会无人守先墓、抚诸孤。于是，他让妻子在其死后叩阍，救弟弟一命。哈里克遵照亡夫遗言，为三泰求情。得旨：宽宥。哈里克遂自尽殉夫。事发，礼部疏请旌表。"上命立碑墓上，书其事于石。"①

满洲（女真）俗尚殉葬。清入关后，较快接受并推崇儒家贞节观，既有其思想基础，也是争取汉族士人支持的举措之一。如顺治元年（1644）十月颁布的顺治帝即位诏中，命有司细加咨访孝子、顺孙、义夫、节妇，详核奏闻，建坊旌表。②顺治帝亲政翌月，再命旌表"满汉孝子、顺孙、义夫、节妇"③。辅臣辅政时期，"改世祖之政，必举太祖、太宗以为辞"④，但仍然定期旌表八旗节妇。⑤康熙帝命为沙木哈、哈里克夫妇立碑，书其事于石，对其孝亲、救弟、殉夫事迹大举褒扬；这对满洲夫妇的行为，被罩上孝友与贞节的光环。

例三，八旗满洲、蒙古、汉军品级向与汉官不同，四类人员升转各有定额。康熙三年夏，辅臣命将汉军品级、升转与汉官划一。⑥不久，吏部以补授总督、巡抚、通政使等员缺请旨。奉旨："不论汉军、汉人。"意即汉军、汉人一体补放汉人官缺。吏部循此思路，奏请"内三院大学士、六部尚书以下，鸿胪寺少卿以上，或汉军缺出，或汉人缺出"，也应不分别汉军、汉人一体补授。显然，这是歧视汉军、汉人。若以此为定例，汉军、汉人的升转机会大为减少。在此重大问题上，康熙帝与辅臣的看法不一致。"上令议政王、贝勒、大臣、九卿、科道会同酌议，勿令壅滞。"

---

① 《清圣祖实录》卷11，康熙三年正月壬午；《八旗通志初集》卷238，第8册，第5355页；《清史稿》卷510，第46册，第14145—14146页。

② 《清世祖实录》卷9，顺治元年十月甲子。

③ 《清世祖实录》卷53，顺治八年二月己丑。参见定宜庄《满族的妇女生活与婚姻制度研究》，北京大学出版社1999年版，第125—135页。关于旌表八旗节妇、烈妇，另见《清世祖实录》卷70，顺治九年十一月甲申；卷75，顺治十年五月丁丑；卷97，顺治十三年正月甲申。

④ 《清史稿》卷249，第32册，第9684页。

⑤ 依据《清圣祖实录》修纂凡例，自顺治十八年（1661）始，每年年终有"旌表八旗节妇"记载。又，雍正元年（1723）定八旗左右翼择地分建节孝妇女之祠，每年春秋二季致祭。参见《清世宗实录》卷12，雍正元年十月甲寅。

⑥ 《清圣祖实录》卷11，康熙三年四月己未；卷12，康熙三年五月辛未。

然而和硕显亲王福寿等集议时，出现两种意见。一议迎合辅臣，主张无论内外官缺，不必分别汉军、汉人，一体升转。另一议认为，内院大学士、六部侍郎以下原设汉军员缺，今有裁去者；汉人之缺亦有裁去者。若将汉军、汉人通融升补，恐缺少人多、难免壅滞。"今天下大定，事务繁多。似应将汉军、汉人裁过之缺，酌其衙门繁剧，量行议复，以疏壅滞。"持此议之人不同意辅臣意见，但又不敢明确支持康熙帝，直言汉军、汉人仍应分别占有官缺名额，而是折中调和，主张适当恢复已裁去的汉军、汉人官缺。两议一并奏入，辅臣出旨："依前议。堂官员缺，汉军官员每衙门不得过一员。"①

此事表明，辅政体制下，当皇帝与辅臣的意见相左时，辅臣可以不服从皇帝，议政王贝勒大臣会议成员及部院大臣无不听从辅臣的旨令。

上述三例，除去第二例事关儒家忠孝节烈观念外，其余两例涉及汉军、汉人利益。换言之，如何处理满汉关系，如何对待汉军旗人和汉人，是康熙帝与辅臣分歧症结之所在。

康熙五年（1666），发生正白旗与镶黄旗之间圈换土地事件。顺治初年多尔衮主政圈地时，不按八旗次序分给，镶黄旗应得之地为正白旗所得。鳌拜立意在正白旗与镶黄旗之间更换土地，得到索尼与遏必隆的支持。这样做直接损害正白旗利益。苏克萨哈内心不愿，不便明言。

满洲正白旗人大学士管户部尚书事苏纳海，直隶、山东、河南总督朱昌祚，汉军镶红旗人直隶巡抚王登联奉命办理此事。经实地查勘，发现因地土分拨日久，两旗官丁较量肥瘠，相持不决，不愿圈换；自闻命后，旗地待换，民地待圈，抛弃不耕，百姓失业。于是，苏纳海等分别禀公上疏，以旗民皆不愿圈换，亟请停止。② 鳌拜等闻之恼怒，命将三人于勘察地蓟州执捕，拟定斩首。据"口述回忆"，四位辅臣为此事入奏时，康熙帝并未明确同意索尼、遏必隆、鳌拜的意见，将苏纳海等人斩首。康熙帝的回答模棱两可："若果真当杀，尔等即杀之；若应恩养，即应恩养。"于是，鳌拜等出，称旨：因情罪俱属重大，"苏纳海、朱昌祚、王登联俱著即处绞，其家产籍没"③。康熙帝既然给辅臣提供了"杀"与"不杀"两

---

① 《清圣祖实录》卷12，康熙三年闰六月丙戌。
② 《八旗通志初集》卷156，第6册，第3944—3947页。
③ 《清圣祖实录》卷20，康熙五年十二月丙寅。

种选择，辅臣择其一行之，也可以说是"称旨"。

从这件事中可以看出以下情况。

鳌拜等执意置苏纳海于死地，矛头实际对准苏克萨哈。在他们眼中，苏纳海与苏克萨哈系一体之人，"将他灭戮，坏去苏克萨哈一手一足"①。

据《清圣祖实录》，康熙五年（1666）正月两旗换地一事首次提上议程，即有"称旨"之记载。至是年十二月苏纳海等被处绞，在此期间凡涉及两旗换地之议覆、奏疏等，辅臣之出旨必是"称旨"，计出现七次。② 除去最后一次外，其他六次辅臣是否均曾入奏，康熙帝如何表态，尚未发现相关记载。不过，可以肯定，鳌拜偕索尼、遏必隆迫使康熙帝同意处绞苏纳海三人之前，康熙帝已知此事。辅臣奏告康熙帝的同时，应曾奏知孝庄太皇太后。

鳌拜被执后，康熙帝为苏纳海三人昭雪。称"伊等皆国家大臣，并无大罪，冤死深为可悯"③。分别给谥，荫子入国子监读书。康熙四十五年（1706）康熙帝做出"口述回忆"后不久，谕大学士等："至于巴图鲁公鳌拜、遏必隆为圈地事杀尚书苏纳海、总督朱昌祚、巡抚王登联，冤抑殊甚。此等事皆朕所不忍行者。朱昌祚等不但不当杀，并不当治罪也。"④ 既然如此，辅臣奏请处绞时，康熙帝为何没有明确反对？

时康熙帝尚未亲政，在重大事情上无决定权。加之历世未深，知人尚浅，缺乏经验。而索尼、鳌拜等既是勋旧大臣，从年龄讲则是康熙帝的祖父辈。他们两人偕遏必隆一致主杀，康熙帝不愿与其对立，宁肯舍去苏纳海三人。孝庄在此事上的态度，可能也不明朗。因此，不管康熙帝内心怎样想，他的回答是在可杀、可不杀之间，实为留有余地，交给鳌拜等斟酌处理。这或许是一种政治智慧，也反映出他在皇帝生涯初期的实际权力和地位。

清廷内部围绕两旗换地发生的尖锐矛盾及其惨烈结果，是康熙帝即位以来首次遇到的棘手之事。他的表现比较被动。这一挫败感给他以激励，他渴望亲掌权柄，摆脱羁绊与牵制。

3. 初露锋芒 纠正辅臣偏差

康熙六年（1667）正月至六月，清廷若干政策方针发生变化，与辅臣

---

① 《鳌拜等罪案残件》，《明清史料》丁编第 8 本，第 713 页。
② 姚念慈《康熙初年四大臣辅政刍议》一文也有此统计。
③ 《清圣祖实录》卷 30，康熙八年七月壬寅。
④ 《清圣祖实录》卷 224，康熙四十五年三月丙寅。

以往做法显有不同。康熙帝在一定程度上、一定范围内亲理政务，力图纠正辅臣的偏差。仅举三例。

例一，为汉军、汉官正常升转开通渠道

康熙六年（1667）正月，命汉太常寺卿照满洲例开列，升补内院学士。① 这是提高汉官地位的一个信号。

三月，谕吏部："内三院各设汉军学士一员，此系定例。今汉军学士员缺，将汉官一并开列。"汉军学士品级定为二品，若将三品、四品官员一并开列，于例不合。命定议具奏。②

四月，吏部遵旨议覆："嗣后内三院汉军学士缺出，将汉军应升官员，开列请旨升补。汉大学士、学士缺出，停其汉军、汉人兼补，照旧例将应升汉官会推升补。至内三院汉军、汉学士缺出，应仍照品级考，将侍读学士等官开列。"奏入，从之。③

汉军、汉人一体升转以致减少汉军、汉人缺额的做法，在实施两年多后终于被停止。这于调动汉军、汉人官员积极性，改善满汉关系大有益处。

例二，求言图治

康熙六年二月，清廷决定恢复自康熙元年停止的大计和京察，定期考核官员制度重新得以确立。

三月，谕令都察院科道官员，"于国家应行要务即应直陈，一切奸弊即据实指参，无所顾畏，庶几无负职掌"④。谕旨对"职司风纪"的科道官员提出严格要求，语气之迫切率直，为辅臣所颁谕旨所未有。

五月，谕吏部等衙门：近闻直隶各省民多失所，疾苦颠连。或系官吏贪酷，朘削穷黎。抑或法制未便，致民失业。"一切民生利病，应行应革，尔内外各衙门大小文武等官念切民依，其各抒所见，毋隐。"⑤

例三，加强对平西王吴三桂的控制

在清朝统一全国的战争中，吴三桂、尚可喜、耿仲明、孔有德等汉族藩王起有重要作用。其中，平西王吴三桂功劳最大，最为强势。顺治十八

---

① 《清圣祖实录》卷21，康熙六年正月庚寅。
② 《清圣祖实录》卷21，康熙六年三月乙未。
③ 《清圣祖实录》卷21，康熙六年四月乙巳。
④ 《清圣祖实录》卷21，康熙六年三月壬辰。
⑤ 《清圣祖实录》卷22，康熙六年五月丙午。另参见卷22，康熙六年六月丙申。

年（1661）年底，吴三桂率军捕获永历帝朱由榔，南明政权亡。清廷为酬功而对吴三桂施加殊礼。康熙元年（1662），晋封吴三桂为亲王。除管理云南文武官员、兵民各项事务外，兼辖贵州。二年，兵部议准吴三桂奏请，云贵二省督抚敕书，撰入"听王节制"诸字。① 由是吴三桂权势愈大，骄纵愈甚，专擅人事财务，称雄滇黔。辅臣倚用吴三桂镇守云贵地区，然而对他过于纵容，既无约束机制，又乏长远之虑。这种做法在康熙六年有了改变。

康熙六年（1667）夏，吴三桂以目疾求解云贵两省事务。得旨："王久镇岩疆，总理两省，勋劳茂著，倚毗方殷。览奏，知两目昏瞆，精力日销，皆因事繁过瘁，深轸朕怀。云贵两省事务应作何管理，著该部议奏。"② 吴三桂欲揽事权，假做试探。不料清廷顺水推舟，将计就计。谕吏部："应将该藩所管各项事务照各省例，责令该督抚管理。其大小文官，亦照各省例，吏部题授。"③ 事已至此，吴三桂心有不愿，无可奈何。数月后，云南贵州总督卞三元等合词奏请，希望吴三桂仍总管滇黔事务。得旨：该藩以精力日为销减奏请，故照所请允行。"今地方已平，若令王复理事务，恐其过劳，以致精力大损。如边疆地方遇有军机，王自应料理。"④ 这一应对之策富有胆略，同辅臣以往迁就俯合之态截然有别，与六年后（康熙十二年）清廷借尚可喜等疏请移藩辽东之机锐意撤藩，何其相似。

在此半年（康熙六年正月至六月）间，清廷内政举措的特点是康熙帝力行纠偏与辅臣推行保守方针并行。例如，早在顺治十五年（1658），顺治帝改革官制，满汉官员品级划一。⑤ 这是提高汉官地位，改善满汉关系的一项重要措施。辅臣则从尊崇满洲出发，着力提高满官品级。如康熙六年（1667）二月，吏部遵旨议覆，各部院官员品级，照顺治十四年（1657）以前定例。⑥ 然而鳌拜被执后翌年（康熙九年，1670），满汉大小官员品级重新划一。⑦

---

① 《清圣祖实录》卷8，康熙二年二月丁巳。
② 《清圣祖实录》卷22，康熙六年五月辛酉。
③ 《清圣祖实录》卷22，康熙五年六月癸酉。
④ 《清圣祖实录》卷24，康熙六年九月己巳。
⑤ 《清世祖实录》卷119，顺治十五年七月戊午。
⑥ 《清圣祖实录》卷21，康熙六年二月癸酉。
⑦ 《清圣祖实录》卷32，康熙九年三月丙寅。

康熙帝的纠偏效果只是局部的。不过，在这半年中，他的理政能力得到很大提高。康熙六年（1667）七月辅臣奏请康熙帝亲政时，称天下事务，主上"总揽裕如"①。此言显有溢美，也并非完全不符实情。

与顺治年间多尔衮的摄政突然中止有所不同，康熙初年皇权、皇位分离情况终结前，经历了一个过渡阶段。

第三节 辅政后期：康熙亲政与皇权皇位归一

辅政后期总计不足两年，即康熙六年七月至八年五月前。这一阶段的特点是：辅臣归政而未辞政，鳌拜专权倾向日显；康熙帝未听鳌拜、遏必隆的"教导"，力行新举措，但重大人事上有所迁就。

一 亲政、辅理并行

康熙五年（1666）八月，刑科给事中张维赤疏言："伏念世祖章皇帝顺治八年亲政，年登一十四岁。今皇上即位六年，齿正相符。乞择吉亲政。"疏入，报闻。② 这位汉臣的奏请没有得到清廷回应。

康熙六年，康熙帝十四岁。年初，索尼病势趋重。三月，在他的倡议下，四辅臣共同奏请康熙帝亲政。奏疏留中未发。六月，索尼病故，赐谥"文忠"。辅臣内部维持数年的稳定态势就此打破。康熙帝亲政事宜提上日程。

康熙帝先是对辅臣奏请亲政予以推辞："朕年尚幼冲，天下事务殷繁，未能料理，欲再俟数年。"③ 康熙六年七月，康熙帝携辅臣往奏太皇太后曰："钱粮刑法诸事重大，万一所虑未周，铸成大错，无可挽回。"经辅臣复奏，孝庄俞允："令鳌拜、遏必隆暂且会同办事。"④

康熙帝暂与辅臣共理政事，是一明智之策。

虽然辅臣"屡行奏请"康熙帝亲政，从鳌拜后来一系列表现看，并不想真正卸政。索尼故去后，鳌拜在辅臣中的实际地位进一步提升。如果迫使其卸政，可能激化辅臣与皇帝之间的矛盾。此其一。

---

① 《清圣祖实录》卷23，康熙六年七月乙巳。
② 《清圣祖实录》卷19，康熙五年八月己酉。
③ 《清圣祖实录》卷23，康熙六年七月乙巳。
④ 《宫中档康熙朝奏折》第8辑（满文谕折第1辑），第3页。

康熙帝尚乏料理政务的充足经验，特别是对部院大臣还不够熟悉了解。这对他决定人事任免事项，会有一定不利影响。此其二。

康熙六年七月初七日，康熙帝躬亲大政。从这一天起，坚持御门听政，历时五十五年，直至六十九岁病逝。

少年皇帝力图独立行事，不为他人左右。清制，凡重大庆典，颁诏大赦。康熙帝亲政前夕，没有循例让议政王、贝勒、大臣、九卿、科道等会议赦款，也没有与辅臣商议此事，而是密拟诏内恩赦凡七十一条，临期颁行。① 此为众人所料未及。

鳌拜无法阻止康熙帝亲政，又不愿就此放权。于是，通过奏疏谏言，试图对康熙帝的施政予以影响。

二 遏必隆、鳌拜的奏疏

四辅臣在辅政时期的奏疏原文，目前所见仅此一件。这件奏疏用满文书写，无具奏日期。具奏人为遏必隆、鳌拜，列名次位的鳌拜却是奏疏的主使者。从奏疏中可见具奏人在康熙帝亲政前后的所忧所虑、辅臣之间的矛盾分歧、辅臣与康熙帝的关系以及隐含在字里行间的思想倾向。

1. 奏疏原文和汉文译本比对

奏疏原文如下：

dasan de aisilara ambasa i gingguleme wesimburengge: mentuhun i gūnin be gingguleme tucibure jalin. te hūwangdi beye tumen baita be icihiyara be dahame, urunakū tondo sain niyalma be hanci obufi, koimali jalingga urse be aldanggaobuci acambi. amban be taidzung hūwangdi forgon de ucarafi, gosiha ujihe kesi be alifi, yaya dasan be yabubuha. niyalma be baitalaha be saha be dahame, murušeme tucibuki. taidzung hūwangdi fonde , gulu sijirhūn niyalma be baitalafi, tafulara gisun be gaime, yaya hese wasimbure de, emu niyalma de wasimburakū. baita be wesimbure de emu niyalma be wesimbuburakū. urunakū tere acafi gisureme ofi, daliburengge akū bihe. te hūwangdi genggiyen ulhisu de, tondosijirhūn niyalma be baitalame, koimali jalingga urse be aldangga obuha de dergi fejergi gūnin hūwaliyafi, muribure dalibure ba akū ombi. tuwaci julheci ebsi, amban oho niyalma, han niyalmai baitalara be dahahangge ambula. han niyal-

---

① 《清圣祖实录》卷23，康熙六年七月己酉。

ma tafulara jombure be gaici, tondo sijirhūn niyalma baitalabumbi. dorgideri acuhiyadara haldabašara gisun be donjici, koimali jalingga urse hanci ombi. te amban be ejen i hanci dasan i baita be aisilame icihiyara be dahame, urunakū eberi moyo gūnin be wacihiyame, mutere teile ši dzu hūwangdi werihe ujen hese de karulame tondo unenggi be akūmbuki sembi. damu bairengge yaya sain be saišara, ehe be wakalara niyalma, iledu wesimburakū dorgideri wesimbure oci. hūwangdi gengiyen i bulekušefi, donjime jaka uthai tucibufi, angga acabume, uru waka be ilgaha de, tondo niyalma huwekiyembime dorgideri belere jalingga urse isembi. gūnici dorgideri wesimbure niyalma, urunakū beyebe tondo sain arafi, niyalma be ehe obume belerengge ambula. udu amban meni ilan niyalma sehe seme, inu emhun dorgideri wesimburengge bici, uthai tucibufi derei juleri getukelehede, abkai fejergi niyalmai mujilen dasabufi, jalingga urse mohombi.

mafari gulu sijirhūn kooli de acanambime, tumen jalan de durun obuci ombi. erei jalin gingguleme wesimbuhe.

ebilun oboi①

该奏疏的汉译文收入1998年黄山书社出版的《雍正朝满文朱批奏折全译》中。现抄录如下：

《辅政大臣遏必隆等奏陈近贤远恶治国折》

辅政大臣等谨奏：为恭陈愚意事。

今皇帝亲理万机，务近忠善之人，应疏远奸宄之人。臣等逢太宗皇帝之际，承蒙仁养之恩，既晓诸凡行政用人，以略陈之。太宗皇帝时，用正直之人、纳谏；诸凡奉旨，不谕一人；奏事之时，不准一人奏，务需面议，故无蒙蔽者。今皇帝聪睿，用忠直人，疏奸宄者，上下齐心，可无冤弊之事。观之，自古以来，为臣之人，从人君所用者多。君纳之谏，以用忠直之人，内听谄媚之语，则近奸宄之人。今臣等既于御前辅理政事，务完成愚钝之心，仅能图报世祖皇帝遗留要旨，以尽忠诚。惟请诸凡奖善参恶之人，若不明奏而暗中具奏，皇帝睿鉴，听闻即出对质，以辨是非，嘉勉忠人，惩治暗中诬告之奸宄小人。暗中参奏之人，必自诩忠善，以人为善诬告者多；虽谓臣我等三人言，若独有暗自参奏者，

---

① 《宫中档雍正朝奏折》第32辑（满文谕折第5辑），第599—601页。编辑者原拟标题："辅政大臣郎中遏必隆等奏陈历代君主皆以近忠贤远小人以治国事"。

即显露于面前，整治天下人心，奸者尽绝。以符祖辈正直之例，且为万世楷模。为此谨奏。

遏必隆、鳌拜①

原译忠实于原文。但或许是为了照顾汉文表达习惯，有些满文因素（如满文书写中的抬写和对清帝的不同称呼）无法显示或没有译出。这就削弱了该奏疏作为原始史料的价值。下面，我们试将这些遗漏之处翻译、显示出来，并据此阐述一些重要史事。

试译文：

辅政大臣等谨奏：为敬抒愚心事。今皇帝（按，抬写）躬理万机，务应亲近忠正贤良之人，远离巧诈奸恶之人。臣等生逢太宗（按，抬写）皇帝之时，承蒙仁爱养育之恩，命参与所有政务。既谙用人，拟简略陈之。太宗（按，抬写）皇帝时，任用忠直之人，听取劝谏。凡降旨，不只与一人言之；凡奏事，不准单人入奏。务必当面议说，所以无所蒙蔽。今因皇帝（按，抬写）聪明睿智，任用忠直之人，远离巧诈奸恶之人，上（按，抬写）下齐心，无冤屈遮蔽之处。观之，自古以来，为人臣者，多随汗之意，汗若听取劝谏，忠直之人即受任用。若听信暗中诽谤谗言，奸诈之人则近。今臣等在主子（按，抬写）近前佐理政务，务尽愚心，务穷所能，报答世祖（按，抬写）皇帝所遗重旨，务竭忠诚。惟请奖赏所有贤良之人，贬斥所有邪恶之人。若有不行明奏而行暗奏者，皇帝（按，抬写）睿鉴闻之，立即指出对质，以辨是非，此即勉励忠直之人，震慑暗中行谤之人。伏思，暗中具奏之人，必定多写自己忠善，诬诳他人行恶。即使臣等三人，如有单独暗中具奏者，立即指出，当面查明，则得以治天下人心，根绝奸诈之人。

符合列祖（按，抬写）正直之例，且为万世楷模。为此谨奏。

遏必隆、鳌拜

2. 奏疏对清帝的称谓透露辅臣思想倾向

一如辅臣坚持用人行政"仰法太祖太宗谟烈"的一贯做法，奏疏反复阐述清太宗皇太极的相关事例，希望康熙帝依照列祖成宪行事。可是，曾经受到辅臣非议和指责的"渐习汉俗"，竟也在辅臣规劝康熙帝的言辞中

---

① 中国第一历史档案馆译编：《雍正朝满文朱批奏折全译》，黄山书社1998年版，下册，第2530、2531页。

有所显现。

试译文译出奏疏对清帝的数种称谓,包括"皇帝"(hūwangdi,如"太宗皇帝 taidzung hūwangdi""世祖皇帝 ši dzu hūwangdi"),"汗(han)""主子(ejen)""上(dergi)"和"列祖(mafari)"。全篇文字内,"皇帝"出现三次,均指称康熙帝;"太宗皇帝"出现两次,"世祖皇帝"出现一次;"汗"出现两次;"上""主子"和"列祖"各出现一次。其中,只有"汗"没有抬写,其他称谓都予抬写。这一现象反映出满洲入关后明显的汉化趋势。

其一,"皇帝"是汉族王朝对最高统治者的称谓。我国北方游牧(渔猎)民族称其首领为"汗",满洲(女真)亦同。《旧满洲档》《内国史院档》《满洲实录》等记述清入关前历史的满文文献中,凡述及当时健在的(清太祖)努尔哈赤、(清太宗)皇太极等,大都称为"汗"(han)。清入关后,以"汗"指称皇帝的满洲习俗依然保留,汉译则为"皇帝"(参见第一章"'皇父摄政王'考辨")。然而该奏疏却更多地依照汉王朝习惯,凡称当朝皇帝康熙帝,均曰"皇帝"(hūwangdi),而满洲对最高统治者的传统称谓"汗"只出现两次。由此看来,即使是对汉文化怀有抵触情绪的满洲老臣如鳌拜、遏必隆等,也开始不自觉地采依汉制,直接用"皇帝"来称呼清帝。

其二,清制,凡书写对皇帝的相关称谓,都要抬写,以示尊崇,满、汉文皆然。可是,奏疏书写"汗"时没有抬写,两处都如此。然而书写其他几种称谓(皇帝、主子、上、列祖)时均予抬写。这就是说在奏疏者的潜意识里,觉得"汗"已没有"皇帝"那样至高无上。

其三,奏疏中除了称清帝为"皇帝""汗""上"之外,还称为"主子"。如前所述,鳌拜、遏必隆等具有朝廷辅臣和主子之奴仆的双重身份,对于他们来说,清帝既是皇帝,也是汗和主子。这反映出清帝身份的多维性。必须强调的是:奏疏中"皇帝""汗""主子"等称谓交替出现,表明这种多维性是融合为一、不可分离的。在这些表达帝王多维身份的称谓中,"皇帝"是多维身份的中心。一些西方学者认为清帝对汉人而言是"皇帝",对满洲和其他少数民族而言是"汗",将清帝的多维身份相互剥离。这不符合历史事实。

上述对清帝的各种称谓及不同书写格式,出现在同一篇奏疏中,体现了以宗亲血缘关系为纽带的满洲统治集团构成特点,也体现了清王朝与汉这件正式上达康熙帝的奏疏，无论是否由遏必隆、鳌拜亲笔书写，所用言辞既反映其意，奏疏样式也必经其过目。看来，鳌拜等虽然反对汉化，但他们自己也无可选择地处于汉化过程中，下意识地接受汉文化。这种自相矛盾处，他们本人未必能够觉察。

3. 奏疏的起因和时间

汉臣熊赐履的条奏或为奏疏之起因。

以索尼等奏请亲政为契机，康熙帝开始为亲政做准备。康熙六年（1667）三月令科道指参官场奸弊未久，内弘文院侍读熊赐履上"为国除弊条奏"。内称："内臣者，外臣之表也；京师者，四方之倡也。"今"政事极其纷更而国体因之日伤……而急功喜事之辈，又从而意为更变于其间，但知趋目前尺寸之利，以便其私而就中。莫大之忧，无穷之患，潜倚暗伏于冥冥之内，而皆不知所以为之计"①。

鳌拜原本担心言官议论指摘，曾与遏必隆等商议，禁止科道陈言。② 当他得知熊赐履的条奏，认为是在迫其辞政，更加惶恐不安。他对康熙帝说："此乃欲退我等谤奏，理应治罪。"③ 康熙帝不允："彼自陈国家事，何预汝等耶？"④ 鳌拜仍心有余悸。拟偕辅臣合词陈奏，于是有此奏疏。所云"臣等三人"，是指苏克萨哈、遏必隆和鳌拜。然而在奏疏上署名的只有遏必隆、鳌拜，没有苏克萨哈。其原因将在下面分析。奏疏力劝康熙帝遵行祖制，任用忠直，警惕暗中行谤之人。"忠直"乃其自指，所谓奸诈恶人，当指熊赐履等。

此外，根据奏疏的内容，可以对具奏时间做一大致判断。

其一，奏疏内称"臣等三人"。排在四辅臣首位的索尼于康熙六年六月二十三日故。⑤ 所以，奏疏时间上限，应当是索尼去世后。

其二，康熙六年七月七日康熙帝亲政。其后六七天内，每日御门听政，亲理各类事宜，如宣诏天下、加恩辅臣等。有一种意见认为，鳌拜等

---

① 熊赐履：《经义斋集》卷1，《应诏万言疏》，《四库全书存目丛书》集部第230册，第218、219页。
② 《鳌拜等罪案残件》，《明清史料》丁编第8本，第714页。
③ 同上。
④ 钱仪吉纂：《碑传集》卷11，中华书局1993年版，第1册，第268页。
⑤ 《清圣祖实录》卷22，康熙六年六月丙申。按，《清实录》所载大臣奏疏或亡故等日期或不甚准确。

正是在这时上的奏疏。① 值得注意的是，奏疏内云："te hūwangdi beye tumen baita be icihiyara be dahame"（今皇帝躬理万机）。如果仅从汉译文看，似可理解为上奏时间是康熙帝亲政之后。可是，满文原文显示，"躬理"（icihiyara）这一行为的表述语态是"现在—将来时"。故据此无法判定皇帝是现在还是将要"躬理"万机。况且康熙帝在亲政前，已开始处理政务。因此，我们反而不能断定奏疏的时间是在康熙帝亲政之后。

另据康熙六年（1667）七月十七日鳌拜罗织的苏克萨哈罪款第五条："鳌拜、遏必隆等以皇上亲政之日将近，商议启奏应行事宜。苏克萨哈云：未定谁是主持启奏之人，如何议得。将公议启奏之事以为不知，岂非伊意不愿。"② 如果三人商议启奏的是此奏疏，那么，奏疏的时间也可能在康熙帝亲政前夕。然而苏克萨哈罪款第十四、十五条，明确提到他不肯在该奏疏上具名一事。所以，奏疏的时间下限应当在六年七月中旬之前。

综上，比较合理的推论是：奏疏时间在康熙帝亲政前后；上限在六年六月下旬索尼去世之后，下限是七月中旬苏克萨哈获罪之前。

4. 奏疏中透出的强势态度

诚如苏克萨哈所言，这篇奏疏实为对康熙帝进行"教导"。具奏人希望康熙帝像太宗那样，一是凡有谕旨，不只给一人；众臣同奏，不允许一人秘密入奏；二是听从劝谏之言，近善远恶。按，以往大臣所上奏谏，多集中在具体事务。但鳌拜等却是"教导"康熙帝如何处理政务，如何明辨善恶。

具奏人理直气壮的"教导"，是建立在继续遵循祖宗旧制的治国理念上。这是四辅臣禀行的基本施政方针。然而清入关后采用汉制，逐步汉化乃大势所趋。辅臣上述为政宗旨，无法适应康熙初年的形势需要，势必要改弦更张。

值得注意的是，奏疏多次使用了"urunakū"（务必、必定）一词，这就意味着具奏人要求康熙帝必须这样做，没有商量余地。这种强硬之态，在清朝大臣奏疏中难觅二例。

由奏疏可见，康熙帝亲政前后，鳌拜倨傲如故，对少年康熙帝十分轻

---

① 白新良《康熙擒鳌拜时间考》认为，此疏上奏时间应在康熙六年（1667）七月七日康熙帝亲政至当月十三日苏克萨哈疏辞退一切职务这七天内。该文载《满族研究》2005年第3期。

② 《清圣祖实录》卷23，康熙六年七月己未。

视。康熙帝阅罢奏疏，没有写下朱批。如此之"教导"使他深感不快，但隐而未露，以保证亲政初期政局稳定。

这件奏疏是辅臣分裂、苏克萨哈即将罹罪的一个信号。鳌拜与康熙帝分别采取的攻、守之策，在不久后处理苏克萨哈案中得到继续和发展。

三　苏克萨哈案

康熙八年（1669）清廷为苏克萨哈平反时，称案主"虽系有罪，罪止本身，不至诛灭子孙后嗣"。与对待苏纳海等人不同，苏克萨哈未予谥。①四十五年"口述谕旨"中，承认苏克萨哈系"无罪被杀"。然而二十年后，雍正帝则将苏克萨哈与鳌拜相并论，称两人"身罹重罪，而其子孙俱蒙皇考宽宥，且加恩录用"②。

苏克萨哈何罪之有？

一方面，来自正白旗的苏克萨哈，始终没有得到来自两黄旗的三位辅臣真正认可。另一方面，苏克萨哈也乏自知之明。处境堪忧，依然出言不逊，行事不谨，授人以柄。

例如，康熙帝因所用弓箭过软，令加大硬度。造办处弓匠奉命加工制作时，苏克萨哈、遏必隆、鳌拜偕内大臣赖塔库、鳌拜侄"内廷行走"塞本德等一同前往看视。当着众人之面，苏克萨哈说："皇上是个寡嘴，他如何使得硬弓。"又说："该班的弓如何使得。"并随手将御用弓箭抛掷。再如，苏克萨哈曾以坐汤为名，"去汤泉处四十余日，唱戏玩耍"；赴盛京时并未参谒陵寝，反将陵寝所用之砖拿去打炕；等等。③ 时人眼中，这些言行均属恣意妄为，"欺藐皇上"。

辅政之始，"四臣盟誓，凡欲奏事，公同启奏"④。这一举措无法防止四人结党徇庇或挟仇诬陷，但隐约可见诸王大臣共议国政的满洲遗风。康熙帝亲政前，鳌拜、遏必隆与苏克萨哈商议启奏应行事宜，再次公议确定，若有奏事，三人同进。⑤ 苏克萨哈则因尚未确定主持启奏之人，在商

---

① 《清圣祖实录》卷30，康熙八年六月壬申、七月丁酉。
② 《上谕八旗》，雍正四年十月二十九日，雍正朝内府刻本。
③ 《鳌拜等罪案残件》，《明清史料》丁编第8本，第715页；《清圣祖实录》卷33，康熙六年七月己未。
④ 《清圣祖实录》卷23，康熙六年七月己未。
⑤ 《鳌拜等罪案残件》，《明清史料》丁编第8本，第715页。

讨中表现冷漠。① 索尼死后，鳌拜显有跃居首席辅臣之势。而苏克萨哈看来，按照顺治帝遗诏，他在四辅臣中名列第二，理应由他接替索尼，主持启奏。可是，从索尼去世后至康熙帝亲政，时有旬月，康熙帝对此事始终没有表态。苏克萨哈暗自不平。为了寻求靠山，他竭力取悦于孝庄太皇太后。他本人也承认：康熙帝亲政前，他"曾屡次奏过太皇太后，夕归政于皇上，朝即具疏，恳往陵寝居住"②。鳌拜的耳目遍布宫中。苏克萨哈独自赴慈宁宫谒见一事，很快为鳌拜得知。鳌拜认为，苏克萨哈违背誓言自行启奏，必在孝庄面前尽揭其短。于是对苏克萨哈更加忌恨。

恰在此时，鳌拜邀约苏克萨哈在"教导"康熙帝的奏疏上署名，遭到拒绝。这使苏克萨哈与鳌拜、遏必隆之间的矛盾进一步尖锐化。

在总计二十四条苏克萨哈罪款中，有两款提及此件奏疏：

"鳌拜、遏必隆曾向苏克萨哈言：恐御前有奸恶之辈暗害忠良，我等应将太祖、太宗所行事例敷陈。且世祖遗诏，亦令遵照太祖、太宗例行。数次差人向伊商议，因所奏之事系塞奸恶、显忠良，为主为国之奏，不合其意，不肯列名。罪十四。

诘问苏克萨哈不肯列名之故，据供：我说教导主子之处，谁有意见，各行陈奏，何必会同列名等语。及问往来商议之伊子查克旦，又称并无此言，明系巧捏供称。罪十五。"③

苏克萨哈对于未在奏疏上署名的解释，未必是实情。不过，这是他与鳌拜之间发生直接冲突的一个标志。他拒绝署名，表明不愿与另外两位辅臣继续合作，从而将双方矛盾暴露在康熙帝前，陷鳌拜于被动。鳌拜衔恨于心，急欲报复。由于担心苏克萨哈密行启奏，故在奏疏中提醒康熙帝，若有此情，即应查明，予以根绝。

苏克萨哈感到自己与鳌拜势同水火，故急觅退路。至迟在康熙六年（1667）七月初十日，即以患病为由，奏请欲往遵化为顺治帝守陵。内称："臣才庸识浅，蒙先皇帝眷遇，拔授内大臣……不意恭奉遗诏，臣名列于辅臣之中。……不幸一二年来，身婴重疾，不能始终效力于皇上之前。……伏祈睿鉴，令臣往守先皇帝陵寝，如线余息，得以生全，则臣仰报皇上豢

---

① 《清圣祖实录》卷23，康熙六年七月己未。
② 同上。
③ 同上。

育之微忱，亦可以稍尽矣。"又称此前索尼染疴，皇上命于索尼所有一等伯外，授为一等公，希求得到与索尼同等待遇。①

康熙帝没有单独对苏克萨哈施恩加职。七月十一日谕吏部："前因索尼年迈染疴，已加官爵。今朕躬理万机，苏克萨哈、遏必隆、鳌拜亦应加恩，以示酬庸之典。议政王、贝勒、大臣、九卿、科道会同酌议以闻。"②这表明，康熙帝并未以苏克萨哈奏请守陵为非。然而鳌拜正拟寻觅借口，置苏克萨哈于死地。他立即抓住疏中"如线余息，得以生全"一语，让遏必隆随同出首："苏克萨哈系辅政大臣，并无危急之处，在此何以不存伊命，何以令往陵寝，伊命得生。方归政于皇上，伊即欲往守陵寝，岂非不愿归政之意。"③康熙帝感到苏克萨哈疏内确有隐言，遂遣内务府总管米斯翰等往问。

苏克萨哈唯想自保，回答支吾。他没有向康熙帝提供可用以保护他的理由，畏缩退让之态反而使鳌拜气焰更盛，步步紧逼。自十一日始，鳌拜偕遏必隆在康熙帝前反复言说苏克萨哈种种过恶，欲置苏克萨哈于死地。

苏克萨哈被鳌拜等构陷治罪的背后，仍是清初两黄旗与正白旗之间因利益之争形成的积怨。这一矛盾既表现在皇太极死后清统治集团内部关于立嗣人选的争议上，也表现在多尔衮摄政期间对鳌拜、索尼等两黄旗大臣的压制打击中。如前述，苏克萨哈背叛其主多尔衮，投靠顺治帝并得信任。一旦顺治帝离世，这位告发者便失所倚。不仅两黄旗辅臣未忘前嫌，孝庄以及康熙、雍正父子，对苏克萨哈难有好感。

"口述回忆"显示，康熙帝曾试图保护苏克萨哈，但最终选择放弃。这可能有以下三方面原因。

其一，孝庄对康熙帝保护苏克萨哈的意愿未予支持。康熙帝的"口述回忆"中，只说曾坚意阻止鳌拜所行，而且将这一想法告知孝庄，但只字未提孝庄是何意见。这就间接表明，孝庄或未明确表态，不置可否，或劝康熙帝依允鳌拜。她没有像对苏克萨哈、鳌拜等质疑皇后人选时那样，行使对辅臣的否决权。苏克萨哈既曾屡次独自入奏，孝庄稔知此事之原委。

---

① 《清圣祖实录》卷23，康熙六年七月乙卯、己未；卷21，康熙六年四月癸酉、甲戌。
② 《清圣祖实录》卷23，康熙六年七月癸丑。按，十天后（六年七月癸亥），康熙帝批允议政王等会议，加恩辅臣，遏必隆于所有一等公外，授为一等公；鳌拜于所有二等公外，授为一等公。时苏克萨哈已罹罪处绞。
③ 《清圣祖实录》卷23，康熙六年七月己未。

如果她站在康熙帝一方，合力阻拦，鳌拜断难得逞。

其二，议政王、贝勒、大臣等为使康熙帝同意斩杀苏克萨哈，一同免冠叩请。综合满文、汉文史料，有关情况大致如下。①

因鳌拜不肯罢休，连日强奏，七月十三日，康熙帝同意将苏克萨哈欲往守陵之请，交付议政王贝勒大臣会议。辅臣等称旨："尔等系受皇考遗诏，辅朕七载，朕正欲酬尔等勤劳。兹苏克萨哈奏请守陵，如线余息，得以生全。不识有何逼迫之处，在此何以不得生，守陵何以得生，朕所不解。著议政王贝勒大臣会议具奏。"事前，鳌拜让遏必隆召集部分满洲大学士，先就议罪苏克萨哈事秘密筹商。时满洲大学士共三人，即巴泰（先隶正黄旗包衣佐领，移隶镶蓝旗汉军旗下）、班布尔善（努尔哈赤孙，满洲正白旗人）和图海（满洲正黄旗人）。康熙五年（1666）撤换正白旗旗地，巴泰曾予劝阻。又因圈地事与鳌拜发生争执，故为鳌拜所忌。因此，遏必隆只召班布尔善、图海二人至马圈密议，草拟苏克萨哈罪愆二十四款。鳌拜又将己意暗示议政王岳乐、杰书等人。

康熙帝毕竟年少。他低估了鳌拜在诸王大臣中依然具有的威慑力。七月十七日，② 以安亲王岳乐为首的诸王大臣共赴康熙帝前，面陈苏克萨哈罪愆，坚请将苏克萨哈凌迟处死。时鳌拜、遏必隆均未在场，或是有意回避。议政王贝勒大臣会议与会成员中，也有大学士巴泰。由于不了解详情，包括巴泰在内，众人只是随从议政王岳乐行事。康熙帝起初未允，于是岳乐率众免冠叩请，长跪不起。康熙帝见状震惊，不知所措。僵持良久，遂下令将苏克萨哈改为处绞，余依议。苏克萨哈及子、侄、族人等九人被斩杀，数十人受惩处。

其三，康熙帝也想借机削弱辅政势力。康熙帝亲政后，辅臣从代行皇权变为与皇帝一同行使皇权。康熙帝既不能脱离辅臣之佐理，又与辅臣在权力分割上矛盾日深。苏克萨哈如果被清除，索尼死后所剩三位辅臣再减其一，辅臣的势力将进一步削弱，有利于皇权的集中。所以，康熙帝没有坚持保护苏克萨哈，归根到底还是为了彻底收回辅政权力这一根本目的。

---

① 《宫中档康熙朝奏折》第8辑（满文谕折第1辑），第5页；《鳌拜等罪案残件》，《明清史料》丁编第8本，第713—721页；《清圣祖实录》卷23，康熙六年七月乙卯、丁巳、己未；《八旗通志初集》卷116，第5册，第2979页。

② 据《清圣祖实录》，康熙六年七月十三日康熙帝命议政王贝勒大臣会议具奏，至十七日议定苏克萨哈罪款，其间相隔四日，似为期过长。尚未发现其他史料前，暂以此为准。

在时人眼中，鳌拜"今日归政皇上，明日即将苏克萨哈灭族"①。从康熙帝亲政至苏克萨哈罪死，大约只有十天。鳌拜通过清除异己，给了康熙帝一个下马威。但康熙帝并未一蹶不振。亲政皇帝与归政辅臣在清廷权力格局中分别占有的主从之位，很快得以显现。

四　康熙帝亲政后的皇权与辅权

康熙帝亲政后一年多里，在内政方面制定了不少新的方针政策，其中有些举措同辅臣以往做法针锋相对。例如，改变辅臣重武轻文做法，规定满汉文武官员子弟，年至十八岁，文义优者，一律以部院衙门用；② 建立"孝陵神功圣德碑"，碑文称颂顺治帝"勤学好问，择满汉词臣，充经筵日讲官"，"视满汉如一体。遇文武无重轻"③；命乡、会试恢复以八股文取士；④ 仿效汉制，命内外八旗满洲、蒙古、汉军武官为其父母、祖父母及过继父母、祖父母居丧三月；⑤ 差大臣二十员赴观象台验测，辨明新旧历法之正误，将钦天监监正杨光先革职，任命供职清廷的比利时籍传教士南怀仁（Ferdinand Verbiest）为钦天监监副，改行新历；⑥ 实行"更名田制度"，将废藩田产给予原种之人耕种，照常征粮；⑦ 等等。这些情况表明，康熙帝已掌握对清朝大政方针的决定权。

康熙帝亲政前，辅政大臣共同批阅奏章，所有政务经商议后出旨办理。康熙帝亲政后，凡内院票拟，送康熙帝审定，谕旨自康熙帝出。辅臣不再具有批阅奏章之权。部院大臣赴乾清门向康熙帝奏报政务，辅臣也在场，此即"凡事于朕前办理"⑧，"每令读本，朕与辅政大臣共听之"⑨。辅臣乃奉召商议，听从皇帝旨令。正如辅臣面奏所云："皇上若召在何处，

---

① 《鳌拜等罪案残件》，《明清史料》丁编第8本，第713页。
② 《清圣祖实录》卷24，康熙七年九月乙卯。
③ 《清圣祖实录》卷25，康熙七年正月庚戌。
④ 《清圣祖实录》卷26，康熙七年七月壬寅。
⑤ 《清圣祖实录》卷27，康熙七年九月丁酉。
⑥ 康熙八年（1669）八月清廷为汤若望平反，复"通微教师"之名，照原品赐恤。参见《清圣祖实录》卷27，康熙七年十二月庚寅、壬辰；卷28，康熙八年正月庚申、庚午；三月庚戌；卷31，康熙八年八月辛未。
⑦ 《清圣祖实录》27，康熙七年十月丁卯；卷28，康熙八年三月辛丑。
⑧ 《宫中档康熙朝奏折》第8辑（满文奏折第1辑），第5页。
⑨ 《清圣祖实录》卷255，康熙五十二年七月辛酉。

遵旨就在何处。"①

上述情况表明，皇帝与辅臣之间尊卑分明，辅臣的权力大不如前。不过，在处理具体政务时，皇权与辅臣的权力仍有交叉。

一次，内院票拟经康熙帝审核，已发科抄，鳌拜取回改批。左都御史冯溥认为这样做不符规制，于是奏称："凡一切本章，既批红发抄，不便更改。"鳌拜欲治罪冯溥，康熙帝却以冯溥所言为是，予以嘉奖。又告诫辅臣，此后当益加详慎批发。②

康熙帝亲政后，以鳌拜为代表的辅政权力还表现在以下两方面。

其一，鳌拜辅政期间，利用他的地位和权势，在朝中形成帮派，内三院、六部等机要部门有众多亲信。③ 在内院颇有势力并主持票拟的满洲大学士班布尔善，就是其中重要一员。康熙帝对部院大臣的情况尚乏了解，这成为鳌拜据以影响康熙帝决策，特别是人事任免权的因素之一。如任用曾经罹罪之马尔赛、光泰、噶达浑三族族人；以户部尚书应设二员，补用正白旗蒙古都统马尔赛为户部尚书；推补正蓝旗满洲都统济世为工部尚书；裁撤八旗蒙古都统议政；等等。④ 这些任免事项，均经鳌拜等启奏后实施。又如康熙八年初，马尔赛病逝。在鳌拜授意下，部议请谥。奉旨："有何显功，不准行。"鳌拜心有不甘。遂以顺治十六年（1659）郑成功进攻南京时，马尔赛领兵追杀为由，奏称逝者"江南阵前有功，务封谥号"。于是，康熙帝给谥"忠敏"⑤。

其二，王公大臣仍畏惧鳌拜权势，依其所想，替其行事。如康熙帝亲政翌月，以安亲王岳乐为首的宗人府，题请敬谨亲王尼堪长子、敬谨郡王兰布袭封。⑥ 兰布遂晋封亲王。这是因为兰布继妻瓜尔佳氏是鳌拜的孙女，故倚势得封。⑦

---

① 《清圣祖实录》卷23，康熙七年七月己未。
② 《文华殿大学士冯文毅公溥事实》，载钱仪吉纂《碑传集》卷11，第1册，第272页；《清圣祖实录》卷255，康熙五十二年七月辛酉。
③ 参见杨珍《索额图研究》，1996年《清史论丛》，辽宁古籍出版社1996年版。
④ 《宫中档康熙朝奏折》第8辑（满文谕折第1辑），第3、4页；《鳌拜等罪案残件》，《明清史料》丁编第8本，第13—15页。
⑤ 《鳌拜等罪案残件》，《明清史料》丁编第8本，第714页；《清圣祖实录》卷28，康熙八年三月己亥；卷29，康熙八年五月庚申；《八旗通志初集》卷154，第6册，第3904—3905页。
⑥ 《清圣祖实录》卷26，康熙六年八月甲申；《爱新觉罗宗谱》，乙册，第2016—2017页。
⑦ 《清圣祖实录》卷29，康熙八年五月庚申。

皇帝与辅臣共理政事，隐含着不可调和的权力冲突，不可能维持很久。康熙八年（1669）五月，鳌拜、遏必隆一并被鞫审。长达九年又四个月的辅臣体制至此终结。

五 鳌拜被执时间、地点管窥

在没有发现新的史料前，可将鳌拜被执时间确定为康熙八年五月十二日。是日谕称："将伊（按，鳌拜）等族人均予圈禁，从重议罪后具奏，执捕与否，再行具奏请旨。"① 下令圈禁鳌拜之族人，应与逮捕鳌拜同时，或是稍后。

关于鳌拜被执经过，《清圣祖实录》无载。《清史稿·圣祖本纪》云：康熙八年五月戊申（十六日），"诏逮辅臣鳌拜交廷鞫。上久悉鳌拜专横乱政，特虑其多力难制，乃选侍卫、拜唐阿年少有力者为扑击之戏。是日，鳌拜入见，即令侍卫等揸而絷之"②。

清人笔记中的记载，与《清史稿》无大差异，③ 但也有例外。如《南亭笔记》云：

"诛鳌日，康熙帝在南书房，召鳌拜进讲。鳌入，内侍以椅之折足者令其坐，而以一内侍持其后。命赐茗。先以碗煮于水，令极热，持之灸手，砰然坠地。持椅之内侍乘其势而推之，乃仆于地。康熙帝呼曰：'鳌拜大不敬！'健童悉起擒之。交部论如律。"④

"口述回忆"可证《南亭笔记》所云乃无稽之谈。逮捕鳌拜时，康熙帝不在现场，而是在武英门前等候消息。鳌拜身缚铁链被带至，皇帝与辅臣分别作为审讯人与被审者，有一番问答。其后，又"面加鞫问"，命免死圈禁。⑤ 鳌拜死于禁所，时间未详。

康熙帝何以在武英门前静候佳音？

清制，紫禁城内乾清门以北属于内廷。武英殿在紫禁城西华门内，位

---

① 《宫中档康熙朝奏折》第 8 辑（满文谕折第 1 辑），第 3—7 页。
② 《清史稿》卷 6，第 2 册，第 177 页。
③ 昭梿：《啸亭杂录》卷 1，中华书局 1980 年版，第 5 页；姚元之：《竹叶亭杂记》卷 1，中华书局 1982 年版，第 1 页。
④ 李伯元：《南亭笔记》卷 1，上海古籍书店 1983 年版。
⑤ 鳌拜被执多年后，供职清廷的西方传教士听闻，鳌拜被执时为了得到宽恕，让皇帝看他救护太宗皇太极时留下的伤疤。"累累伤痕和对上两代皇帝的功绩，终于使他保住了性命。"参见［法］白晋《康熙帝传》，马绪祥译，载《清史资料》第 1 辑，中华书局 1980 年版，第 198 页。

于外朝之边缘位置。殿广五楹，有东西配殿、后殿。殿门武英门，丹墀东西阶各九级，门前御河环绕，有石桥。

1644年，明末帝朱由检吊死煤山，李自成登极于武英殿。顺治初年，武英殿是摄政王多尔衮处理政务之地，其后，又成为顺治帝听政并宴请王公大臣处。康熙十九年（1680），武英殿设立修书处，此制沿至清末。

康熙八年五月逮捕鳌拜时，康熙帝已在武英殿居住近四个月。

顺治初年，因乾清宫等处亟须修葺，顺治帝以保和殿（时称位育宫）为临时居所，历时十载。顺治十三年（1656），顺治帝移居修缮一新的乾清宫。然而不及两载，乾清宫内又出现漏雨、墙壁欹斜等状。十八年正月康熙帝登极，仍居保和殿，改称清宁宫。保和殿是外朝主要建筑三大殿（太和、保和、中和三殿）之一，北与乾清门相向。

康熙八年（1669）正月十四日，工部奉上谕。内称："奉太皇太后懿旨：'皇帝现居清宁宫，即保和殿也。以殿为宫，于心不安。可将乾清宫、交泰殿修理，皇帝移居彼处。'朕谨遵懿旨移居，尔部即选取吉日，修理朴质坚固，以仰副太皇太后慈爱朕躬至意。"① 二十二日，康熙帝从保和殿移居武英殿。直至当年十一月，乾清宫修缮告成，康熙帝复由武英殿移居乾清宫。

执拿鳌拜是否为康熙帝与孝庄共同谋划？如果不是，采取这一重大行动前康熙帝曾否告知孝庄？孝庄是赞同还是反对？因无史料记载，难下定论。

关于鳌拜被执地点，有几种说法。

其一，鳌拜家中。

康熙八年冬，朝鲜义州府尹李东稷给其国王的"状报"中，述及鳌拜被抓捕一事："（清帝）即以甲军围其第捉致，初欲杀之，以其功存先世，减死安置。"② 按，义州毗邻盛京（今辽宁）。这是时人所闻，距鳌拜案发仅半载。不过，齐集侍卫等前往鳌拜宅中抓捕，容易走漏风声，有所不妥。

鳌拜邸位于皇城内，具体位置未详。③

---

① 《清圣祖实录》卷28，康熙八年正月戊申。
② 吴晗辑：《朝鲜李朝实录中的中国史料》，第9册，第3962页。
③ 这一宅邸后被选做康熙帝姑母巴林淑慧公主在京之住处。参见中国第一历史档案馆藏满文朱批奏折，海喇逊等奏，无年月。

其二，紫禁城箭亭。

已故富尔哈察·玄海先生是康熙朝名臣米思翰的后裔。其著述内称：米思翰与索尼之子索额图奉命密谋除鳌拜之法。"索额图献计，以八旗内选近臣子弟，挑选侍卫、拜唐阿为名，陪送羽翼。先以布库（按，满语buku，意为摔跤）游戏为名，出其不备而擒之。"康熙帝从之。米思翰遂将他的本族堂叔费扬古推荐给康熙帝。此人"身高丈二，面貌狰狞"，善举双石锁，喜格斗善扑。于是，康熙帝让费扬古与二十名善扑高手演练搏击摔打。康熙六年（1667）五月十六日（按，时间有误）散朝后，康熙帝以善扑者欲向鳌拜求教为名，同鳌拜一起来到"宫内东箭亭"。鳌拜与费扬古"过手"时被摔倒就捕，而康熙帝早已不知去向。① 按，米思翰，富察氏，满洲镶黄旗人，时任内务府总管。鳌拜被执翌月，米思翰升户部尚书。索额图原任吏部侍郎，八年春夏之交自请复任一等侍卫。八月，升内国史院大学士。

上述情况是玄海先生从其父祖辈口中得知。所述鳌拜被执经过，与清人笔记、《清史稿》中相关记载基本一致，但披露执捕处是"宫内东箭亭"。此即紫禁城景运门外箭亭。

清初，左翼门外迤北，内库与南三所之间，有一长方形地区未建宫宇。顺治四年（1647），在此处建立射殿，是为箭亭前身。康熙初年，武举步射（步箭）考试数次于左翼门外举行。② 鳌拜曾奉命教习武进士。箭亭位于左翼门外迤北，景运门外迤南，是鳌拜常去之地。康熙帝令侍卫等在箭亭近地演练摔跤，诱鳌拜前来并乘机执捕的可能性是存在的。

不过，这里距鳌拜被执时康熙帝等候地武英门较远。从常理看，捉捕地距离武英门愈近愈好，否则，押解途中易生变故。

其三，鳌拜入宫赴武英殿觐见康熙帝途中。

清制，诸王大臣均从东华门进入紫禁城。由东华门至武英殿，路途较远。奉有密令的侍卫如果以操练武艺或演习布库等方式布阵，不难找到有利地点。例如，入东华门后，径直西行，先路过文华殿、内阁。然后，从协和门南侧进入午门与太和门之间的广场，再从熙和门南侧走出广场时，

---

① 富尔哈察·玄海：《春窗杂谈》，中国博雅出版社2010年版，第129—131页。关于康熙帝为除鳌拜召索额图入内谋划，参见昭梿《啸亭杂录》卷1，第5页。

② 《清圣祖实录》卷5，顺治十八年十月辛酉；卷13，康熙三年八月庚午。

相继经过两处拐角地。这两处都适于设伏，使西行者遭到猝不及防的攻击。从熙和门南侧走出广场，距武英门只有百步之遥。

因为是赴康熙帝所在地武英殿途中，鳌拜随身所带侍从既少，被捕时难以迅速传唤亲信，调动众侍卫进行反击。然而鳌拜武功高强，经验丰富，机敏过人。入宫后，如稍觉异常而临时改变行走路线，或采取其他措施，陷伏兵于被动，亦未可料。所以，此计亦非万全之策。

鳌拜到底被执于何处，尚未发现原始材料记载。

第四节 鳌拜罪案及史料辨正

反映鳌拜罪案的史料，目前所见仅有八则。其中包括：

满文档案四则：康熙八年（1669）五月十二日康熙帝口谕鳌拜罪状十二条（下称"口谕"），① 康熙八年五月二十三日康熙帝手书票签（下称"手书票签"），② 康熙八年五月二十四日康熙帝口授对鳌拜等人处理决定（下称"奉旨票签"），③ 康熙四十五年二月初一日"口述回忆"④。

汉文档案一则：康熙八年五月二十四日前形成的"鳌拜等罪案残件"（下称"汉文残档"）。⑤

官修史籍《清圣祖实录》内三则：康熙八年五月戊申（十六日）条谕旨（"命议政王等拿问辅臣公鳌拜等"），五月庚申（二十八日）条"和硕康亲王杰书等遵旨勘问鳌拜罪款"，五月庚申（二十八日）条谕旨（"谕吏部、兵部"）。

将这些史料相互参照、比对，可以从不同侧面对鳌拜罪案再做考察。

一 关于鳌拜获罪原因

康熙八年五月十二日康熙帝"口谕"鳌拜罪状十二条，⑥ 反映了康熙帝治罪鳌拜的主要原因，可以归纳为四个方面。

---

① 《宫中档康熙朝奏折》第8辑（满文谕折第1辑），第3—7页。
② 同上书，第7—8页。
③ 同上书，第8—9页。
④ 中国第一历史档案馆藏康熙朝满文折件，无年月。
⑤ 《鳌拜等罪案残件》，《明清史料》丁编第8本，第712—727页。这件档案前后部分已残缺。
⑥ 《宫中档康熙朝奏折》第8辑（满文谕折第1辑），第3—7页。

其一，康熙七年春夏京师地震后，鳌拜、遏必隆上奏劝谏，并奏称此系劝谏世祖皇帝之文。

其二，无故迁徙众民，随意杀戮为民请命之尚书、总督、巡抚；以小仇治大罪，处斩皇考交付之大臣全家及其族人，陷朕于难堪。

其三，凡用人行政，欺擅专权，堵塞言路，结党妄为。

其四，御前呵斥大臣，施威称霸。

此外，"口谕"内称："今观之，（鳌拜）愈加贪取天下资财，奸党恶行愈增。"按，鳌拜十二条罪款中，仅此一处言及案主贪墨，未举实例。《清圣祖实录》所列鳌拜罪状三十款内，此条简化为"聚货养奸"①。雍正四年（1726）十月，雍正帝面谕大臣等："当日鳌拜获罪，查其赃私至二千余金。鳌拜云：'我若贪赃至二千金，罪应伏诛'"②。可是，康熙八年（1669）五月底康熙帝总结鳌拜罪案时，并未述及案主贪污事。③ 如果鳌拜"贪赃至二千余金"，钦定罪状不会为之遮掩，同僚对他的揭发中也不会只字不提。看来，鳌拜或有贪墨，并不为重，故未构成主要罪状。

还有两点值得注意。

鳌拜被执前，先后三次偕遏必隆拟请辞政，然而直至被执，辞政之请并未奏入。④ 康熙帝希望鳌拜主动辞政，久等未果，终于失去耐心。此其一。

顺治帝遗诏中，鳌拜名列遏必隆后。可是，两人一同面奏时，康熙帝赐坐，鳌拜竟坐在遏必隆的前面。鳌拜亲信、吏部尚书阿思哈见此情景，遂于列名启奏时首书鳌拜。⑤ 康熙帝据此认为，鳌拜擅改座次，违例将名字前列，恣意妄为，不可宽恕。此其二。

总之，"口谕"所列鳌拜罪状，没有涉及清朝大政方针的内容。换言之，鳌拜获罪的直接原因主要是皇帝与辅臣争权，不是双方在大政方针上的分歧。康熙帝冲龄即位，经过亲政初期的历练，积累了统治经验。鳌拜等仍同辅政，康熙帝受到牵制，辅政体制日益成为他行使皇权的障碍。无论辅臣如何行事，康熙帝都会以这样或那样的理由和方式，治罪辅臣，终止辅政。

---

① 《清圣祖实录》卷29，康熙八年五月庚申。
② 《上谕八旗》，雍正四年十月二十九日。
③ 《清圣祖实录》卷29，康熙八年五月庚申。
④ 《鳌拜等罪案残件》，《明清史料》丁编第8本，第715、716页。
⑤ 同上书，第715、720页。

二 七则史料形成过程

如果暂且撇开康熙帝后来的"口述回忆",将鳌拜罪案发生时形成的七则史料一并考察,不难看出这些史料之间的联系,以及康熙帝治罪鳌拜的若干内情。

1. 康熙八年(1669)五月十二日"口谕"是清廷审问并定罪鳌拜的主要依据,也是鳌拜罪状之史源。康熙帝在列举鳌拜党羽十三人的名字时,特嘱书写人员,留出两处空白,以便随时增补。俟书写人记毕,康熙帝过目,又在文本上亲笔注明:"只是记写降旨之言。"按,这位书写人无考,或是某位满洲学士。若非受信赖且精通满文、速记超群者,无以承此任。①

这条"口谕"立即传给奉命勘问鳌拜的议政王杰书。

2. 《清圣祖实录》康熙八年五月戊申(十六日)条谕旨("命议政王等拿问辅臣公鳌拜等"),记有鳌拜罪款六条,分别与"口谕"第四、五、六、七、十一、十二条相对应。"口谕"十二条内另外六条罪状,没有在戊申谕旨中出现。这六条罪状是:向康熙帝进谏旧文、任用获罪三族之人、给谥马尔赛、杀尚书督抚、杀苏克萨哈、若无结党何以得知熊赐履参劾之文("口谕"第一至三条、第八至十条)。对这一情况比较合理的解释是,雍正朝史官将"口谕"由十二条减略为六条后,收入《清圣祖实录》,并加入"口谕"中没有的内容:命严拿勘审遏必隆和阿南达。谕旨内容既是拼合而成,《清圣祖实录》所书"康熙八年五月戊申"可能只是大略的时间。

3. "鳌拜等罪案残件"。这件"汉文残档"成文时间是在五月二十四日稍前,正式启奏则在五月二十四日,即康熙帝口授处理决定之当日。这是议政王杰书等会议具奏鳌拜等人罪状的汉文底稿,其中保留了部分勘审内容。虽然不是审问过程原始记录,却是目前仅见反映鳌拜等人口供的史料。

"汉文残档"列出受审者鳌拜、遏必隆、班布尔善等近百人。其中,

---

① 康熙四十六年(1707)谕大学士等:"此时学士皆不及昔年。阿兰泰、佛伦为学士时,俱能强记,又善于办事。伊桑阿下笔成文,构词颇顺。……昔年批本皆在乾清门,诸学士手自批写,折尔肯所书尤速。或诸人一二张未完,而折尔肯已书成五页草书,更为敏捷。其时皆称折尔肯为书写中飞手。"参见《清圣祖实录》卷231,康熙四十六年十月辛卯。

除去所谓鳌拜党羽，还有众多鳌拜家族成员。鳌拜罪款三十条，可同《清圣祖实录》康熙八年五月庚申条所列鳌拜罪款三十款逐条对应。其中第一、二、三、四、五条，即"口谕"第十二条内容。除去第一、二、三、四条罪状没有审问和口供外，其余二十六条（第五至三十条）均录有审问之语以及鳌拜或揭发人口供。供词全部是口语，既生动翔实，又杂乱无章。

三十条罪款中，有十六条罪款出自"口谕"，其余各条罪款是鳌拜同僚的揭发（参见《鳌拜罪款对比表》）。此外，"汉文残档"第三条列出鳌拜党羽十四人，较"口谕"多一人，此即已故户部尚书马尔赛。

揭发罪状分别由辅臣遏必隆、大学士巴泰（康熙八年二月休致，翌年十月复任）、三等侍卫飞瑶色（一作费耀色）、克希克（身份未明）等四人首出。部分罪状内容相当琐细，甚至无中生有。

杰书等审毕，奏请将鳌拜"革职、立斩，其亲子兄弟亦应斩，妻并孙为奴，家产籍没"。奏入，康熙帝"复召鳌拜等面加鞫问，情罪俱实"①。

4. 五月二十三日，康熙帝在接到杰书等关于审讯情况的奏报前，手书满文票签一张，此即"手书票签"②。内称："鳌拜理应处死。惟念累朝效力年久，虽然结党行恶，朕已宽免，不忍加诛。著籍没家产，仍行拘禁。"赵布太（一作赵布泰）、遏必隆、阿南达等八人均免死。

5. 五月二十四日，康熙帝得到关于勘审的奏报，遂口授处理决定，此即"奉旨票签"③。在涵盖"手书票签"内容的基础上，述及鳌拜及其关系密切者三十余人。其中班布尔善、塞本得等七人改为即行处绞。与"手书票签"不同，"奉旨票签"上有多处删改、增添和圈画。可见，康熙帝在确定受惩人员及名单顺序时曾反复斟酌，颇费心思。

康熙帝将两件票签一同发下前，在"手书票签"上补写了"朕先写之票签"，在"奉旨票签"上写下"将鳌拜等勘审后奏入，奉旨票签"等语。

6. 《清圣祖实录》康熙八年五月庚申（二十八日）条"和硕康亲王杰书等遵旨勘问鳌拜罪款"。这是"汉文残档"的缩写本。上面仅书罪款

---

① 《清圣祖实录》卷29，康熙八年五月庚申。
② 《宫中档康熙朝奏折》第8辑（满文谕折第1辑），第7—8页。
③ 同上书，第8—9页。

及处置意见,无勘问内容与口供。列鳌拜罪状三十款,与"汉文残档"三十条罪款基本相同。文字经过修饰,言简意赅。康熙帝对鳌拜等所做处置暨"得旨"之内容,与五月二十四日"满文手书票签"同。旨下,班布尔善、穆里玛、阿思哈、噶褚哈、泰璧图、塞本得、讷莫七人被处斩。

7.《清圣祖实录》康熙八年五月庚申条另有一道谕旨("谕吏部、兵部"),可视为对鳌拜罪案的总结定性。谕旨复述鳌拜罪状,与五月十二日"口谕"相较,文字稍有改动。例如,将"口谕"中"贪聚贿赂,奸党日甚",改为"近观其罪恶日多"。重申鳌拜效力年久,故从宽免死,仍行拘禁;遏必隆无结党之事,免其重罪;除七人正法外,余者从轻治罪,畏势倚附者姑从宽免。

上述七则史料显示,鳌拜一案从案发到结案只有十余日(康熙八年五月十二日至是月底)。康熙帝力图将此案对朝政的影响限制在最小程度。

三 鳌拜罪案研究中满、汉文档案与官修史籍的史料价值

反映鳌拜罪案的八则史料内,五则满、汉文档案是原始史料,《清圣祖实录》中三则记载是第二手史料。研究鳌拜罪案时,如果只重视满文档案,忽视汉文档案,或只重视汉文档案,忽视满文档案,抑或只利用官修史籍,未利用满、汉文档案,都会失之偏颇。

1. 满、汉文档案澄清鳌拜罪案中的史事和疑点

五则满、汉文档案不仅反映了官修史籍如《清圣祖实录》中记载不详的情况,且能释疑正误。

例一,满、汉文档案揭示鳌拜等"呈览旧章"之原委。

据《清圣祖实录》鳌拜罪状第十八条:"于皇上前,凡事不依理进奏,多以旧时疏稿呈览,逼勒依允。""旧时疏稿"何所指?具疏者以旧稿呈送当朝皇帝,实在有违常理。

"口谕"之首条和"汉文残档"鳌拜罪状第十八条透露,鳌拜等曾将劝谏世祖皇帝之奏本送达康熙帝。从"口谕"中还得知此事发生的时间和背景:康熙七年(1668)春夏,灾异频见,康熙帝忧心忡忡。于是,鳌拜偕遏必隆呈上"旧时疏稿"。尽管具疏人告知康熙帝,此为劝谏世祖皇帝之文,但依然授人以柄。

例二,满、汉文档案揭示"将苏克萨哈灭族"之举如何出台。

"口述回忆"透露,治罪苏克萨哈前,康熙帝曾征求孝庄太皇太后的

意见，并差近侍纳尔泰前去宽慰苏克萨哈。鳌拜逼迫康熙帝治罪苏克萨哈，康熙帝的回答模棱两可。因为只是未允所请，并未坚决、明确表示不应将苏克萨哈治罪，从而助长了鳌拜的气焰，致使事态急转直下。

"口谕"则披露众臣奏请处死苏克萨哈时，一齐免冠叩头，致使康熙帝惊慌失措等生动细节。另据"口述回忆"，当时是由议政王岳乐领衔奏请，岳乐还当场揭发苏克萨哈曾对康熙帝有轻蔑之语。

"汉文残档"中保存的鳌拜口供及相关人员口供则表明，遏必隆曾于马圈召集大学士班布尔善和图海，商议苏克萨哈罪状，拟定处死。鳌拜当时并不在场，故于审问中坚称"口内不曾说将苏克萨哈灭杀之语"。事实上，鳌拜之意通过遏必隆、岳乐等人得以实施，无须亲为。

例三，满、汉文档案反映了历史人物的多面性。

康熙帝从即大位到亲政再到独掌大权，经过一个曲折的历练过程。他在处理苏纳海案时一筹莫展，处死苏克萨哈时从阻止到批允的矛盾心情，他面对诸王大臣免冠跪请时不知所措，执审鳌拜时表现出的缜密果敢等，都是这一历练过程的组成部分。这些史事，只有在原始档案中有真切记载。

从"口谕"到"口述回忆"，其间相隔三十七年（康熙八年至四十五年）。在此期间，康熙帝一直未消隐忧，担心处死苏纳海案、处死苏克萨哈案对他的声名产生不利影响。所以，尽管过去数十载，仍然耿耿于怀。这些情况则是官修史籍中必予隐讳的。

清初宫廷政治舞台上，孝庄太皇太后始终处于帷幕之后。不过，苏克萨哈等辅臣为立后事赴慈宁宫奏阻而被驳回，康熙帝将保护苏克萨哈的想法奏告孝庄，期望得到支持等情，显示出孝庄的作用和影响。

遏必隆在口供中自认软弱，对鳌拜处处依顺。鳌拜事出，遏必隆为洗清自身，揭发最力。宫廷政治中人与人之间互相利用，随利益之得失而千变万化的关系，于此一见。

三等侍卫飞瑶色随侍康熙帝身边，人微但言重。飞瑶色向辅臣禀报事宜时，对鳌拜、遏必隆表现出的傲慢态度大为不满，怀恨在心。他的揭发构成鳌拜三条罪状。清宫人员的实际地位，既取决于职任之高低，更取决于和皇帝关系之亲疏。

处死苏克萨哈事件中，议政王岳乐尾随鳌拜，尽言苏克萨哈之过，陷康熙帝于被动，康熙帝自此对岳乐抱有成见。① 清廷平定三藩之乱中，岳乐立有战功。事平，以追议贻误军机罪受罚。康熙二十八年（1689）岳乐去世，赐谥"和"。其子降袭郡王。又逾十一载（康熙三十九年），已革多罗贝勒诺尼控告岳乐生前审案未当，命将岳乐追降郡王，夺谥。诺尼复封多罗贝勒。康熙帝待宗室一向宽仁，却对岳乐较为严苛。"口述回忆"对此给出答案。

康熙帝回忆辅臣结党拉派，霸据威势时，视四辅臣为一体。又云"索尼、鳌拜、遏必隆三人均奏称当斩（苏纳海等），逼迫朕杀之"。索尼虽然老病，在此事上却无含糊，与鳌拜相一致，造成苏纳海等冤案。

大学士图海与班布尔善一起应遏必隆之召，议定苏克萨哈之死罪，另一满洲大学士巴泰则被排除在外。图海平日只有对鳌拜俯首帖耳，方能膺此之任。鳌拜案发，班布尔善被指为鳌拜亲信，即行处绞；图海成为鳌拜揭发者之一，未受牵连。在鳌拜与康熙帝的夹缝中，图海成功自保，亦属不易。

例四，满文档案透露康熙帝严令保护鳌拜罪案档案。

从"口述回忆"得知，由于康熙帝严厉督促，记录鳌拜罪案的部分满、汉文史料方得保存。"口谕""手书票签""奉旨票签""口述回忆"等满文档案所记，一并为《清圣祖实录》撰述鳌拜罪案定下基调，其中部分内容被《清圣祖实录》直接或间接采用。

例五，满文档案揭示康熙帝怒在鳌拜结党而非倾害熊赐履。

据《清圣祖实录》鳌拜罪状第十六条："熊赐履条奏之事，鳌拜以为劾己，意图倾害。"

对照这条罪状的原始出处"口谕"第十条，可证记载不实。据"口谕"，"（内院侍读学士熊赐履条奏后）鳌拜叩称：'此显系参劾我等，请予治罪'。鳌拜不识文啊！（obooi bithe sarkū kai）若无朋党（暗通消息），岂能得知将伊参劾？由此观之，结党是实"。在康熙帝眼中，鳌拜不通文墨，无法读懂熊赐履所上汉文条奏。

例六，汉文档案揭示鳌拜被康熙帝近侍阿南达称为"圣人"之误。

据《清圣祖实录》康熙八年（1669）五月戊申条上谕："阿南达负朕恩宠，每进奏时称赞鳌拜为圣人。"

---

① 《清实录》屡称岳乐"诣媚辅政大臣"，未言具体表现。参见《清圣祖实录》卷235，康熙四十七年十月丙午；《清世宗实录》卷14，雍正元年十二月丙午。

这一内容源自"汉文残档":阿南达"每启奏,将鳌拜称为神人,赞不绝口。著拿问"。"汉文残档"还录有阿南达被拘审后的口供:"我不曾说鳌拜是神人。因鳌拜年已七十岁,尚径行走,此特生成与圣主效力之人等因启奏皇上是实。"称康熙帝说阿南达在他面前称鳌拜为神人,应为误听所致。满语"圣人"是 enduringge niyalma;"神人"是 enduri。两词发音差异明显,不易混淆。康熙帝以口谕形式下达拿审阿南达的旨意时,大约是用汉语,而且带有东北人讲汉语的口音特点。奉谕者误将"神人"听为"圣人"。

阿南达,乌弥氏,蒙古正黄旗人,内大臣哈岱次子,时任一等侍卫。逝于康熙四十年(1701)。[①] 他借吹捧鳌拜以奉承其主子康熙帝,不料自招罪愆。阿南达的口供透露出鳌拜的年龄。鳌拜被执时年至古稀,精神旺健,行走如常。

康熙帝阅罢阿南达的口供,释然。"奉旨票签"内称:"阿南达理应依议处死。既然朕已施恩,近处任用,著免死,宽其籍没。"所以,议政王等遵旨议定鳌拜罪状三十条中,此条阙如。

例七,汉文档案反映鳌拜对辞政的矛盾心态。

据《清圣祖实录》鳌拜罪状第十一条:"贪揽事权,延挨不请辞政。"以"汉文残档"鳌拜口供和遏必隆口供互证,可知康熙八年五月鳌拜被执前约半年内,鳌拜相继三次欲上辞呈。第一次时间未详,第二次是在康熙八年二月内。据鳌拜供称:"我(欲告辞)曾先写辞本送与遏必隆看过,遏必隆又写一本送与我看。我说前两次本内曾有此言,欲将我本内之言减去。其本未曾具题。我将我的本改减送看。遏必隆又缮减略一本送来我看。我说依此本甚好。曾说是实。不曾阻执奏章。"第三次原定于五月初十日启奏,届时鳌拜又推说等到是月十八日。拖到他被逮问,仍未递上这份奏疏。[②] 鳌拜为辞呈内容大费心思,与遏必隆反复琢磨修改。这与他平日爽直不拘的性格作风似不相符。他自知已至请辞之期,但贪恋权位,无论如何不愿迈此一步。于是,既心存幻想,又惴惴不安,内心之纠结不可名状。瞻顾犹豫之下,终于束手就擒。鳌拜的口供为我们观察、分析一位权臣对权位不肯放手的复杂情感与多面表现,提供了一个实例。

---

① 雍正三年(1725)从阿南达子巴尔库尔副将军阿喇衲遗本奏请,特赐原任正黄旗副都统阿南达谥"恪敏",造坟立碑。参见《清圣祖实录》卷206,康熙四十年十月丁卯;《清世宗实录》卷30,雍正三年三月己酉。

② 《鳌拜等罪案残件》,《明清史料》丁编第8本,第715、716页。

例八，汉文档案揭示力阻册立皇后赫舍里氏之人是苏克萨哈，并非鳌拜。

据《清圣祖实录》鳌拜罪状第十二条，因内大臣噶布喇之女册立皇后，鳌拜"心怀忌妒，敢行奏阻"。然而以"汉文残档"鳌拜、遏必隆口供互证，可看出对此事率先反对、言辞最为激烈者是苏克萨哈。鳌拜只是赞同苏克萨哈的看法，与苏克萨哈、遏必隆等一同赴慈宁宫启奏。

例九，汉文档案揭示，鳌拜在用人行政中"欺朕专权"的诸多表现，如任用曾罹罪之马尔赛等三族族人等，均经鳌拜等启奏、得康熙帝允准后而为。可见，在一些具体事例上，需要对鳌拜的"欺君擅权"再做考量。

2.《清实录》是考察鳌拜罪案的基本史料

讨论鳌拜罪案，作为第二手史料的《清实录》不可或缺。简要说明以下三点。

其一，仅据上述五件满、汉文档案，无法知道鳌拜罪案之由来以及同其他事情的关联。《清实录》内收入的谕旨、奏疏经过史官之剪裁，与原始材料有出入。但是，只有通过《清世祖实录》《清圣祖实录》等编年体史籍，方能对康熙初年四大臣辅政暨鳌拜罪案出现的背景有一整体了解。这是考察鳌拜罪案的基础。

其二，记述鳌拜罪款及相关情节清晰明了。

"汉文残档"所述鳌拜罪状及其口供冗长繁复。《清圣祖实录》中的记载条分缕析，简明扼要。虽然缺乏细节而显空泛，且有失实处，仍能反映鳌拜罪案之概况。

其三，完整收录"手书票签"与"奉旨票签"内容。

康熙帝对鳌拜及其相关人员的处理决定，通过两件满文票签告知议政王杰书等。两票签内容为《清圣祖实录》收录，即康熙八年五月庚申条（"和硕康亲王杰书等遵旨勘问鳌拜罪款"）中"得旨"部分。经逐句比对，可知《清圣祖实录》的记载虽稍有差异，无关宏旨。① 如果未见两件满文票签，仅据《清圣祖实录》，依然可知康熙帝如何处置鳌拜等，只是无法了解康熙帝手拟、口述票签时如何字斟句酌，发下前分别在两票签上写明缘由等细节。

---

① 如《清圣祖实录》卷29康熙八年五月庚申条，关于处置阿南达一事记载略简："阿南达理应依议处死，著免死，宽其籍没。"

清官修史籍体现了清帝的是非观。不过，由于年隔久远，而雍正帝本人与鳌拜罪案及相关人员之间无利害关系。所以，《清圣祖实录》择选有关档案并记述有关史事时，有意遮掩或删改处可能不多。

四 鳌拜的认罪态度

以往研究中，我们比较关注康熙帝对鳌拜的定罪，忽视了鳌拜获罪后的所思所言。下述列表显示，"汉文残档"所载鳌拜三十条罪款，只有第一条至第四条没有记述鳌拜的口供，其余二十六条均有鳌拜受审时的供词。他对这些罪状分别持三种态度：承认、辩解和否认。

鳌拜罪款对比

汉文残档 30 条	康熙八年五月十二日口谕 12 条	《清圣祖实录》康熙八年五月十六日戊申谕旨 6 条	揭发罪款 16 条	鳌拜认罪态度
1）背负重托欺君擅权	12）背负重托擅权妄为			不详
2）内外俱用奸党失天下人仰望皇上之意	12）内外皆用奸党大失天下人心			不详
3）与穆里玛等14人结党凡事在家议定然后实行将部院启奏官员时常唤去商议	12）与穆里玛等13人结党凡事在家定议然后实行将来奏之部院官员带往商议	6）与穆里玛等14人结党凡事在家定议然后施行且将部院各官于启奏后带往商议		不详
4）举荐所喜陷害所恶收聚天下之财恶迹愈显	12）举荐所喜陷害所恶收聚天下之财恶迹愈显			不详
5）违负先帝重托之旨虐害下民	12）上则违背皇考重托下则侵害众民			承认
6）将马尔赛等三族之人补为侍卫	2）将获罪之马尔赛等三族之人用为侍卫			否认
7）将苏克萨哈灭族	9）杀苏克萨哈全家			否认
8）杀戮大臣苏纳海、朱昌祚	8）滥杀尚书督抚			辩解
9）偏私迁移已定之民	8）无故迁徙定居之民		1）巴泰首称鳌拜执意拨换正白旗土地	承认

续表

汉文残档30条	康熙八年五月十二日口谕12条	《清圣祖实录》康熙八年五月十六日戊申谕旨6条	揭发罪款16条	鳌拜认罪态度
10）欺君轻慢皇太后			2）巴泰首称尊上圣母徽号轻微未配享太庙奉先殿	承认
11）不肯启奏辞政			3）遏必隆供欲行辞政鳌拜不依	辩解
12）阻奏噶布喇女立为皇后巧供推卸苏克萨哈			4）遏必隆供称鳌拜借苏克萨哈之言三人同去启奏太皇太后	否认
13）将皇上不知之济世具题补授尚书以欺君	4）以朕所不知之济世妄称贤能补放工部尚书合谋欺朕	1）以朕素不知之济世妄称贤能推补工部尚书结党欺朕		辩解
14）称马尔赛贤能增补户部尚书朦胧欺君	5）增补马尔赛为户部尚书	2）将马尔赛徇情补用户部尚书		辩解
15）恐言伊等情弊堵塞言路朦胧欺君	11）屡请禁止科道所议事项	5）屡请禁止科道条奏		辩解
16）当日即该辞政，反要处治条奏陈弊之人	10）若无朋党何知熊赐履参劾之文			承认
17）奏称马尔赛江南阵前有功务谥封号	3）奏称马尔赛汉仗好理应给谥			辩解
18）将谏劝世祖之本奏览岂非逼勒皇上	1）进谏世祖之文呈朕阅览			辩解
19）部内大人启奏时截拦叱咤施威貌视皇上	6）朕前呵斥部臣 7）引见时高声恫吓	3）朕前呵斥部臣 4）引见时施威震众		承认
20）私行带信从外藩买人			5）遏必隆供鳌拜在喀尔喀买人	承认
21）将败阵革职之达素给还原官			6）遏必隆供鳌拜要与达素官职	否认
22）商议苏克萨哈罪不带巴泰去恐劝阻逆行			7）巴泰首称商议苏克萨哈罪不让与议	承认

续表

汉文残档30条	康熙八年五月十二日口谕12条	《清圣祖实录》康熙八年五月十六日戊申谕旨6条	揭发罪款16条	鳌拜认罪态度
23）将偷盗鳌拜马匹贼案启奏时鳌拜自批将马群头领并偷马贼处决承收两家家产			8）头等侍卫石禄首称鳌拜将马群头领及偷马贼处决并占其家产	辩解
24）将议政蒙古都统无故启奏裁去			9）遏必隆供鳌拜欲裁撤议政蒙古都统后启奏	辩解
25）违先旨凡处坐在前面噶褚哈私将鳌拜名字转在前面通同张威			10）遏必隆供凡起坐时鳌拜在前面我曾涵忍噶褚哈私自将鳌拜名写在前面启奏	辩解
26）听闻遏必隆说朝廷成何朝廷不行举出			11）飞瑶色供将皇上传唤情由告知鳌拜遏必隆后一齐怒言遏必隆说朝廷成何朝廷	否认
27）嗔怒飞瑶色等预先启奏			12）飞瑶色首称将随猎人役告知鳌拜遏必隆后怒说离间君臣为何私自启奏	否认
28）既奉皇上差问不行启奏太皇太后反叫皇上启奏			13）飞瑶色首称皇上欲往海子差我对辅臣说时鳌拜遏必隆说叫皇上启奏太皇太后	承认
29）不给银两拿去女人倚势强霸			14）克希克告称鳌拜仗势将伊父之妾配伊家仆为妻	辩解
30）给地逼勒克希克迁移伊父坟地			15）克希克告称鳌拜因伊父坟地有碍风水让迁往所给地内	否认

本表依据史料：《鳌拜等罪案残件》，《明清史料》丁编第8本，第712—727页；《宫中档康熙朝奏折》第8辑（满文谕折第1辑），第3—7页；《清圣祖实录》卷29，康熙八年五月戊申。按，表内罪款分别按史料所述顺序编号。

1. 认罪。

鳌拜认罪的"口谕"罪状是：违皇考重托虐害下民（第十二条）；无故迁徙定居之民（第八条）；若无朋党，何知熊赐履参劾之文（第十条）；在朕前呵斥部臣，引见时高声恫吓（第六、七条）。

鳌拜认罪的揭发罪状是：尊康熙帝生母徽号轻微，未配享太庙及奉先殿（第二条）；违制于喀尔喀擅买马甲之人（第五条）；商议苏克萨哈罪状时不让巴泰与议（第七条）；为去海子事，让康熙帝自行启奏太皇太后（第十三条）。

2. 辩解。

鳌拜辩解的"口谕"罪状如下。

第一条：奏称此乃进谏世祖之文，呈朕阅览。辩解称：因恐上奏本章言辞不当，与遏必隆商议后将劝谏世祖旧稿呈览。第三条：奏称马尔赛汉仗好，理应给谥。辩解称：部内为谥封马尔赛具题，我（只）奏称马尔赛江南阵前有功。第四条：妄称朕所不知之济世为贤能，补放工部尚书。辩解称：因皇上问及，我即奏称济世贤能，补授尚书。第五条：增补马尔赛为户部尚书。辩解称：与遏必隆商议并公同具奏后，方增补马尔赛为尚书。第八条：未经核实，斩杀为民请命之尚书督抚。辩解称：朱昌祚无具奏职权竟为启奏，苏纳海不行拨地，放鹰行走，我等公议后杀戮。第十一条：屡请禁止科道所议事项。辩解称：（与遏必隆等）公同商议后，方奏请禁止科道陈言。

鳌拜辩解的揭发罪状如下。

第三条：拖延启奏，不愿辞政。辩解称：我与遏必隆屡次修改辞呈，未及呈上。第八条：将马群头领及偷马贼处决并占其家产。辩解称：盗马贼系由部内审定后报我处斩，部内又依定例，将其家产断与我。第九条：（鳌拜）欲裁撤议政蒙古都统，故行启奏。辩解称：我与遏必隆公同启奏后，方裁撤议政蒙古都统。第十条：进见时，鳌拜坐在遏必隆前面；噶褚哈私自将鳌拜之名写在前面启奏。辩解称：起坐时遏必隆谦让上坐，不知噶褚哈启奏时将我名字写在前面。第十四条：仗势将克希克父亲之妾配伊家仆为妻。辩解称：我拟给银二百两，对方拒收。

3. 否认。

鳌拜否认的"口谕"罪状是：将获罪之马尔赛等三族之人用为侍卫（第二条）；杀苏克萨哈全家（第九条）。

鳌拜否认的揭发罪状是：鳌拜借苏克萨哈之言，三辅臣同去启奏太皇太后，阻止将噶布喇女立为皇后（第四条）。鳌拜拟将达素给还原职（第六条）。鳌拜、遏必隆闻知皇上传唤情由后怒言，鳌拜听闻遏必隆说朝廷成何朝廷之言不行举出（第十一条）。鳌拜、遏必隆斥责飞瑶色私自启奏，离间君臣（第十二条）。鳌拜因克希克父亲之坟地有碍风水，让迁往所给之地（第十五条）。

综上，"汉文残档"所列三十条罪状，鳌拜认罪九条（"口谕"五条，揭发罪状四条），辩解十一条（"口谕"六条，揭发罪状五条），否认七条（"口谕"两条，揭发罪状五条）。① 此外，鳌拜对四条罪状（"口谕"第十二条部分内容）没有表态。

鳌拜在受审时，反复说"皇上旨意，有何辩正"②。但是，他辩解和否认的罪款比承认的罪款多出一倍，可见内心不服。这与他一贯的恃功倨傲作风和强悍性情固然有关，也表明他的头脑中并未树立皇权的绝对权威。康熙初年辅政终结之际，清朝皇权逐步集中强化的进程尚处于奠基阶段。大臣受鞠审时敢于否认钦定罪状，为己辩解，此种现象只能出现在这一特定时期、特殊人物身上。当然，由于皇位与皇权合一，康熙帝治罪辅臣时，可以任意罗织罪名。

五 鳌拜"欺君轻慢圣母罪"置疑

康熙八年（1669）五月杰书等遵旨议奏鳌拜罪款，内称："皇上亲政，尊崇圣母孝康皇后，查取从前诏款。鳌拜不将配享太庙、奉先殿典礼奏请施行，此系欺君轻慢圣母之处。罪十。"③

这条在"口谕"中没有的罪款是由大学士巴泰首出：

"皇上亲政后，辅臣传我等前去，吩咐将诏款抄来。我就说，诏款甚多，将何诏取来？传说将封过上母太后诏款取来。我就说，如此行不得。世祖皇帝娶二位皇后时，一诏内授官，一诏内授给虚级。他们说，恐皇上说比朕母之诏为何，又大怪我们怎么样呢？我又说，你们止知其一，不知

---

① "口谕"罪状第8条"滥杀尚书督抚""无故迁徙定居之民"，在"汉文残档"三十条罪款中作为两条，鳌拜分别予以辩解和承认；"无故迁徙定居之民"与揭发罪状第1条"执意拨换正白旗土地"指同一事，计入鳌拜认罪的"口谕"罪状。
② 《鳌拜等罪案残件》，《明清史料》丁编第8本，第713页。
③ 《清圣祖实录》卷29，康熙二十九年五月庚申。

其二。封过上母者轻,不但不曾配享太庙,且奉先殿亦未得陪享。此怪之处,你们为何不想?"①

按,世祖顺治帝的两位皇后,即顺治八年(1651)册立的第一位皇后博尔济吉特氏(十年被废黜)和十一年册立的第二位皇后博尔济吉特氏(孝惠章皇后)。两人都是蒙古族女子。关于顺治帝迎娶两位皇后时,曾分别对外家予以"授官""加级"等封赏,未见于其他记载。

"上母"即康熙帝生母孝康章皇后佟佳氏。康熙二年(1663)二月,佟佳氏病逝。五月,谥"孝康慈和庄懿恭惠崇天育圣皇后"。她的谥号未加庙谥,即没有世祖庙谥"章"字。所以,六年七月,巴泰按照鳌拜等人吩咐,查阅封赏"上母"诏款,才发现没有按例将孝康的牌位升祔太庙、奉先殿。两年后,巴泰在揭发鳌拜时供出此事。鳌拜亦自承认。清廷据此定鳌拜"欺君轻慢圣母"罪。

康熙、乾隆两帝都曾指责辅臣办理孝康章皇后丧仪时疏忽不周。

康熙五十六年(1717)冬,孝惠皇太后病笃。礼部等奏称:"皇太后疾大渐。如有不讳,请照孝康章皇后大丧仪办理。"奉谕:"孝康章皇后升遐时,朕方十岁,皆系辅臣办理,典礼恐有未备。"②

乾隆四十二年(1777)四月,乾隆帝奉生母孝圣宪皇后梓宫赴泰东陵安葬。由泰陵东经过时如何"向皇考世宗宪皇帝、皇妣孝敬宪皇后陵寝行礼",礼部仪注未经议及。乾隆帝遂降旨称:"康熙初年孝康章皇后大事,未行此礼,是以部臣无可援引。然其时皇祖尚在冲龄,廷臣又忽于礼意,遂致阙略。"③

然而,尽管当时辅臣掌权,鳌拜能否对此大事一手遮天?其中是否另有隐情?因无直接史料为证,我们只能列举下面一些情况作为疑问的依据。

第一,清廷对佟佳氏的上述做法既违先例,又悖情理。清入关后,祭祀帝后的各项仪式逐步规范,形成定制。努尔哈赤以降,凡帝、后去世,均上尊谥(皇后加皇帝庙谥),升祔太庙、奉先殿。唯有两人例外。一位是追封的顺治帝之孝献皇后董鄂氏,未加世祖庙谥,不祔庙;另一位即康

---

① 《鳌拜等罪案残件》,《明清史料》丁编第8本,第721页。
② 光绪《清会典事例》卷477,中华书局1991年版,第6册,第439页。
③ 《清高宗实录》卷1031,乾隆四十二年四月辛亥。

熙帝生母佟佳氏，她在死后数年内未加世祖庙谥，未祔庙。

第二，鳌拜背后是否有主使。巴泰的揭发透露，康熙帝亲政后，鳌拜吩咐大臣查阅封赏"上母"诏款。因巴泰告知，顺治帝娶两位皇后时对外戚有所封赏，鳌拜遂担心康熙帝将生母有关情形与此相比而斥责辅臣。同时，巴泰称鳌拜等"止知其一，不知其二"，提醒说还有更让皇帝怪罪之事，即"上母"未配享太庙和奉先殿。令人不解的是，经巴泰提醒，鳌拜并未立即补过、查例典施行。① 这种反常表现背后，有一种可能性，即鳌拜有所依恃，或秉承上意。可是，这一"上意"来自何人？

因康熙帝尚在幼年，无法亲自处理皇太后佟佳氏身后之事。对此拥有决定权之人，应当是孝庄太皇太后。

第三，佟佳氏的母后身份可能遭忌。佟佳氏是佟图赖之女，生于崇德五年（1640）。原隶正蓝旗汉军旗下。康熙八年（1669），佟佳氏兄弟佟国纲、佟国维等奉旨由正蓝旗汉军旗抬入镶黄旗汉军旗。② 清朝后族抬旗自此始。

佟佳氏约十三岁成婚。不久，为顺治帝看中，其夫自死。遂被纳入宫中。③ 十五岁生皇三子玄烨。其后受到顺治帝的冷落。无位号。

康熙帝玄烨即位，佟佳氏与顺治帝嫡后博尔济吉特氏并称"两宫圣母皇后"④。康熙元年（1662）八月，谕礼部："尊上圣祖母皇太后尊号曰'昭圣慈寿恭简安懿章庆敦惠太皇太后'；母后皇后尊号曰'仁宪皇太后'；母后尊号曰'慈和皇太后'；尔部即择吉以闻。"⑤ 康熙帝的嫡母、生母被分别称为"母后皇后"和"母后"。称谓之不同，透露出两人有嫡庶之别。

满蒙联姻是清朝既定国策。崇德元年（1636）册封的五宫后妃全部是蒙古族女子。在顺治朝后宫，仍有一个由两代蒙古族后妃组成的强大的利益群体。这一群体以孝庄皇太后居首，既包括曾为崇德五宫后妃的懿靖大

---

① 康熙六年（1667）七月康熙帝亲政。十一月，"恭奉孝康皇后神位入奉先殿"。八年五月鳌拜被执。九年闰二月，佟佳氏"加上尊谥为章皇后"。升祔太庙、奉先殿。
② 中国第一历史档案馆藏八旗世袭谱档11号、30号。
③ ［朝鲜］金昌业：《燕行日记》，载［韩］林中基编《燕行录全集》，第31册，第478页。此外，西方传教士的记述可与印证。参见金国平、吴志良《耶稣会传教士安文思手稿所记顺治晏驾与康熙继位》，载《明清档案与历史研究论文集：庆祝中国第一历史档案馆成立八十周年》，新华出版社2008年版。
④ 《清圣祖实录》卷5，顺治十八年十一月壬午。
⑤ 《清圣祖实录》卷7，康熙元年八月庚午。

贵妃、康惠淑妃等，也包括顺治帝第一位皇后、第二位皇后以及顺治年间追封的悼妃，康熙年间尊封的恭靖妃、淑慧妃等蒙古族妃子。孝庄皇太后与这些人多有亲属关系。

从实际地位看，顺治帝的妻妾分为三个等级，首为蒙古族后妃，次为满洲妃子，再次为汉军旗妃子。此外，还有个别汉人妃子（如恪妃石氏，康熙六年追封）。顺治帝极力疏远蒙古族妻妾，十四个儿女无一是其所生。这些备受顺治帝冷淡的蒙古族女子与上一辈蒙古族妃子惺惺相惜。她们依恃孝庄皇太后，形成顺治朝宫闱的核心。①

佟佳氏是清朝母后中第一位非蒙古族女子，而且来自汉军旗。崇德、顺治两朝以蒙古族女子为皇后（皇太后）的后宫格局，由此被打破。蒙古族后妃与佟佳氏之间的关系可想而知。

顺治帝嫡后博尔济吉特氏与庶妃佟佳氏之间，原本尊卑分明。博尔济吉特氏无子，佟佳氏之子继统，两人同为皇太后。这一变化会使博尔济吉特氏感到不适。而童年康熙帝对生母、嫡母一亲一敬，乃人之常情。所以，博尔济吉特氏难免会对佟佳氏有所防范。

顺治年间，孝庄皇太后十分喜爱玄烨，着意培养。玄烨继统后，如何摆平嗣帝生母与嫡母之间，嗣帝生母与原本高居其上的两代蒙古族妃子之间，嗣帝生母与众多满洲庶妃、汉军庶妃以及汉族庶妃之间的关系，成为孝庄皇太后所面临的难题。博尔济吉特氏是孝庄的侄孙女，由孝庄选为顺治帝皇后。从情感上讲，孝庄近博尔济吉特氏而远佟佳氏在所难免，此其一。佟佳氏为皇太后，无论名分和地位，仅在孝庄太皇太后之下，堪与博尔济吉特氏相埒。然而孝庄或会更加亲近蒙古族后妃，力求在新的后宫格局中维持平衡，此其二。由于佟佳氏地位的上升，孝庄对亲孙玄烨的影响力可能受到削弱，此其三。因此，无论是从利益还是从情感考虑，孝庄都有贬低佟佳氏的主观动机。

我们没有直接证据证实佟佳氏身后受到冷遇的决定，出自孝庄。不过，将"欺君轻慢圣母"的责任完全归之于鳌拜，让人难以置信。

---

① 参见杨珍《顺治朝后宫的特征》，分载《光明日报》2013 年 11 月 28 日、12 月 12 日。

小 结

康熙初年，因康熙帝幼龄，由四位辅臣辅政，清入关后出现第二次皇权与皇位的分离。中国封建社会经历了最后一次改朝换代，人心思定，百废待兴。王朝最高权力相对分散，对治理一个千疮百孔的泱泱大国显然不利。然而，辅政体制的实施，使清廷在这一特定时期内能够保证其统治的延续性和稳定性，避免百姓再受动乱之扰。

四辅臣在辅政任上恪尽职守，却不是高瞻远瞩的政治家。他们的思想观念从总体上看比较僵化、保守，未能随着清入关后客观环境的变化与时俱进。他们对顺治帝信任汉臣，疏远满蒙王公等做法深恶痛绝，于是在施政中坚持首崇满洲方针，凡事遵照太祖、太宗之例办理。这一治国理念远远落后于新的客观形势。虽然辅臣在推进清初统一战争中效绩显著，但于制定文化政策、处理满汉关系等重要方面有明显倒退。康熙帝亲政后，改变辅臣的保守政策，确定以崇儒重道为基本国策，为清朝发展重新确立了方向。清朝社会逐步由乱而治，迈入康乾盛世。

辅臣对孝庄、康熙帝为代表的清皇室忠心耿耿。辅政初期，辅臣之间比较团结。辅政后期，辅臣内部发生分裂。鳌拜等人与苏克萨哈的矛盾根源，是久已存在的两黄旗与正白旗之间的利益之争。康熙帝亲政后独掌大权，不能容忍辅臣代行皇权状况长久存在。他希望辅臣自行辞政，但鳌拜不愿主动放权。双方僵持未久，康熙帝寻找借口，清除鳌拜，结束辅政。

康熙帝并非生而睿智果敢。他的才具来自施政实践中的挫折和磨炼。这一实践过程，始于亲政之前。在他接触并参与政事初期，也有无能为力、表现软弱之时。由于他的迁就忍让，由于他面对议政王大臣免冠叩请显露胆怯之色，致使鳌拜等先是枉杀苏纳海等人，继之枉杀苏克萨哈等人。康熙帝后来一再为自己辩解，但对此两事，特别是后一事，他确实负有较大责任。

孝庄太皇太后与辅臣的思想观念较为接近，对鳌拜执意枉杀苏克萨哈等人不愿过问，不予阻止。这其中有历史渊源、个人恩怨等多种因素，需要进一步研究。

鳌拜的成罪过程及其供述表明，他的罪款中有不实之词，可能还有替人受过之处。由此可见清初满洲统治集团权力斗争的残酷性，以及后宫内部的尖锐矛盾与激烈竞争。

  当事之人回顾亲身经历的历史，往往更具理性而显大度。当年康熙帝十六岁，为收回辅政权力而构罪于鳌拜，拘禁致死。在他耳顺之年（康熙五十二年），又于诸王贝勒前大力表彰鳌拜的功绩。他说："我朝从征效力大臣中，莫过于鳌拜巴图鲁者。伊功劳册大内现有，朕常念与近御大臣、侍卫等听之。"① 特追赠鳌拜一等阿思哈尼哈番（一等男）世职，以鳌拜亲弟之孙苏褐承袭。雍正九年（1731），追封鳌拜为超武公。清廷重新评价鳌拜，对康熙初年辅政体制及四辅臣于清朝发展所做贡献予以肯定。康熙帝与四辅臣在处理满汉关系等方面有重大分歧，然而相关史料显示，这并非清除鳌拜、结束辅政的直接原因。说到底，康熙帝与鳌拜的冲突是权力斗争，双方在维护、巩固清朝统治这一根本宗旨上是一致的。

  有关四辅臣辅政及鳌拜罪案的数则满文档案，能够使我们对那一时期若干重要事件的具体情况，特别是康熙帝的言行及其思想变化有较为细致的了解。可是，现存满文档案的总体数量，大大少于汉文档案。四辅臣辅政及鳌拜罪案的满文档案只存留数则，它们所揭示的内容，相当一部分在《清圣祖实录》等汉文史籍也有记载。经比勘，无重大歧义。审问鳌拜等人的情况，于现存满文档案内无载，在汉文档案中却有集中反映。这就表明，满文史料虽然能够起到汉文史料不可替代的作用，但也像汉文史料一样，在清史研究中有其自身的局限性。所以，我们在充分发掘利用满文史料同时，也要充分发掘利用汉文史料。满、汉史料并重，以两者相互补充，才能将清初宫廷政治史研究引向深入。

---

① 台北"故宫博物院"：《清代起居注册·康熙朝》，第22册，第12049—12050页。

第三章

硝烟中的君臣与将士

战争是政治的延续。康熙二十九年（1690）发生的乌兰布通之战，从一独特视角展现了皇帝与将士的关系以及君臣们的表现，是考察清初宫廷政治不应忽视的一个课题。

关于乌兰布通之战，清史学界已有不少研究成果（参见本书"主要参考资料"）。以往研究大都集中在战役本身，对于康熙帝择选将帅时的思想动机以及出征大臣的言行，讨论尚不充分。此外，在史料、史事等方面，也存在一些似是而非之处。所以，需要对乌兰布通之战中的君臣关系再做审视，补充清官修史籍记载之不足，订正史籍所载与史实相悖之处，辨析因史料记载谬误而造成的若干误解。

第一节　乌兰布通之战历史背景

乌兰布通之战是清廷统一台湾后首次重大战役，也是清中央政权与漠西厄鲁特蒙古准噶尔部之间首次大规模军事较量。这次战役在清朝统一边疆战争中占有重要地位。

17世纪中后期，清廷、准噶尔部、漠北喀尔喀蒙古和沙俄四方之间，存在着错综复杂的矛盾纠葛，从而构成了乌兰布通之战的历史背景。

康熙二十二年（1683），清廷收复台湾。至此，因明清易代引发的战乱基本结束，社会秩序得到重建，满汉民族矛盾趋向缓和。清朝统治稳固，国力日增。然而清廷又面临两个新的问题亟待解决，一是准噶尔部噶尔丹掠扰内地及喀尔喀，二是北方沙皇俄国掠夺喀尔喀、侵略清朝东北地区。

第三章 硝烟中的君臣与将士

噶尔丹是准噶尔部首领巴图尔珲台吉第六子。早年赴西藏学经，受达赖五世器重。康熙十年（1671），在西藏上层僧侣的支持下，噶尔丹夺得准部领导权，时年二十八岁。噶尔丹有才具、有胆略。他精治器械，重视耕牧，严明法令，勇而善战。① 在其统治下，准噶尔部逐渐发展壮大。噶尔丹称"博硕克图汗"，控制天山南北广大地区。虽然继续向清廷遣使入贡，互市贸易，但噶尔丹不甘于此，欲图称霸北方，问鼎中原。为了达到这一目的，他利用喀尔喀内部的矛盾，多次掠扰喀尔喀。

天聪九年（1635），漠南蒙古归入后金版图。崇德三年（1638）始，喀尔喀蒙古每年向清朝进奉"九白之贡"，双方确立臣属关系。喀尔喀西部与厄鲁特蒙古相接，北与沙俄为邻。面对来自准噶尔部的掠扰与沙俄的侵害，喀尔喀蒙古奋起抗争。但因内部纷争，实力被削弱，陷入困境。于是，期望能够倚靠清廷，得到保护。

17世纪中叶，沙俄远征军持续在清朝东北黑龙江、松花江一带掠夺，建立尼布楚、雅克萨、楚库柏兴等据点，杀戮当地居民，强迫他们向沙皇纳贡臣服。沙俄侵略者的野蛮行径，激起中国军民强烈抵抗。在对待喀尔喀蒙古问题上，沙俄与噶尔丹之间利益一致，相互利用。噶尔丹改变其祖辈抗击沙俄侵略的方针，与沙俄往来密切，力图与沙俄建立军事同盟。沙俄则支持噶尔丹以武力东进，吞并喀尔喀。

以康熙帝为代表的清廷对上述形势采取了冷静对策。一方面，多方调解喀尔喀内部争端，促使喀尔喀左右翼会盟和好，促进喀尔喀蒙古与准噶尔部之间息兵休战，和睦相处，并多次遣使与噶尔丹会谈。另一方面，坚决遏制噶尔丹向东扩张，对噶尔丹与沙俄的勾结保持高度警觉。

康熙二十七年（1688）夏，沙俄自贝加尔湖向南扩张，喀尔喀土谢图汗率众抵抗时，遭到噶尔丹突袭，腹背受敌，接连败退。土谢图汗与哲布尊丹巴（一作泽卜尊丹巴）呼图克图率部众南下，寻求清廷庇护。这使清廷处于两难境地。如康熙帝所言："其时若不允其内附，恩养得所，必皆沦入于厄鲁特，则尔时噶尔丹之势力不言可知矣。允其内附而恩养之，噶尔丹必假此衅端，与我朝构难。"② 反复权衡后，康熙帝决定接纳陆续来归

---

① 参见梁份《噶尔旦传》，载梁份《秦边纪略》，青海人民出版社1987版，第419—423页。
② 《平定朔漠方略》卷44，《景印文渊阁四库全书》（下称《四库全书》），上海古籍出版社1988年版，第355册，第593页。

的数十万喀尔喀蒙古部众，将他们妥善安置在漠南蒙古北部，予以赈济。喀尔喀蒙古对清廷的向心力得以增强。

针对沙俄侵略我国东北地区之行径，康熙帝也采取了一系列举措。

康熙二十一年（1682）康熙帝东巡至吉林乌拉等地实地考察，筹划防务。二十四年、二十五年，清廷两次出兵收复雅克萨，迫使俄国沙皇接受谈判。二十八年，签订《中俄尼布楚条约》。为了阻止沙俄援助噶尔丹，清廷在签约时做出让步，放弃尼布楚，以额尔古纳河、格尔必齐河及外兴安岭为界，划定中俄两国东段边界。① 沙俄得到实际利益，加之受到康熙帝警告和条约约束，② 因而对噶尔丹出兵喀尔喀只是口头支持，并无行动，总的态度趋向冷淡。清廷争得主动，排除了沙俄的牵制，得以集中精力应对噶尔丹南侵。

第二节　战前准备

一　分兵侦察噶尔丹虚实

康熙二十七年（1688）噶尔丹突袭喀尔喀土谢图汗后，清廷大力加强北部边塞防御。噶尔丹对清廷使臣款待有加，殊为恭顺。又遣员赴京请安，称"并无自外于中华皇帝、达赖喇嘛礼法之意"③。根据这些情况，是年九月，原以镇国公都统苏努为统帅，前往归化城驻备的"京师大兵"暂停起程。④ 二十八年，康熙帝命理藩院尚书阿喇尼（一作阿尔尼）等往谕噶尔丹，期与喀尔喀解释前仇，安居辑睦，永息战争。噶尔丹表示愿得遵行。⑤

综合《平定朔漠方略》（亦称《圣祖仁皇帝亲征平定朔漠方略》《亲征平定朔漠方略》）、《清圣祖实录》、《为元凯马公出师塞北纪程》以及清修人物传记等文献记载，二十九年春，清廷得知噶尔丹于上年年底自科布多东进，征伐喀尔喀。于是，三月至四月间，命三路清军开赴漠北土拉河方向，往探噶尔丹行踪。三路清军一为理藩院尚书阿喇尼、兵部尚书纪尔

---

① 该条约拉丁文本译文、满文本译文及俄文本译文，参见苏联科学院远东研究所等编《十七世纪俄中关系》，商务印书馆1975年版，第2卷第4册，第961—967页；另参见中国第一历史档案馆编《清代中俄关系档案史料选编》，中华书局1981年版，第1编上册，第123—124页。
② 《平定朔漠方略》卷6，《四库全书》第354册，第542页。
③ 《清圣祖实录》卷137，康熙二十七年十一月甲申。
④ 《清圣祖实录》卷137，康熙二十七年九月庚午、壬申。
⑤ 《清圣祖实录》卷140，康熙二十八年四月己卯；卷142，康熙二十八年十月乙酉。

他布部，二为镶蓝旗满洲都统额赫纳、理藩院侍郎文达（一作温达）部，三为一等侍卫副都统阿南达部。

曾因吹捧鳌拜受到严责的阿南达通晓蒙文。康熙二十七年（1688），他奉命偕喇嘛商南多尔济赍敕往谕噶尔丹休兵和好。二十八年四月，阿南达复随尚书阿喇尼等赍敕往谕。十月，阿喇尼返朝复命，阿南达偕理藩院侍郎文达驻守边外。二十九年三月，康熙帝命阿喇尼等速赴阿南达所往之地，先檄阿南达来京，再至文达所，调遣喀尔喀诸部兵，自屯军之地至汛界安设驿站；命额赫纳等至归化城，赍三月粮，与文达率扎萨克、喀尔喀兵赴土喇，与阿喇尼、纪尔他布会合。

二十九年四月初，阿南达抵京。他详尽奏报噶尔丹袭扰喀尔喀情形，请求带行炮并禁军前往，相机征讨。得旨允准。命调察哈尔兵六百，各携五月粮，再于汉军每旗选章京一员，领行炮八门及炮手，赴土拉河策应西路额赫纳军。命正黄旗汉军都统杨文魁、正蓝旗汉军副都统伊雷等率领前锋，汉军正黄旗人、正黄旗汉军副都统李林隆总管火炮；檄阿喇尼、额赫纳知之。

由阿南达率领的这支清军，于四月中旬从京师起程。二十日抵塞下，出张家口，二十七日与察哈尔兵会合。五月初十至二十二日，北渡瀚海。①拟待额赫纳军会合齐进，二十七日闻"额营"仍相距四五日程，且以缺粮不能前行。阿南达遣员驰奏，仍遵初旨，孤军深入。二十九日，康熙帝闻知，自乌尔扎河前逾一日程，有厄鲁特列营状。遂允阿喇尼之请，命由京城增派"八旗兵及炮"，阿南达不必待额赫纳，即载炮以往，额赫纳军星驰前进，诸路速赴阿喇尼军。

六月初一日，阿南达军闻噶尔丹"欲犯边信"。于是，初九日回师，十六日复入瀚海边界。与额赫纳军会合，得往会阿喇尼军之命。二十一日，又闻阿喇尼领兵驻营赤城汗城。阿南达军先行，绕道驱赴，夜以继日。

七月初二日，阿南达军进入漠南蒙古界内，闻阿喇尼于六月二十一日与噶尔丹军战于乌尔会河失利之信。初四日，康熙帝命阿南达等与阿喇尼两军就其近者往会之。又以额赫纳军恐亦粮尽势迫，命阿南达遣人速往迎之入边。是月上旬，阿南达军至阿喇尼所，遂奉命齐至克勒会福全大军。二十三日，与福全军会合。

---

① 康熙二十九年（1690）春奉命往侦噶尔丹行踪的三路清军，仅阿南达部携炮而行，北渡瀚海。

阿南达军和阿喇尼、纪尔他布军都参与了八月初一日乌兰布通之战。

从相关史料看，康熙二十九年（1690）春夏之交康熙帝派往土拉河一带的三路清军，只有阿喇尼部不时奏报有关噶尔丹情况，且与噶尔丹军交锋后败北；阿南达部、额赫纳部在侦防噶尔丹方面没有发挥显著作用。

二 亲征与否 举棋不定

二十九年（1690）夏，康熙帝曾打算亲征噶尔丹。在诸多因素相互作用下，这一初衷没有实现。

六月中旬，清廷闻知厄鲁特兵沿克鲁伦河下流而来。兵部遵旨议发八旗预备军。"宗室公都统苏努"再次奉命统领全军。①

六月十九日，康熙帝接阿喇尼奏报：厄鲁特兵已于当月初六日渡过乌尔会河，其兵号称四万，有俄罗斯使者率百许人至噶尔丹所；乌尔会河距喀尔喀河甚近，喀尔喀河近喀伦仅一日程。② 对于清廷来说，这是噶尔丹欲行深入边内的一个信号。于是，拟增发蒙古兵、八旗兵、火器营兵等③，由康熙帝选任总率之人。

法籍传教士张诚（Joannes Franciscus Gerbillon）当时供职清廷。他在康熙二十九年六月二十日（1690年7月25日）日记中对上述情况有载："皇帝于昨晚下诏，派遣大军进讨厄鲁特人，又宣示圣驾拟于一个月内向彼方出巡，并顺道照常出猎。朝内的满汉文武官员，恳切要求随驾出征。"④

六月二十二日，康熙帝谕兵部："噶尔丹追喀尔喀，已进汛界。朕将亲往视师。从征诸王出喜峰口。公苏努等所领之军随朕行。令诸王先朕进发。"⑤ 这是康熙帝本人首次透露亲征意向。是日，议政王大臣等奉命集议：诸王军七月初四日起行，驾发日期初六日为宜。奏入，从之。

---

① 《清圣祖实录》卷146，康熙二十九年六月癸酉。
② 《平定朔漠方略》卷6，《四库全书》第354册，第544、545页；《清圣祖实录》卷146，康熙二十九年六月戊寅。按，康熙四十七年（1708）修讫的《平定朔漠方略》与雍正九年（1731）修讫的《清圣祖实录》，均为编年体史籍。本章所述时间依据两书，时间笼统或记载相异处予以注明。
③ 本章所称"火器营"除注明者外，均指"汉军火器营"。参见第四章第二节"常泰事迹钩沉"。
④ ［法］张诚：《张诚日记》，陈霞飞译，陈泽宪校，商务印书馆1973年版，第80页。
⑤ 《清圣祖实录》卷146，康熙二十九年六月辛巳。按，苏努率军于是年七月初一日起行。参见《清圣祖实录》卷146，康熙二十九年六月癸未；卷147，康熙二十九年七月壬辰。

"亲往视师"一语,可以做不同理解。既然在"出巡"中"顺道照常出猎",说明亲征与否尚未最后确定,拟见机行事。

六月二十四日,乌珠穆沁额尔德尼贝勒博木布奏报,厄鲁特已至乌尔会河,于六月十四日在乌珠穆沁地方劫掠。据此,康熙帝认为军宜速出,应增发官兵及火器。议政王大臣等遵旨议称:京城兵每佐领应增派护军二名,每旗护军参领一员。八旗火器营兵增发一千。所增发护军及火器营官兵,俱护驾而行。京城大兵陆续遣发,皇上亲统大军相机而行。奏入,从之。①

六月二十五日,以"上将出军",先遣理藩院员外郎一员赍敕书往谕噶尔丹。② 敕谕内未提亲征一事。清官修史籍对康熙二十九年六月二十六日至三十日有关情况的记述,也有些反常:

六月二十六日、二十七日,《平定朔漠方略》对战事无记载,《清圣祖实录》所记内容,与噶尔丹进扰事无关。

二十八日、二十九日、三十日,两书均记载战事部署、调兵事宜,却未言及康熙帝准备"出军"。

这是因为至迟六月三十日之前,康熙帝已改变原定出征计划。

六月二十九日,康熙帝接理藩院尚书阿喇尼等奏报,获悉当月二十一日在乌尔会河清军与噶尔丹军交锋,败北。

六月三十日(1690年8月4日)张诚在日记中写道:

"宗室觉罗、内廷大臣、六部九卿合词奏陈:圣驾不宜于此时亲临大军,或离开京师,以免引起百姓惊疑不安,特别是南方各省得悉圣躬驾出京师或以为时事有变,牵动大局。陛下俯允群臣所请,决定推迟亲征。他任命皇长兄(按,和硕裕亲王福全)为大将军,并令年仅十九岁的皇长子(按,允禔),代替自己参与这次征讨,以副皇上的心愿。"③

需要指出,后来康熙帝多次讲到,众臣对征讨噶尔丹怀有畏难情绪,对其亲征持反对态度:

"诏武臣三品以上,咸陈灭贼方略,会同详议。举朝皆以为难,其言

---

① 《平定朔漠方略》卷6,《四库全书》第354册,第548、549页;《清圣祖实录》卷146,康熙二十九年六月癸未。
② 《平定朔漠方略》卷6,《四库全书》第354册,第550页;《清圣祖实录》卷146,康熙二十九年六月甲申。
③ [法]张诚:《张诚日记》,陈霞飞译,陈泽宪校,第81、82页。

贼当讨灭者，不过四人。"① 此其一。

"方亲征之初举也，廷诸臣多持异议。狃于目前之计者，谓凶锋挫衄，无足深忧；惮于征缮之烦者，谓大漠游魂，难以就缚。"② 此其二。

"比者厄鲁特噶尔丹妄逞凶顽，背弃誓约……不得不加之以兵。议者咸曰：蛮夷荒服，治以不治。古惟有驱逐之而已，防守之而已。远劳师旅，未必遂能灭除也。"③ 此其三。

"昔朕欲亲征噶尔丹，众皆劝阻。惟伯费扬古言其当讨。后两次出师，皆朕独断。"④ 此其四。

另外，时任户部尚书、充经筵讲官陈廷敬，做有"北征大捷功成振旅凯歌二十首并序"。内称："日者皇上北顾边陲，永惟戡定，圣心独断，决策亲征，群臣震悚，表请遣命将士，毋烦车驾远行。蒙诏旨开喻弗允"⑤。此其五。

可是，若以上述史料作为康熙二十九年（1690）众臣劝谏康熙帝亲征之证，误矣。从史料的上下文看，五则均指三十五年（1696）康熙帝第一次亲征噶尔丹，不是指二十九年乌兰布通之战。康熙帝三次亲征后，噶尔丹兵败身亡。此时，康熙帝方可坦言出兵前"举朝皆以为难"，以彰"朕躬"之英明。然而乌兰布通之战，清军并未取得全胜。所以，无论康熙帝或其他人，必对事前众臣劝谏一事三缄其口。《张诚日记》称康熙帝允诸臣之请，推迟亲征，虽无旁证，应非虚语。

四十七年冬，康熙帝对大臣们回忆："太皇太后在日，爱朕殊深。升遐以后，朕常形梦寐，奇异甚多。乌兰布通出兵之前，梦太皇太后止朕曰：'尔慎毋出兵，出恐无益'。后朕强行，果至半途抱疾而还。中路出兵之时，亦梦太皇太后谓朕曰，'尔此番出兵克奏大勋，但非尔亲获其俘耳。'朕彼时不能深解。后出兵，闻噶尔丹遁去，朕自拖诺山发兵往追，噶尔丹遂西奔，遇伯费扬古，大败之，多所俘获，始知梦兆符合如此。"⑥

---

① 《清圣祖实录》卷183，康熙三十六年五月癸卯；另参见《清圣祖实录》卷168，康熙三十四年十月丁未。
② 《平定朔漠方略》卷6，《四库全书》第354册，第246页。
③ 《圣祖御制文二集》卷30，《论息兵安民》，光绪朝武英殿刻本。
④ 《清圣祖实录》卷287，康熙五十九年正月壬申。
⑤ 陈廷敬：《午亭文编》卷1，载《陈廷敬集》，张建伟、李卫锋点校，山西出版传媒集团·三晋出版社2012年版，上册，第14页。按，诗中"盈庭连表谏亲征"句，多被治史者认为指康熙二十九年众臣谏阻皇帝亲征。这一认识有误。
⑥ 《清圣祖实录》卷235，康熙四十七年十一月丁亥。

二十九年夏秋之际，康熙帝梦见太皇太后劝阻自己出兵，反映出他对是否亲征，尚有犹豫。反之，三十五年出征前，康熙帝梦见太皇太后看好此举，表明此时康熙帝亲征之意坚定。

二十九年七月初一日，谕众臣："大兵陆续前进，朕亦亲往，姑勿与战，以待各路军至齐发，毋致失利。"①"亲往"与"亲统大军"，两者有所区别。此前，康熙帝拟行亲征仅有一例。时在三藩之乱发生不久，陕西提督王辅臣叛清。因出兵将帅不遵指授，进击不利，康熙帝欲亲至前线，相机调遣。然众臣议称："皇上不宜轻出，止可居中运筹。"于是，康熙帝宣布暂止亲征。② 相较之下，此次康熙帝对亲征与否的态度很不明朗。他部分接纳群臣的阻谏后，采取了折中之策：任命将帅出征，同时又以"抚慰北边外蒙古"③ 为名亲往视师。

七月初二日，命和硕裕亲王福全为抚远大将军，皇长子允禔副之，出古北口；命和硕恭亲王常宁为安北大将军，和硕简亲王雅布、多罗信郡王鄂札副之，出喜峰口；命内大臣国舅佟国纲、佟国维、索额图、明珠等十四人参赞军务。又令诸军出发时，佟国维、索额图、明珠三人暂留京，"俟大将军至阴山，驰往会之"④，以示体恤老臣。

七月初三日，手书"命裕亲王帅师征厄鲁特"一诗赐福全，寄予厚望。这首诗的最后两句是："遐荒安一体，归奏慰予情。"⑤ 如果康熙帝拟行亲征，从情理看，不会在福全出征前所赐诗篇中表露全盘付托之意。

七月初六日是原定"驾发日期"。是日，抚远大将军福全率清军主力启程。

三 战略调整

康熙二十九年七月初七日，康熙帝接内大臣苏尔达奏报，获悉所调科尔沁兵到者仅半，喀喇沁、阿巴垓等部兵均未到达预定地点，盛京兵亦未

---

① 《平定朔漠方略》卷7，《四库全书》第354册，第554页；《清圣祖实录》卷147，康熙二十九年七月庚寅。
② 《清圣祖实录》卷51，康熙十三年十二月庚子。
③ 台北"故宫博物院"：《清代起居注册·康熙朝》，第1册，第397、397页；《清圣祖实录》卷147，康熙二十九年七月癸卯（十四日）条称"上巡幸边塞"。
④ 《清圣祖实录》卷147，康熙四十七年七月辛卯。
⑤ 《圣祖御制文二集》卷44，《命裕亲王福全皇长子胤禔率师征厄鲁特锡之以诗》；王宏钧、刘如仲：《准噶尔的历史与文物》图六，青海人民出版社1984年版。

到。遂命议政王贝勒大臣等集议,"其恭亲王兵是否停止,一并议奏"。议政王大臣等议称:"恭亲王且勿出,但令预备。"奏入,奉旨:"恭亲王兵可勿备。余如所议。其令裕亲王及参赞大臣等知之。"①

两天后,康熙帝给内大臣国舅佟国维等人的上谕中,透露出"罢大将军恭亲王常宁兵"的主要原因:从前方奏报获悉,"噶尔丹退回二宿之地,似欲潜逃"②。

康熙二十九年七月初八日(1690年8月12日)张诚日记所言,与《平定朔漠方略》中的记载可相印证:"厄鲁特国王已经退却的消息传来。皇上遂定于18日(按,二十九年七月十四日)幸长城外鞑靼诸山围猎。"③

因噶尔丹有北遁迹象,七月初七日康熙帝决定暂罢常宁兵。七月初九日命领侍卫内大臣索额图统领精壮兵马先行,并授以方略:噶尔丹欲逃,即行追击,若彼来战,乃行羁縻之计,以待大兵。康熙帝既欲赴塞外围猎,"亲征"之意似已淡化。然而军机万变。数日内,拟行"围猎"又被"亲往视师"所取代。

需要指出,《清史稿·圣祖本纪》二十九年七月辛卯(初二日)条载:命福全为抚远大将军,出古北口;常宁为安远大将军,出喜峰口。④ 但未写入"寻停止恭亲王兵"⑤。不少今人著述,也未述及这一战略部署变化。

四 康熙帝出塞中暑

康熙二十九年七月十三日,康熙帝接福全奏报,悉噶尔丹军内进至奇尔萨布喇克之地,其地近阴山,与盛京乌喇、科尔沁调兵处不相涉,盖稍在内矣。遂令各路兵齐集巴林,"前所发五旗每佐领护军二名,令恭亲王

---

① 《平定朔漠方略》卷7,《四库全书》第354册,第560页;《清圣祖实录》卷147,康熙二十九年七月丙申。
② 《平定朔漠方略》卷7,《四库全书》第354册,第560页;《清圣祖实录》卷147,康熙二十九年七月戊戌。[苏]伊·亚·兹拉特金《准噶尔汗国史(1635—1758)》指出:"乌尔会河得胜之后过了几天,噶尔丹开始撤回。满洲和俄国的文件都提到了他的撤退。我们无法确切说明这次撤军的直接原因。"(马曼丽译,商务印书馆1980年版,第277页)
③ [法]张诚:《张诚日记》,陈霞飞译,陈泽宪校,第83页。
④ 《清史稿》卷7,第2册,第229——230页。
⑤ 蒋良骐:《东华录》卷15,第252页。

领之，逾二日启行"①。此次恭亲王常宁所领之兵，即六月二十四日议政王大臣遵旨定议，拟护驾而行的京城每佐领所增护军。

七月十四日黎明，康熙帝启程赴塞外，"抚慰北边外蒙古"。是日寅刻，百官跪送于紫禁城东华门。十二天前（七月初二日）曾被任命为常宁军副帅之一的和硕简亲王雅布，扈从北行。启程当日，谕镶黄旗满洲都统、议政大臣瓦代等：据奏报，噶尔丹于六月二十七日潜师北去，"朕之欲幸此军者，以躬近行间便指示也。今噶尔丹虽退而喀尔喀方且横行，劫掠驿递及诸扎萨克马畜衣服。乘此大兵集会，朕乃亲往视师，以靖喀尔喀之肆，俾知所畏忌，事可一举而定也"②。按，所谓噶尔丹北去，已是过时情报。康熙帝所以"亲往视师"，乃得知噶尔丹复内进矣。

七月十六日，恭亲王常宁率军继行。③ 曾于七月初二日被任命为常宁军另一副帅的信郡王鄂札，奉命留守京师。④

常宁率军启程之日，康熙帝出古北口，驻跸鞍匠屯，当日中暑。⑤ 次日，高烧不退，仍力疾前行。七月十七日、十八日、十九日三天，驻跸正红旗鹰庄。十九日，命常宁率师自鞍匠屯取道兴州，趋正蓝旗游牧之地，往会福全军。二十日，康熙帝驻跸青城（喀喇和屯，今河北承德西南滦河镇）。⑥ 因病势加重，自忖难以继行，命简亲王雅布赴福全军前参赞军务。康熙帝驻地昼热夜寒，不利于中暑病人调摄。二十一日，随扈诸臣以"圣躬违和"，奏请回銮。二十三日，康熙帝决定暂且回銮。谕扈从诸臣侍卫等："朕来此地，本欲克期剿灭噶尔丹，以清沙漠。今以朕躬抱疾，实难支撑，不获亲灭此贼，甚为可恨。"⑦ 言至此，不禁叹息流涕。命选择肥壮

---

① 《平定朔漠方略》卷7，《四库全书》第354册，第563、564页；《清圣祖实录》卷147，康熙二十九年七月壬寅。
② 《平定朔漠方略》卷7，《四库全书》第354册，第564页；《清圣祖实录》卷147，康熙二十九年七月癸卯。
③ 王士禛：《居易录》卷7，《王士禛全集》，齐鲁书社2007年版，第5册，第3812页，按，王士禛时任都察院左副都御史、充经筵讲官。
④ 康熙二十九年十一月下旬，福全等率军还京师，止宿城外听勘。奉旨取供议罪大臣，以多罗信郡王鄂扎居首。参见《平定朔漠方略》卷8，《四库全书》第354册，第588、589页；《清圣祖实录》卷149，康熙二十九年十一月己酉。
⑤ 《平定朔漠方略》卷7，《四库全书》第354册，第571页。
⑥ 《清圣祖实录》卷147，康熙二十九年七月己酉条称是日（七月二十日）"上驻跸博洛和屯"。
⑦ 《清圣祖实录》卷147，康熙二十九年七月壬子。《平定朔漠方略》《清代起居注·康熙朝》均无此记载。

马匹分给随驾火器营兵、前锋护军，令驰赴福全军前。然而康熙帝仍有不甘。二十四日、二十五日、二十六日三天，留驻（喀喇河屯以北）正红旗鹰庄，欲俟病情好转。二十五日，皇太子允礽、皇三子允祉自京师驰至问安。在这期间，康熙帝的病情又有反复。二十七日，随扈众臣再次叩请回京调理。康熙帝决定缓辔途还，是日踏上归途。

七月二十九日，康熙帝驻跸鞍匠屯。八月初一日，驻跸三岔口。命皇太子允礽先回京师，"以杜绝因圣躬违和而发生的谣言蜚语"①。旋接抚远大将军福全奏报，称清军击败噶尔丹于乌兰布通。初七日，康熙帝抵京。

康熙帝中暑后多日不愈，实有其因。他自幼龄出痘后，体格一向强健。康熙二十六年（1687）年底，与他感情极深的祖母孝庄太皇太后病逝，这对他的精神上是一重大打击。因悲痛过度，始有病痛袭扰。他的心理创伤久未平复，不料二十八年初秋，第三位皇后佟佳氏因流产亡故。此前，已有两位皇后死于难产。②使康熙帝哀痛忧虑的，不仅是佟佳氏的病亡，还有三位嫡妻接连早逝所产生的不祥之兆。在众臣劝请下，康熙帝赴塞外疗病月余。直至二十九年春，其身体尚未复原。加之为筹划应对噶尔丹侵扰喀尔喀蒙古，十余月来殚心竭虑。这些主客观原因交织作用下，正值盛年的康熙帝出塞数日即患病，看似难解，其来有自。

综上，因噶尔丹军侵扰乌珠穆沁诸地，二十九年六月下旬，康熙帝拟亲统清军出征。由于群臣劝阻皇帝亲征，而噶尔丹军有北遁迹象，康熙帝决定暂缓亲征，实则对是否亲征未下决断。七月初六日，遣裕亲王福全、皇长子允禔代行征讨。未几，复闻噶尔丹军内进。七月十四日，康熙帝起程赴塞外，旨在躬近行间，指挥全军。十六日暨康熙帝离京第三日即中暑。勉强延滞数日，未见好转，被迫缓行回京。

康熙帝患病后，仍总揽全局，频向抚远大将军福全指授机宜。清廷继续做出与噶尔丹和谈之态，同时调度各路清军，从速与主力福全部合师，

---

① ［法］张诚：《张诚日记》，陈霞飞译，陈泽宪校，第83页。按，关于康熙帝让皇太子允礽先行返京的原因，有不同记载。一说允礽见到病中的皇父，并无关切之意，康熙帝不快，令返京师；一说允礽的侍从"对皇上病危不够悲痛，甚至流露一些喜色"。分见《清圣祖实录》卷147，康熙二十九年七月癸丑；［法］白晋：《康熙帝传》，马绪祥译，载《清史资料》第1辑，第234页。

② 康熙帝第一位皇后（谥"孝诚仁皇后"）死于难产，参见《清圣祖实录》卷47，康熙十三年五年丙寅；第二位皇后钮祜禄氏（谥"孝昭仁皇后"）逝于难产、第三位皇后佟佳氏（谥"孝懿仁皇后"）逝于早产之说，分见［法］张诚《张诚日记》，陈霞飞译，陈泽宪校，第52、57页。

以期围歼噶尔丹。① 清军临战前各队统率人选，均为钦定。尽管如此，此行不能称为"亲征"。

从当时康熙帝所掌握的权力暨清朝皇权的集中程度看，他可以自行决定是否亲征，也能够将这一决定付诸行动。但是，他在决策与实施决策时，受到多种因素的牵制。

其一，对噶尔丹的综合能力及其对清廷产生威胁的严重性，康熙帝认识不足。加之众臣劝谏亲征、军事情报迟缓等原因，在是否亲征、以何种方式亲征等重大决定上，他几经反复，犹豫不定。

其二，由于中暑不愈，"亲往视师"半途而废。康熙帝本人的健康状况，成为实施既定战略部署的直接阻碍。

看来，在皇权高度集中的前提下，皇帝决策时仍会受到众臣意愿的影响，受到信息渠道是否畅通、信息传递是否及时准确等客观情况的限制。皇帝虽然大权独揽，但在行使皇权时，也会受到其自身情况的制约。

如果康熙帝并未患病而亲临战场，他的这次行动就是亲征，乌兰布通之战或是另一种结局。然而历史不能假设。

第三节　康熙帝的用人方针

一　首重至亲近支

由皇帝（后金汗）的兄弟子侄领兵出征是清朝的传统。清入关前与入关初期，大批皇室、宗室成员担任军事统帅。他们身先士卒，攻无不克，为清朝统一中原并建立对全国的统治立下汗马之功。至顺治朝后期，有着丰富作战经验的宗室将领或罹罪，或老病，或故去。清入关后成长起来的第二代满洲贵族，在军事素质上较之父祖辈差距甚大。作为当朝统治集团上层成员，这些贵胄子弟生活优裕，斗志衰退，缺乏实战历练。康熙朝平定三藩之乱战争中，计有十余位宗室成员率军出征，大都因观望不前、战守失利等表现受到罚俸、削爵之惩。②

康熙二十九年（1690）七月任命的宗室将领，有和硕裕亲王福全、恭

---

① 此次出征清军各部情况，参见袁森坡《乌兰布通之战考察》，《历史研究》1983 年第 4 期。

② 参见刘凤云《清代三藩研究》，中国人民大学出版社 1994 年版，第 333—337 页。

亲王常宁、皇长子允禔、和硕简亲王雅布、多罗信郡王鄂扎等人。

先看主帅皇兄福全与皇弟常宁。

顺治帝第七子和硕纯亲王隆禧于康熙十七年（1678）病故后，康熙帝的同胞手足仅剩两人：皇兄和硕裕亲王福全与皇弟和硕恭亲王常宁。由于对远支宗室感到失望，康熙帝开始培养、倚任自己的兄弟，特别是皇兄福全。

福全生于顺治十年（1653）七月。康熙六年（1667）封和硕裕亲王，与议政。封入镶白旗。福全性情温和，喜慕清闲，擅长文墨，好结文士。十一年疏辞议政，得到允准。十二年年底，三藩之乱爆发。康熙帝日理万几，福全再与议政。凡议政王大臣等会议重要军事机密，福全居首，领衔密题请旨。① 十九年，平藩战事接近尾声，率军出征的安亲王岳乐、康亲王杰书等相继班师。福全与杰书、岳乐并为议政王，仍居首。如二十二年三月，康熙帝以领侍卫内大臣索额图庇护乃弟心裕，贪婪骄纵，令议政王大臣严加议处。福全承命办理。十六日早，议政大臣等赴乾清门面奏所议。福全奏称：（礼部）尚书介山等迎合索额图，当一并察议。康熙帝命免之。随后，福全留下，他人依次退出，出猎诸王、大臣同入请旨。前数日，安亲王岳乐已就分派诸王分三班行猎事，呈览绿头签并经更定。此刻，康熙帝对福全详说参围人员队列顺序及注意事项，称"尔等须严加管辖"②。显然，康熙帝拟通过行围，锻炼皇兄军事指挥能力。

二十三年（1684）五月，康熙帝御门听政时，不见议政王的踪影，而此前交代事项尚未审结。经查询得知，裕亲王福全告假出外养病，安亲王岳乐有丧女之戚，③ 不入朝会议。其他议政大臣因等候二王主持会议，暂停审理。康熙帝认为："诸王每遇大事，规避仇怨，多有托故延挨，不肯担任。"令诸臣不必更待王等，从速议结来奏，将此旨传知议政王等。④ "持身谦牧"的福全，竟表现出对朝政的懈怠。由此也折射出他与皇帝弟

---

① 《裕亲王福全等密题残本》，《明清史料》丁编，中央研究院历史语言研究1948年铅印本，第10本第920—921页；《裕亲王福全等残题本》，第9本第926—928页；《裕亲王福全等题本》（兵部抄件），第9本第896页。

② 中国第一历史档案馆整理：《康熙起居注》，第2册，第969、966页。

③ 此即岳乐第七女，侧福晋吴喇汉哲尔门氏生，卒年二十六岁。此女为岳乐所钟爱。女婿是郭络罗氏明尚，外孙女为康熙帝第八子允禩之嫡福晋。参见中国第一历史档案馆藏小玉牒第72号。

④ 中国第一历史档案馆整理：《康熙起居注》，第2册，第1180—1181页。

弟关系很好，故少有顾忌。

因福全有恙且疏于政事，康熙帝一度对皇弟常宁大力栽培。

常宁（一作常颖、长宁）是顺治帝第五子，生于顺治十四年（1657），小康熙帝三岁。生母庶妃陈氏，出身汉军。同福全一样，常宁十五岁封和硕恭亲王。封入正蓝旗。康熙二十三年（1684）冬，扈从南巡。途中偕礼部尚书介山往周公庙读文致祭。

康熙年间，参与行围的宗室成员均由皇帝钦定。二十四年三月，行围举行在即。宗人府将诸王、贝勒、贝子、公等列名绿头签奏览。康熙帝逐一钦点随围王公大臣时，流露出不满："朕观此内无一成材者，局量甚属衰惫。似此虽点出行转，料其不能效力。且观其上朝时，拿陋不知礼节，惟外饰虚貌，实无所有。所以致此高位者，亦不过各承祖父之荫耳，其曾有著绩行陈者耶！我先世曾见有如此等辈否？应严饬令其悛改，凡事务各矢志奋勉。"于是，决定此次行围由恭亲王常宁为总领。又谕称："恭亲王常宁令与会议。"①

常宁少才智，性庸散，不像福全敦厚好学。康熙帝对他本不看重，兄弟情感一般。然而常宁毕竟是其亲弟。在康熙帝眼中，如果与多数宗室成员相较，常宁的容貌举止、谈吐风度仍高一筹。在福全缺席情况下，只有常宁可为首选。

这次行围途中，清军驱除沙俄侵略军、收复雅克萨的消息传至行在。常宁率随扈文武，向奏事近侍转奏庆贺。是年底，康熙帝致祭孝陵。常宁仍随驾，奉命于孝诚、孝昭两皇后陵前献玉帛、读祝文，以岁暮礼大祭。

康熙二十九年常宁出任大将军以前，有关他参与政务的记载仅有上述数条，而且集中出现在二十三年、二十四年。

多尔衮摄政时期，兄和硕英亲王阿济格、弟和硕豫亲王多铎堪称他的左膀右臂。阿济格和多铎并为清初统一战争中杰出的军事统帅，分别率兵消灭李自成起义军和南明弘光小朝廷，为清廷统一中原奠定了基础。二十九年康熙帝决定暂缓亲征而以一兄一弟为清军主帅，显有效法多尔衮，倚重手足之意。可是，在锦衣玉食中长大，又乏系统军事训练的皇室成员中，难觅叱咤风云的勇将。康熙中期后，康熙帝以每年必有半载行围塞外为定制，用心培养众皇子和王公大臣子弟。康熙朝前期，因皇子们尚幼，这一培训规制尚未建立健全。福全、常宁均善骑射，福全的箭法相当出

---

① 中国第一历史档案馆整理：《康熙起居注》，第 2 册，第 1298 页。

色。然而像大多数与其年龄相仿的满洲贵族青年一样,他们两人没有对勇建功业的热切愿望,没有对疆场厮杀的心驰神往,更缺乏对王朝安危的责任担当。康熙帝的兄弟与多尔衮的兄弟之间,体现了不同历史时期、不同成长环境所造成的群体差异。

再看副帅皇长子允禔。

允禔生于康熙十一年(1672)二月,生母为惠妃纳喇氏,郎中索尔和之女。允禔八岁,随驾行围南苑,射中一虎。十岁始,扈从祭陵、行围、巡视畿甸与塞外。二十七年五月,清朝首次派出使团,赴色楞额与俄国使者谈判东北边界事宜。十七岁的允禔代表康熙帝,出德胜门为使团送行,仪式极其隆重。钦差大臣索额图等叩首谢恩,跪别皇长子。

允禔相貌英俊,武艺精熟。一次,随驾围猎塞外,驰射时其坐骑跌入洞穴而亡,他本人因反应迅速,动作敏捷,安然脱险。此景令目睹者赞叹不已。① 允禔做事鲁莽,不拘小节。此次,康熙帝让他随同伯父福全统领全军,乃以学习历练为主要目的。

三看另两位副帅和硕简亲王雅布与多罗信郡王鄂扎。

和硕简亲王雅布,满洲镶蓝旗人,和硕郑亲王济尔哈朗之孙,和硕简亲王济度第五子,生于顺治十五年(1658)六月。三藩之乱发生时,雅布十六岁。平叛战争历时八年,雅布未曾出征。二十六岁袭封简亲王。康熙二十七年(1688)夏,噶尔丹进攻喀尔喀。雅布与安亲王岳乐各率包衣兵五百,赴苏尼特汛界驻防。

身为清太祖努尔哈赤亲弟舒尔哈齐的曾孙,雅布并未承袭父祖辈的英武之气,是一位处事板正、谨慎少才之人。不过,在康熙帝眼中,与他同辈的雅布"殚力公家","著有令誉"②。

多罗信郡王鄂扎生于顺治十二年(1655)三月,满洲正白旗人。他是豫亲王多铎之孙,多罗信郡王多尼次子,也与康熙帝同辈。鄂扎七岁,袭封多罗信郡王。康熙十四年(1675),二十一岁的鄂扎率兵平定察哈尔部布尔尼叛乱,得到康熙帝的褒奖。

值得注意的是,二十九年七月钦定五位正副将领中,允禔未及弱冠,

---

① [法]张诚:《张诚日记》,张宝剑等译,杨品泉等校,载《清史资料》第5辑,中华书局1984年版,第193页。
② 《八旗通志初集》卷130,第6册,第3568页。

其他四人都是三十多岁；只有鄂扎曾领兵出征；五人均未曾亲身参与平藩战争。

二　选派股肱近臣

康熙二十九年七月初二日与将帅同时任命的十四位参赞军务大臣，除已述及的佟国纲、佟国维、索额图、明珠外，还有内大臣阿密达、都统苏努、喇克达、彭春、阿席坦、诺迈、护军统领苗齐纳、杨岱、前锋统领班达尔沙和迈图。① 十四人中，只有阿密达、迈图曾参与平藩战争。

需要略作析述的有五人：索额图、明珠、苏努以及两位国舅佟国纲与佟国维。

1. 索额图与明珠

索额图与明珠都曾担任大学士。康熙十九年、二十七年，相继被罢黜，改任内大臣。从阅历、才智、威信等各方面看，他们两人不仅高于其他参赞大臣，某些方面也超过包括福全在内的所有出征将帅。平藩战争中，他们协助康熙帝调兵遣将，皆中肯要。每逢前方吃紧，康熙帝亲阅奏报；唯与索额图及明珠密议，诸王诸大将亦或不得闻。② 应当说，明珠和索额图不曾亲自带兵出征，但都具备一定的军事素养和较强的判断力、应变力。二十九年，明珠五十六岁，索额图约五十岁。两人已近暮年，尚为康健。六年后，都曾扈从康熙帝三次亲征噶尔丹。

就才具和资历论，无论索额图或明珠，足以胜任此次出兵之主帅。可是，康熙帝并未让他们担此重任。

首先，二人不是宗室成员。康熙帝不会任命外姓大臣为主帅，授之以兵权。退一步讲，如果康熙帝让索额图或明珠领兵，其皇兄、皇弟安置何位？又何以使王公大臣心悦诚服？

其次，二人曾因权势过大，分别受到贬革。所以，康熙帝对他们既酌情任用，发挥所长，又加以抑制，有所提防。若以他们为主帅，违背这一

---

① 《平定朔漠方略》卷7，《四库全书》第354册，第554—555页。按，康熙二十九年七月初六日福全率军出师前，康熙帝御太和门颁发敕书。内称："特命尔和硕裕亲王福全为抚远大将军，皇长子胤禔为副，与内大臣国舅佟国维、内大臣索额图、明珠、阿密达、公苏努、都统国舅佟国纲、公彭冲（按，彭春）、都统诺迈、护军统领杨岱、前锋统领迈图等统领官兵，前往征讨。"早在七月初二日奉命参赞军务的喇克达、阿席坦、苗齐纳、班达尔沙等人，未在"统领官兵"之列。参见《平定朔漠方略》卷7，《四库全书》第354册，第559页。

② 吴晗辑：《朝鲜李朝实录中的中国史料》，第10册，第3996页。

既定方针。

再次，明珠与索额图之间矛盾颇深。两人暗中较量，在朝中各有深广人脉。康熙帝力图平衡两人的权势，如果以其中一位任主帅，则会使天平出现倾斜。

2. 镇国公苏努

镇国公苏努是努尔哈赤长子褚英的曾孙，生于顺治五年（1648），长康熙帝六岁却是其侄辈。苏努足智多谋，内方外圆，以和蔼可亲、平易近人著称。① 他四岁袭封辅国公，十岁晋封镇国公，二十六岁任宗人府左宗人，数年后任镶红旗蒙古都统、满洲都统，在宗室和朝臣中较有威信。康熙二十九年，苏努四十三岁。与大多数清朝入关后出生的满洲宗室一样，此前苏努也没有上过战场。不过，前已述及，二十七年九月、二十九年五月年清廷部署对噶尔丹的防御，拟发京城八旗满洲、蒙古兵时，苏努都被钦点为统帅。也就是说，当康熙帝选发八旗劲旅应对噶尔丹的侵扰时，认为苏努是总领全军的合适人选。苏努的军事素质与统兵才干，在乌兰布通之战中得到证实（见下文）。苏努固然可以独当一面，但他只是一位镇国公。况且苏努曾祖父褚英，因罹罪被乃父努尔哈赤处死。此外，苏努的资历、才力或可慑服八旗将士，其地位却不足以统领有王爵封号的满洲宗室。所以，康熙帝不以苏努为大将军，是多种原因使然。

3. 国舅佟国纲与佟国维

清初，汉军佟氏家族有佟半朝之称，康熙帝母家是其中最显赫一支。康熙帝的大舅佟国纲生于崇德初年。任内大臣、议政大臣、镶黄旗汉军都统，统领火器营，任教习鸟枪兵丁总管。二十八年（1689）任钦差大臣，居索额图次位，与俄使签订《中俄尼布楚条约》。佟国纲忠勇耿直，性朴拙，乏机谋。他不适于担任主帅，总筹全局，应付复杂局面。此次出征，奉命管辖火器营。②

二舅佟国维生于崇德八年（1643），长康熙帝十一岁。时任领侍卫内

---

① 参见〔法〕杜赫德编《耶稣会士中国书简集·中国回忆录》第3卷，朱静译，大象出版社2001年版，第64页。

② 参见《上谕内阁》，雍正四年十二月十九日，浙江书局刊本。

大臣兼议政大臣。佟国维善射,嗜学,性淡泊。① 相比胞兄佟国纲,他更无可能充任主帅。

三 知人耶 善任耶

康熙二十九年六、七月间康熙帝选任大将军,实为选派替代自己出征之人,故尤为慎重。可是他受到两个条件的限制。一是膺此任者不仅应当是宗室,而且必须与他有很近的血缘关系;二是此人不仅要有威望,还要有统军作战的能力和经验。由于没有两项条件兼备之人,康熙帝只能退而求其次。从血缘关系看,与康熙帝最近的当然是其兄弟福全与常宁。他们二人特别是福全的身份和地位,高居诸王大臣之上。因此,以亲兄弟福全、常宁为大将军,是他的必然选择。以两位同样缺乏才略的亲王雅布、鄂扎充当常宁的副手,实际上只能起到陪衬作用。

康熙帝与福全一起长大,相知甚深。福全随和、敦厚而乏心机的禀性,中规中矩却不够灵活的作风,恪尽职守但少进取的处世态度,康熙帝无不了如指掌。他让性格作风与福全截然相反的皇长子允禔做福全的副手,或有以叔侄互帮互补之意。其结果与康熙帝的期望相反。

康熙帝对抚远大将军人选的考虑有明显偏颇。在他看来,手足懿亲方可倚信,能力尚在其次。难以两全时,宁肯任用一位才力有所不及,但血缘最近,忠顺无贰的自家人。说到底,康熙帝是从狭隘私念出发,以维护他本人的统治即清皇室的利益为根本目的。击退噶尔丹的侵扰,是为达到这一目的所行举措之一。在家国一体的封建王朝,康熙帝有此想法也属必然。此前两年,康熙帝罢黜明珠等人大学士之任,重新配置内阁成员,从而解决皇权与阁权的矛盾,推动了清朝皇权的集中强化进程。② 随着治政经验日臻丰富,在人事任选上,康熙帝的主观意志起到至要作用。当他全权决定大将军人选后,众臣莫置一词,唯有服从。

然而康熙帝对福全等人指挥战争的能力无十分把握。故几经考量,亲

---

① 康熙十二年(1673)佟国维因奏闻杨起隆起义,立功议叙。坚称汉军镶黄旗监生郎廷枢家仆告变在先,执将世职"轻车都尉"让与郎姓。二十八年,封一等公,世袭罔替。屡辞不允,始受封。四十一年得御制诗,内有"领袖高门称退让""谦和不恃勋臣贵"等语。参见中国第一历史档案馆藏历朝八旗杂档,第58号;《圣祖御制文三集》卷45,《国舅佟国维六十寿诗以赐之》。

② 参见杨珍《盛世初叶(1683—1712)的皇权政治——对明珠晚年的个案分析》,1999年《清史论丛》,河北教育出版社2001年版。

自出塞视师，不料中暑，半途返回。

第四节 清军将士的战时表现

一 战前部署

据《平定朔漠方略》，抚远大将军福全自康熙二十九年七月初六日率清军主力起程，至二十九日计二十三天期间，共上奏八次。康熙帝对福全的每次奏报均有批示。按照清廷部署，诸路清军赴巴林会合福全军。然噶尔丹军行动迅速，未待清军合师，七月二十日前已越过巴林，继续内进。康熙帝从内大臣阿密达的奏报中得知这一消息。二十二日，他对福全予以婉转指责："尔军进止与哨探噶尔丹所在，宜不时奏闻。今朕与尔相距仅三百里而往来之信常滞，非军机所宜也。"①

清军与噶尔丹军逐渐接近后，福全奉命偕皇长子允禔致书噶尔丹，送之牛羊，约以和谈，以待盛京、乌喇、科尔沁兵。七月二十五日前后，除常宁军外，苏努军、阿密达军、深入瀚海侦查噶尔丹行迹的阿喇尼军、阿南达军等，均与福全军会师于土尔埂扎伊尔（四道河上游，今河北省围场县北部）。② 直至乌兰布通之战发生，盛京、乌喇、科尔沁等处援兵仍未到来。

清军合营后，阵势十分壮观："凡营盘四十座，连营六十余里，阔二十余里，首尾联络，屹如山立。"③ 福全等制定领军诸大臣迎战序列。全军分为三部：第一队以火器营为前锋；第二队配以火器，以骑兵为主；第三队为左右两翼骑兵。另留前锋兵四百名在指挥团左右，以备策应。奏入，钦命前锋统领迈图等率火器营，佟国纲为火器营大帅；都统杨文魁等率领次队，苏努、彭春分别率领左右两翼骑兵。佟国维、索额图、明珠、阿密达偕福全亲督指挥，视何处当应援，亲率兵赴之。扎努喀等二人护卫皇长子左右。"恭亲王军到，听大将军调用。"④

---

① 《平定朔漠方略》卷7，《四库全书》第354册，第569页。
② 《平定朔漠方略》卷7，《四库全书》第354册，第569页；参见袁深波《乌兰布通考》，《历史研究》1978年第8期。
③ 张宸：《平圃遗稿》卷14，《为元凯马公出师塞北纪程》，《四库未收书辑刊》第5辑，第29册，第766页。
④ 《平定朔漠方略》卷7，《四库全书》第354册，第570、571页。

康熙帝确定了由福全、佟国维、索额图、明珠、阿密达等五人组成的指挥团,其中无皇长子允禔。康熙帝为爱子在这次军事行动中的作为,留下施展空间。

二 疆场厮杀

关于乌兰布通之战的经过,准噶尔一方记载阙如。清朝方面,由此次战争亲历者所作记述只有两则。一是福全等对战况的疏报,被分别收入《平定朔漠方略》和《清圣祖实录》,均不足两百字。① 二是《为元凯马公出师塞北纪程》。"元凯马公"先是跟随阿南达,赴土拉河一带侦察噶尔丹军情,后参与乌兰布通之战。他对此次战役的记述只有百余字。② 清人述及乌兰布通之战,无不是以福全的疏报和"元凯马公"的记述作为主要依据。③ 所以,我们以这两则史料为基础,参照、比对原始档案④、西方传教士日记和书信⑤、清人撰参战人员传记⑥、《平定朔漠方略》⑦、《清圣祖实录》以及清人笔记等,勾勒乌兰布通之战经过,补正官修史籍的疏略与不实,考察此次战争中清军将士的表现。

康熙二十九年七月底,清军侦知准噶尔军至乌兰布通(今内蒙古克什克腾旗西南之大红山)一带,觅山林深堑,依险结营。此处距京师未及七百里,南距清军所在地约四十里。清军以火器营为前锋,与噶尔丹军对

---

① 《平定朔漠方略》卷8,《四库全书》第354册,第574页。另参见《清圣祖实录》卷148,康熙二十九年八月辛酉。

② 张宸:《平圃遗稿》卷14,《为元凯马公出师塞北纪程》,《四库未收书辑刊》第5辑,第29册,第766—767页。

③ 例如:成书于道光年间的祁韵士《藩部要略》卷9《厄鲁特要略一》、魏源《圣武记》卷3《康熙亲征准噶尔记》;成书于咸丰年间的张穆《蒙古游牧记》卷3《翁牛特》)、何秋涛《朔方备乘》卷4《准噶尔荡平述略》;成书于光绪年间的王之春《清朝柔远记》卷2;等等。

④ 中国第一历史档案馆藏历朝八旗杂档,第58号。

⑤ [法]张诚:《张诚日记》,陈霞飞译,陈泽宪校;[法]张诚:《对大鞑靼的历史考察概述》,陈增辉译,许崇信校,载杜文凯编《清代西人见闻录》;[法]白晋《康熙帝传》,马绪祥译,载《清史资料》第1辑;[法]李明《中国近事报道(1687—1692)》,郭强、龙云、李伟译,大象出版社2004年版。

⑥ 陈梦雷:《松鹤山房文集》卷17,《都统杨公传》《都统李公传》《镇海将军都统马公传》,均载《续修四库全书》第1416册,上海古籍出版社2001年版;钱大昕:《潜研堂文集》卷37,《内大臣一等公谥忠勇佟公国纲传》,商务印书馆1936年版;《八旗通志初集》《钦定八旗通志》中相关人物传记等。

⑦ 《亲征平定朔漠方略》卷7、卷8。另参见《清圣祖实录》243,卷149,二十九年十一月辛酉;卷243,四十九年闰七月甲午。

垒，两军哨兵相望。噶尔丹遣人至，请议和，以探虚实。佟国纲立即赴中军曰："彼以款我也。兵法，无约而请和者，谓之谋。贼情叵信，必速战。"① 福全偕皇长子允禔接见来使，悉知无诚意。又闻准军祭旗诵经。索额图、明珠等抵达军营后，指挥团成员齐集，遂定战期。

任正黄旗汉军副都统已逾二十载的李林隆，曾赴湖广参与平藩战争。数月前奉命专督火器，随阿南达军出边侦防噶尔丹。因谙悉军务，机智善断，李林隆被时人称为"小神仙"。这时他向佟国纲、诺迈献计曰："我军与蒙古战，败之甚易。恐败后鸟惊兽散，扑灭为难。若令前锋杀贼，后二军裹粮从之，贼败，则后二军奋力前追飞遁者，截其辎重，贼不能久活矣。"② 这一建言没有被采纳。

八月初一日黎明，清军整队北进，向乌兰布通进发。正午临近目的地。准噶尔军埋伏在乌兰布通峰南侧沙岗密林中。山峰下是河流和沼泽地。准军将万驼捆足卧地，背加箱垛，渍水毛毡盖其上，排列如栅，号曰"驼城"。士卒隐蔽于栅隙处，引驼马往来为疑兵，以诱清军。与清军长途跋涉不同，准军在开战前以逸待劳，所据地形攻守两宜。

清军隐约望见对手后，设鹿角枪炮，列兵徐进。所列阵势，俱甚合节。未时，双方交战。清军施放枪炮，准军士卒从栅隙处射箭放枪。清军逐步向山峰推进。以福全为首的五人指挥团居后方，指挥调度。

在清军猛烈炮火的攻击下，准军的"驼城"被断为两截，即清人所言"三炮坠其营"也。③ 准军受到较大损失，但因埋伏于沙岗下，所处地势较低，清军火器偏高，无法击毁对手。噶尔丹行阵积年，有极丰富的作战经验，见此，迅即调整战略。于是，准军主力奔向山顶，遁入险恶处。

福全等对双方首次回合中清军火炮的出色效力十分满意，故继续实施原定方案。在炮火掩护下，以骑兵为主的次队未闻鸣笳即发起冲锋。由于清军是在明处，行队排列过密，这为居高临下的准军提供了集中攻击目标。准军排枪齐射，火力强大，清军不少人为乱枪所中。准军仍按兵不动，清骑兵直冲其坚，受阻。骑兵被迫后撤，准军数十骑尾随其后。清军连发数炮，尾随准军坠马而亡。

---

① 钱大昕：《潜研堂文集》卷37，《内大臣一等公谥忠勇佟公国纲传》，下册，第568页。

② 陈梦雷：《松鹤山房文集》卷17，《都统李公传》，《续修四库全书》第1416册，第255页。

③ 金兆燕：《耕烟先生传》，载《辽海丛书》，辽沈书社1985年版，第2册，第1152页。

此时，左、右翼清军骑兵接到进击之令。彭春率右翼向山峰进击，陷入河岸泥淖，无法行进，退回原地。率领左翼军的苏努改变从正面强攻战术，由山腰绕至准军后方，猛击之。准军猝不及防，开始溃遁。战场局势趋向明朗，清军似已胜券在握。专督火器的李林隆建议乘势纵兵，福全没有允准，反而命令撤炮俱回。紧急中，福全竟未下令吹响海螺，明示全军。因此，部分火器营将士没有及时撤离前线，甚至出现各自为战状况。

火器营大帅佟国纲见准军有溃退迹象，对于未能亲斩噶尔丹心有不甘。其所在地本与准军相距较远，此刻对部下曰："今日正男子扬名报国之秋，我与若，父子兄弟也。我不敢爱身而先之，尔曹其勉旃！"① 言罢，提戈跃马，不顾河流沼泽之阻隔，带领部分将士冲向敌营。按，康熙二十四年（1685）定，火器营纛旗盔甲，与所随各旗相异以别之。② 佟国纲身着将军甲胄，色彩分外醒目。方至河边，被准军以滑膛枪击中面部，当即身亡。③ 这一消息立刻传至清军指挥部。佟国纲的胞弟佟国维闻知，悲痛欲绝。他不听众人劝阻，亲率家仆侍从，策马进阵，欲以死相拼，被福全、明珠等强掖回营。④

此刻，追随佟国纲冲击敌阵的少数清军已乘骑渡河，越过沼泽地，超栅而进。准军施放枪箭，兼用钩矛。满洲镶白旗人、前锋参领格斯泰乘白鼻马先后三入敌阵，左右进击。当他最后一次掉马返回时，陷入河岸淖泥中，被准军包围，力战而死。出征前，格斯泰于上驷院择此白鼻马。旁人劝道："白鼻自古所忌，恐不宜用。"格斯泰却不以为意："效命疆场，吾夙愿也，何忌焉。"⑤ 在乌兰布通战场上，白鼻马成为识别格斯泰的特有标志。格斯泰英勇战亡一幕，为福全亲眼望见，悉数奏报。

镶黄旗满洲包衣人韩大任，原为三藩之一平西王吴三桂属下。骁勇善战，精熟军务。此次随佟国纲出征，任火器营营长。他目睹国舅佟国纲阵亡，大为震惊。时人对韩大任的表现有如下描述："吾闻临阵失帅，兵家

---

① 钱大昕：《潜研堂文集》卷37，《内大臣一等公谥忠勇佟公国纲传》，下册，第568页。
② 中国第一历史档案馆整理：《康熙起居注》，第2册，第1165页。
③ 佟国纲灵柩至京，康熙帝抱病亲临祭奠。加祭三次，赐谥"忠勇"。御制碑文称："……尔乃慷慨厉兵，趋桓敌忾。属贼锋之既挫，将弃山以潜奔，尔犹摆甲直前，提戈独进……"参见《圣祖御制文二集》卷34，《赐一等公内大臣都统国舅谥忠勇佟国纲碑》。
④ 中国第一历史档案馆藏历朝八旗杂档，第58号。
⑤ 《钦定八旗通志》卷169，第5册，第2939页。

大罪。吾以叛逆之党，久合诛戮，蒙上恩不死，得延残喘已十载矣。今岂可坐必死之律，白头脱帽，身膺徽缠，复对狱卒呼！以此残驱，贻芳后世可也。"遂以花布巾蒙头，驰入敌阵。中刀枪伤六处不退，力战而死。① 与韩大任同时战亡的还有火器营其他将领，如满洲正白旗旗人、参赞军务大臣、率领首队的前锋统领迈图，以及护军参领赫色、巴锡巴、雅尔璊岱，前锋校珠旺勒等。

又如火器营协领马自德，原为南明属将，后降清，隶正黄旗汉军旗下。康熙二十七年、二十八年，佟国纲等先后两次为签订条约事往会俄使，马自德均随行。清制，将士出征，自带仆从，自筹驼马衣粮。二十九年，清廷会议派兵迎击噶尔丹，马自德复请行。佟国纲及诸大臣皆予劝说：尔屡次从军，家业荡尽，恐不能支。自德坚请曰："受国恩豢养三十余年，惟有竭力报称，不容以家计自却。"诸大臣以此语上闻。奉旨："马自德穷窘，朕所素知。连行告往，忠勇可嘉。"即命统领本旗火器营官兵，随抚远大将军福全出征。乌兰布通战役中，马自德不顾枪矢，身先士卒。破准军骆驼营，又追击数百里。班师，得头等纪功。②

前锋统领迈图等战殁后，福全接报，正白旗在敌垒附近遗有火炮火药。这些物资若为准军所获，踞山施放，对清军极其不利。李林隆得知此情，诣皇长子允禔请命。得到允准后，李林隆率领前锋百人，飞驰十余里，得炮于泥淖中。准军从远处望见，放枪相击。李林隆亲自断后，将大炮安全运抵军营。允禔、福全、索额图、明珠等并睹此景，对李林隆交口称赞。

也有个别清军将领贪生怕死，临敌怯懦。

例如，正白旗汉军副都统色格印（一作塞格音），相貌魁伟，射技精良，善于管辖兵马。战前，受命偕都统杨文魁等率领次队。双方开战，枪炮震天，首队、次队依次冒弹矢冲杀。色格印见状则大惧。遂以中暑为托词，不肯上战马。随行家仆扶之上马，色格印复下马，卧于草丛以求保命。及至回营，犹战栗不已。身披甲胄，蒙被达旦。家仆见此愤然曰：

---

① 昭梿：《啸亭杂录》卷 9，第 304 页；另参见《八旗通志初集》卷 220，第 8 册，第 5047 页。

② 陈梦雷：《松鹤山房文集》卷 17，《镇海将军都统马公传》，《续修四库全书》第 1416 册，第 258—259 页；《八旗通志初集》卷 218，第 8 册，第 4995 页。

"身为二品大臣，如此临阵退怯、归去何颜见人耶!"其所管兵丁无不耻笑。① 康熙帝从参战人口中得知此情，时隔二十年后追述这一情景，鄙夷之情溢于言词。

战至掌灯时分，天色转暗，交战双方已精疲力竭。准军声息渐弱，福全拟止战，先与指挥团四位成员及皇长子允禔进行商议。目前所见史料内，未见索额图与明珠在乌兰布通之战中有何言论。战后，康熙帝指责他俩各选勇士数百人，近身防护，这些护卫则因失去与敌厮杀机会，共生怨怼。② 康熙帝还说，听闻在用兵处议政大臣，"有静坐不出一言者，与木偶何异"③。所指应包括明珠与索额图。他们两人曾长期协助康熙帝料理军机，平日既有主见，又善决断。然而在此场合，均以明哲保身为上，用缄默附和之态，敷衍参赞军务、亲督指挥之任。

佟国维痛失胞兄，情绪尚未稳定。加之未悉军事，对福全的主张不会提出异议。

阿密达表态符合：因天晚撤兵，"皇上必不以撤兵故，遂杀我等"④。

皇长子允禔性躁气盛，急于建功。不过，这时他也认为清军已击败噶尔丹，况且已近夜晚，将士急需休整。所以，允禔可能也同意止战。

于是，福全决定收兵。但依然没有鸣金示众，不习战阵之短充分显露。分散在不同作战地点的清军，相继得知止战之命，陆续返营。

清军最后撤离乌兰布通之前，生性谨慎的福全命李林隆登山相度敌势。李林隆登高四望，杳无所见。福全等断定准军已遁入沙陀。遂撤兵。

三 轻信纵敌

乌兰布通之战当夜，福全偕皇长子允禔等疏报，称大败噶尔丹："噶尔丹死于乱兵与否，俟后查明另奏。"康熙帝收到疏报，下令嘉奖，命必尽根株，勿留后患。⑤

八月初二日黎明，清军整兵进击，准军据险坚拒。福全心地仁厚。前日恶战清军伤亡较大，这使他产生对将士的怜悯之心和对继续进攻的畏难

---

① 《清圣祖实录》卷243，康熙四十九年闰七月庚辰。
② 《清圣祖实录》卷287，康熙五十九年正月壬申。
③ 《清圣祖实录》卷148，康熙二十九年九月己亥。
④ 《清圣祖实录》卷287，康熙五十九年正月壬申。
⑤ 《清圣祖实录》卷148，康熙二十九年八月辛酉。

情绪。战前,康熙帝"屡行诫饬,务期兵卒不致太劳,计一举灭之"①。这一谕旨时时盘旋在福全脑中。正在这时,噶尔丹遣大喇嘛伊拉古克三胡图克图诣军前,索要土谢图汗、泽卜尊丹巴。又称一两日内西藏喇嘛济隆即来"讲礼修好"②。福全对来使予以痛责。因感到噶尔丹有求和意向,决意不再进击,让将士撤返休整。

初四日,济隆率弟子七十余人前来游说。称噶尔丹深入汛界,抢掠人畜,皆大非理,今无索求土谢图汗之意,祈以哲布尊丹巴遣送达赖喇嘛;保证噶尔丹不敢妄行,亦断不远去。福全驳斥济隆遣送哲布尊丹巴之说后,允其所请,传檄各路清军停止追击。康熙帝闻报大怒,斥责福全"明知济隆行说以误我军而故听之,岂不坐失事机",促令从速进剿。③ 然为时已晚。噶尔丹率残部连夜远遁。西奔途中,经过盛京、乌喇、科尔沁军营。内大臣苏尔达奉福全令,不与战。噶尔丹终得逃脱。

福全做出停止进击决定前,会征询指挥团成员意见。索额图、明珠仍未明确表态,佟国维、阿密达可能不置可否。如果皇长子允禔坚决反对,福全不会置之不理,必再慎重思量。看来,允禔当时并未这样做。受康熙帝斥责后,允禔在奏疏中极力为己开脱,将这一重大失误完全推给福全。他对福全原本不够敬重,加上属下谗言挑拨,遂与伯父发生口角,甚至恶语相向。战事未果,清军主帅与副帅的关系陡然紧张。

八月中旬,可能在康熙帝授意下,内大臣公福善奏称:今厄鲁特噶尔丹已败归,"应令皇长子酌带随从人等,乘驿先回"④。奏入,从之。《清实录》未收录福善奏疏,对此事有如下记载。"上谕大学士等:'允禔听信小人谗间之言,与抚远大将军和硕裕亲王福全不相和协,妄生事端,私行陈奏。留驻军前必致偾事,著撤回京。'"⑤ 允禔奉命先行返回。

综上,乌兰布通之战中,清军击溃噶尔丹军,但错失良机,未行全歼,清军自身也有较大伤亡。

在军队人数、武器装备、物资运输等方面,清军都胜于准噶尔军。准

---

① 《平定朔漠方略》卷8,《四库全书》第354册,第576页。
② 同上书,第575页。
③ 《清圣祖实录》卷148,康熙二十九年八月辛酉。
④ 《平定朔漠方略》卷8,《四库全书》第354册,第577页。
⑤ 《清圣祖实录》卷148,康熙二十九年八月辛未。

军约三万人，① 清军有准军四五倍之众。② 准军进攻喀尔喀蒙古，掠扰漠南蒙古，蒙古诸部或内迁以求清朝庇护，或出兵协同清军征讨。人心向背上，准军也处于劣势。时值晚秋，气候条件对双方均无不利。但是，在将帅能力、指挥层的团结以及善于利用地理形势诸方面，准军则胜过一筹。

就双方领兵统帅而言，无论战术、谋略或作战经验，噶尔丹均在福全之上。噶尔丹率领的准噶尔军对环境适应力强，悍勇坚韧。但是，因为在清朝统治地区作战，清军装备精良，组织严整。从总体实力看，准噶尔军处于劣势。乌兰布通之战清军击溃噶尔丹军，从根本上说是双方实力相差所致。

时距清入关近五十载，距平藩战争结束已近十年。在此期间，清廷无大战事，八旗内部贪图享乐之风日渐滋长。不过，乌兰布通之战中，多数清军将士仍以舍身报效为荣，视逡巡退缩为耻。他们的勇猛表现从一个侧面，反映出八旗将士的精神风貌。

第五节　战后惩奖

一　康熙帝对出兵将士的惩奖

福全等人坐失战机，未能全歼噶尔丹，康熙帝为此痛心疾首。八月下旬，命部分出征清军返京，福全等率数百骑驻守原地，探取噶尔丹出边实信。福全本人似未认识到所犯过失的严重性。他在驻守期间表现松懈，"唯知行猎听歌"③。九月底，又以噶尔丹出边远遁，军队糇粮不足为由，未等接旨即撤至哈马尔岭以内。并奏请传檄喀喇沁王运粮至军。康熙帝严责福全擅自率军内徙，称其欲动喀喇沁兵马以车运米，甚属荒谬。④

十月底，福全奉命班师。康熙帝令大学士等会同议政大臣等查看前朝

---

① 《清圣祖实录》卷146，康熙二十九年五月癸丑。

② ［法］张诚：《张诚日记》，陈霞飞译，陈泽宪校，第88页。一说噶尔丹军两三万，清军约十万人。分见张宸《张青琱集》（《平圃遗稿》，下同）卷14，《为元凯马公出师塞北纪程》，咸丰九年（1859）何绍基抄本，中国社会科学院历史研究所图书馆藏；《平定朔漠方略》卷7，《四库全书》第354册，第566页。

③ ［法］张诚：《张诚日记》，陈霞飞译，陈泽宪校，第89页。

④ 《清圣祖实录》卷149，康熙二十九年十月戊午。

实录和兵部档案，循太宗旧例，对即将抵京的王、大臣等取供。①

十一月初，福全等止于朝阳门外听勘。经信郡王鄂扎为首的议政王大臣问询，福全答辩称：遇到厄鲁特人后，立即挥军力战。当时敌军据守在沼泽泥淖后面，地势对敌有利，因此未敢轻使大军涉险受厄。虽然如此，我军仍得战胜，并迫使厄鲁特国王逃遁。福全还表示：军前如有偾事失机处，身为统帅，自应承担责任。如何定罪，祈请圣裁。

这时，与福全同时抵京并受勘审的指挥团其他四位成员索额图、明珠、佟国维、阿密达等，共上一疏，将一切过失推到福全身上，指责福全失职懈怠，称皇长子允禔可以做证。索额图等本拟利用皇长子与福全的矛盾，陷福全于罪，为己开脱。康熙帝于此早有提防。因事前已叮嘱过允禔，故允禔称自己不应指控伯父。此外，还有人以大军仍在厮杀，福全即令收兵为由，指控率军作战的将军首先从前线撤退，进而导致了全军的败局。

福全成为众矢之的。他深感人心叵测，孤立无援。只有极力辩白，称自己并非唯一有过失的人。他说，那些参赞大臣并没有能够向他指陈机宜，进追穷寇；而且这些指控他的人无人临阵受伤，可见并不比他勇敢。

议政王大臣等认为证人供词不一致，拟将大将军福全羁系宗人府，将索额图等参赞大臣监禁在狱，以候续审。奏入，未准。于是，恩从主出，谕令大将军及参赞大臣呈递答辩后，可准进城，各回府邸。

福全感激涕零。他没有返回位于台基厂的裕王府，而是先赴皇宫，面请圣安。康熙帝拒绝接见。

数日后，福全奉召入宫。见到康熙帝，立即叩请死罪。康熙帝喝道：是你咎由自取！在他看来，由于长兄的过失，不仅为王朝留下余患，也使自己大失脸面。他怒斥福全：你本应将功补过，战死沙场，而不是死在北京，倘若死在我们旁边，只能使你更加蒙受羞辱。在旁亲王大臣，无不对福全投以鄙夷目光。②

---

① 据《清圣祖实录》卷149，康熙二十九年十月庚寅条，谕大学士等："本朝在盛京时，阿敏贝勒以弃滦州、永平之故，曾取口供；大贝勒差往朝鲜，以不遵谕旨而行之故，曾取口供；又因来京兵丁鼓噪之故，曾取英王等口供。"

② [法]张诚：《张诚日记》，陈霞飞译，陈泽宪校，第88—90页；[法]李明：《中国近事报道（1687—1692）》，郭强、龙云、李伟译，第220页；[法]张诚：《对大鞑靼的历史考察概述》，陈增辉译，许崇信校，载杜文凯编《清代西人见闻录》第111页；《清圣祖实录》卷149，康熙二十九年十一月己酉。

鄂扎等弹劾福全等调度乖方，致穷寇遁逃，殊误军机。请将福全、常宁、雅布革去王爵，福全撤去三佐领；内大臣佟国维、索额图、明珠、阿密达俱革职；都统公彭春等四人俱解任；都统宗室苏努、都统诺迈等四人不准叙功。康熙帝认为，福全等虽有大误，俱应依议治罪，然此战已击败噶尔丹，故从宽处理，领兵诸王大臣免革职。钦定处理方案是：福全、常宁罢议政，与雅布俱罚俸三年，福全撤去三佐领；佟国维、索额图、明珠、苏努、诺迈等俱罢议政，与阿密达、彭春等各降四级留任；火器营、左翼战功，照常议叙。寻兵部议叙，以火器营官兵及左翼交战将士为头等军功。①

乌兰布通之战后，福全和常宁仍在亲王之位，不与政事。作为对福全罚俸三年的补偿，康熙帝令福全"支官物六年"②，即由内务府供给裕王府日常所需。这是对完婚分府的宗室成员一种特殊照顾。四十一年（1702）正月，福全奉旨监修国子监文庙。他与汉族文人过往甚密，经常在府内目耕园中款待文士。他寄情于书画，并继承了顺治帝的艺术天赋，成为清初杰出的宗室书画家。③ 四十二年（1703），常宁和福全相继病故。康熙帝悉心照顾兄弟子嗣，对福全诸子爱护有加。④

对于因乌兰布通之战受到惩处的其他大臣，康熙帝也都继续予以信任，量才使用。这些做法维护并促进了清皇室和清朝最高统治层内部的团结，体现出一位封建政治家的理性和智慧。

二 乌兰布通之战的历史评价

乌兰布通之战是继收复台湾之后，清朝进行的又一次平定地方分裂势力，维护国家统一的战役。清军在战争中付出了重大代价，也取得了一定的战果。乌兰布通之战有效扼制准噶尔军进扰喀尔喀蒙古的势头，挫败噶尔丹称霸北方的企图。噶尔丹率部属返回科布多途中，遭受瘟疫，仅余数千人。"未归之前，凡所留辎重俱被（侄子）策妄阿喇布坦劫去，诸物无

---

① 《平定朔漠方略》卷8，《四库全书》第354册，第588、589页，另参见《清圣祖实录》卷149，康熙二十九年十一月己酉。
② 《清世宗实录》卷13，雍正元年十一月辛丑。
③ 参见杨丹霞《试论清康熙帝书法的渊源、分期和影响》，《故宫博物院院刊》2008年第5期。
④ 参见杨珍《康熙皇帝一家》第七章"兄弟子侄"，学苑出版社2009年修订版。

存。"① 经数年休养生息，噶尔丹重新聚集力量，再度进扰喀尔喀蒙古。三十五年（1696）、三十六年（1697）康熙帝三次亲征，噶尔丹败亡。

乌兰布通之战后第二年（康熙三十年），康熙帝巡视喀尔喀蒙古，主持多伦会盟。照漠南蒙古例，喀尔喀蒙古编设旗队，给地安插。重建封建秩序，消解内部纷争，经济得到促进发展。清廷自此加强对喀尔喀的管理，双方关系更为紧密。如康熙帝所言："昔秦兴土石之工，修筑长城。我朝施恩于喀尔喀，使之防备朔方，较长城更为坚固。"②

乌兰布通之战前，康熙帝先是对是否亲征犹豫不定，后又不能知人善任，选好统兵之人。这是清军未能取得全胜的一个重要原因。三十五年与噶尔丹再次交锋时，康熙帝亲率中路军，任命曾经参与平藩战争的安北将军费扬古率西路军，熟稔战事的黑龙江将军萨布素率东路军，西路军遂于昭莫多大败准噶尔军；五十七年准噶尔部策妄阿喇布坦侵扰西藏，康熙帝择选勇武强健且有统兵才干的皇十四子允禵率师西征，成功收复拉萨。康熙帝吸取了乌兰布通之战的经验教训，在继续解决准噶尔问题时取得较好效果。

乌兰布通之战为清朝统一边疆，奠定统一多民族国家疆域的进程拉开序幕。以福全为首的清军将士参与了这一进程，虽然留下遗憾，仍应客观评价其历史功绩。

第六节 史料辨正

一 康熙二十九年康熙帝"巡幸边塞"并非首次亲征噶尔丹

由魏源（1794—1857）撰著，成书于道光后期的《圣武记》是一部影响较大的史籍。作者是在鸦片战争的炮火中急促编讫，书中引用的有些是第二手或第三手材料，引用时也未一一辨析，因此在年代、史实上难免失真。③ 该书记述清前期历史时，这种情况尤为突出。

如《圣武记》中《康熙亲征准噶尔记》认为，"圣祖三驾亲征，其出

---

① 《清圣祖实录》卷156，康熙三十一年九月乙丑。
② 《清圣祖实录》卷151，康熙三十年五月壬辰。
③ 参见韩锡铎、孙文良《圣武记·前言》，中华书局1984年版。胡思敬（1869—1922）撰有《〈圣武记〉纂误》，未印行。参见程学军《忆先贤 话馆藏——写在江西省图书馆建馆九十周年之际》，《江西图书馆学刊》2010年第4期。

塞一由东路,再由中路,三由西路。东路由博洛河屯,仅在盛京西界,因准夷已内越乌穆秦而南,故未度漠出边"①。据此,康熙二十九年乌兰布通之战前夕康熙帝"巡幸边塞",是第一次亲征噶尔丹。②

20世纪80年代,有学者指出,康熙帝为抗击西北厄鲁特蒙古准噶尔部首领噶尔丹的进犯,先后四次出塞,即二十九年七月进至博洛和屯(今河北隆化),三十五年春出师漠北,三十五年秋鄂尔多斯之行,三十六年春行兵宁夏。通过考察清帝亲征的标志和康熙帝的言论,认为第二、三、四次出塞为亲征。史称康熙帝三次亲征噶尔丹。将二十九年康熙帝出塞视为亲征一说,来自魏源的《圣武记》。③然而数十年来,仍有相当多的学术论著,将二十九年七月康熙帝出塞,视为三征噶尔丹之首次;将三十五年二月出师漠北,视为康熙帝第二次亲征噶尔丹;将三十五年九月康熙帝的鄂尔多斯之行,排除在三次亲征之外;将三十六年二月行兵宁夏,视为康熙帝第三次亲征噶尔丹。

康熙帝三次亲征的时间在康熙时期已有明确界定。"乌兰布通之战不是亲征"乃时人之共识。

例一,据《康熙起居注册》二十九年十二月三十日,起居注官称:"钦惟……外藩厄鲁特、喀尔喀素奉朝贡,近因二国构衅相攻,谕令修睦,噶尔丹外饰顺从,中怀狡诈。爰烦王师,指授方略,决胜于数千里之外,彼皆望风奔溃,此又神武之无远弗届者也。"④这是清朝史官对二十九年康熙帝出塞并非亲征的最早记述。

关于康熙三十五年春康熙帝出师漠北、同年秋鄂尔多斯之行、三十六年二月亲临宁夏等三次出塞,《康熙起居注册》在三十五年末、三十六年末所作评述中,分别称为"决计亲征""复亲征塞外""亲举六师……功倍三捷"⑤。

---

① 魏源:《圣武记》卷3,《康熙亲征准噶尔记》,中华书局1984年版,上册,第122页。
② 此说对晚清乃至民国初年的清史著述产生了较大影响。如王之春《清朝柔远记》云:康熙二十九年,秋七月,"诏亲征噶尔丹"(卷2,中华书局1980年版,第40页)。又如《清史稿·圣祖本纪》云:康熙二十九年七月癸卯,"上亲征,发京师"(卷7,第2册,第230页)。按,两书均未将三十五年秋康熙帝鄂尔多斯之行视为亲征。
③ 孟昭信:《康熙亲征噶尔丹的时间问题》,《清史研究通讯》1988年第3期。
④ 台北"故宫博物院":《清代起居注册·康熙朝》第1册,第577、585页。
⑤ 台北"故宫博物院":《清代起居注册·康熙朝》第9册,第4853、4857—4858页;第11册,第6175—6178页。

例二,《为元凯马公出师塞北纪程》内称,康熙二十九年,"绥远大将军裕亲王杖钺专征,出东道古北口"①。

按,如果作者认为是年康熙帝出塞乃是亲征,不会有裕亲王福全"杖钺专征"一语。

例三,四十七年七月初九日,康熙帝撰《亲征平定朔漠方略序》。内称:"噶尔丹……忽阑入我乌兰布通之地,朕受钺亲王大臣,问罪声讨。大师克捷,未即殄除。……朕深念此寇断宜速灭,于是整饬士马,备峙粮糗,决策亲征。……噶尔丹仅以数人跳身走,嗣是朕再驾而至鄂尔多斯,三驾而至狼居胥山麓。……二十余年狡悍陆梁之劲寇,曾不二载,悉皆草薙禽狝而大业克就矣。"②

康熙帝在此明确指出,二十九年乌兰布通之战乃"受钺亲王大臣,问罪声讨"。没有提及是年七月他本人出塞,自然是将此行排除在三征噶尔丹之外了。③

例四,三十六年夏,康熙帝即将结束第三次亲征返京之际,詹事府官员杨大鹤撰《皇清睿略神功定万世太平颂》。"序"云:

噶尔丹"与喀尔喀交相仇杀,乃敢阑入近地。皇上命将出师,大败之于乌兰布通,惩艾而去,谕以内附,昏迷不悛……皇上……赫然震怒,自将六师以征之,阅岁再春,三临塞外,渠魁陨毙,荒徼永宁"④。

按,杨序明确指出乌兰布通之战乃"命将出师",并未与皇帝"自将六师","三临塞外"混同一谈。

例五,康熙三十六年秋,翰林院掌院学士韩菼作《圣德神功告成大庆

---

① 张宸:《张青琱集》卷14;另参见张宸《平圃遗稿》卷14,载《四库未收书辑刊》,第5辑,第29册,第763页。
② 《圣祖仁皇帝御制亲征平定朔漠方略序》,《四库全书》第354册,第425—426页。按,此文主要讲述康熙三十五年二月康熙帝亲征噶尔丹经过。关于乌兰布通之战及三十五年九月、三十六年二月两次亲征,均未提及。参见《四库全书》第354册,第436—452页。
③ 康熙六十一年(1722)九月谕议政大臣等:"……前噶尔丹攻破喀尔喀,并侵扰我内地扎萨克至乌兰布通,朕亲统大兵讨伐,噶尔丹败走。后又侵犯克鲁伦,朕统兵三路井进,至昭莫多剿灭之"。参见《清圣祖实录》卷299,康熙六十一年九月乙酉。按,时距康熙帝撰写《平定朔漠方略》序文已逾十四年,距其去世(六十一年十一月十三日)仅有两月余。这是对当朝数次征讨噶尔丹之战统而言之,不宜据此认为,康熙帝称二十九年出塞是三次亲征噶尔丹之首次。参见孟昭信《康熙亲征噶尔丹的时间问题》,《清史研究通讯》1988年第3期。
④ 陈廷敬等编,张廷玉等续编:《皇清文颖》卷34,上海古籍出版社1994年影印本,第23页。

颂》。"序"云：

"皇帝……甫二载三临绝漠而大告武成。先是师之初出也，大破厄鲁特于昭木多之地。……乃于九月复发京师，渡河至鄂尔多斯，申布天威。……三十六年二月，车驾复发京师，次大同。……（噶尔丹）乃于闰三月癸巳仰药死，厄鲁特亡。"①

例六，康熙三十七冬，流放盛京的原翰林院编修陈梦雷，向康熙帝面呈《圣德神功恭记七言排律一百二十韵》。内云："乃有北国喀尔喀慕义内附，而厄鲁忒恃其荒远，修怨凭陵……命将出师，尚未授首。我皇上……于三十五年赫然躬行天讨……连岁三度出边，睿筹既周，渠魁斯殄。"②

再看乾隆时期清廷对康熙帝三次亲征的说法。

乾隆四十三年（1778）七月，《四库全书》总纂官纪昀等"恭校"《平定朔漠方略》后所写按语，并未提及乌兰布通之战。内称：

"盖噶尔丹凶顽爽誓，寖为边患，乃于康熙三十五年二月亲统六师往征之。贼众骇遁，噶尔丹仅以身免，大军凯旋。是年九月再幸塞北，谕噶尔丹以束身归罪，并纳其所属之归降者。迨明年二月，复统大军亲征，噶尔丹旋伏冥诛，余众悉降。于是廓清沙漠，辑定边陲，为万古无前之伟绩。"③

时距乌兰布通之战和康熙帝三征噶尔丹已逾八十载。与康熙年间相较，乾隆年间清廷对康熙帝三次亲征噶尔丹的时间认定没有变化。

综上，康乾时期史料记载显示，当时朝野上下一致认为：二十九年乌兰布通之战乃命将出师，唯三十五年二月、三十五年九月、三十六年二月康熙帝三次出边，是亲征噶尔丹。故此，魏源《圣武记》称康熙二十九年七月康熙帝"巡幸边塞"是第一次亲征噶尔丹，与时人之共识相左，也同史实不符。

二　《为元凯马公出师塞北纪程》再认识

《为元凯马公出师塞北纪程》是研析乌兰布通之战必用史料之一。如

---

① 陈廷敬等编，张廷玉等续编：《皇清文颖》卷34，第32、33页。按，关于噶尔丹的死因有不同说法，参见崔岩《噶尔丹死亡问题考辨》，《清史研究》2007年第1期。

② 陈梦雷：《松鹤山房诗集》卷7，《圣德神功恭记七言排律一百二十韵（有序）》，《续修四库全书》第1415册，第687页。

③ 《四库全书》第354册，第435页。

果从史源、作者等方面予以考察，此文还有需探讨之处。

1. 四种抄本　三个篇名

《为元凯马公出师塞北纪程》又称《内大臣马思哈出师塞北纪程》或《北征日记》。此文出自《张青琱集》（《平圃遗稿》，下同）。目前所见有四种抄本，篇名、作者以及书名、卷数有所不同。简述如下。

其一，嘉庆末龚自珍抄本《北征日记》。

据道光二年（1822）龚自珍撰《上海张青琱文集叙》：嘉庆二十五年（1820），"筮仕，得内阁中书。求顺治前辈文章于江南上海县李家，得张宸所为文集三十卷……自珍喜而写其副，以如京师。职方述一篇，代大臣马思哈《北征日记》一篇，则兵部郎中程同文就自珍舍写副以归，京师遂有两本"①。这是"代大臣马思哈《北征日记》"说首次出现。

张宸，字青琱，号平圃，江苏上海人。生年未详，约殁于康熙十八年（1679）之前。② 顺治年间任内阁中书，康熙初任兵部主事。七年（1668）五月，京师地震，诏求直言。钦天监监正杨光先上疏，言及逃人事。张宸复陈，得康熙帝首肯。杨光先不服，特疏纠参，遭严旨切责。③ 辅臣鳌拜等庇护杨光先，张宸触忤满洲权贵。不久，张宸致政还乡，再未复出。

龚自珍所见三十卷张青琱文集已无存。④ 序文内《北征日记》之称，不知原文如此，还是龚自珍自定。综合有关情况，后一种可能更大些。

其二，咸丰九年（1859）何绍基抄本《张青琱集》中的《为元凯马公出师塞北纪程》。

何绍基，字子贞，号东洲，一号猿叟。道光进士，官至编修。⑤

何绍基抄本《张青琱集》十四卷。末卷有《为元凯马公出师塞北纪程》一篇。手跋云："知世无刻本，惟上海徐紫珊家有之。后因周芝生任

---

① 龚自珍：《龚定盦全集·定盦续集》卷3，《清代诗文集汇编》，上海古籍出版社2010年版，第573册，第472页。
② 参见陈垣《抄本张青琱平圃遗稿跋》，《图书季刊》第1期，1940年。
③ 徐元文：《张平圃六十寿序》，载《张青琱集》卷首。另据康熙《歙县志》卷9《人物》："康熙七年，诏求直言。光先条陈十款，切中时弊，获蒙采纳。内逃人一款，得免十家连坐之例，岁全活以万计。未几新法复行，祸不可测，特旨放归，卒于途次。"参见《中国方志丛书·华中地方》，台湾成文出版社有限公司1975年印行，第713号，第972页。
④ 这里只讨论《北征日记》，不涉及文集其他内容。
⑤ 《续碑传集》卷18，载《清代碑传全集》，上海古籍出版社1987年版，下册，第887页。

上海道，始属其借抄寄都，盖逾年始至。得此书之难如此。"① 这一抄本卷数，较龚自珍所见张青琱文集减少十六卷。抄本除篇名内提及"元凯马公"，文中凡主人公姓名处均空缺。

《为元凯马公出师塞北纪程》篇末云："是役也，同行者为新安朱君。属其每日笔记而某于旋师之暇荟萃成录。"可见，此篇代笔者是"新安朱君"，后由主人公"元凯马公"辑而成篇。

其三，道光后期魏源《圣武记·康熙亲征准噶尔记》附录《内大臣马思哈出师塞北纪程》。

魏源沿用龚氏"代大臣马思哈"之说，将《北征日记》改称《内大臣马思哈出师塞北纪程》，并有注："见上海张宸青琱集"。据何绍基写于咸丰九年（1859）的《张青琱集》手跋，嘉庆二十四年（1819），他在龚自珍处见此文集，假归阅未竟，为魏源取去，采入《清经世文编》。② 看来，魏源《圣武记》所录《内大臣马思哈出师塞北纪程》，乃以龚自珍抄录的《北征日记》为依据。

与何绍基抄本《张青琱集》对比，魏源抄本中的主人公自称"思哈"，何绍基抄本除篇名内提及"元凯马公"，文中凡主人公姓名处均空缺。另外，魏源抄本起始文字略详；删除了部分诗文，对其他内容也有少量删节；对个别文字有订补。

其四，邓之诚"五石斋抄本"《平圃遗稿》中的《为元凯马公出师塞北纪程》。

"五石斋抄本"《平圃遗稿》十四卷，末卷有《为元凯马公出师塞北纪程》一篇。写于1936年的手跋云："此本抄自何蝯叟所藏。""集末代大臣马思哈'北征日记'一篇，纪年在青琱已殁之后，绝非青琱所作，不知何以录入，斯更不可解矣。"③ 此本为《四库未收书辑刊》《清代诗文集汇编》等收入。经比对，与何绍基抄本基本相同。

综上，可以获得以下认识。

首先，所谓"上海张青琱文集""上海张宸青琱集""张青琱集""平

---

① 何绍基：《张青琱集》跋。
② 何绍基：《张青琱集》跋。另参见贺长龄、魏源等编《清经世文编》卷113，中华书局1992年版，下册，第2733、2749—2751页；邓之诚《平圃遗稿》跋，《四库未收书辑刊》第5辑，第29册，第534页。
③ 邓之诚：《平圃遗稿》跋，《四库未收书辑刊》第5辑，第29册，第534页。

圃遗稿"等称，应为张宸故后，其文稿由他人编辑成书时的不同叫法。其中"平圃遗稿"一称出现最晚。

其次，诸抄本中，何绍基抄本中的《为元凯马公出师塞北纪程》所记最详。

最后，"代大臣马思哈"之说始于龚自珍。今人著述无不采纳龚自珍之说，认为《内大臣马思哈出师塞北纪程》作者内大臣马思哈，即《为元凯马公出师塞北纪程》作者"元凯马公"。此说需要商酌。

2. 关于"元凯马公"

（1）"元凯马公"不是"内大臣马思哈"。

内大臣马思哈，即满洲镶黄旗人马思喀（一作马斯喀），富察氏。官至内务府总管、领侍卫内大臣、管满洲火器营大臣。满语人名中的"喀"（ka），被译为汉语时，可以译为"哈"（ha）。例如《清圣祖实录》中，或称"马思喀"①，或称"马思哈"②，乃指同一人。

清人撰马思喀传记，对传主在康熙二十九年（1690）的情况只字未提。以雍正五年（1727）奉敕纂修，乾隆四年（1739）成书的《八旗通志初集》马思喀传为例：

"马思喀，户部尚书米思翰之长子也。康熙十三年，任总领。十六年，授三等侍卫。寻升二等侍卫。五月升侍卫壮尼大。十二月，升伊都额真。二十七年四月，升护军参领。十月，升武备院大臣。二十八年，升镶黄旗满洲副都统。三十年，任内务府总管。"康熙三十四年（1695）升任领侍卫内大臣。特命总管火器营（按，满洲火器营）事。三十五年、三十六年参与康熙帝三次亲征噶尔丹的军事行动，先后任平北大将军、昭武将军等职。四十三年卒。赐谥"襄贞"③。

这是最早写成的官修马思喀传记。清人撰马思喀传记中，这篇传记记述传主在康熙三十年（1691）以前事迹最详。

雍正元年（1723）秋，命查核、收集国初以来王公贝勒、文武诸臣事迹，悉付史馆，"务采确切事实，编成列传"④。时距乌兰布通之战三十

---

① 《清圣祖实录》卷178，康熙三十五年十二月丁亥、卷140，康熙二十八年三月壬辰等。
② 《清圣祖实录》卷170，康熙三十五年正月己巳；卷183，康熙三十六年五月庚寅等。
③ 《八旗通志初集》卷185，第7册，第4395页。"壮尼大"（juan i da）即"护军校"；"伊都额真"（idu i ejen）即"班领"。
④ 《清世宗实录》卷11，雍正元年九月丙午。

年。如果马思喀曾于康熙二十九年春北渡翰海，继而在乌兰布通之战中"领炮火营作前锋"，这些重要事迹不可能被史官略去，不予入传。

再者，《为元凯马公出师塞北纪程》所记述的，是阿南达军中火炮总管、正黄旗汉军副都统李林隆部下北征情况。主人公"元凯马公"是汉军。康熙二十八年马思喀任镶黄旗满洲副都统。他即使于二十九年春奉命赴漠北侦探噶尔丹行踪，也绝无可能成为李林隆之下属，或受其节制。

另外，"元凯马公"的"马"应当是姓，"元凯"或是名，或是字、号。而内大臣"马思喀"一名，实为冠以汉姓之满名。马思喀姓富察氏，并非真的姓"马"。"马思喀"，满语"maska"①，它的三个读音（ma、s、ka）原本不可分割。即便是汉人不谙满语，将"马思喀"中的"马"当作姓，称其为"马公"②，现存史料并无显示马思喀有"元凯"这样的字或号。

还要注意的是，何绍基抄本与"五石斋抄本"正文中，主人公姓名处均空缺，说明抄录者不知道，或不确定主人公姓名；甚至也可能在所抄版本中就没有主人公姓名。所以，认为《为元凯马公出师塞北纪程》中的"元凯马公"即"内大臣马思哈"，不仅缺乏史料依据，也与情理相悖。

下面的例子可进一步支持上述推断。

例一，《为元凯马公出师塞北纪程》代笔者"新安朱君"，其确切姓名无考。但从遣词造句特点可看出，这是一位以汉语文为母语，有一定文化造诣，熟悉儒家典籍，心细、善感、能诗之人。例如，文中称"察哈尔"为"查哈唎"，称"扎萨克"为"加斯哈"，称"翰海"为"旱海"，称"戈壁"为"歌北"等，均表明他对漠北蒙古情况十分陌生。又如文中称镶蓝旗满洲都统额赫纳为"额都统"，而"元凯马公"称代笔者为"朱君"，并冠以可能是其籍贯的"新安"，这些均符合汉语文称谓习惯，应为汉军参战者的记述。

例二，据《为元凯马公出师塞北纪程》，康熙二十九年（1690）五月初五日有如下记述："是日为重五节。领兵正黄旗李副都统（按，李林隆）车载一豕至，割烹以饷诸同事，盖橐所预备供应者。绝塞得之，良异数

---

① 中国第一历史档案馆藏满文朱批奏折3件，马思喀奏，无年月。按，据奏折内容，均写于康熙三十年闰七月至三十四年七月马思喀担任内务府总管大臣期间。
② 类似情况是存在的。如索额图（songgotu），姓赫舍里氏，满名 songgotu，意为"爱哭的孩子"。康熙年间，索额图被称为"索公"。参见张宸《平圃遗稿》卷8，《清代诗文集汇编》第64册，第686页。

也。"端午节是汉族传统节日，又称"重五""端阳""重午"等。戎马倥偬中不忘过重五节，只有李林隆统领的汉军炮兵将士会这样做。

例三，康熙朝前期，多数满洲大臣的汉语文水平尚待提高。马思喀出身镶黄旗满洲世家，初任侍卫，屡膺武职。他的汉语文程度未详，即使参与此次北征，似不大可能有此雅兴，嘱其"同事"新安朱君"每日笔记"，又于旋师后，亲自以汉文操觚，荟萃成录。这种做法也应是汉军旗人所为。

（2）"元凯马公"不是乾隆朝镶白旗汉军副都统、汉军镶黄旗人马元凯。

清史记载中，马元凯确有其人。他是汉军镶黄旗人马光远（谥"诚顺"）的侄孙。乾隆三十二年（1767），镶黄旗汉军副参领、一等子马元凯升任镶白旗汉军副都统。① 从年龄看，此人不可能于七十七年前（1690）北征瀚海并参与乌兰布通之战。

综上，《为元凯马公出师塞北纪程》中的主人公"元凯马公"，既不是"内大臣马思哈"，也不是镶白旗汉军副都统马元凯。虽然目前无法知道他的确切身份，不过可以推断：主人公"元凯马公"以及捉刀人"新安朱君"，都是阿南达军中总管火炮的李林隆部下，隶属于汉军旗。

3. 咸丰九年何绍基抄本《为元凯马公出师塞北纪程》评析

《为元凯马公出师塞北纪程》所记日期，始于康熙二十九年四月丙子（十五日），止于九月庚子（十三日）。其中自四月辛巳（二十日）至八月己未（初一日），基本逐日记事。内称：

"八月朔，己未。……甲戌（按，十六日），虑军糈不继，乃统率老营官兵行八十里，前赴大将军军前策应。己亥，师行八十里下营。"

按，上文"己亥"，有误，应为乙亥（十七日）。② 五石斋抄本、《圣武记·康熙亲征准噶尔记》附录《内大臣马思哈出师塞北纪程》等，都沿袭了这一错误。

然而，《为元凯马公出师塞北纪程》反映的史事，是比较准确的，可以补充正史之阙。

据我们所见，除《为元凯马公出师塞北纪程》外，尚无详述康熙二十九年阿南达军北征的其他史料；关于阿喇尼部、额赫纳部有关情况，《平

---

① 《清高宗实录》卷776，乾隆三十三年正月甲午。
② 该文所记康熙二十九年八月甲戌（十六日）后之"己亥"，与下文（八月）"丙子"（十八日）、"丁丑"（十九日）、"戊寅"（二十日）诸日期相悖。

定朔漠方略》《清圣祖实录》等略有提及。所以,《为元凯马公出师塞北纪程》对于我们了解这段重要历史中的一个片断,具有无可替代的作用。

《为元凯马公出师塞北纪程》反映了康熙二十九年四月至九月清廷与准噶尔部噶尔丹交战前后一些史事,由于是作者亲历,可信度较高。不过,作者系清军火器营下层将领,故所历、所见、所闻只是战场的局部。所以,该文主要记述清军炮兵在乌兰布通战役中的表现和作用,没有也不可能反映全部战况。

值得一提的是,该文记述北征行程时,还以比较生动、细腻的笔法,详细描述了三个多世纪前的塞外风貌,如戈壁中各种奇异禽兽、稀有植物和自然景观等。这从另一个方面,体现出《为元凯马公出师塞北纪程》重要的史料价值。因此,探究它的作者是谁,也很必要。

三 乌兰布通之战记载中的张冠李戴

自乾隆敕修《钦定八旗通志》为起始,清人修佟国维传记,大都称传主在乌兰布通之战中与胞兄佟国纲并率左翼兵进击;国纲战殁,"国维由山腰绕贼后击之,溃遁"①。佟国维率左翼击溃准军一说,至今仍有较大影响。② 但事实是,火器营大帅佟国纲冲击敌阵而亡,佟国维于指挥地得知,极度悲痛,欲亲上战场强拼,被众人劝止;苏努统领清军左翼,击溃噶尔丹军(见上文)。

康熙二十九年七月二十五日钦定领军诸大臣,命苏努、彭春分率左右两翼骑兵。《平定朔漠方略》《清圣祖实录》等分别收入福全关于乌兰布通之战的奏报,唯称左翼大败噶尔丹军,未言左翼统率为何人。清史无苏努传。但清人修彭春传记,对此事有明确记载:"苏努率左翼,彭春率右

---

① 《钦定八旗通志》卷138,第4册,第2313页。此外,《满洲名臣传》卷1、《清史列传》卷11、《国朝耆献类征》卷281、《国朝先正事略》卷2、《清史稿》卷287等《佟国维传》均如是载。雍正敕修《八旗通志初集》卷185佟国维相关记载较含糊:"八月初一日,率左翼兵,随抚远大将军福全至乌兰布通,兄弟矢志灭贼。兄国纲战殁。国维奋身冲贼阵。我右翼亦至,遂大败贼兵。"参见该书第7册,第4398页。
② 如《清代人物传稿》上编第8卷《佟国纲》,中华书局1995年版,第43—44页;《清代人物传稿》上编第7卷《佟国维》,中华书局1994年版,第26页;《清朝通史·康熙朝分卷上》,紫禁城出版社2003年版,第358—359页。

翼……右翼兵为河岸泥淖所阻，左翼兵由山腰冲入，大破之。"①

乌兰布通之战中，清左翼军在苏努的率领下，出其不意攻袭噶尔丹军，获得成功。这一军事行动扭转了战场上的胶着状态，对清军取得优势并重创噶尔丹军具有关键性作用。苏努虽然率左翼军立功，但"不准叙功"，因为仍有"殊误军机"致使"穷寇遁逃"之过。"功过相抵"是清廷对待出征将士的一贯方针。所以，康熙二十九年十一月，先是部议彭春等解任，苏努等"不准叙功"。康熙帝下令将苏努罢议政，与彭春一样各降四级留任。在康熙帝看来，苏努等干练有才之人，并未负起参赞军务之任，起到应起作用。败敌之功，难以抵消未能灭敌之过。

值得注意的是，乌兰布通之战后，苏努进一步受到倚重。康熙三十年多伦会盟，三十五年、三十六年康熙帝亲征噶尔丹，苏努均随往。不久，苏努晋封固山贝子。擢宗人府左宗正。任盛京将军（奉天将军）十年（康熙三十七年至四十六年）。康熙朝中后期，诸皇子暗争储位，拉党结派。苏努因拥护皇八子允禩，受到康熙帝严责。②然而满文档案显示，自康熙三十六年始，议政大臣会议乃以苏努居首③，领衔议奏军机要务。康熙朝后期，清廷与策妄阿喇布坦为首的准噶尔部之间再开战事。凡筹划西北军务，苏努仍居议政大臣之首。这种情况大约延续至康熙五十六年。五十九年，苏努因年老解退宗人府左宗正任。

在诸皇子角逐储位的宫廷斗争中，苏努与皇八子允禩的对手皇四子雍亲王胤禛结怨。胤禛继位后，苏努先是晋封多罗贝勒，不久被治罪，黜除宗籍。雍正二年（1724），死于流放地山西右卫（今山西右玉）。雍正帝认为，苏努系结党乱政之"元恶渠魁"④。令照大逆律戮尸扬灰，以彰巨恶。⑤苏努的子孙也因崇奉天主教等罪由受到严酷惩治。⑥由于这一原因，

---

① 《钦定八旗通志》卷165，第4册，第2864页。另参见《满洲名臣传》卷25、《国朝耆献类征》卷277、《从政观法录》卷10、《清史稿》卷280等《彭春传》。今人撰《彭春传》亦同。参见《清代人物传稿》上编第8卷，第35页等。

② 《清圣祖实录》卷235，康熙四十七年十月丙午。

③ 议政王杰书逝于康熙三十六年（1697），赐谥"良"。同一年，领衔议政大臣国舅佟国维以疾乞休，原官致仕。

④ 中国第一历史档案馆编：《雍正朝汉文谕旨汇编》，广西师范大学出版社1999年版，第7册，第130页。

⑤ 《清世宗实录》卷44，雍正四年五月己未。

⑥ 参见吴伯娅《苏努研究》，载《史料与视界：中文文献与中国基督教史研究》，上海人民出版社2007年版。

康熙以降陆续修讫的清官修传记,均无苏努传。而苏努在乌兰布通之战中的功绩,自乾隆敕修《钦定八旗通志》始,竟被记入佟国维的传记。其后官私所撰佟国维传,都沿袭了这一失实记载。

佟国维之女佟佳氏是康熙帝第三位皇后(孝懿后),也是雍正帝的养母。佟国维之子隆科多对雍正帝继统立有殊勋,雍正初年曾是雍正帝的心腹。将苏努之军功移植到国舅佟国维身上,这一张冠李戴,体现了清朝史官"以君之好恶为好恶"①的修史方针,长期以来竟被人们所接受。

四 清军胜负史料之辨

乌兰布通之战中清军是否获胜,学界有不同认识。一种看法认为清军虽然取胜,但未取得预期效果,自身也损失惨重。② 另一种看法认为双方互有胜负,清军的损失甚至比噶尔丹军还要大些,算不得一个大胜仗。③ 也有学者认为,噶尔丹获胜可能更接近事实。④

上述不同看法,源于对史料的不同理解与取舍。先按时间顺序,对有关史料做一梳理。

1. 福全疏报:清军获胜

康熙四十七年修讫的《平定朔漠方略》,收入大将军裕亲王福全等奏疏,内称大败噶尔丹军,斩杀甚多。这是目前所见关于乌兰布通之战最早的记述。奏疏当以满文书写,原件已无存。它被收录在《平定朔漠方略》康熙二十九年八月辛酉(初三日)条(《清圣祖实录》同),这一时间显

---

① 《清世宗实录》卷6,雍正元年四月丁卯。
② 参见袁森坡《乌兰布通之战考察》,《历史研究》1983年第4期;孟昭信《康熙大帝全传》,吉林文史出版社1987年版,第225页;王思治主编《清朝通史》第5册《康熙朝上》,紫禁城出版社2003年版,第359—360页。
③ 张羽新:《乌兰布通之战的胜败问题》,《历史研究》1986年第5期;李秀梅:《清朝统一准噶尔史实研究——以高层决策为中心》,民族出版社2007年版,第49—51页;华立:《从日本的"唐船风说书"看康熙二十九年的乌兰布通之战》,《中国边疆史地研究》2010年第3期;黑龙:《准噶尔蒙古与清朝关系史研究》(1672—1697),上海古籍出版社2014年版,第154、160页。
④ 宫胁淳子指出:"对于乌兰布通之战,通常都说噶尔丹战败了,但是由于清军的副将军(按,佟国纲)战死,不能认为清军获得了巨大胜利。其实,就这次战斗而言,是难说胜败的。"[日]宫胁淳子:《最后的游牧帝国——准噶尔部的兴亡》,晓克译,内蒙古人民出版社2005年版,第16、17页及164页注释3。

然晚于实际疏报之期。① 毋庸置疑的是，收入清官修史籍的这件奏疏，已经不是原始史料。

这件奏疏的内容或许有言不符实处，但不大可能"谎报军情"。

清制，凡疏报战况，出征将领按职衔排序，共同署名。此件奏疏的具奏人为"福全等"，或是福全及副帅允禔共同署名，或两人偕众参赞军务大臣共同署名。所以，奏疏称大败噶尔丹，这是八月初一日战役刚刚结束后，清军最高领导层达成的共识。此其一。

如果奏疏确是以败称胜，真相暴露后，福全所受处罚不应只是罢革议政、罚俸三年、撤去三个佐领，更不会直至去世，仍受恩宠。此其二。

奏疏对战况的描述与《为元凯马公出师塞北纪程》中相关记载基本一致②。此其三。

由于这一疏报为康熙帝认可，故被时人称为"捷书"③。看来，国舅佟国纲阵亡与当时尚不知"噶尔丹死于乱兵与否"等情，并没有影响清廷对清军获胜的判断。当月《康熙起居注册》④、传教士日记⑤及其后清官私史籍中相关记载⑥，无不据此称清军大败噶尔丹。

2. 供职清廷的传教士书信：噶尔丹军未被"彻底击溃"

传教士张诚在1691年1月2日（康熙二十九年十二月初四）日记中

---

① 福全等应在八月初一日晚战役结束后立即疏报。此外，《平定朔漠方略》中关于乌兰布通之战及相关情况的记载，也有不少令人生疑处。例如，康熙二十九年八月己未（初一）条，无载；庚申（初二）条云："内大臣索额图奏报员外郎阿尔必特祜归自噶尔丹。……厄鲁特现在乌澜衮地方……又闻其祭旗诵经，距我军仅四十里。"按，这是八月初一日双方交战前的军情，康熙帝不可能在八月初二日方闻知。又如，八月辛酉（初三）条，先是记有福全等关于八月初一日战况的疏报，继而又记福全等疏言，内称初四日济隆胡图克图"果率其弟子七十余人"来军营会谈。再如，壬戌（初四）条、癸亥（初五）条、甲子（初六）条均无任何记载，而此三日恰为决定清军下一步行动的重要时期，福全必有疏报。这些不合逻辑的情况表明，修纂者记述康熙二十九年八月己未至甲子（初一至初六）的疏报、谕旨以及议政大臣会议时，做了手脚，或不予记载，或改动疏报日期，或有删改、合并。参见《平定朔漠方略》卷8，《四库全书》第354册，第573—577页。《清圣祖实录》记载亦同。

② 张宸：《平圃遗稿》卷14，《四库未收书辑刊》第5辑，第29册，第767页；另参见魏源《圣武记》卷3，上册，第123—127页。

③ 王士禛：《居易录》卷8，载《王士禛全集》第5册，第3825页。

④ 台北"故宫博物院"：《清代起居注册·康熙朝》第1册，第405、406页。

⑤ ［法］张诚：《张诚日记》，陈霞飞译，陈泽宪校，第83页。

⑥ 参见蒋良骐《东华录》卷15、祁韵士《皇朝藩部要略》卷9《厄鲁特要略一》、魏源《圣武记》卷3《康熙亲征准噶尔记》、张穆《蒙古游牧记》卷3《翁牛特》、何秋涛《朔方备乘》卷4《准噶尔荡平述略》、王先谦《东华录·康熙四十五》、王之春《清朝柔远记》卷2等。

写道：

"虽然皇上所遣大军征战得利，并使厄鲁特国王逃窜，但是，举国上下对此都不满意。因为厄鲁特国王既未经俘获，而且他的军队又未被彻底击溃，这些战果都是不难取得的。因为两军实力悬殊，皇上的军队多于敌人至少四、五倍。"①

这是目前所见，时人对乌兰布通之战清军获胜看法有所变化的最早记载。时距乌兰布通之战已逾三个月。在此期间相继发生的以下情况，对出现这一变化起有直接作用：清廷得知，噶尔丹并未伤亡而清军停止进击；噶尔丹率余部远遁；福全等被议处。

大约康熙三十六年后，张诚在回忆录中再次述及乌兰布通之战，其看法仍同二十九年十二月初四日日记所言。②

再有，法籍传教士白晋（Joachim Bouvet）于1693年（康熙三十二年）奉康熙帝之命返国后，1697年（康熙三十六年）写给法王路易十四的秘密报告云：

"在反击厄鲁特汗的一次战役中（译者注：这里是指康熙二十九年讨伐准噶尔部首领噶尔丹的战争），皇帝知道他的军队所以蒙受重大损失而未能将敌军彻底击溃，是因为厄鲁特人仗着良好排枪的强大火力，迫使皇帝的骑兵退出战线。"③

按，康熙二十七年初白晋偕其他传教士抵京，与张诚一起为康熙帝留用。乌兰布通之战发生时，白晋供职清廷，但未见他在当时所做记述。

3. 坊间传闻与外省传教士书信：清军败北

日本"唐船风说书"（《华夷变态》）是日方对中国船员和商人口述的笔录。其中六十篇，记载了康熙三十年正月至七月，从中国沿海不同港口出发，渡海赴日本长崎贸易的中国商船（唐船）船员和商人，关于乌兰布通之战的各种说法。总的看法是：清军落败，或至少未能分出胜负。④

---

① ［法］张诚：《张诚日记》，陈霞飞译，陈泽宪校，第88页。按，此处将1691年误为"1690年"。
② ［法］张诚：《对大鞑靼的历史考察概述》，陈增辉译，许崇信校，载杜文凯编《清代西人见闻录》，第110页。
③ ［法］白晋：《康熙帝传》，马绪祥译，载《清史资料》第1辑，第237页。
④ 华立：《从日本的"唐船风说书"看康熙二十九年的乌兰布通之战》，《中国边疆史地研究》2010年第3期。

此时距乌兰布通之战已有数月。联系到前述康熙二十九年底张诚日记及其有关情况，不难看出，唐船各种说法虽然未必准确，也事出有因。它们从一个方面，反映出中国东南沿海社会的舆论动向。清朝入关近五十年后，满汉民族隔阂远未消除，南方汉族民众并不期望清军获胜。

另外，大约康熙三十年前后，来华法籍传教士李明（Louis Lecomte）在写给"红衣主教德斯泰大人"的信中说：

"几年前，皇上发动的与鞑靼王的战事更好地说明了我所说的绝对皇权。势单力薄的鞑靼王竟然胆敢掠夺帝国的几个土邦，皇帝便派遣自己的一个兄弟统率雄师进行征讨。鞑靼军瞄准战机，及时出击，以少胜多地打败了王者之师，官兵全面败北，溃不成军。"①

按，传教士李明与张诚、白晋等一同来华，康熙二十七年（1688）抵京。不久，李明被派往山西，复往陕西，管理一个教友村。两年后（1690），随洪若翰神甫赴广州。李明后因经费拮据返国，1692年（康熙三十一年）抵法。在华期间，李明于康熙二十七年（1688）阳历四月底在山西绛州观察月蚀；又于二十九年十月十日（1690年11月10日）于广州观察水星凌日景象。②

二十九年八月乌兰布通之战发生时，李明不在京城，可能正在广州或附近地方。其信中所言，综合了从京城传教士信件内得到的信息（如清军出师经过）以及在当地听到的传闻（如战役双方胜负情况）。故后一方面与"唐船风说书"关于此战的某些说法有相似处。

4. 康熙帝的看法："未获全剿"

自康熙二十九年十一月福全等返师，至六十一年十一月康熙帝病逝，计三十二年。在此期间，康熙帝多次对大臣们谈到乌兰布通之战及其胜负问题。例如：

二十九年十一月云："噶尔丹于乌兰布通为我军击败遁走，而领兵诸王大臣不复追杀……纵之使去。"③

三十二年十二月云："前于厄鲁特部落噶尔丹之事，官兵未能尽数剿

---

① ［法］李明：《中国近事报道（1687—1692）》，郭强、龙云、李伟译，第220页。
② ［法］费赖之：《在华耶稣会士列传及书目》，冯承钧译，上册，第441、442页。一说康熙二十七年（1688）阳历四月底李明在绛州观察日蚀。参见方豪《中国天主教史人物传》，中华书局1988年版，中册，第288页。
③ 《平定朔漠方略》卷8，《四库全书》第354册，第588、589页。

灭，以成大功，朕意每怀不惬。"①

三十五年正月云："向年乌兰布通之役……大兵已经击败，乃竟中贼计，致噶尔丹遁走。"②

三十六年五月云：乌兰布通之役，"虽左翼之兵得胜，而右翼竟未能克敌，遂至大臣以及兵丁人等阵亡被伤者甚多"③。

四十九年八月云："前于乌兰布通击败噶尔丹，人言彼时天晚，未获全剿。"④

直至康熙帝病逝前夕，即六十一年九月，他仍然认为：乌兰布通之战"噶尔丹败走"⑤。

历时三十年，康熙帝对双方胜负的基本看法未变：清军击败噶尔丹而"未获全剿"。

准噶尔一方记述阙如，这对我们客观了解战况并判断双方之胜负，是一重大缺憾。

5. 判断尺度：阶段与全局　亲历与听闻

评估乌兰布通之战双方之胜负，可以从阶段与全局两个不同角度看。双方交战历时半日，此为第一阶段。战后数日内福全中计，噶尔丹远遁是第二阶段。福全等报称大获噶尔丹军，是指第一阶段战果。

康熙帝从全局考虑，并观两个阶段，采用两分法，既肯定已"击败噶尔丹"，又称"未能尽数剿灭"。在京传教士的记载未言双方之胜负，只是强调清军没有"彻底击溃"对手。这与康熙帝的看法基本一致。

只有两则史料明确指出清军战败。一则是康熙三十年正月至七月的"唐船风说书"，另一则是大约康熙三十年传教士李明给"红衣主教德斯泰"的信。同福全、"元凯马公"等乌兰布通之战亲历者不同，这些讲述者（记述者）当时大都在中国南方某地，关于乌兰布通之战的信息是从社

---

① 台北"故宫博物院"：《清代起居注册·康熙朝》第4册，第2229、2230页。《清圣祖实录》卷161，康熙三十二年十二月戊子条略有不同："官兵不能悉体朕意，即行剿灭，致失机会，罔奏肤功。"
② 《清圣祖实录》卷170，康熙三十五年正月甲戌。
③ 台北"故宫博物院"：《清代起居注册·康熙朝》第10册，第5753页。另参见《清圣祖实录》卷183，康熙三十六年五月癸卯。噶尔丹军伤亡情况未详。我们认为，不能以其归途中遭罹瘟疫，人员大减，反证噶尔丹军在此次战役中未受大的伤亡。
④ 《清圣祖实录》卷243，康熙四十九年八月庚辰。
⑤ 《清圣祖实录》卷299，康熙六十一年九月乙酉。

会上或友人信中辗转听闻。

此外，作战双方取胜代价之大小，对评判胜负有一定影响，但不应视为决定性因素。清军有较大伤亡，然而若非居于胜者之位，战后次日，噶尔丹断不会伪善求和。

综上，可以将时人对清军胜败的看法归纳为两类：

战争亲历者、与亲历者有密切接触者的看法大致相同：噶尔丹败走，清军未获全胜。

未曾亲历、间接听闻者的看法基本一致：清军败北，噶尔丹军以少胜多。

我们认为第一种看法比较接近史实。

小 结

在战争硝烟中，皇帝与将士之间的关系及君臣各自的表现独具特点。

乌兰布通之战发生在清朝皇权逐步强化的进程中。此时，康熙帝的权力高度集中，在朝野享有极高威望。由于健康原因，他本人未能亲临战场。凭其无可撼动的威严与皇权的强大震慑力，似乎可以有效遥控参战将士，通过他们，贯彻、实现其意志。实际情况却非如此。出征的将帅中，并无一人有意抵制或分散皇权。可是，他们各自的表现与其贯彻康熙帝旨意的初衷难以达到一致。归根结底是因为康熙帝用人不当。

例如，福全在主帅任上克尽职守，但履行职任时，受到至少四种因素制约。

其一，未经实战，无指挥经验。在进退鸣金、把握战机、灵活应变等方面，他的指挥均有不同程度的失误。

其二，缺乏政治头脑，不能悉体帝意。战前，福全曾多次奉命与噶尔丹和谈。康熙帝深知噶尔丹老谋深算，故以和谈为手段，以击灭对方为最终目的。福全未能领会康熙帝的意图，又不能识破噶尔丹的计谋，因而犯下天真幼稚的错误：轻信噶尔丹的保证，停止进击，放虎归山。

其三，缺乏指挥魄力和顽强斗志。准军失利时，福全没有听取建言，乘势进攻；后因清军多有死伤，国舅阵亡，又心中惴惴，怕负恶名。八月初二日遣兵追击数百里后，即以噶尔丹据险相抗为由，止兵休养。

其四，因不曾建立军功，加之缺少谋略，行事拘谨，所以，虽膺大将军之任，不能令众人心悦诚服。

福全没有准确、完整地执行康熙帝的意志，非其不愿，实因无能。

较之福全，皇长子允禔更可称为康熙帝的真正代表者，实际地位居亲王、重臣之上。可是，他生性倨傲，对福全不服。主帅与副帅有隙，清军最高指挥层其他成员骑墙观望，不得罪双方。这种状态下，最高指挥层何能集思广益，做出正确判断和决策。允禔依恃皇权有此表现，但客观上却因此削弱皇权对众将领的统摄作用，阻碍康熙帝全歼意图的实现。

索额图和明珠作为资深老臣，被康熙帝寄予厚望。战场形势瞬息万变，他们只顾精选护卫，以保护自己的人身安全。可是，在佐助福全等做出判断和决策时，两人都缄默不语。执行康熙帝意志与维护个人利益两者之间，他们选择了后者。

佟国纲等将士英勇战亡，表现出对皇权的忠诚。然而国舅殒命一事，战后被一些人作为重要论据，认为清军在此战败北。

李林隆数次献计献策，不为佟国纲、福全等人采纳，但仍有智取遗炮、相度形势等出色表现。他在军中的地位相对卑微，其才智只有为上级认可吸纳，才能发挥一定作用。

苏努运用灵活战术，率左翼军绕行山腰从准军背后突袭，为清军获胜奠定基石，可谓骁勇善战。

康熙帝没有亲临战场，但通过各种渠道（书面奏闻、口奏参劾等），对主要将领的表现以及关键时刻的言行了如指掌。尽管如此，他无法强制出征将领准确无误地领会、贯彻他的旨意，无法强制参赞大臣不计个人得失，竭力赞襄，心口如一。康熙帝对清军将士的掌控力无论如何强大，总有鞭长莫及，无法发挥效用之处。

关于乌兰布通战役中清军之胜负问题，据目前所见史料，从不同角度分析而有不同认识，这是正常现象。学术研究正是在不断辩驳、商榷和相互启发中逐步深入。

将康熙二十九年七月康熙帝出塞，误为首次亲征噶尔丹；将《为元凯马公出师塞北纪程》的作者，误为满洲镶黄旗人、时任镶黄旗满洲副都统马思喀；将率领清军左翼大败准噶尔军的宗室苏努，误为国舅佟国维；这些与史实相悖的错谬，均需辨明和纠正。

第四章

皇储风波 罪及外戚

康熙帝一生雄才大略，治国业绩斐然，但未能处理好储位问题。他与东宫允礽之间的权力之争，使一些重臣近戚遭到池鱼之殃，其中最突出的是允礽母家三代亲属。

皇太子允礽的生母孝诚皇后是康熙帝第一位皇后。她与康熙帝青梅竹马，感情笃深。康熙十三年（1674）孝诚皇后生允礽时因难产去世。康熙帝极为悲伤，对孝诚皇后追念终生。[①] 十四年，允礽被册立为皇太子。然而在封建帝王家中，亲情服从于政治，以政治需要为转移。为了最大限度地维护和巩固专制统治，康熙帝对所有可能有碍于皇权集中的因素——包括他的皇太子允礽——怀有高度警觉，不惜采取非常手段予以消除。

康熙帝对皇太子允礽母家亲属既有信任，也有防范。他担心允礽亲近和倚恃这些亲属，与自己疏远甚至分庭抗礼。随着允礽日渐长大，他与皇太子之间的权力斗争不断发展，猜忌之心也在加重。四十年（1701）以降，康熙帝先是竭力阻止皇太子结党干政，其后两次废黜，绝复立之念。二废太子时，召进诸王大臣降旨云："朕万年之后，大阿哥（允禔）、二阿哥（允礽）断不可留。尔等内如有留之者，即系扰乱国家之人。"[②] 直至临终前数年，康熙帝仍以废太子允礽为皇权稳固之隐患。他担心有"不法匪类"趁其老病，谋欲放出二阿哥，并为此寝食不安。[③]

由于允礽与康熙帝的矛盾，孝诚皇后家族三代人受到康熙帝的重惩，

[①] 参见杨珍《康熙皇帝一家》第四章"后妃"，学苑出版社2009年修订版。

[②] 中国第一历史档案馆编：《雍正朝汉文谕旨汇编》，第1册，第48页。按，皇长子（大阿哥）允禔于康熙四十七年（1708）一废太子中获罪，雍正十二年（1734）死于禁所。

[③] 《清圣祖实录》卷277，康熙五十七年二月乙酉。

他们是：孝诚叔父、允礽的叔姥爷索额图，孝诚兄弟、允礽的大舅常泰，孝诚外甥、允礽的表弟干太。此外，康熙帝庶母宁愨妃董鄂氏之侄、两江总督噶礼也受牵连，丢掉性命。

第一节　索额图功过再论

索额图，赫舍里氏，字九如，号愚庵，满洲正黄旗人。生于崇德初年，辅政大臣、一等公索尼第三子。康熙帝曾倚重索额图，后来又责其助皇太子"潜谋大事"①。所谓大事，抢班夺权也。事实究竟如何，需做一番考察。

一　索额图的勤敏与贪恶

17世纪，满洲崛起于东北一隅。在入主中原过程中，满洲内部涌现出一批精英人物，索额图是其中一位。同那些比他年长，一生驰骋沙场的满洲前辈不同，清入关时，索额图不满十岁。他成长于天下初定，清朝皇权由相对分散到逐步集中的历史时期，受到满汉文化的双重滋养。所以，索额图既有治国辅弼之才，他的思想、性格与处事方式又具有多面性。

两废太子后，康熙帝认为，由于索额图倡立的皇太子仪注规格过高，导致皇太子日渐骄纵，"索额图诚本朝第一罪人也"②。事实上，索额图在以下四方面的作为，对巩固清朝一统江山有重大贡献。

第一，康熙八年（1669）五月清除鳌拜集团，索额图立有首功。不久，由一等侍卫超擢内国史院大学士。十六年八月，康熙帝称索额图"首膺机密之重"③，并非虚语。

---

① 学界对此说大都无异义。参见孟森《明清史讲义》，中华书局1981年版，下册，第460页；王思治《索额图其人——兼论助皇太子"潜谋大事"》，《清史研究》1992年第1期；杨珍《索额图研究》，1996年《清史论丛》，辽宁古籍出版社1996年版。少数学者有不同看法。如蔡美彪认为，康熙帝指责皇太子允礽与索额图谋夺皇位，并无实据。参见蔡美彪《中华史纲》，社会科学文献出版社2012年版，第301页。姚念慈认为，根据满文奏折中允祉等审讯索额图之语，太子、索额图谋反一事不能成立。参见姚念慈《康熙盛世与帝王心术》，生活·读书·新知三联书店2015年版，第123—126页。我在研读史料过程中，原有认识发生改变。《清朝皇位继承制度》2009年修订版原拟补入"索额图助皇太子'潜谋大事'辨"一节，因故未能如愿。
② 《清圣祖实录》卷253，康熙五十二年二月庚戌。
③ 《圣祖御制文一集》卷6，《谕大学士索额图》。

第二，平定三藩之乱期间（康熙十二年至二十年），索额图翼赞筹划，克合机宜。康熙帝称他"股肱心膂"①，实至名归。

第三，康熙二十七年索额图任首席"钦差分界大臣"，奏准中俄边界谈判方案。②二十八年率清朝使团至尼布楚（涅尔琴斯克），与俄使戈洛文等签订《中俄尼布楚条约》。这一条约明确划定中俄两国东段边界，保障该地区维持和平稳定达百余年。

第四，康熙二十九年乌兰布通之战前后，索额图多次奉旨与俄使交涉。他代表清廷对俄方提出警告：不得支持噶尔丹，负信誓而开兵端。③三十五年、三十六年，索额图三次扈从康熙帝亲征噶尔丹。途中，他偕同皇长子允禔统领八旗前锋兵，负责调配马匹，协调营伍，料理火炮。因随征有功，议叙复原级。

除鳌拜、平三藩、签订《中俄尼布楚条约》、征讨噶尔丹四件大事，对康熙朝和其后两百年清朝历史意义深远，部分影响延及今日。在这四个方面都有重要作为者，满汉大臣中仅索额图一人。

但是，索额图性贪黩，下属多以贿进。④二十二年，康熙帝云，索额图之巨富，"通国莫及"⑤。时朝鲜使臣返国后的报告中，称索额图"专权用事，贿赂公行，人多怨之"⑥。这些看法在下述事例中得到证实。

其一，收受贿赂，贬抑直臣。

满洲正白旗人顾八代（后改隶镶黄旗），伊尔根觉罗氏。为人正直，以敏干著称。康熙初年，任吏部文选司郎中。时吴三桂谋逆未决，廷议举荐顾八代为使者，前往窥探虚实。顾八代行前，守门人报告："有吴驸马（按，吴三桂之子吴应熊）遣人送黄金四十驮。"顾八代立命左右将守门人引至门外，杖责二十板。来使见状而逃。随后，"尽以金献大学士索额

---

① 《圣祖御制文一集》卷6，《谕大学士索额图》。
② 中国第一历史档案馆藏：满文《平定罗刹方略》卷4，康熙朝内府刻本。按，该书书签上写有汉字"满文精写本"，应为清人字迹。此外，约成书于康熙四十二年（1703）索额图罹罪前的汉文本《平定罗刹方略》，也详尽记有索额图等之议奏。参见何秋涛《朔方备乘》第1册，光绪七年（1881）刻本。《清实录》则将索额图等议奏之谈判方案，记为"上谕领侍卫内大臣索额图"之语。参见《清圣祖实录》卷135，康熙二十七年五月癸酉。
③ 《亲征平定朔漠方略》卷6，《四库全书》第354册，第542页；中国第一历史档案馆编：《清代中俄关系档案史料选编》，第1编上册，第135、136页。
④ 昭梿：《啸亭杂录》卷10，第321页。
⑤ 《清圣祖实录》卷108，康熙二十二年三月庚戌。
⑥ 吴晗辑：《朝鲜李朝实录中的中国史料》，第10册，第4038页。

图"。索额图收下这笔巨额贿赂，邀顾八代相晤，遭到拒绝。于是，索额图奏称顾八代"偏执，恐事泄无济"。朝廷另遣人赴吴三桂处。索额图自此结怨于顾八代，并寻机报复。

康熙十六年（1677），平叛战争正在进行。清镇南将军莽依图率孤军驻广东韶州府，为敌所困。索额图奏以翰林院侍读学士顾八代参赞军务，疾驰赴粤，实有驱其送死之意。顾八代膺命而往。未几，围解。因莽依图患病，顾八代受符调度兵事，大败吴军。十八年，京察。掌院学士喇沙礼、叶方蔼根据顾八代随征表现，以"政勤才长"注考。索额图则蓄意改注"浮躁"，降调。经莽依图拼力保奏，顾八代以原衔随征。①

其二，违反规制，大肆经商。

康熙八年（1669）夏，都察院疏请，禁藩王及大臣家下商人各省贸易。疏上，从之。② 时康熙帝亲政二载，力图整顿吏治，约束藩王，限制大臣权势。但是，这些禁令对于一些位居权要之人，并未起到明显作用。如八年以降，大学士索额图让家人在各地开设当铺，又于直隶、广东等地设立盐行。清朝官员俸银较低，③ 索额图却是"巨富"。他的收入主要是经商所得。

其三，陈设铺张，喜慕奢华。

康熙中期以前，经济尚在恢复，民风比较简约。这与康熙帝崇尚节俭，褒奖清廉也有较大关系。雍正帝继位后，曾将康熙帝使用三十多年不曾更换的绒毡宣示廷臣，以彰乃父"崇俭惜物"④。1697 年（康熙三十六年）传教士白晋给法王路易十四的秘密报告中写到，康熙帝在饮食、衣着、车轿以及宫室内部摆设等诸方面，都很"恬淡素朴"⑤。来华俄使义兹柏朗迭思·义迭思的下述记载，可与白晋所言相印证。

---

① 杨钟羲撰集：《雪桥诗话》卷 2，北京古籍出版社 1989 年版，第 60—62 页；《八旗通志初集》卷 237，第 8 册，第 5336—5338 页；《清史列传》卷 11，中华书局 1987 年版，第 3 册，第 788—790 页。
② 《清圣祖实录》卷 30，康熙八年六月壬申。
③ 据《清世祖实录》卷 7，顺治元年八月己巳条："定在京文武官员支给俸禄柴直。仍照故明旧例：正一品，文，折支俸银二百一十五两五钱一分二厘；武，九十五两一分二厘。……正二品，文，折支银一百五十二两一钱七分六厘；武，六十七两五钱七分六厘。"另参见乾隆《皇朝文献通考》卷 42《国用》4，浙江古籍出版社 2000 年版；佚名编《京秩王公大小官员每岁俸银考》卷上，载沈云龙主编《近代中国史料丛刊续编》，台湾文海出版社 1979 年印行，第 63 辑。
④ 《清世宗实录》卷 39，雍正三年十二月辛卯。
⑤ ［法］白晋：《康熙帝传》，马绪祥译，载《清史资料》第 1 辑，第 211—213 页。

康熙三十一年（1692），俄国沙皇亚历山大三世特派义迭思为钦差出访中国，三十二年十月抵京。十一月初八日，康熙帝赐宴宫中，负责接待义迭思的索额图及众多大臣作陪。据义迭思称，御筵所食，烧鹅（猪、羊）、果盘、奶茶而已。①

赐宴后数日，索额图在家中设宴款待义迭思一行。义迭思记述了索额图奢华的生活场景："至其宅，情款甚密，从内书房携手客舍，桌椅精洁，上覆金丝满绣各色生物桌单。……案设细瓷花盆，内植各色花朵，皆以紫绒杂色凌绢为之。因时隆冬无鲜花，故像生也。前案罗列银碟，内焚沉香，气颇馥郁。旁设文玩，数寸小人木质金装，饰画工细。余及主人所坐椅上覆以虎、豹之皮，文采威重。……茶毕，以玛瑙杯奉酒，此酒胥对淋水饮之。随上盘盏多道，皆脔切鱼肉，层层迭磊，上贴鲜细花草，列于一旁。又鱼肉六品齐上。食少许，又珍品数道，各种小食。末上各种蜜饯……宴有优伶女妆演戏侑酒，舞裙歌扇，盛极一时。"②

家宴从一个侧面，反映出索额图的情趣和物质追求。康熙帝对此了然于心，不予深究。曾亲书"节制谨度"榜额赐给索额图，以做戒饬，③ 但总的来说采取了宽容态度。索额图喜欢收藏古玩，具有一定鉴赏力。凡见到汉、唐以来鼎镬盘盂，"立辨真赝，无敢欺者"④。康熙帝投其所好，多次赏赐珍玩玉器等物。因为他真正关注的，还是索额图在宫廷内部利益集团博弈中的立场与表现。

二 权力关系中的索额图

康熙帝全权决定对索额图的褒贬。可是，何时使用这一权力，相当程度上受到索额图与皇太子允礽关系、索额图与重臣明珠关系的影响。

明珠的年龄比索额图稍长，也是 17 世纪涌现出的满洲精英人物之一。清廷平定三藩之乱期间，索额图和明珠同为康熙帝的主要助手，展现出过人才智。两人的不同特点也很鲜明。索额图偏武有将才，活跃外向，长于雄辩，为人倨傲。明珠偏文善思，警敏决断，口才出众而待人谦和，较有

---

① 《康熙三十二年俄罗斯商人义迭思〈聘盟日记〉》，《历史档案》2004 年第 4 期。
② 同上。
③ 《清史稿》卷 269，第 33 册，第 9990 页。
④ 昭梿：《啸亭杂录》卷 10，第 325 页。

心胸。① 明珠同样善于敛财，居所之富丽不下于索额图。但他不事张扬，从未由于贪侈，遭到康熙帝指责。

两位才力相埒之人共事赞襄，他们之间却互相倾轧，互植私党。康熙帝利用这一矛盾，使索额图和明珠互为牵制，以削其势，加强皇权。

索额图、明珠角逐权力，暗中争斗，对朝政风气产生了恶劣影响。康熙十八年（1679）七月，京城地震。左都御史魏象枢入内面奏，"言此非常之变，惟重处索额图、明珠，可以弭此灾矣"。康熙帝却不以为然："此皆朕身之过，与伊等何预。朕断不以己之过，移之他人也。"② 实因清廷举兵平叛，正值用人之际。故面斥满汉众臣全无为国报效之心，朋比徇私者甚多，以示警告。③ 经过反复权衡，一年后康熙帝在两位能臣中做出取舍。十九年八月，索额图以疾请解大学士任，得旨于内大臣处上朝。后康熙帝透露，索额图乃因贪恶革退大学士。④ 时平藩战争已近尾声。明珠任大学士历三载，才力愈显，备受倚重。

二十二年三月，康熙帝又以索额图未能管束其弟心裕、法保为由，命革去议政大臣、太子太傅、内大臣等职。谕称："朕以其骄纵，时加戒饬，并不悛改，在朝诸大臣，无不惧之者。"⑤ 其实君臣心照不宣的是：众人无不惧怕者并非索额图，而是索额图背后的十岁皇太子允礽。

二十三年冬康熙帝南巡河工时，与河道总督靳辅在治河方略上产生分歧。明珠主持九卿会议，支持靳辅，阻碍康熙帝意旨实施，君臣关系渐生裂痕。所以，二十五年八月，索额图重被起用，任领侍卫内大臣。也在这一时期，出使清廷的朝鲜使臣返国后称："太子年十三，刚愎喜杀人。皆谓必亡其国矣。"⑥ 不过，皇太子允礽毕竟尚未成年。康熙帝再次任用索额图，乃因清廷与俄国议界迫在眉睫，同时也是为了抑制明珠权势，维持权力平衡。

二十七年明珠被罢黜大学士，改任内大臣，自是权势削减。而索额图在与俄使交涉并签订《中俄尼布楚条约》中表现出色，其后十年中（康熙

---

① 李光地：《榕村续语录》卷14，中华书局1995年版，下册，第746页。
② 《清圣祖实录》卷224，康熙四十五年三月丙寅；卷163，康熙三十三年闰五月癸酉。
③ 中国第一历史档案馆整理：《康熙起居注》，第1册，第420—423页。
④ 《清圣祖实录》卷212，康熙四十二年五月癸亥。
⑤ 《清圣祖实录》卷108，康熙二十二年三月庚戌。
⑥ 吴晗辑：《朝鲜李朝实录中的中国史料》，第10册，第4095页。

二十八年至三十八年），继续得到康熙帝信任。这也正是康熙帝对皇太子允礽加意培养，寄予厚望之时。

这一时期，不少事例反映出康熙帝与索额图、明珠之间既是君臣，又是主奴的亲密关系。

例如，康熙三十一年（1692），清廷从八旗女子中挑选秀女，备充后宫主位。是年冬，索额图与明珠分赴江南、浙江、陕西、湖广、四川等地，从三品以上、一品以下满洲官员亲生女中选择进用。① 索额图是去陕西、湖广、四川一路。②

又如三十二年，因康熙帝染患疟疾，朝廷四位重臣负责收集、验看各种民间疗方。四人以索额图为首，明珠在其内。他们亲自试用传教士所献金鸡纳（奎宁）后，由索额图向康熙帝报告。康熙帝继之服用，很快痊愈。③

再如三十七年前后，索额图在位于畅春园近旁的居所病倒，病势危重。康熙帝得知，亲自前往索额图住处探视，"并赐给他所有的御药"。不久，索额图康复。④ 康熙帝的迷信思想很重。曾经屡次告诫皇子："诸凡宜忌之处，必当忌之，凡秽恶之处，未得身临。"⑤ 凡皇子奏报大臣患病等事由，康熙帝严禁皇子在奏折上署名，以避病邪。⑥ 五十五年秋，在一废太子中得罪康熙帝的皇八子允禩，卧病于畅春园近地。康熙帝厌恶允禩，不仅拒绝允禩求见之请，为了避免往来途中经过允禩住所，特示意允祉等皇子，将允禩迁移。⑦ 康熙帝对患病亲子如此绝情，却主动探望病中的索额图，此为何等殊遇。这也说明，直至此时，康熙帝依然对索额图示以优宠。

---

① 姚廷遴：《历年记》，上海市文物保管委员会编，1962年，第121页。
② 《清圣祖实录》卷157，康熙三十一年十二月辛丑。
③ ［法］杜赫德编：《耶稣会士中国书简集·中国回忆录》第1卷，郑德弟、吕一民、沈坚译，大象出版社2001年版，第288—290页。另参见方豪《中国天主教史人物传》中册，第266、279页。
④ ［法］杜赫德编：《耶稣会士中国书简集·中国回忆录》第1卷，郑德弟、吕一民、沈坚译，第296页。
⑤ 《圣祖仁皇帝庭训格言》，光绪十六年（1890）泾阳柏氏经正堂刊本，第52页。
⑥ 中国第一历史档案馆藏满文朱批奏折2件，胤祉、胤禛奏，康熙四十五年八月二十七日、康熙四十六年九月二十七日。
⑦ 中国第一历史档案馆藏满文朱批奏折，胤祉等奏，无日期。

三 索额图获罪原委

1. 皇太子势力增长与康熙帝的防范

康熙三十五年（1696）、三十六年康熙帝三次亲征噶尔丹期间，皇太子允礽留守京城，听理各部院事务。经过总计十个月的实践锻炼，允礽的理政能力得到培养提升，在朝内外的声望进一步凸显。这使人们产生一种错觉：允礽接班为时不远。于是，众臣中不乏对皇太子竭力取悦者，甚至连康熙帝身边一些人，也转而攀附皇太子。康熙帝对此极其敏感，视为大忌。早在三十三年春，就将违制奏请，以皇太子拜褥设置槛内的礼部官员革职。① 康熙帝期望通过惩治趋炎附势者，达到以儆效尤之目的。

三十七年，部分年长皇子分别得封郡王、贝勒爵位。② 康熙帝推行嫡长子皇位继承制的同时，沿用满洲旧制，重用庶出皇子。后一做法也有牵制皇太子允礽之意，但在客观上增加了皇太子与众兄弟之间的矛盾。这些皇子在政治舞台上施展才能，权势日重，而允礽感到威胁迫近，储位不稳。他与众兄弟之间的利益冲突加重，又对乃父分封庶子的做法敢怒不敢言。允礽很清楚，唯有生母家亲属与自己利益一致，休戚与共。所以，他对富有谋略的索额图更为接近，倚为心腹。这与盼望侄外孙允礽早继大位的索额图一拍即合。

由于在宫中受到诸多限制，一同扈从康熙帝离京外出，成为索额图与允礽密切接触的难得机会。所以，索额图每次获咎，都在扈从返京后不久。

四十年（1701）仲夏，康熙帝巡视塞外，允礽、索额图等随行。在此期间，索额图的家仆告发其主，③ 康熙帝按而未发。九月二十一日，"圣驾"回宫。二十四日，索额图遵照旨意，以老乞休，得到允准。因为失去领侍卫内大臣一职，索额图内心不满，怨气尤多。不久，舒尔哈齐曾孙根度因谄媚索额图被执，拘禁于宗人府内。④ 在康熙帝看来，这时索额图的主要问题，是受到众人趋奉吹捧，虽然去职，权势未减。故先惩处一二献媚者，以促索额图警觉收敛。然而索额图视未来嗣帝允礽为靠山，利欲熏

---

① 《清圣祖实录》卷163，康熙三十三年二月丁未。
② 《清圣祖实录》卷187，康熙三十七年三月丁丑。
③ 《清圣祖实录》卷212，康熙四十二年五月癸亥。
④ 中国第一历史档案馆藏满文朱批奏折，胤祉、胤禛奏，康熙四十二年七月二十一日。

心，少有顾忌。康熙帝的警示未能奏效。

四十一年九月底，康熙帝南巡，皇太子允礽等扈从。十月初四日抵德州，次日允礽有恙。康熙帝当即决定，暂停前行，命索额图从京城赶来奉侍。不久，皇太子的病情好转。二十一日，康熙帝闻知皇太后违和，即行返棹，兼程回京。① 命皇太子留住德州，加意调摄。十一月二十一日，允礽病愈，遵旨回京。索额图、允礽祖孙在德州共处二十九天。在此期间，索额图得意忘形，终于授人以柄。据同留德州的领侍卫内大臣公福善首告，索额图违制乘马至皇太子居所中门方下。康熙帝得知此情，大为恼怒，依旧按而未发。

2. 拘捕索额图

四十二年三月十五日，康熙帝结束南巡，携皇太子允礽等抵京。四月初六日、十五日和五月初八日，康熙帝相继三次前往裕亲王府邸，探望正在病中的福全。

此时福全已过知天命之年，愈加恬淡，远畏权势。这种处世风格深得康熙帝赞许。命画工作画一幅，与福全并坐桐荫下，名曰《桐老图》，取同老之意，② 以示笃爱。然而福全并非不关心世事。据时人称，"裕亲王病时，曾以广善库为因，力荐（八阿哥）允禩有才有德"③，说八阿哥"心性好，不务矜夸"④。福全一向谨慎，少有建言。他自知来日无多，却在康熙帝面前夸赞皇八子允禩，这种反常做法意味深长。他向康熙帝所谈内容，很可能不止于此。时任山西巡抚噶礼是福全表弟。福全去世后，康熙帝责怪噶礼并未站在他与福全一边，而是偏向索额图（见下文）。由此推论，康熙帝知道福全对索额图也有看法。

五月十五日，康熙帝由畅春园回宫。听政毕，再赴福全府邸探望，其后复返畅春园。索额图依然随往。隔日，康熙帝赋《麦秋盈野志喜》诗并有序。内称："岁次癸未，夏至。有事于方泽，斋戒。自畅春园进宫，见麦气盈秋，田园茂胜，雨旸得时，稼穑有望……草木花果，罔不丰荣，人

---

① 李清植纂辑：《文贞公年谱》卷下，康熙四十一年十月条，道光刊本。按，李光地时任直隶巡抚。
② 《圣祖御制文二集》卷50，《咏桐老图赐裕亲王》。
③ 故宫博物院文献馆编：《文献丛编》，1930年印行，第1辑，《允禩允禟案·雍正四年·秦道然等口供》。
④ 《清圣祖实录》卷235，康熙四十八年十一月戊子。

心谷价，罔不和平。故志喜而为咏。"① 直至此时，康熙帝仍在为世间人物两谐，风调雨顺感到欣喜。索额图案尚无发露迹象。

约稍后，索额图在畅春园附近住所内大宴宾客，邀约原领侍卫内大臣阿密达，重罪流徙、年老回京的温侍和额库礼等人相聚。席间，来宾竭尽谄媚，主人口出狂言。开怀畅饮后，宾主借助酒兴，大发牢骚，排解胸中怨尤。此即"结党议论国事"。索额图的家仆有所耳闻，急于邀功，当即告发。② 五月十九日，索额图在畅春园内突然被逮捕。与此同时，他的主要家人也被幽禁于家中。康熙帝特派镇国公普奇（又作普琦）和辅国公宗人府右宗人齐克塔哈，将索额图由畅春园押至宗人府。又特别叮嘱，将索额图与曾经讨好他的宗室根度关在一处。抵达后，索额图除脖颈、双手已缚锁链外，双足也被加上锁链。

在众多亲信大臣中，康熙帝选中普奇、齐克塔哈二人押解索额图，具有深意。

普奇是努尔哈赤长子褚英五世孙，褚英长子安平贝勒杜度的曾孙。③ 齐克塔哈则是努尔哈赤弟舒尔哈齐四世孙，天命年间四大贝勒之一阿敏之孙。④ 康熙帝一废太子后，部分年长皇子希冀获得储位，暗中角逐。褚英的后裔和舒尔哈齐的后裔中，有不少人对皇太子允礽无好感，拥护皇八子允禩。这其中自有历史原因。⑤ 普奇本人曾被皇太子允礽殴打。⑥ 故一废太子前，普奇告知相面人张明德："皇太子甚恶。"⑦

齐克塔哈的祖父贝子固尔玛浑逝于康熙二十年（1681）。齐克塔哈的庶祖母继夫人纳喇氏与索额图关系较好，称索额图为叔，依为靠山。⑧ 康熙帝稔知此情，却未由此减少对齐克塔哈的信任。因为在康熙帝看来，从对皇太子及索额图持有不同立场的宗室派系中，择员押送索额图，可使其相互制约，确保无徇庇之嫌。时宗人府宗令空缺，普奇、齐克哈塔完成押解索额图的任务后，仍在拘禁索额图过程中负有重要责任。这一年，他俩

---

① 《圣祖御制文三集》卷47，《麦秋盈野志喜（有序）》。
② 《清圣祖实录》卷212，康熙四十二年五月壬戌。
③ 《爱新觉罗宗谱》，丁册"玉牒之末"第6页。
④ 《爱新觉罗宗谱》丁册，第7369—7370页。
⑤ 有关情况参见杨珍《清朝皇位继承制度》，第301—305页。
⑥ 《清圣祖实录》卷234，康熙四十七年九月丁丑。
⑦ 《清圣祖实录》卷235，康熙四十七年十月甲辰。
⑧ 中国第一历史档案馆藏满文朱批奏折，托合齐奏，正月初八日。此件档案无年份。

同为三十三岁，正是血气方刚时。

四 索额图罪案辨析

1. 索额图罪名三变

根据满、汉文史料，清廷在不同时期对索额图的罪名有不同说法。依次出现的罪名分别是：议论国事、潜谋大事、窃权交结。

（1）索额图被执时的罪名：议论国事、威吓众人

《清圣祖实录》所载索额图被执时的数则谕旨显示，① 他的获罪缘由，主要是"施威吓人、议论国事"②。谕旨内有"朕若不发，尔必先之"一语，③ 容易让人揣测联想。联系上下文看，这是对索额图"施威众人"，致使"举国俱不得安"所出怒言，不能据此认为康熙帝暗指索额图助允礽"潜谋大事"。

据满文档案，康熙四十二年七月二十一日，留守京城的皇三子允祉、皇八子允禩奉密旨，当夜赶赴宗人府，秘密审问索额图。两皇子对索额图的问话如下：

(songgotu i baru henduhengge) ejen simbe encehengge niyalma tome sinde haldabšarkūngge akū seme simbe jafaha kai jafacibe niyalma kemuni sinde gelerengge ai turgun.

译文：主子说你大有能耐，没有不巴结你的人，所以将你捆拿了。虽然被执，人们还是怕你，这是何故？

索额图跪着向两皇子哭诉："奴才还有何话可说，凭奴才的罪过，即使主子父亲杀了我，也不过分。只是奴才如今老了，但求主子父亲可怜奴才，饶奴才一命。"

根度也跪在地上向两皇子哀求："奴才被猴崽子索额图牵连，已圈禁一年多了。……只求主子父亲可怜我的七十多岁老母，饶奴才一命。"

允祉、允禩听罢，厉声呵斥道："索额图，你是大有能耐的人，到了这般地步，还有人想合谋救你。根度，你是主子的宗室，反去奉承索额图，所以落得这个下场。如今索额图岂能放你出去？你们这些该死不要脸

---

① 《清圣祖实录》卷212，康熙四十二年五月乙丑、壬戌、癸亥。
② 《清圣祖实录》卷212，康熙四十二年五月乙丑。
③ 《清圣祖实录》卷212，康熙四十二年五月癸亥。

的所说脏话,我们断不奏闻。"①

两皇子在审问中未提"议论国事"罪名。他们透露的执捕索额图之由,与康熙帝谕旨一致:能量甚大,众所趋奉,举国皆惧之。

人人逢迎索额图自是事实。②但康熙帝更为担心的,是被视为索额图靠山的皇太子允礽。如果索额图与允礽结为同盟,互为倚重,必对皇权造成巨大威胁。康熙帝清除索额图,是向世人表明,即使是皇太子的戚属亲信,依然在他掌控之中,他可以决定所有人的荣辱生死。

关于有人拟合谋救出索额图一说,是康熙帝在塞外听闻,不够确切。允祉、允禩密行审讯索额图及相关人员后,于此并未得到证实,也就不了了之。

康熙四十二年(1703)隆冬,索额图因冻饿交加,死于禁所。康熙帝没有明确下令这样做。但是,普奇等人将索额图迫害致死,显然是得到康熙帝的默许。③

(2)康熙帝废黜皇太子时索额图的罪名:助皇太子"潜谋大事"

四十七年九月初,康熙帝率允礽等由塞外返京途中,随行皇子之一、八岁允祄发病危重。康熙帝不满于允礽对病中的幼弟冷漠无情,允礽则对康熙帝的指责极为反感。因父子之间早有猜忌,双方关系骤然恶化。扈从康熙帝的皇长子允禔,素与允礽有隙,这时以为有机可乘,遂对允礽竭力倾陷。康熙帝听信允禔的诬告,以为允礽要谋害自己。九月初四日,允祄病逝当天,康熙帝向众臣垂泪宣布,废黜允礽。是为一废太子。④

认为允礽欲加害于己,是康熙帝决意废黜皇太子的主要原因。所以,他在宣布废黜决定时说:"更可异者,伊每夜逼近布城,裂缝向内窃视。从前索额图助伊潜谋大事,朕悉知其情,将索额图处死。今允礽欲为索额图复仇,结成党羽,令朕未卜今日被鸩,明日遇害,昼夜戒慎不宁。"⑤康

---

① 中国第一历史档案馆藏满文朱批奏折,胤祉、胤禩奏,康熙四十二年七月二十一日。
② 宗室苏努、大学士佛伦、大臣满丕等均因谄奉索额图,被康熙帝点名斥责。参见《清圣祖实录》卷127,康熙二十五年十月壬申;卷221,康熙四十四年七月丙戌;中国第一历史档案馆整理:《康熙起居注》,第3册,第2199页。
③ 中国第一历史档案馆藏满文朱批奏折,托合齐奏,正月初八日。此件档案无年份。
④ 杨珍:《历程 制度 人——清朝皇权略探》第三章第二部分"情感因素与帝王决策:康熙帝废立太子再析"。
⑤ 《清圣祖实录》卷234,康熙四十七年九月丁丑;另参见《清圣祖实录》卷234,康熙四十七年九月丁酉。

熙帝被极度愤怒、失望的情绪所控制，几乎失去理智。他由允礽迁怒于死去五年的索额图。将允礽的表现与索额图相联系，于是称索额图助皇太子"潜谋大事"。

仅仅过了数日，康熙帝冷静下来，觉察到所谓允礽对他欲行加害，是允禔捕风捉影之言，不足为信。他对废黜之举出现悔意。于是，以允礽因"鬼物"凭附，狂易成疾为由，为允礽开脱。① 两个月后，康熙帝又对众臣直言：允禔"所播扬诸事，其中多属虚诬"②。

康熙四十八年（1709）三月，允礽被复立为皇太子。五十一年十月，再次被废黜。是为二废太子。雍正二年（1724），废太子允礽死于景山禁所。

自一废太子为始，康熙帝便将索额图视为诱导允礽恣意"悖乱"之罪魁。③ 可是，关于索额图助允礽"潜谋大事"一说，康熙帝直至去世，再未提及。

（3）康熙以降索额图罪名的变化

从目前掌握的史料看，康熙以降，清帝之中只有乾隆帝数次谈到索额图的"罪愆"。乾隆帝将索额图与康雍两朝之明珠、徐乾学、噶礼、隆科多、年羹尧等视为一类，认为他们"窃权交结"④。又说：明珠、索额图等"皆非敢觊法干纪，如往代之比。不过私心未化，彼此各持门户之见"⑤。"迹其行事，或则恃才自恣，或则倚附结纳，交通声气。虽学问或有可称，而品谊殊无足取。"⑥

乾隆帝处处效法乃祖康熙帝，稔知康熙朝重大史事。他的相关谕旨中，多次提到索额图"身罹愆尤"，从未言及索额图助皇太子"潜谋大事"。如果确有此情，乾隆帝无须隐瞒回避。

乾隆帝的上述态度，成为清官修索额图传记中对相关史事的取舍标准。例如，依据清国史馆《大臣列传》修订，刊刻于乾、嘉之际的《满洲名臣传》⑦ 卷十九《索额图列传》，没有收入康熙四十七年九月初四日废

---

① 《清圣祖实录》卷234，康熙四十七年九月庚寅、辛卯、丁酉。
② 《清圣祖实录》卷235，康熙四十七年十一月戊子。
③ 《清圣祖实录》卷235，康熙四十七年十一月庚辰；卷248，康熙五十年十月壬午；卷253，康熙五十二年二月庚戌；中国第一历史档案馆整理：《康熙起居注》，第3册，第2485页。
④ 《清高宗实录》卷1370，乾隆五十六年正月甲申。
⑤ 《清高宗实录》卷576，乾隆二十三年十二月癸丑。
⑥ 《清高宗实录》卷739，乾隆三十年六月丁卯。
⑦ 参见王锺翰《清史列传·点校序言》，第1册，第5页。

黜皇太子的谕旨。稍后成书的《清史列传》卷八《索额图》，对《满洲名臣传》卷十九《索额图列传》全文抄录。唯 1927 年完稿的《清史稿》卷二百六十九《索额图》内称："皇太子以狂疾废，上宣谕罪状，谓'索额图助允礽潜谋大事'。"时清朝已亡。修撰者既未考察这一史事，取舍史料时也具有较大自主性，不必继续与乾隆帝口径一致。

2. 索额图助皇太子"潜谋大事"说并无实据

第一，现存满文档案特别是两皇子密审索额图后给康熙帝的密折中，对所谓索额图助允礽"潜谋大事"只字未提。《清圣祖实录》等官修史籍内，未见索额图助允礽"潜谋大事"具体行为的记载。

第二，索额图助允礽"潜谋大事"乃特大重案，理应举朝严防，全力排查。康熙帝的相应做法却非如此。

例如，宗人府内原无专门用来拘禁犯人的房屋。故索额图与根度一起被关押在宗人府皂隶田二家中。索额图被执不久，康熙帝让案主的三位家仆来到拘禁处服侍主人（后仅留一人）。因拘禁地狭小，家仆及看守官兵只得在隔壁房间过夜。平日，宗人府来往人员繁杂。据说有人曾潜入，为索额图"馈饮食"[①]。康熙帝也听闻，住在宗人府内的兵部皂隶简奎五，曾给索额图通风报信。

助皇太子"潜谋大事"即属万恶不赦，康熙帝岂会又生恻隐之心，派索额图家人前去拘禁处侍奉，且于拘禁初期较为疏松，以致出现各种传闻。这完全不像对待图谋篡权之要犯。

又如，索额图于五月十九日被执，六天后即当月二十五日，康熙帝携皇太子允礽出巡塞外。由此可以反证，本无"潜谋大事"之情，故案发后，康熙帝无须倾注很大精力，处理相关善后事宜。于是，仍照以往，指定皇三子允祉、皇八子允禩留守京城，他本人照原定计划，离京远行。

第三，索额图缺乏助皇太子"潜谋大事"的得力党羽。

索额图被执时，康熙帝点名的索额图党羽中，只有被斥之为"如索额图之子"的正红旗蒙古都统翁俄里与镶蓝旗满洲副都统佟宝担任实职。[②]翁俄里，原任一等侍卫，四十二年四月由镶红旗满洲副都统升为正红旗蒙古都统，后任此职达七年之久。佟宝，疑即康熙三十五年六月被革职的宁

---

① 昭梿：《啸亭杂录》卷 10，第 321 页。
② 《清圣祖实录》卷 212，康熙四十二年五月乙丑。

古塔将军佟宝。四十一年七月始任镶蓝旗满洲副都统,直到四十三年。索额图案并没有影响翁俄里、佟宝的仕途,可见他们与案主的关系并非真正密切,可能只是讨好奉承而已。除去此二人,被点名的还有原任领侍卫内大臣阿米达,四十年革职的原黑龙江将军萨布素,获罪流徙充发、因年迈回京的额库礼、温待、麻尔图、邵甘等人。索额图与他们"议论国事"时,可能讲过等待良机(按,指皇太子即大位),必予起用之类的话语。所以,康熙帝拘捕索额图时说:"举国俱系受朕深恩之人,若受恩者半,不受恩者半,即俱从尔矣。"① 然而上述这些人大都老弱病残,既无实力,又无实权,何能成其大事?

第四,索额图既欲助皇太子"潜谋大事",皇太子允礽乃"大事"之主角。如果确有此事,即使没有成功,康熙帝也不可能继续让允礽做储君。然而在此之后,康熙帝羡慕宋孝宗孝养高宗故事,尝语允礽:将来"以政事付汝,朕当择居水土佳处,时闻汝之令名,以获优游养性"②。

可见,索额图助皇太子"潜谋大事"是莫须有的罪名。康熙以降,清廷对这一说法已给予间接否认。

3. 索额图案是宫廷权力斗争的产物

康熙四十年后,噶尔丹对喀尔喀蒙古的威胁已被削除,清廷暂无重大战事,国内环境相对安定。清朝经济恢复加快,治河工程显有成效。这种形势下,康熙帝对王朝的巩固怀有更高期待。一旦发现有碍权力集中的迹象,甚至只是蛛丝马迹,绝不放过。于是,索额图与皇太子允礽的交结以及索额图的不谨言行,被康熙帝视为与皇权相抗衡的表现,遂兴索额图案。其后,又因废黜允礽而加罪于索额图,给索额图冠以助皇太子"潜谋大事"罪名。

索额图为清朝统治做出过重要贡献,然而在皇帝与储君的权力关系中,他被双方分别加以利用。皇太子允礽希冀通过索额图,加强自己的力量,以有助于从储君到皇帝的角色转变。康熙帝则通过打击索额图,以期警告、约束皇太子。在皇权日益集中和巩固的政治势态下,皇太子受制于皇帝,索额图则必然成为皇帝与储君斗争的牺牲品。索额图本人对获取权力和财富的强烈欲望以及狂妄自大的性格作风,在其可悲下场中也起有一

---

① 《清圣祖实录》卷212,康熙四十二年五月癸亥。
② 《清圣祖实录》卷235,康熙四十七年十月甲辰。

定作用，但不是主要因素。

索额图死于非命，皇太子允礽由此受到重挫。康熙帝本想借清除索额图之机，迫使皇太子与他同心同德，以保证皇位传承顺利实现。但结果与这一初衷相反。严惩索额图激化了康熙帝与允礽之间的矛盾，加剧了宫廷内部围绕皇位继承引发的权力斗争，两废太子势所难免。康熙帝所期盼数十载的嫡嗣继位终成泡影。

第二节　常泰事迹钩沉

索额图案中，有一位被历史幕布遮蔽数百年之人，即皇太子允礽的大舅常泰。康熙帝一废太子后，相关诏书或谕旨内凡指斥索额图，大都提及此人。

例如，康熙四十七年（1708）九月二十四日，废皇太子允礽，颁诏天下。诏曰："向因索额图、常泰交通设谋，朕洞悉其情，置索额图于死。"①

又如，四十七年十月初一日，谕诸皇子及文武众臣："如索额图、长泰等子侄及迎合索额图之人，今虽锁拏，朕心犹有酌量，不即行杀戮，而允禩将人辄行责处，可乎？"②

再如，五十七年正月二十一日，为大学士、九卿等请立皇太子一事，面谕内称："前立二阿哥之时，一切礼仪皆索额图所定，总未详察，服用仪仗等太为过制，与朕所用相等，致二阿哥习坏皆索额图教之也。自二阿哥近侍之人，以至内监，言及索额图、常泰，欲食其肉。"③

常泰何许人？当朝外戚也。清史无常泰传。④ 我们根据目前发掘的少量史料，试对常泰做初步考察。

一　积极备战　脱颖而出

常泰（亦作长泰、昌泰），赫舍里氏，满洲正黄旗人。约生于康熙初年。康熙朝辅政大臣索尼长孙。父噶布喇，康熙元年（1662）任领侍卫内大臣。十三年五月，常泰姐、二十二岁的孝诚皇后因难产去世。十二月，"特赐殊恩"，封噶布喇一等公，世袭罔替。二十年九月，噶布喇卒于任。赐谥"恪僖"。

---

① 《清圣祖实录》卷234，康熙四十七年九月丁酉。
② 《清圣祖实录》卷235，康熙四十七年十月癸卯。
③ 中国第一历史档案馆整理：《康熙起居注》，第3册，第2485页。
④ 《八旗满洲氏族通谱》述及常泰事迹，总计不足50字。参见该书卷9，第147页。

常泰父噶布喇在清史中有传而无行事。御制碑文称噶布喇"世承恩泽，质秉恭勤"，"荣膺外戚，爵列上公"①，应是恰如其分的评价。

二十一年正月，噶布喇长子常泰袭封一等公。次子常海（一作长海），曾任佐领。

二十九年八月乌兰布通之战后，康熙帝总结经验教训，准备再次与噶尔丹交锋。大力加强火器营建置，是清廷为提高八旗战斗力采取的一个主要措施。

九月初六日谕议政大臣等："军中火器，甚属紧要。应令八旗满兵每佐领选护军二名、骁骑三名，演习鸟枪。"②

九月初十日谕大学士等：自古兵法，无不预加训练。"令八旗兵丁春秋二季集于旷阔之地，布阵鸣筝，教演步伐。"③

康熙帝认为，"噶尔丹虽立盟而去，其人狡诈，不可深信"④。果然，噶尔丹从乌兰布通逃逸中，劫掠克什克腾旗三佐领，掠夺牲畜两万余。三十年春，再次率兵马来劫喀尔喀。⑤ 噶尔丹的这一新动向，促使康熙帝加紧备战，秣马厉兵。

八旗汉军火器营设立于康熙二十二年（1683），⑥ 由国舅佟国纲统领。三十年，另抽调八旗满洲、八旗蒙古组建火器营。⑦ 由于对乌兰布通之战出征将帅的表现很不满意，此次备战，康熙帝积极物色和培养新的军事人才。他的妻弟常泰就在这时被起用。

三十一年九月二十六日，清廷大阅兵于玉泉山。阅毕，康熙帝谕管侍卫内大臣苏尔达等："今观八旗官兵排列，放大炮鸟枪，进退之时，队伍整齐娴熟，朕心甚悦。"⑧ 翌日，康熙帝登上玉泉山巅。八旗官兵照前排列，放炮火、鸟枪，以次进退毕。总管鸟枪骑兵内大臣公常泰等奏曰："臣等所练习鸟枪兵，请近御前试放。"康熙帝问："尔等所练习者几种？"常泰答："有马上放一枪又射一箭者；有趋进时放枪不绝者；有连环旋转

---

① 《八旗通志初集》卷147，第6册，第3786页。
② 《清圣祖实录》卷148，康熙二十九年九月癸巳。
③ 《平定朔漠方略》卷8，《四库全书》第354册，第583页。
④ 同上。
⑤ 《清圣祖实录》卷150，康熙三十年二月丁卯。
⑥ 《清圣祖实录》卷109，康熙二十二年五月丙午、己未。
⑦ 光绪《清会典事例》卷1166，第12册，第620页。
⑧ 《清圣祖实录》卷156，康熙三十一年九月壬申。

放枪者；有跪而放枪者；有仰卧而放枪者。"康熙帝选令"趋进时放枪不绝"与"连环旋转放枪"二种试放。又命八旗鸟枪骑兵，亦照此二种试放。阅毕，康熙帝遣亲随侍卫关保传谕常泰等："鸟枪试放娴熟，甚好。"事毕，以牛羊赐八旗官兵食。①

1697年（康熙三十六年）传教士白晋写给法王路易十四的秘密报告中，对八旗鸟枪骑兵受训后的新面貌也有描述。他写道：皇帝吸取乌兰布通之战时的教训，此后，"就命令他的骑兵，甚至侍卫中的精骑兵，练习在骑马跑动时，或者勒马站停时使用火器和弓箭"②。

原任教习鸟枪兵丁总管国舅佟国纲曾定立"连环木栅之法"。常泰在此基础上，增加了新内容，由他创立的鸟枪射击五式，具有攻击力强、灵活多变、适于实地操作等特点。这套射击法后为各省营伍鸟枪训练时参照遵循。③

常泰由此进一步得到康熙帝的信赖。三十一年九月二十九日，康熙帝结束阅兵回宫当天，"以内大臣公长泰掌銮仪卫事务"④。按，銮仪卫负责帝后出行仪仗。掌卫事内大臣一人，正一品，由宗室王公、满蒙大臣内特简；銮仪使满洲二人、汉军一人，正二品。国舅佟国维长子叶克书原任銮仪使，于当月上旬病故。三十二年，常泰升任掌卫事内大臣。

三十四年（1695），以正黄旗满洲佐领第三参领第一、第二、第三佐领之余丁，编立第四佐领，由常泰管理。

是年春，"正黄旗都统公常泰启奏：八旗每佐领添设满州炮手一名，于二月二十日在芦沟桥放演红夷大炮。十日奉旨去"⑤。

另据乾隆敕修《八旗满洲氏族通谱》，常泰曾任领侍卫内大臣。⑥

二 扈从亲征 倚为股肱

康熙帝三次亲征噶尔丹，常泰均随征。其中第一次、第二次随征，是

---

① 台北"故宫博物院"：《清代起居注册·康熙朝》，第3册，第1586—1588页；《清圣祖实录》卷156，康熙三十一年九月癸酉。
② ［法］白晋：《康熙帝传》，马绪祥译，载《清史资料》第1辑，第237页。
③ 参见毛宪民《清宫武备兵器研究》，文物出版社2013年版，第225页。
④ 《清圣祖实录》卷156，康熙三十一年九月乙亥。
⑤ 刘献廷：《广阳杂记》卷3，中华书局1957年版，第123页。按，据雍正敕修《八旗通志初集·八旗大臣年表》，常泰任"正黄旗都统"事无载。参见该书卷108，第4册，第2648页。
⑥ 《八旗满洲氏族通谱》卷9，第147页。另据《八旗通志初集·八旗大臣年表》，康熙三十五年（1696）常泰任内大臣。参见《八旗通志初集》卷114，第5册，第2889—2890页。

常泰短暂仕途中的亮点。

三十五年正月十二日,谕内大臣公常泰:"管鸟枪大臣太少,每旗应设一员。"遂指派领侍卫内大臣、都统等分管八旗。常泰管领正红旗。"此派出大臣,各照本旗旗色持纛前往。"①

二月十八日,指定大臣、皇子分领各旗。常泰所在正红旗大营内,命皇四子胤禛、公常泰、都统齐世等统领。

二月三十日,康熙帝首次亲征噶尔丹,率中路军起程。四月下旬,因大将军费扬古所率西路军迟至,令中路军诸臣会议进止之策。统领正红旗兵皇四子胤禛、公常泰等与多数从征将领看法一致,主张中路军暂行屯驻,等候费扬古军。②

康熙帝集思广益,并未坐等。他频行遣使噶尔丹,以作缓兵之计。五月初,中路军抵克鲁伦河。与准军日渐接近,双方哨兵声息可闻。初三日,康熙帝命常泰绘阵图,传示八旗。

特谕内大臣公常泰曰:"绿旗兵著列于鹿角中间;绿旗兵之次,将两翼八旗之汉军炮位、鸟枪排列;汉军火器之次,将八旗满兵马上所载之炮位分翼排列;鹿角后之头队兵,令各按旗分排,列鸟枪护军;次列护军;又次列鸟枪骁骑。凡八旗俱照此排列。二队兵著于头队后排列。傍队兵既无炮位,将汉军子母炮每旗给予两位。此炮位著满洲鸟枪手骁骑兼管。看护阵势,著分张排列。"令常泰与议政大臣等会议具奏。

常泰遵照上谕,绘图阵势式样进呈。奉旨:"这式样甚好。著议政大臣等同阅议奏。"经常泰同议政大臣会议,应即照此遵行。交予兵部,晓谕八旗,并行注册。报可。③

噶尔丹闻康熙帝亲至,仓皇西逃。五月中旬,因粮饷不济,康熙帝命领侍卫内大臣马思喀为大将军,率轻骑追击,中路军班师。又因路途水草稀少,八旗兵不便一同行进。康熙帝决定将中路军分为前后两队,隔日起行。康熙帝率前队先行,后队满汉兵"共留一大臣为将军"。议政大臣开列内大臣、都统、副都统等名衔入奏。得旨:"此番诸大臣内,公常泰行事甚善,著充将军。"④ 于是,常泰任将军,统领中路军后队踏上返程,并

---

① 《平定朔漠方略》卷19,《四库全书》第355册,第19页。
② 《清圣祖实录》卷172,康熙三十五年四月丁未、戊申。
③ 《平定朔漠方略》卷23,《四库全书》第355册,第114页。
④ 《平定朔漠方略》卷24,《四库全书》第355册,第140页。

由内阁学士嵩祝协理。又命常泰等接受西路军营奏章，开视后发送御营；"朕所降旨，亦著开视，檄知两大将军（按，费扬古、马思喀）。应行事宜，著酌量行之。"①

不久，得知西路军于昭莫多大败准噶尔军，噶尔丹率数十骑逃脱。常泰率后队将士遥望行宫，行庆贺礼。②归途中，他奉命赴中拖陵皇长子允禔处，协理赏兵事务。

六月初七日，康熙帝返抵京师。常泰遵旨先行回京。

三十五年九月十九日，康熙帝巡行北塞，是为二征噶尔丹。

行前，以发兵起程、驾发日期等事谕内大臣公常泰、户部尚书马齐，令议政大臣会议。③

常泰为领兵起行事，开列出征大臣职名入奏。得旨：左翼营内以领侍卫内大臣马思喀、都统公鄂伦岱、护军统领宗室塞棱格主之；右翼营内以内大臣公常泰、都统侯巴浑德、都统齐世等主之。其余大臣各随本翼，隶在营内。④

康熙帝此行抵达鄂尔多斯。经大力招抚，噶尔丹属下纷纷归附。十二月二十日康熙帝返京。

三十六年（1697）二月初六日，康熙帝行兵宁夏，是为三征噶尔丹。钦命从征大臣十六人内，常泰名列第六位。闰三月初四日，常泰在征途中奉派谕祭原陕西提督陈福。四月，噶尔丹病亡。五月十六日，康熙帝率军返京。

常泰三次随征，首征表现突出，大得康熙帝称赞，特命充任将军；二征受命统帅右翼；三征事迹未详。大约在第三次亲征前后，康熙帝对常泰的信任突然发生了变化。

三 蹉跌获罪 罢官除爵

目前，尚未发现关于常泰获罪时间与具体原因的记载。

私家著述《永宪录》云："索尼之嫡裔常泰与索额图同时，以辅旧东

---

① 《平定朔漠方略》卷24，《四库全书》第355册，第140页；《清圣祖实录》卷173，康熙三十五年五月戊辰。
② 《平定朔漠方略》卷24，《四库全书》第355册，第150—151页。
③ 《平定朔漠方略》卷29，《四库全书》第355册，第274页。
④ 《清圣祖实录》卷176，康熙三十五年九月戊辰。

宫擅权婪赃罪废。"① 该书作者萧奭（一说萧奭龄），康乾年间人，所用史料多取自邸抄、诏旨等。然而至迟三十六年十月，康熙帝第三次亲征结束不久，常泰所任銮仪卫掌卫事内大臣一职，已由一等公阿灵阿取代。② 这一情况较索额图乞休获准早四年，较索额图罹罪被执早六年。常泰"有罪爵黜"③ 并革退佐领，可能正是在此时期。自是至四十七年一废太子，历时十一载，外戚常泰在史籍记载中再无一见。

四十二年（1703）索额图被执不久，步军统领托合齐所上密折内，两次奏称常泰弟常海与索额图子格尔芬等交结，恣意妄行。④ 但对常泰只字未提。

冰冻三尺，非一日之寒。常泰第三次扈从亲征时，所受倚信已明显不如第一、二次随征。这其中必有缘故。

四十七年（1708）十月谕称："朕初次中路出师，留皇太子办理朝事，举朝皆称皇太子之善。及朕出师宁夏后，皇太子听信匪人之言，素行遂变，自此朕心眷爱稍衰，置数人于法。因而外人窃议皇太子不孝及所行不善者，遂自此始。"⑤ 所谓置数人于法，是指三十六年九月康熙帝率皇太子允礽由塞外返京途中，因膳房人花喇等擅自服侍皇太子，康熙帝命将花喇等三人处死。值得注意的是，常泰不再担任銮仪卫掌卫事内大臣恰在此时。他的获罪，或与"皇太子听信匪人之言，素行遂变"以及花喇等人的"悖乱"行为有内在联系。

常泰被革爵后，康熙帝没有让噶布喇的子孙继续承袭一等公爵位。直到雍正五年（1727），清廷方对这一做法加以纠正。是年八月雍正帝谕大学士等："皇祖妣皇妣外家，俱有世袭公爵。孝诚仁皇后外家之公爵，因常泰获罪，奉皇考谕旨革退。而彼时未令承袭者，皇考或有深意存焉。今可著常海之子伦布承袭。"⑥ 常泰所获何罪，雍正帝并未透露。

从我们仅知的常泰有关言行看，他是一个既谙于军事，又精于绘事，

---

① 萧奭：《永宪录》续编，第359页。
② 《八旗通志初集》卷114，第5册，第2890页。
③ 《清史稿》卷167，第18册，第5311页。
④ 中国第一历史档案馆藏满文朱批奏折2件，托合齐奏，四月初三日、十二月初五日。两件档案均无年份。
⑤ 《清圣祖实录》卷235，康熙四十七年十一月戊子。
⑥ 《清世宗实录》卷60，雍正五年八月癸卯。

办事稳妥，善于讨皇帝欢心之人。康熙帝备战噶尔丹以及数次亲征中，常泰充分展示出他的聪明才智。可是，由于卷入了康熙帝与皇太子之间的矛盾，这位有出众才华的外戚重臣，只是康熙朝政治舞台上的昙花一现。

索额图和常泰均属皇太子允礽母家近亲。与叔姥爷索额图比，大舅常泰与允礽的血缘关系更近。允礽出生即失生母；年8岁，外祖父噶布喇离世。大舅常泰成为噶布喇一支辈分最高的男性。康熙帝对皇太子与其母家的关系分外敏感，前已述及。事实是，康熙帝尽可倚重常泰，使其发挥所长，可是，不愿皇太子过于亲近常泰，更不允许常泰背着他巴结皇太子外甥。在康熙帝看来，皇太子如果这样做，便是培植个人势力，疏远他并削弱了他的绝对权威。康熙帝重视亲情，但必须是在无碍于皇权集中与巩固的前提下。

一废太子前，康熙帝对常泰的不满和惩处没有公开。这既是顾及孝诚皇后母家声名，更是为了维护皇太子允礽的威信。

与惩治索额图一样，康熙帝惩处常泰，是期望以此震慑太子，削其势力，迫其从己。然而同样适得其反。由于亲舅受惩，允礽受到重大打击。在他内心深处，开始与康熙帝产生隔膜。

康熙帝将皇太子允礽的"习恶"以及两废太子，一并归结于索额图、常泰叔侄的教唆。一废太子前，常泰已获罪黜爵。皇太子与他纵有甥舅之亲，然而他又能起多大作用，导致十年后康熙帝两废太子？

常泰卒年未详，大约在康熙四十七年一废太子事发生前。康熙帝对常泰子嗣的防范惩罚，没有因常泰离世而终止。常泰生前将其子干太交与噶礼抚养。常泰死去十余年后，噶礼抚养干太一事发露。于是，噶礼被赐死，干太鞫审流放。

第三节　噶礼获罪新解

一　噶礼事迹、传说与相关研究

1. 噶礼其人

噶礼，董鄂氏，满洲正红旗人，清开国元老何和礼四世孙。约生于康熙初年。康熙中期后，噶礼受到赏识，连获擢升。其子干都，任笔帖式。

康熙三十五年五月初，康熙帝一征噶尔丹途中抵克鲁伦河。由于粮车在沙漠中行进艰难，未能及时跟进，清军粮饷告罄。康熙帝急催负责运粮的左都御史于成龙，令多方设法，作速运至。① 正当康熙帝翘首以待时，吏部郎中噶礼所辖车二百辆、米一千石第一到达。米粮之忧立解，清军士气大增。经面询答问，康熙帝对身材健壮的噶礼印象良好，认为他殊有劳绩，人亦堪用。② 当即召随征裕亲王福全等前来御营。噶礼和福全这对表兄弟得以在大漠晤面。

出身荫生的噶礼自此腾达。第二年，四迁为内阁学士。康熙三十八年（1699）出任山西巡抚。任上敏练敢为，但言行不谨，处处构怨。数次被人疏劾"贪婪无厌，虐吏害民"③。经奉旨回奏，免议处。四十八年四月，噶礼内迁户部侍郎。奉命督办热河工程，捐助数万银两。并在奏折中称康熙帝"ejen ama"（主子父亲）。④ 七月，擢两江总督。时，江南钱粮亏空严重。各级地方官勒索摊派，百姓怨声载道。噶礼赴任，力图纠补。上疏参罢多位省、府大员，故树敌颇多，尤与江苏巡抚理学名臣张伯行不和。

五十年秋，江南科场舞弊案发。噶礼、张伯行互相揭参。五十一年二月，督抚并解任。康熙帝先后两次派大臣审理。十月，令张伯行仍留原任，噶礼革职。五十三年四月，噶礼母叩阍。噶礼遂因身为大臣，任意贪婪，谋杀亲母，不忠不孝等罪，赐自尽。⑤

2. 关于噶礼的民间传说

物转星移数百年，关于噶礼的两则传说流传至今。它们从一个侧面，反映出清朝统治者对噶礼的看法。

其一，北京宣武门大街有嘎哩胡同，亦称噶礼儿胡同。这里曾是噶礼宅所在地。据说噶礼极好色。任两江总督时，违反朝廷有关规定，迎娶一位江南民女，又因害怕朝廷怪罪，辞官回京居住。这位民女思念父母，每当午夜独处高楼时，总是呜咽不止。御史巡夜时闻得，当即了解实情，上折参劾。皇帝得知，立命处斩噶礼。为了以此震慑外省大臣，不曾将胡同改名。⑥

---

① 《平定朔漠方略》卷23，《四库全书》第355册，第112页。
② 同上书，第113页。
③ 《清圣祖实录》卷214，康熙四十二年十二壬辰；卷215，康熙四十三年正月辛酉；卷226，康熙四十五年七月癸酉、九月庚午；卷232，康熙四十七年正月辛卯。
④ 中国第一历史档案馆藏满文朱批奏折，噶礼奏，康熙四十八年六月二十九日。
⑤ 《清圣祖实录》卷258，康熙五十三年四月庚寅。
⑥ 王彬、崔国政辑：《燕京风土录》，光明日报出版社2000年版，上册，第291页。

依照这则传说，噶礼被斩并非由于"谋杀其母"，而是私娶江南民女一事发露。

其二，噶礼罹罪后，康熙帝令先将他的眼珠打出，又割其两耳。遂赐帛命自尽。噶礼自尽前，复行贿赂，企图诈死逃生。至午夜时分，监绞官发现棺中噶礼虽然耳目俱无，仍能坐起说话。因惧事泄受罚，遂举斧劈死噶礼，连棺焚化。康熙帝闻后拍手称快，大笑说："这奴才真烧坏也！"①

"烧坏"一说自是杜撰，表明康熙帝深恶噶礼乃众所周知。

两则传说中的噶礼罹罪之因及其诈死覆亡，透露出此案案情扑朔迷离。

3. 研究之盲点

清修噶礼传记②、今人所撰噶礼传记③及有关研究成果，均载有康熙五十三年四月清廷对噶礼所做定论。清史学界认为，康熙作为清朝皇帝，处决噶礼的决定是在儒家道统和汉人社会的压力下作出，是被迫与不情愿的；④ 维护"满汉一体"格局，以稳定政治统治秩序，是康熙帝最终忍痛割爱，处置噶礼的关键因素；⑤ 康熙帝从满汉关系的高度，坚持一贯倡导、实行的惩贪奖廉、保全清官方针，所以能够力排众议，用清官张伯行而黜贪官噶礼；⑥ 噶礼革职后仍得赎罪机会，被罚督修热河城，后因"懈于督办"被送交刑部，仍不思悔悟，与人合谋欲毒害生母。故康熙帝下旨令其自尽，家产没收入官。⑦

上述认识反映了对康熙帝处置噶礼与张伯行互参案的一般看法。所谓

---

① 钱泳：《履园丛话》，《丛话一·旧闻·烧坏》，中华书局1979年版，上册，第23—24页；华尔嘉：《清代贪污受贿大案》，群众出版社2007年版，第93页。
② 《满洲名臣传》卷23，载《满汉名臣传》，黑龙江人民出版社1991年版，第1册，第656—661页；《清史列传》卷12，第3册，第868—873页；《清史稿》卷278，第33册，第10104—10107页。
③ [美] A. W. 恒慕义主编：《清代名人传略》，中国人民大学清史研究所《清代名人传略》翻译组译，青海人民出版社1990年版，上册，第645—646页；《清代人物传稿》上编第8卷，中华书局1995年版，第266—271页。
④ 罗丽达：《清初江南地方行政上的满汉政治冲突——张伯行噶礼互参案研究》，台湾《新史学》第7卷第3期，1996年。
⑤ 成积春：《从噶礼——张伯行互参案看康熙的"满汉一体"论》，《历史教学》2007年第11期。
⑥ 范金民、孔潮丽：《噶礼张伯行互参案述论》，《历史档案》1996年第4期。
⑦ 廖桔香：《噶礼研究》，硕士学位论文，湘潭大学，2015年。

保全清官，正是此案了结前康熙帝向众臣反复阐述的理由①。康熙帝最终舍弃噶礼的原因，恐怕不止于此。事实上，噶礼被黜致死，还有很深的宫廷政治背景。

噶礼母控告噶礼设谋毒害一案，是在噶礼、张伯行互参案结束一年半之后。它们既是两案，又有关联。需要将两案并观，发掘史事背后的隐秘内容，而噶礼之母是关键人物。

二 噶礼之母 为祸之祖

噶礼母姓氏未详。约生于崇德后期或顺治初年。这位满洲妇人很不寻常。清朝前期一则谚语云："噶礼之母，为祸之祖。"② 噶礼被革职后再次获罪，乃由其母首告。此种甚于虎毒的行为，让人匪夷所思。不仅如此，在宫廷政治的尔虞我诈中，噶礼之母似有超常能量。这是因为她与皇室成员有着多重亲近关系。

1. 保母 舅母 近戚

首先，据《永宪录》称："礼之母，圣祖保母也。"③ 如果此言不虚，噶礼之母曾是康熙帝幼年时的保姆，那么，康熙中后期她与康熙帝、孝惠皇太后之间交往密切，也在情理之中。

其次，噶礼母是福全与康熙帝的舅母。

噶礼一家隶属正红旗满洲第一参领第六佐领。噶礼父普善，原任头等护卫。普善是裕亲王福全生母、顺治帝宁悫妃董鄂氏胞弟。④ 噶礼母则为宁悫妃弟妹、福全的舅妈。所以，噶礼一家也属外戚，只是不如康熙帝生母孝康后母家、皇太子允礽生母孝诚后母家那样显赫。普善去世较早，⑤ 宁悫妃逝于康熙三十三年。

---

① 台北"故宫博物院"：《清代起居注册·康熙朝》，第 21 册，第 11616—11619、11620—11633 页；另见《清圣祖实录》卷 251，康熙五十一年十月乙卯、丙辰。
② 昭梿：《啸亭杂录》卷 10，第 354 页。
③ 萧奭：《永宪录》卷 4，第 306 页。
④ 中国第一历史档案馆藏满文朱批奏折，噶礼奏，康熙四十二年七月初四日。按，被康熙帝称为"妃母"的宁悫妃董鄂氏，生前曾住在亲生子裕亲王福全府内。参见杨珍《康熙皇帝一家》，学苑出版社 2009 年修订版，第 138—139 页。
⑤ 据《八旗通志初集》卷 6，"正红旗满洲第一参领第六佐领系康熙二十三年编立，始以普善长子左通政普海管理；普海升任盛京理事官，以其弟副都统噶尔弼（按，噶尔弼）管理；噶尔弼调西安副都统，以其兄之子主事干都管理；干都缘事革职，以噶尔弼之子荫生噶汉泰管理"。参见该书第 1 册，第 92 页。按，普善大约逝于该佐领编立前。

最后，一说噶礼母是孝惠皇太后"近戚"①。

此说有待考证。不过，孝惠与噶礼母外甥、庶子福全的感情十分深厚，这对噶礼母与孝惠的关系会有一定的促进。如康熙四十二年六月，孝惠得知福全病故，极其悲伤，以至康熙帝担心"皇太后过哀"，为此深感不安。② 为福全举殡时，年过六旬的孝惠不顾正在患病，酷暑难挨，执意赴裕王邸相送。直至灵柩发引，方回宫。③

2．受天颜眷顾

因为身份特殊，噶礼母得到康熙帝的殷切关照。

噶礼任山西巡抚历时十载（康熙三十八年七月至四十八年三月）。四十二年（1703）四月之前，噶礼母经常随噶礼居住晋省。康熙帝给噶礼的朱批中，多次对噶礼母问好致意。现存满文档案内，这一现象比较集中地出现在四十一年和四十二年春。④ 同时期其他封疆大吏奏折内，类似情况很少见。

四十二年三月，康熙帝给噶礼的朱批中，告知裕亲王福全患病已久，提醒噶礼母应以看望她的其他儿子为名，由晋返京，探视福全。⑤ 康熙帝想让病中的皇兄得到长辈亲属更多关爱，噶礼母很快返回京城。

康熙帝多次至福全府邸探病。由于常与噶礼母见面，康熙帝不时告知噶礼其母在京情况。如四十二年五月十五日噶礼所上折奉朱批："朕安。尔母亦好。"⑥

是年六月下旬，康熙帝出巡塞外途中得知福全病逝，冒雨连夜赶返。七月初一日进东直门，未回宫径赴王府，除缨哭至柩前。后数日，居偏殿不理政事，并与孝惠皇太后一起至裕王邸送殡。康熙帝临丧期间，噶礼母身为福全母家长辈亲属，大都在场。所以，康熙帝在朱批中告诉噶礼，其母目睹了自己失去亲兄的无限悲伤。⑦

---

① 昭梿：《啸亭杂录》卷10，第354页。
② 台北"故宫博物院"：《清代起居注册·康熙朝》，第18册，第10090页。
③ 《清圣祖实录》卷212，康熙四十二年七月己酉；王士禛：《香祖笔记》卷4，上海古籍出版社1982年版，第71、76页。
④ 中国第一历史档案馆藏满文朱批奏折5件，噶礼奏，康熙四十一年四月二十九日、十月二十八日、十二月二十一日；康熙四十二年正月初六日、三月初九日。
⑤ 中国第一历史档案馆藏满文朱批奏折，噶礼奏，康熙四十二年三月初九日。
⑥ 中国第一历史档案馆藏满文朱批奏折，噶礼奏，康熙四十二年五月十五日。
⑦ 中国第一历史档案馆藏满文朱批奏折，噶礼奏，康熙四十二年七月初四日。

3. 为主子康熙帝祈福

噶礼母所从事的宗教活动，也透露出她对康熙帝怀有亲近感。

噶礼母素信佛。据说噶礼"尝造金丝帐以眠其母"。其家中"蓄女尼数百"。① 四十二年康熙帝五十大寿前夕，噶礼母与噶礼相继赴五台山进香拜佛，诵经祝寿。仪式完毕，母子同返省城太原。②

时人陈梦雷《代王章京募建奉天斗母宫引》云："斗母之称，见于道藏，而前史所载，为亲祈年益寿每多以祷于北斗，辄获灵应。"③ 噶礼家中也设有斗母阁。无论住在京城，还是暂居太原，噶礼母必于斗母神前为康熙帝叩祝祈福，历时数十载，从无间断。④

4. 诸子敬重

八旗女子例应备选秀女，如果选入宫中，可能得膺主位，晋升后妃。所以，她们在母家地位较高，出嫁后依然如此。而噶礼母因身份特殊，更为噶礼诸兄弟所敬重。

普善有五子。长子普海，官至鸿胪寺少卿；次子噶礼；三子噶尔弼，官至西安副都统；四子色尔奇（亦作色尔气、塞尔齐），曾任工部笔帖式、主事。⑤ 噶礼母称噶礼为"亲生子"⑥。噶礼与三弟噶尔弼、四弟色尔奇关系甚好。此外，噶礼还有一弟，名花色，即噶礼母所昵爱之"少子"⑦。

噶礼母可能识字，她与诸子常有书信往来。如康熙四十一年秋，噶尔弼升任正黄旗蒙古副都统。噶礼母子得知，一起寄信与噶尔弼，让他勤勉供职。⑧ 又如四十二年七月初，噶礼母由京城给噶礼写信，告知福全已故。⑨

在晋抚任上，噶礼多次收到康熙帝所赐食物。只要母亲在其处，噶礼上折时必奏称："老母享用所赏矣。"⑩

---

① 昭梿：《啸亭杂录》卷10，第354页。
② 中国第一历史档案馆藏满文朱批奏折2件，噶礼奏，康熙四十一年十二月二十一日，四十二年三月初九日。
③ 陈梦雷：《松鹤山房文集》卷11，《代王章京募建奉天斗母宫引》，《续修四库全书》第1416册，第166页。
④ 中国第一历史档案馆藏满文朱批奏折，噶礼奏，康熙四十二年七月二十五日。
⑤ 《八旗满洲氏族通谱》卷8，第138—139页。
⑥ 《清圣祖实录》卷258，康熙五十三年四月庚寅。
⑦ 昭梿：《啸亭杂录》卷10，第354页。
⑧ 中国第一历史档案馆藏满文朱批奏折，噶礼奏，康熙四十二年九月十一日。
⑨ 中国第一历史档案馆藏满文朱批奏折，噶礼奏，康熙四十二年七月初四日。
⑩ 中国第一历史档案馆藏满文朱批奏折2件，噶礼奏，康熙四十二年正月初四、初六日。

噶礼母与诸子本应母慈子孝，相处融洽，其实不然。这位满洲妇人与众不同处，在下述事例中得到充分表现。

三　不利于噶礼的"风闻"和康熙帝的忠告

康熙四十二年七月初六日，康熙帝再次离京，继续因福全病故而中断的塞外之行。起程不久，接到噶礼七月初四日奏折，阅后做以下朱批："又据风闻，尔与索额图甚好，看索额图指示行事等语。想来尔系妃母胞弟之子，所思所行，俱应向着裕王我二人，为何反偏向索额图？著将此明白回奏。密之！"① 这是目前所见满文档案中，康熙帝唯一一次质问噶礼他同索额图的关系。

噶礼回奏称：奴才暨全家荷蒙皇上深恩至重，无以报答，岂有依照索额图指示行事之理？倘是如此，还有何脸面见皇上？又称，曾参劾当朝大学士伊桑阿（按，康熙四十二年七月逝）之孙绥色等六七人，他们或是索额图亲戚，或为索额图属下，或受索额图信用。若心向索额图，岂能劾之？还称自己原是微末主事，被皇上特擢封疆大吏，只知敬上为民，故得罪众人，孤独无援。"况所参八旗旗员，汉军甚多。此辈造谣生事，诬陷奴才，有何难哉！"伏乞圣主睿见。②

噶礼的辩解言之有物，合情入理。奏入，奉朱批："知道了。"事遂寝。

康熙帝的"风闻"来自何人？噶礼认为，这是曾经被他参劾之人所言。然而风闻之语是在康熙帝此次由塞外返京期间所得。康熙帝在京只有五天（七月初一日至初五日）。前四天，居景仁宫不理政事，数诣皇太后所居宁寿宫问安。第五日，亲视福全柩发，奉皇太后回宫。复诣宁寿宫问安。

由于移居偏殿，暂停理政，加之心情悲痛，这几天内康熙帝接触之人甚少。如果有人讦告噶礼，不大可能选择此时。所以，这一"风闻"之语，很可能是闲话，并非所上密折内容。另外，索额图案甫出，康熙帝极想打探人们对索额图的看法，深入了解索额图同其他大臣的关系。能够对康熙帝说这些话，需要同时具备两个条件：一是比较了解噶礼与索额图的交往，二是在此非常时期与康熙帝有直接接触。噶礼母是具备这两个条件

---

① 中国第一历史档案馆藏满文朱批奏折，噶礼奏，康熙四十二年七月初四日。
② 中国第一历史档案馆藏满文朱批奏折，噶礼奏，康熙四十二年七月二十五日。

的少数人之一。

如果的确是噶礼母所言，那么，因康熙帝略知噶礼家中的矛盾，悉知噶礼母的秉性为人，所以对她所讲噶礼之非并不全信。这是噶礼得以辩释的原因之一。

噶礼母与诸子芥蒂久生，缘起未详。此次"风闻"，基本没有改变康熙帝对噶礼的看法。不久，康熙帝向噶礼透露了其母所出骇人之语。

康熙四十二年九月二十一日，康熙帝结束塞外之行回京。十月初，康熙帝离京西巡前夕，在噶礼请安折上朱批："尔母大为怨恨尔弟（按，噶礼四弟色尔奇），想杀之。朕在这里也要劝说阻止。此为何故？著密奏。这是尔之家事，勿使他人闻知。"① 对于康熙帝来说，所有八旗旗员都是他的奴仆，犹如家长与子辈之间。由他出面调停旗员之家事，名正言顺。然而噶礼母竟在康熙帝前表露要杀死自己的儿子，实在有悖常理，令康熙帝感到震惊。

噶礼母既然在康熙帝前对第四子色尔齐咬牙切齿，声称必欲杀之，也有可能对第二子噶礼说三道四。

十月十一日，康熙帝开始为期两月余的西巡，视察山西、陕西、河南三省。② 在此期间，噶礼以殷勤周到、干练明敏的表现，进一步博得康熙帝的好感和信任。这是君臣二人关系最好时期。

十月十五日，康熙帝一行抵达保定府。噶礼率晋省文武大吏及百姓百余人，前来邀请"圣驾"。迎驾百姓被迫在夜间恭立等候，苦不堪言。有人问其故，答曰："票押不敢不来。"③ 向康熙帝当面表达"意愿"后，噶礼率官民返晋。二十一日，康熙帝抵故关，即将进入山西境。在噶礼的精心策划下，山西绅衿士民扶老携幼，赴康熙帝所经道旁跪迎，人流绵延数十里。从这一日起，噶礼随驾。早在一年前，他就着手为康熙帝来晋做准备。为此特制御轿，轿项及钩琐皆真金。"每一站皆作行宫，顽童、妓女，皆隔岁聘南方名师教习，班列其中。"噶礼还进献了四位美女，被康熙帝拒绝。据知情人透露，此次迎驾"行宫已费十八万（银子），今一切供馈

---

① 中国第一历史档案馆藏满文朱批奏折，噶礼奏，康熙四十二年九月二十八日。
② 关于康熙帝西巡行程，主要依据台北"故宫博物院"《清代起居注册·康熙朝》第18册，并参考康熙四十二年十二月十九日噶礼所上满文奏折等。
③ 李光地：《榕村续语录》卷18，下册，第828页。

还得十五万"①。

二十二日，康熙帝一行驻跸山西平定州。康熙帝向随行大学士、原任晋抚马齐问询观感。马齐奏称：晋省庶民生计"较前大有起色"。康熙帝对所见也很满意。于是，挥笔写下《过固关入山西境》："鸟道入云中，风光塞漠同。人依险地立，城自越山丛。俗朴观民舍，才多壮士雄。芹泉连冀北，回首指青骢。"②当日，将这首"御书诗"赐给噶礼。二十五日驻跸太原府城。太原万人空巷，文武士庶跪迎载道。康熙帝住在噶礼家，君臣二人夜下闲谈，少有拘束。噶礼告知康熙帝，自己久为家事所困。康熙反复安慰他：尔之家事好办，"必代尔完结"③。噶礼请求康熙帝赐给其母及他本人御书匾联，立得允诺。数年后，当噶礼离开晋抚之任时，康熙帝仍对噶礼提及这段往事："因西巡山西时住尔家中，得以熟识。"④

二十六日，谕噶礼：入晋以来"见官方微有廉风，民生略有起色，闾阎之间，俗朴尚俭，朕心少慰"⑤。下令将康熙四十二年以前山西所属州县未完银两等全部蠲免，以示加恩百姓。康熙帝原拟十月二十七日从太原启行。噶礼竭力挽留，并动员士民聚集在康熙帝住处前，叩请再留一日。众人齐称："凡圣驾临幸诸处，多驻跸一日，收获十年；驻跸二日，收获二十年……"⑥于是，康熙帝允所请。

二十七日，噶礼得御书"云中朴素"四大字、刚写就的"御书诗"《幸西省至太原》⑦以及对联等。其他文武官员等得字、诗有差。

二十八日，康熙帝离开太原，继续西巡。噶礼仍随行。当日，噶礼和妻子分别得赐貂帽、貂袍、貂皮等。

十一月初十日，康熙帝抵达邻近陕西潼关的蒲州府。这是他在山西境内最后一站。当天，照常处理政事，就山西地方官员任免等情征询噶礼的意见。

是日，噶礼结束为时十九天的随驾，返回任所。次日，康熙帝一行渡黄河入陕。十二月十九日抵京。

---

① 同上。又据该书 827 页："陕供应西巡，复竟胜于晋。"
② 《圣祖御制文三集》卷 47，《过固关入山西境》。
③ 中国第一历史档案馆藏满文朱批奏折，噶礼奏，康熙四十二年十二月十九日。
④ 中国第一历史档案馆藏满文朱批奏折，噶礼奏，康熙四十八年六月二十九日。
⑤ 台北"故宫博物院"：《清代起居注册·康熙朝》，第 18 册，第 10279 页。
⑥ 同上书，第 10283、10284 页。
⑦ 《圣祖御制文三集》卷 47，《幸西省至太原》。

通过此次西巡中直接接触，康熙帝认为噶礼忠顺勤勉，人才难得。他对噶礼的家事记挂于心。尚未抵京，即下令将噶礼母欲行谋杀的第四子色尔奇及其妻子、家人等差往盛京以避祸，同时命同族大臣代管色尔奇的房产田亩。① 十二月中旬，噶礼从色尔奇的来信中得知此情，感激不尽，上折谢恩。噶礼以为，多年家事就此完结，合家性命无虞，可以永享太平矣。康熙帝在朱批中写道："这虽然是尔之家事，众人闻之不妥。……尔惟需放宽心，勉之。只是尔母断不可带至任所，否则必出大事，害尔之身命。"②

由于相关满文档案无存，我们无法知道噶礼看到上述朱批后，如何作答。康熙帝提醒噶礼，其母可能为他招致杀身之祸，让他不要将母亲带至任所，表示出对噶礼的高度信任。

康熙帝何以做此忠告？有两种可能性。一是当年六七月间，康熙帝从噶礼母口中闻知，噶礼同索额图要好；二是此次西巡期间，康熙帝再次从噶礼母口中闻得对噶礼不利之语。康熙帝看来，如果噶礼母住在噶礼之任所，可能随时抓住噶礼的把柄，甚至蓄意构陷。如果这对母子分隔两地，或可缓和矛盾，相安无事。此时康熙帝对噶礼印象很好，拟继续任用，故予保护，用心良苦。所以，其后四五年内，噶礼虽然数次被参劾，均得免罪。③

噶礼母何以如此仇恨噶礼？或者说，她何以在欲行杀害的第四子色尔奇得康熙帝保护远离京城后，又将矛头对准第二子噶礼，欲置之于死地？从目前掌握的史料中，无法找到答案。

有一点可以肯定。此时，噶礼母无论在康熙帝前怎样尽数噶礼之非，都会留有余地。因为索额图的堂外孙允礽乃当朝皇太子。对于噶礼与皇太子的关系（见下文），噶礼母仍有所忌。

世事难料。整整十年后，康熙帝对噶礼的忠告竟一语成谶。

四　噶礼密遵皇太子允礽令旨行事

康熙四十三年（1704）六月初七日，康熙帝携皇太子允礽等离京，巡

---

① 中国第一历史档案馆藏满文朱批奏折，噶礼奏，康熙四十二年十二月十九日。
② 同上。
③ 《满洲名臣传》卷23，载《满汉名臣传》第1册，第657—668页。

视塞外。七月十三日至八月初七日驻跸喀喇和屯，共计二十余日。在这期间，皇太子允礽的奶公哈哈珠子巴达色奉允礽之命，向噶礼弟副都统噶尔弼传达皇太子令旨：将"胆大乱为"的"瘸子张霍"交付兵部，用铁链锁之，由噶尔弼家人陪同，送交噶礼看守，并对噶礼说"是我的旨意"。命噶尔弼告知陪送张霍之家人："断不可害其性命。我若寻之，仍毫发无损送至。"① 按，瘸子张霍是山西平阳府人，事迹不详。

其后噶礼的具启与允礽的批语耐人寻味。

八月初八日，噶礼给皇太子上启本，内称张霍等四人由兵部乘驿送达，已派人严密看守。可是，从京城送返的噶礼启本内，不见皇太子的批语。噶礼为此惴惴不安，怕有不周处得罪皇太子。于是，他于九月十一日再上启本。允礽阅后写道："因尔先前所办之事甚妥，无需批写之事，故未批写。皇上今已听闻此人矣。不可让此人见任何人，也不可致其死。皇上若问于尔，照我先前所寄之语具奏。奏时只说交与我弟（按，噶礼弟）噶尔弼寄发，不得写降旨人之名。为此特降令旨。"②

九月二十五日，康熙帝偕允礽等由塞外回宫。

在康熙帝正常理政情况下，皇太子允礽仍可以对八旗大臣及部院衙门发号施令，使其旨意得到贯彻实施。可见，允礽并非只在储位而无实权。康熙帝三次亲征噶尔丹期间，允礽代理国事，得以深入了解政务，熟悉文武大臣。康熙帝对皇太子戒备之心日重，先是惩处常泰，继而除掉索额图。如果从保证权力集中的角度看，此乃势在必行。

允礽背着康熙帝，将山西平阳人"瘸子张霍"交付兵部，送交晋抚噶礼看管。看来噶礼奉令旨办事已有多次，允礽对他很放心，对他的才力也很欣赏。然而允礽不愿让康熙帝知道，他与噶礼往来并委办事宜，故叮嘱噶礼，勿将此情泄露。

这时康熙帝五十一岁，虽然康健，已过半百。皇太子允礽三十一岁，正值鼎盛。噶礼在皇帝与储君中间骑墙观望，讨好双方。对于一位封建官僚、满洲大臣而言，这种做法也属正常。可是，如果允礽被废黜，康熙帝得知噶礼曾为允礽所信赖，噶礼必受重惩。

---

① 中国第一历史档案馆藏满文朱批奏，噶礼奏，康熙四十三年八月初八日。
② 中国第一历史档案馆藏满文朱批奏，噶礼奏，康熙四十三年九月初十一日。

五 康熙帝"保张弃噶"之疑窦

康熙五十一年（1712）正月，江苏巡抚张伯行疏称，风闻两江总督噶礼包揽卖举，得银五十万两。① 噶礼请求对质，并疏劾张伯行畏缩不能出洋缉贼诸款。② 康熙帝将张伯行、噶礼同时解任。命户部尚书张鹏翮会同漕运总督赫寿确审具奏。

至少在五十一年九月之前，康熙帝对噶礼与张伯行之间的矛盾采取了折中调和态度。

江宁织造曹寅和苏州织造李煦，并为康熙帝在江南的耳目。二人不时奉旨打听督抚互参案审理情形，上密折奏闻。当年二月初，康熙帝给李煦的朱批中写道："巡抚是一钱不要清官，总督是事体明白勤紧（谨）人物。"③ 这是他对张伯行和噶礼的真实看法。他认为，噶礼之操守固不可保，张伯行则不能查拿近地盗贼。两人互参诸款虚实兼半；因噶礼曾劾奏原任苏州知府陈鹏年，今与张伯行互相不睦者，"皆陈鹏年怂恿所致"④。

二、三月间，康熙帝写下《忆咏苏州风俗》："邓尉梅梢月，虎邱浪里峰。人争天地秀，物杂理文宗。俗尚非交让，官箴乏协恭。舆情常若此，何日奏时雍。"⑤ 这是康熙帝为督抚互参有感而作，且以"协恭"相期许。

五月，李煦家人由京城带回"御制宸翰诗扇"一柄，扇上书有《忆咏苏州风俗》一诗。李煦遵旨将御制诗扇拿给噶礼和张伯行看。噶礼叩头跪读，曰："我受圣恩高厚，平时怎么样教训，竟不能仰体圣心，以致同寅不和。今读主子御制诗，真真以惭愧无地，懊悔不及了。"张伯行跪读后，也称"是我上负圣恩，如今惟有悔愧"等语。⑥ 可是，御制诗并不能消融两人的积怨。

五月下旬，张鹏翮奏报查审结果。以张伯行参噶礼索银五十万两并无实据，奏请将张伯行革职，噶礼降一级留用。康熙帝也认为，张伯行参噶

---

① 张伯行：《正谊堂文集》卷1，商务印书馆1933年版，第14页；卷2，第17页。
② 《清圣祖实录》卷249，康熙五十一年二月丁巳；蒋良骐：《东华录》卷22，第356—357页。
③ 故宫博物院明清档案部编：《李煦奏折》，中华书局1976年版，第103页。
④ 《清圣祖实录》卷249，康熙五十一年二月丁巳；蒋良骐：《东华录》卷22，第356—357页。
⑤ 《圣祖御制文二集》卷32，《忆咏苏州风俗》。
⑥ 故宫博物院明清档案部编：《李煦奏折》，第114页。

礼索银五十万两实属情虚。"谓噶礼清廉，一文不取，朕亦不信，然其居官效力，有益地方，则胜张伯行百倍。"① 因康熙帝尚未明确表示对二人之弃留，张鹏翮唯拟候旨定断。他在审案中左瞻右顾，草率敷衍，历时数月未结案。故此，扬州诸地众论哗然，京中也议论纷纷，传为笑谈。② 为了平息舆论，挽回朝廷声誉，康熙帝以尚有诸多要情未能讯明审出为由，改派户部尚书穆和伦、工部尚书张廷枢前去江南，复行严审。又明令穆和伦等不必来请训旨，以免去钦差先知"御前"好恶之嫌。③

实际上，康熙帝已将调解二人之意，透露给钦差大臣穆和伦等。

七月底，张伯行与噶礼再赴扬州候审。在穆和伦一行抵达前，李煦来会噶礼和张伯行。他手持御赐诗扇，扇上"官箴乏协恭"五字分外显明。于是对张伯行劝道："此一句为老先生与制台而作也。上意俱欲保全，又恐两人不和，老先生仰体上意，自认些小不是，我当启奏，必两复矣。"张伯行不肯让步："圣意正未可知，我既参奏，岂有调和之法。"李煦小施威胁，警告说："彼党众，必遭害。"张伯行答："圣明在上，我何惧焉！"④

李煦解劝无效，穆和伦仍遵旨而行。噶礼、张伯行候审时，穆和伦曰："二位皆皇上所爱惜者。皇上最喜同寅协恭，何不两家各相让，免争竞乎？"张伯行执固如初："某何尝不让，自莅任以来，我所让多矣。今因朝廷大事参奏，亦无可让也。"噶礼见状，不发一言。乃各退。⑤ 这是康熙五十一年八月上旬。

八月二十一日，李煦密奏称："探得钦差大臣穆和伦、张廷枢，审抚臣张伯行参督臣噶礼之事皆虚，审噶礼参张伯行之事，有几款得实。目下现在缮疏复旨矣。"九月初六日李煦再奏：督抚互参案等"闻已经审完，即日具本复旨矣"。十月初四日李煦复奏：科场一案已审完，穆和伦、张

---

① 台北"故宫博物院"：《清代起居注册·康熙朝》，第20册，第11456页；《清圣祖实录》卷250，康熙五十一年六月丁巳。
② 故宫博物院明清档案部编：《李煦奏折》，第112、113页；另见故宫博物院明清档案部编：《关于江宁织造曹家档案史料》，中华书局1975年版，第88—90页。
③ 《清圣祖实录》卷250，康熙五十一年六月丁巳、庚午。
④ 《张清恪公年谱》，载《北京图书馆藏珍本年谱丛刊》，北京图书馆出版社1999年版，第86册，第595—596页。
⑤ 《张清恪公年谱》，载《北京图书馆藏珍本年谱丛刊》，第86册，第595—596页。

廷枢"于九月二十九日起身进京复命矣"①。

穆和伦等先行"具本复旨",随后"进京复命"。时由扬州上密折送抵京城,俟朱批发还,大约需要一个月,②单程约半个月。③穆和伦的题本大约在九月下旬发出,十月初送达"御前"。然而康熙帝未等两位钦差抵京复命,就将题本交吏部议覆。吏部议如所题,拟将张伯行革职,噶礼免议。

十月初五日,康熙帝突然以亲笔所写满文谕旨传示九卿。内称:"张伯行居官清正,自天下妇孺无不尽知,允称廉吏,但才不如守,果系无能。噶礼虽才干有余,办事敏练,而性喜生事,并未闻其清正之名。伊等互参之案,皆因私隙,听信人言所致,诚为可耻。朕抚驭寰区五十余年,粗通政事,于满洲、蒙古、汉军、汉人毫无异视,惟以公正处之。且噶礼屡次具折欲参张伯行,朕以张伯行为天下第一清官,断不可参,曾手批不准,亲笔现在噶礼处。"此所议是非颠倒,著九卿公阅,务须矢公,据实面奏。④

稍后,又传满文谕旨称:"天下满汉大臣俱系朕之臣,惟视一体,并未分别。倘以朕何为不护噶礼,朕乃天下之主,何得止护庇满洲,亦惟顺理行之。"⑤令汉臣李光地会同满臣揆叙,将此满文票签译为汉文,经康熙帝过目修改后发出。

这是督抚互参案发生十个月来,康熙帝首次明确表态:二人互参乃因听信人言所致;革职张伯行、免议噶礼乃是非颠倒。理由是:噶礼性喜生事而无清正之名,张伯行乃天下第一清官。

十月初六日,九卿、詹事、科道等面奏噶礼张伯行互参一案。康熙帝说:张伯行居官清廉,但才具略短,"噶礼办事历练,至其操守,则朕不

---

① 故宫博物院明清档案部编:《李煦奏折》,第123、126、127页。
② 如康熙五十一年(1712)正月十六日李煦上"会审科场情形折",二月十五日其家人赍回发下密折。又如是年七月十八日李煦上折奏告奏曹寅病重代请赐药,该折于八月十八日由其家人赍回。分见故宫博物院明清档案部编:《李煦奏折》,第102、104页;《关于江宁织造曹家档案史料》,第98—100页。
③ 康熙五十一年(1712)七月,康熙帝得知曹寅病重,赐药交驿马星夜赶去,"限九日至扬州"。这是极为特殊情况。曹寅未能等到赐药,于当月二十三日病故。参见故宫博物院明清档案部编《关于江宁织造曹家档案史料》,第98—100页。
④ 台北"故宫博物院":《清代起居注册·康熙朝》,第21册,第11616—11618页。
⑤ 同上书,第11618—11619页。

能信。若无张伯行在彼,则江南地方必受其朘削一半矣"。又说:"尔等诸臣皆能体朕保全清官至公之意,使为正人清官者无所疑惧,则人俱欣悦,海宇长享升平之福矣。"①

话已至此,康熙帝认为九卿应谙其意。可是,无顾案情而将互参双方之道德操守作为审判标准,终属不适。故九卿仍以噶礼所参张伯行畏缩不能出洋缉贼诸款皆系情真,张伯行所参噶礼揽卖举人等款皆系情虚为由,议覆同意穆和伦的题请。康熙帝一语否定众议:"照朕朱书谕旨书写票签进呈。"②"朱书谕旨"即前一日特命译为汉文之满文手书。

十月初七日,九卿遵旨将康熙帝为噶礼、张伯行所下谕旨缮折呈览。该折随即以朱笔批出:"满洲大臣毋以谓朕为偏向汉人。朕自幼所学,即以所学者见诸行事。虽读书无成,至于至公无私之处,断不让于古人。"③

十月十二日,吏部等衙门遵旨再议:"应将噶礼、张伯行俱革职。但地方必得清正之员,方不贻累百姓。张伯行应否革职留任,伏候圣裁。"得旨:"噶礼著革职。张伯行著革职留任。"④

至此,拖延十个月之久,对江南吏治民生影响恶劣的督抚互参案终于"朦胧了结"。

康熙帝先是将审案长期拖延的原因推给噶礼:此案"初次遣官往审,被噶礼制定,不能审出。及再遣官往审,与前无异"⑤。其后,又对自己曾有肯定噶礼之语以及力图调和双方的做法,千方百计予以掩饰:"噶礼与张伯行互奏,差往满汉大臣,谓朕意有偏向,故审理俱不公平,朕亦不露意旨。直至议定奏闻,方向九卿明谕,于是众乃知朕无偏向之意。"⑥ 这些说法实不足信。

康熙帝为何突然改变调解方针,无视众议,做出"保张弃噶"决定?为什么明知噶礼卖举得银"毫无迹据",却以保全清官为名革黜噶礼?

这一切与稍前宫中发生的一件大事或有关联。

五十一年九月三十日,康熙帝结束历时五个月的塞外之行,奉孝惠皇

---

① 台北"故宫博物院":《清代起居注册·康熙朝》,第 21 册,第 11621、11629—11630 页。
② 同上书,第 11631—11632 页。
③ 同上书,第 11638—11639 页。
④ 《清圣祖实录》卷 251,康熙五十一年十月壬戌。
⑤ 台北"故宫博物院":《清代起居注册·康熙朝》,第 21 册,第 11629 页。
⑥ 台北"故宫博物院":《清代起居注册·康熙朝》,第 22 册,第 12412—12413 页。

太后返抵畅春园。此次随行的皇太子允礽同时抵达。康熙帝不顾旅途劳顿，当即召集众皇子面称："皇太子允礽自复立以来狂疾未除，大失人心。祖宗弘业，断不可托付此人。已奏闻皇太后，著将允礽拘执看守。"① 出此言时，康熙帝极其愤怒，几近咆哮。四天后，驳回吏部罢革张伯行、免议噶礼的议覆。

十月初一日，康熙帝以御笔朱书示诸王大臣，废黜皇太子允礽。谕旨称：朕于胤礽非不能制。"胤礽秉性凶残，与恶劣小人结党。胤礽因朕为父，虽无杀逆之心，但小人辈惧日后被诛，倘于朕躬有不测之事，则关系朕一世声名。"② 又传谕诸臣，表示不再复立之意："日后朕若再复此事，难睹人面矣。"十一天后，"忽罢噶礼"③。

允礽再次被废黜与噶礼被革职，两事首尾相扣，当非巧合。④ 究其原因，需要对此次废太子过程做一简要回顾。

五十一年十月第二次废黜皇太子事件的导火线，是两年前皇八子允禩妻舅、镇国公景熙首告步军统领托合齐结党会饮案。⑤ 五十年十月康熙帝面谕诸王大臣："今国家大臣，有为皇太子而援结朋党者。"命将参与此次宴饮的部分八旗大臣锁拿。⑥ 当月，托合齐被解任，并逐步被康熙帝确认为此案头号人物。五十一年正月谕称："托合齐等辈小人常昂然张胆，构集党羽，今已显露。"⑦ 四月，宗人府等遵旨将托合齐等结党会饮一案审讯各供具奏。托合齐以及原任刑部尚书齐世武、原任兵部尚书耿额依拟应绞，著监候秋后处决。⑧

这时噶礼远在江南任上，与结党会饮案无涉。而康熙帝令将托合齐斩

---

① 《清圣祖实录》卷251，康熙五十一年九月庚戌。
② 台北"故宫博物院"：《清代起居注册·康熙朝》，第21册，第11605—11607页；第11609—11615页。
③ 方苞：《安溪李相国逸事》，载《方望溪全集·集外文》卷6，中国书店1991年版，第341页。
④ 时人也注意到此案涉案人员与二废太子事件的关联。如萧奭《永宪录》卷4称，副考官赵晋"有宠于东宫提调布政马逸姿，又总督噶礼所徇庇……时东宫再废，故晋拟斩，癸巳（按，康熙五十二年）春闻命自尽"。另参见《清圣祖实录》卷253，康熙五十二年正月甲辰；卷258，康熙五十三年二月辛巳。按，马逸姿于康熙五十一年（1712）被革职。
⑤ 参见杨珍《清朝皇位继承制度》，第236—244页。
⑥ 《清圣祖实录》卷248，康熙五十年十月壬午。
⑦ 《清圣祖实录》卷249，康熙五十一年正月壬子。
⑧ 《清圣祖实录》卷250，康熙五十一年四月乙丑、壬申。

监候后，仍力图调和噶礼与张伯行的矛盾，以保全二人。可是，由于允礽再被废黜，宫中权力格局发生巨变。从上至下，无数人的切身利益由此受到直接或间接影响。也有人借此机会，落井下石，报复仇人。索额图被执不久，康熙帝很快风闻噶礼与索额图要好。允礽突然被废黜，康熙帝也可能随即风闻噶礼与允礽关系密切，曾在私下密通书信，奉令旨而行。况且噶礼与张伯行互参案拖延多时，备受朝野关注。如果有人向康熙帝密报噶礼与允礽之事，当在康熙帝宣布二废太子决定后。此前，人们顾及皇太子允礽，不大可能在康熙帝前议论皇太子与噶礼的关系。

康熙帝做出二废太子决定后，心情沉重，愤懑难平。此刻，尤其听不得哪位大臣与允礽暗中勾连，一旦闻之，万难包容。

不过，将噶礼罢革两江总督，这一惩处并不重。索额图被执前曾两次降革，均得起用；二十七年（1688）二月明珠被革去大学士，旋任内大臣。此次噶礼被革职后，奉旨修筑热河避暑山庄宫墙。乾隆帝认为，噶礼是贪官，故康熙帝令罚赀修筑，以惩创墨吏。① 然而同朝大臣李光地年谱内，有如下记载："至九月（按，应为五十七年十月）有旨，夺巡抚阶留本任，督虽不褫革而召入京予散秩。"② 无论是惩贪还是给予赎罪机会，如果对噶礼的惩处仅止于此，时过境迁后，噶礼再度被起用的可能性依然较大。这也表明，噶礼或受允礽牵连，但没有被康熙帝视为允礽之党羽，故所受处罚与托合齐等人有较大区别。

关于康熙帝为何"保张弃噶"，清人有如下看法：

"会（噶）礼与张清恪公伯行相互参劾，圣祖初颇右礼，乃置张公诏狱。而吴民素服张公，从行者数千人，争至畅春园代为张公请命。上益厌张之沽名，会问安于孝惠章皇后宫，礼母固后近戚，上遇之，不及避，上因询其子所为，何以与张龃龉故。其母乃言其子贪状，且言张之冤谴。上怫然言：'其母尚耻其行，其罪不容诛矣。'因置礼于法，而复起用张公。"③

---

① 《御制文余集》卷2，《清高宗（乾隆）御制诗全集》第10册，第1015—1016页；《御制诗余集》卷20，《清高宗（乾隆）御制诗全集》第10册，第282—283页。均见中国人民大学出版社1993年影印本。

② 李清植纂辑：《文贞公年谱》卷下，康熙五十一年六月条。

③ 昭梿：《啸亭杂录》卷10，第354页。

康熙中后期，常有大臣母入觐皇太后宫，并得赐宴和赏物。① 而噶礼母赴皇太后宫闲谈陪伴，应较一般大臣之母为多。不过，以噶礼母在皇太后宫中遇到康熙帝，遂言子贪恶，代张伯行申冤，作为康熙帝"保张弃噶"之由，这是将前后发生的互参、叩阍两事捕风捉影，附会而成。它表明在时人看来，噶礼母对互参案的结局起有一定作用。所以，噶礼母被视为"为祸之祖"，其族人"咸归怨之"②。

六　噶礼为何被赐死

1. 噶礼母告发噶礼"偷养"常泰之子干太

五十二年（1713）三月，康熙帝迎来六十大寿。命七十以上八旗年老妇人齐集畅春园孝惠皇太后宫门前，受赏食宴。在孝惠所居谦尊堂内，康熙帝亲自给九旬以上八旗妇人及大臣妻颁赏。噶礼母因是外戚，且与孝惠熟稔，当在此列。

五月初十日，康熙帝出巡塞外。十六日驻跸热河（承德）避暑山庄。十天后，皇太后抵达，康熙帝率诸皇子、大臣、侍卫等跪迎。闰五月十三日，康熙帝由热河赴温泉，逾五日而返。七月二十一日，从热河启程行围。九月初七日回热河。十三日奉皇太后踏上归途。二十日抵京。

此次塞外之行，康熙帝驻跸热河计两月余，其间照常处理政事。正在修筑山庄宫墙的噶礼，必曾面见康熙帝，口奏工程事宜。时噶礼奉差不及一载，工程进度较快。两个月后当他被执时，宫墙修建即将告竣。③ 由此亦见，噶礼的确有出色才干。

从下面发生的情况看，这一年盛夏时节，噶礼母也曾赴热河小住，或是陪伴皇太后前往。在热河期间，噶礼母子不曾会面的可能性极小。因与噶礼相处中出现问题，她心中早已存在的报复欲望再次膨胀。时噶礼已革职，更关键的是，对噶礼十分信任的皇太子允礽复遭废黜。这使噶礼母再无顾忌。此时她在避暑山庄内皇太后的居所，可以经常见到不时前来请安

---

① 方苞：《理藩院员外郎赠资政大夫席公神道碑》，载《方望溪全集》卷13，第195页；《记徐司空逸事》，载《方望溪全集·集外文》卷6，第346页；汪由敦：《松泉文集》卷2，《御书戏采堂颂谨序》，载《清代诗文集汇编》，上海古籍出版社2010年版，第272册，第261页。
② 昭梿：《啸亭杂录》卷10，第354页。
③ 热河避暑山庄宫墙完工后，周回计十七里半。参见《钦定热河志》卷30，《四库全书》第495册，第465页。

的康熙帝。

至迟七月下旬，噶礼母准备先行返京前，再次见到康熙帝。遂告称：噶礼偷养了常泰之子。康熙帝惊怒而未露声色，只是告诉噶礼母：稍等时日。① 时秋狝在即，康熙帝为调查此事留下时间。

九月初七日，康熙帝命令领侍卫内大臣鄂伦岱、乾清门侍卫五格："将获罪原总督噶礼杖笞后，缚以九条锁，严加看守。"他还向鄂伦岱等谈及噶礼"偷养"常泰之子一事。随后，将参与此次行围的噶礼幼弟花色召至。当着众人之面，康熙帝对花色说："花色，告诉尔母。先前尔母奏朕曰，噶礼偷养了常泰之子。朕称稍候。今噶礼持银在热河恣意妄为，朕得知，令杖笞后缉拿交部矣。噶礼之家产，全部赏与尔母。"

鄂伦岱等领命后奏称："噶礼家中现收养常泰子一人。请将伊交付该都统、副都统等严查缉拿。再，噶礼之家产亦请严加查核，封存看守。"当日奉旨："是"。

鄂伦岱立即遵旨办理，将有关事项咨行兵部。噶礼受杖笞后被逮捕，颈、手、足戴上九条锁。这是用铁链锁禁要犯刑法中最重一种。十年前，允祉、允禶两皇子夜赴宗人府，秘密审讯索额图后，即奏请将索额图加戴九条锁。②

兵部接到咨文，交付曾奉命看押索额图的镇国公普奇以及正红旗满洲副都统毛奇他特、正红旗满洲副都统吴勒办理。因正红旗满洲都统一职空缺，时任正白旗满洲都统普奇兼正红旗满洲副都统。

普奇等立即带人将"噶礼抚养的常泰之子干太"于家中执捕，并缚以九条锁。经审讯，干太供称："噶礼之妻子及家产均在河西务，京城内只有三处当铺。"经普奇等查核干太之家产，计银子一万七百余两，另有金子、玉石、书籍、字画插架及衣、裘、缎匹、丝绸等，逐件封存看守。又查得，噶礼在京城三处当铺，计银子三千余两，所有当物全部封存看管。当天，普奇等派章京、兵丁前往河西务噶礼家，将家中男子全部扣上铁锁，女子全部幽禁，物品、房屋一并封存，严加看守。噶礼之子佐领干都，因日前奉差随驼队前往围场，暂未抓获。干都的两处房屋也被封存看守。

---

① 中国第一历史档案馆藏满文朱批奏折，普奇等奏，康熙五十二年九月十二日。
② 中国第一历史档案馆藏满文朱批奏折，允祉等奏，康熙四十二年七月十八日。

清制，旗下不可擅自用刑。普奇等认为，噶礼可能另有房产、田亩、庄屯、买卖等项，若非严刑逼讯，无法从干太及噶礼家人口中审出。普奇正拟具奏，将干太等交付刑部严审时，噶礼幼弟花色带其母求见，将康熙帝在热河让他转告其母之言，告知普奇。

于是，普奇等于九月十二日上折奏闻。内称：噶礼之弟花色带伊母前来告知，奉谕旨："噶礼之家产，全部赏予尔母。""噶礼有银而支取公库银两万两。臣等请将已查获一万七百余两及三处当铺现有三千余两，一并赔补公库，其余所欠银两，由噶礼三处当铺陆续所得银两内补足。主子稔知噶礼甚恶，已缉拿交部矣。只是噶礼家甚是富饶，而噶礼乃行止不端，大为悖乱之人，另有其他缘由，亦未可料。臣等请将噶礼之子干都、所养常泰之子干太及家人、家产等一并交付刑部，严审查核。"

这件奏折上，康熙帝在两处写有朱批。

一则朱批写在普奇奏报花色称，康熙帝谕令将噶礼家产，全部赏予其母这段文字的上方："这个花色乃极庸懦之辈。朕原降谕旨中，并无赏给（其母）之语。朕曾在众人前谕称：'噶礼之行事尔等皆知。此案内所有物件，勿得遗漏其一，务必查核后交付'。此处有误。"

另一则朱批写在这件奏折的结尾："尔等会同刑部查审。此折没有装在封套内，没有封缄，殊为不合。"①

三四天后，噶礼家奴仆梁之琳，赴原任正红旗满洲都统齐世处告称，噶礼家藏匿之房产、田亩、买卖、铺子等尚有甚多。齐世遂将梁之琳执送普奇前。② 经询问，梁之琳供称："小奴我在噶礼家中，知道噶礼乃大富之人，田亩、买卖等项甚多。如果隐之不发，一旦查获，我的死期将至。所以首出，以求侥幸宽免。"③

此前，普奇等已将噶礼原在正阳门外当铺一处、河西务当铺一处封存看守。梁之琳首出十一处计二百六十七间房屋，也已查封看守。先后共查得当铺五处，房屋十五处共五百七十三间。此外，梁之琳又首出噶礼在直隶所属赵州、新城、定兴等处之庄屯、田亩，以及赵州、新城、定兴、易州、三家店五个地方当铺共七处。

---

① 中国第一历史档案馆藏满文朱批奏折，普奇等奏，康熙五十二年九月十二日。
② 齐世，亦作齐什、七十，原任正红旗满洲副都统、都统，康熙四十二年（1703）任正黄旗满洲都统，四十四年革职，后给予都统职衔。他是康熙帝第九子允禟的岳父。
③ 中国第一历史档案馆藏满文朱批奏折，普奇等奏，康熙五十二年九月十八日。

第四章　皇储风波　罪及外戚

九月十八日，普奇、毛奇他特、吴勒再次联名上折。内称："先前奴才等具奏噶礼一案，甚属粗略，竟无可取处。蒙圣主仁爱教诲，奴才等悚惧不安，敬谨铭记。"普奇等奏陈梁之琳首出并已先后查获之房屋、当铺等情后，又称："噶礼既为大富，又甚奸巧诡诈，伊家人均善钻营。"赵州、新城、定兴三处之庄屯、田亩易于查获，赵州等五地共七处当铺倘不尽早往查，其家人必将现有物件隐匿迁移。"若派所属旗下官兵从速往查，行程遥远，恐致伊等侥幸藏匿。或交付该处地方官员从严查核，或将该部章京、旗下官兵共同派出严查。奴才不能定夺，从速奏闻，伏乞教诲。"奏入，奉朱批：拣选该部才能章京、旗下精悍官兵严加查明。①

康熙帝先是得知噶礼抚养常泰之子，后有"噶礼持银在热河恣意乱为"之语。显然，噶礼是因其母告发他抚养常泰之子而获罪。可是，抚养他人之子，似难定为重罪。

"主上"将子孙交付属下人员抚养，或旗员收养他人之子为养子，均属满洲习俗。清入关后，这类现象在皇室、宗室乃至中下层八旗旗员家中仍能时常见到。

例如，顺治帝第二子福全、第五子常宁幼时，被分别付与殷实官员抚养。② 第三子玄烨为了避痘，由紫禁城内移居北长街东侧福佑寺，又曾住在乳母等服侍人员家中。

康熙帝曾对众臣说："朕之诸子，多令人视养。"③ 如皇长子允禔养于内务府总管噶禄家；皇三子允祉养于内大臣绰尔济家；皇四子胤禛曾由皇贵妃佟佳氏（孝懿后）抚养；皇五子允祺养于皇太后宫中；皇八子由皇长子允禔生母惠妃纳喇氏抚养；皇十二子允祹由孝庄太皇太后侍女苏麻喇姑抚养；皇十三子允祥因生母章佳氏（谥"敏妃"）早逝，由皇四子胤禛生母乌雅氏（谥"孝恭仁皇后"）代为抚养；等等。

又如正蓝旗和硕安亲王岳乐之子宗室塞稜格（一作塞冷额），曾被付与同旗罗思汉佐领下萨尔布善抚养。④ 原任内大臣觉罗他塔为上驷院大臣时，因子众多，拟弃其妾所生之子。包衣佐领马群头目贞特闻知，请求收

---

① 中国第一历史档案馆藏满文朱批奏折，普奇等奏，康熙五十二年九月十八日。
② 台北"故宫博物院"：《清代起居注册·康熙朝》，第21册，第11514页。
③ 《清圣祖实录》卷235，康熙四十七年十月戊子。
④ 台北"故宫博物院"：《清代起居注册·康熙朝》，第21册，第11512—11513页。

养该子，他塔遂与之。① 也有八旗将士出征时，将掳获之人为养子。②

康熙帝对旗员抚养、收养其主或他人之子的做法，一向持肯定态度，并在经济利益上对抚养人予以保护。他认为："凡将子孙付与属下人员抚养者，并非欲得其产业也。抚养之人能自孩提时兢兢业业，侍奉抚养，即其功也。及至长成，又得其产业，籍其人口，不但于理不合，即为所抚养之人亦于心不安。五旗多有此事，此风断不可长。"③

噶礼于何时、因何故抚养常泰之子干太，尚未见到史料记载。显然，康熙帝原本不知此事。干太是康熙帝内侄、允礽的表兄弟。噶礼背着康熙帝，私自抚养康熙帝皇后之侄，这一做法令康熙帝倍感恼火。更重要的是，索额图、常泰叔侄罹罪多年，允礽第二次被废黜后，康熙帝方得知噶礼与允礽及其母家戚属有很深的关系。这使他对噶礼的看法发生质的改变。他认为，噶礼像托合齐一样，是废太子允礽的人，而且对他欺瞒不忠，是可忍，孰不可忍。

但是，时隔七个月后康熙帝处置噶礼时，抚养常泰之子干太一事被置之次位，噶礼的主要罪名则为谋毒其母。

2. 噶礼毒母献疑

康熙五十三年（1714）春，噶礼之母叩阍，控告伊子噶礼：

"老奴大不幸，养此不孝子孙，令家内做饭女人下毒药，要杀老奴。此等凶恶，皆系充军子色尔气偷回与孙干都欲杀老奴，合谋而行者。噶礼将常泰奸妇所生之子莽牛认为己子，私自抚养。老奴之夫普善痛责噶礼，将媳与奸生子一并逐出。常泰聚集亲戚，将老奴房屋拆毁，几至殴打老奴。再，噶礼之妻子及紧要人等俱住河西务，不知何意。噶礼极奸诈无恩，必不可留于世间。"④

按，清人叩阍主要有两种方式。一是击登闻鼓申冤，由通政使司审讯；二是乘皇帝外出时迎驾或擅入宫门申诉，由刑部审讯。⑤ 噶礼母的叩阍是采用后一种方式。

---

① 台北"故宫博物院"：《清代起居注册·康熙朝》，第22册，第12048页。
② 同上书，第12432—12434页。
③ 《清圣祖实录》卷250，康熙五十一年七月丁酉。
④ 中国第一历史档案馆整理：《康熙起居注》，第3册，第2083页。
⑤ 参见朱金甫、张书才主编《清代典章制度辞典》，中国人民大学出版社2011年版，第165页；马俊亚《盛世叩阍：清前期的皇权政治与诉讼实践》，《历史研究》2012年第4期。

不久，刑部等题称：

"噶礼、噶礼之弟色尔气、噶礼之子干都、家人五姐、六指子皆认情真。噶礼应照谋杀祖父、父、母已行者，不论成伤不成伤皆斩，依律治罪。但噶礼身蒙皇上洪恩，历任大臣，自应捐躯效力，一心图报，乃任意贪婪，肆行奸诈。既有负圣恩，又欲谋杀亲母，不忠不孝已极，不应照此律拟罪。噶礼合依谋杀父母已死者律，凌迟处死。色尔气、干都、五姐、六指子俱依律立斩。噶礼之妻忤逆其姑，拟立绞。噶礼所养常泰之子干太并妻子，发黑龙江当苦差。噶礼赃款内三百四十余口家人俱入官。查出房产七十五处，地一百余顷，当铺十三所，其价本银并金器皿，俱注册交送户部。此外，隐匿房产、地土、人口、财帛等项，俟发觉时再议。"①

四月初四日，康熙帝于畅春园澹宁居听政。大学士等就上述刑部题本请旨。康熙帝称："噶礼断不可留！居官既无状又不孝，况恶迹甚多。著问九卿，九卿虽承问，谁敢言其应杀？能言者即是去得之人。且满洲中从无一人似此者，凡满洲应共杀之。"② 在众臣前，康熙帝没有掩饰对噶礼的切齿之恨。在他眼中，噶礼是满洲之首恶。这与康熙帝称索额图为"本朝第一罪人"，实可一比。

四月二十日，发议处噶礼等本内批旨："噶礼著自尽，其妻亦令从死。郭有登著即处斩，色尔气、干都、五姐、六指子著改拟斩，俱监候，秋后处决。干太发往黑龙江当苦差。余依议。"③

当朝大臣被康熙帝勒令自尽，除去噶礼，只有二废太子时被视为太子党党魁的托合齐。五十一年十一月，大学士等为宗人府题请将托合齐凌迟处死事请旨。康熙帝称："托合齐甚属贪恶，乃不可留之人，从宽免其凌迟，令其自尽。"④ 语气用词同他言及噶礼时何其相像。托合齐、噶礼受惩之严酷，超过被拘禁致死的鳌拜与索额图。然而噶礼更有甚之。大臣罹罪后，大臣之妻从死，在康熙朝唯此一例。刑部题请将噶礼之妻"拟立绞"，

---

① 中国第一历史档案馆整理：《康熙起居注》，第 3 册，第 2083—2084 页。
② 同上书，第 2084 页。
③ 同上书，第 2087 页；《清圣祖实录》卷 258，康熙五十三年四月庚寅。郭有登为何人，待考。《清圣祖实录》该条无此人。
④ 台北"故宫博物院"：《清代起居注册·康熙朝》，第 21 册，第 11770—11771 页。按，康熙五十二年（1713）春托合齐于监禁处病故，"锉尸扬灰，不许收葬"。参见《清圣祖实录》卷253，康熙五十二年二月辛亥。

罪因是她"忤逆其姑",即得罪了她的婆婆噶礼之母。事实上,噶礼之妻从死的真正原因,是代为抚养了常泰之子干太。①

此次噶礼案内绞监候之人,也有后来得到宽免者。如噶礼子干都,至雍正年间仍在世,任亲军校。②

噶礼母的叩阍行为让人费解。时孝惠皇太后健在。因年过古稀,更需要故旧陪侍身边,闲聊消遣。刚刚步入花甲的康熙帝,感到皇太后来日可数,对她竭尽体恤。每隔数日,必往皇太后宫问安。此举已坚持五十多年,直至五十六年(1717)皇太后离世。噶礼母如果仍如以往,常去宫中看望孝惠皇太后,自有面见康熙帝的机会。可是,她为何不像出首噶礼抚养常泰之子那样,直接面告康熙帝,而是在康熙帝外出时守候路边,迎驾控诉?③ 这种舍近求远的做法,是否不合情理?

《康熙起居注》扼要记录了噶礼母叩阍之所言,计一百四十字。其中关于噶礼对她谋害之语不到六十字,此内存在疑点和自相矛盾处。

噶礼母控告噶礼"令家内做饭女人下毒药,要杀老奴",时在五十三年春。可是,五十二年秋噶礼已被逮捕,缚以九条锁,交刑部拘禁。噶礼家人中所有女性在河西务被严加看守,也有半年以上。身在图圄的噶礼怎可能"向家内做饭女人"下此指令?如果噶礼母所言之事,发生在噶礼被执之前,她为何不在面告康熙帝噶礼"偷养常泰之子"时一并控诉,而要等到六七个月后?

噶礼母又称,"此等凶恶,皆系充军子色尔气偷回与孙干都欲杀老奴,合谋而行者"。换言之,"要杀老奴"的合谋者是儿子色尔奇和孙子干都。这岂不是说,噶礼并未直接参与谋害其母?何况噶礼子干都后来得到宽宥,任亲军校,可见干都并非合谋者;或可进一步推论:原本并无合谋毒害其母一事。

噶礼既然如康熙帝所言,是位"事体明白"人,为何要指使家人投毒害母?其目的何在?康熙帝关于勿将其母带至任所的忠告言犹在耳。即使噶礼对母亲不满,不致用此低劣手段施行报复。何况他正期望通过督修避暑山庄宫墙,竭诚表现,将功补过,重获起用。

噶礼母对"噶礼之妻子及紧要人等俱住河西务"表示疑惑。这说明她

---

① 《清圣祖实录》卷258,康熙五十三年四月庚寅。
② 《八旗满洲氏族通谱》卷8,第139页。
③ 据李光地《榕村续语录》卷18,下册,第828页:"前上出都时,晋抚噶礼母叩阍,求杀其次子、次女,子又与礼不协。"

与噶礼一家分处而居，彼此可能少有过往。

值得注意的是，噶礼母在控诉中，称噶礼"必不可留于世间"。这等于为噶礼定下死罪。具有何种动机，竟促使她必置亲子于死地？母子矛盾不足论，唯有巨大利益诱惑。

康熙帝否认曾对噶礼幼弟说过，要将噶礼家产给予其母。花色无论如何"庸懦"，对"圣旨"绝不会听错，也不可能杜撰。看来，康熙帝当时确有此意，故对花色有所透露。因首告得实而叙功受赏，是清朝处理某些罪案时的做法之一。但康熙帝随后又觉不妥，故矢口否认。可是，噶礼案尚未完结，噶礼母仍对得到噶礼的财产抱有期望。在她看来，提供新的噶礼罪证，能够促使这一期望得到部分实现。

如果噶礼母直接向康熙帝告发此事，则显得有些非正式；只有采用叩阍方式，才有利于清廷通过法律程序，定罪并惩办已被拘禁的噶礼。不过，噶礼母能否有此周全考虑？这是出于她的本意，还是受人暗示后所为？

另据刑部题称，噶礼、色尔奇、干都等所有被噶礼母指控之人，对参与"谋毒"噶礼母"皆认情真"。这是在严行逼供下认罪，不足为据。

噶礼案完结后，康熙帝果然没有兑现承诺，将噶礼的家产赐予其母。噶礼母晚年生活拮据，"以织纴为生"①。以她的特殊身份以及告发噶礼抚养常泰子等表现，似不至如此贫窭。其原因让人费解。

3. 关于常泰之子干太（又作干泰、甘泰，小名莽牛）

关于常泰之子干太以及他为噶礼所抚养等情，我们目前知之甚少。

《八旗满洲氏族通谱》中，噶布喇、常泰一支无干太。

据前引满文档案，康熙五十二年秋噶礼母告发噶礼"偷养"常泰之子，并未提及该子之名。普奇奏闻将噶礼抚养的常泰之子干太于家中执捕，这是干太一名首次出现。

又据《康熙起居注》，五十三年（1714）春噶礼之母叩阍控告噶礼，称噶礼将常泰一奸妇所生之子莽牛认为己子。按，"莽牛"应是常泰子之本名（小名），他被噶礼抚养后则名"干泰"。值得注意的是，"干泰"名头一字，竟与噶礼子"干都"之名头一字相同，应非巧合。由此看，噶礼确是将常泰子莽牛认为己子，不仅仅是在短时期内代为抚养。

所谓"奸妇"，可能是指无正式名分的媵妾，也可能是指一位与常泰

---

① 昭梿：《啸亭杂录》卷10，第354页。

有不正当两性关系的妇人。故噶礼母的控告中,称莽牛为"奸生子"。普善为此痛责儿子噶礼,将承担代养之任的儿媳及"奸生子"干太一并逐出家门等情,或可由此得到部分解释。当然,如果噶礼收养常泰之子,发生在常泰袭封一等公并逐步受到倚重时期,普善当不致对噶礼收养当朝国戚之子如此反对。康熙五十三年(1714)事发时,干太已娶妻生子,而且未与噶礼妻等一起住在河西务。综合这些情况看,他出生不久即为噶礼收养的可能性较大。常泰可能仅此一子,却与他人抚养,应有其苦衷。

无论常泰是否革退,其子毕竟是皇太子允礽的亲表弟。所以,噶礼抚养常泰之子,或许也有放眼长远,谋利图报之深意。

干太对噶礼的家产情况比较了解,说明并未被噶礼及其家人视为外人。干太无官无职,与书画相伴,坐拥万余银两和大量金银珠宝、绫罗绸缎。他生活闲适,家资丰饶。乃父常泰精于绘事,干太也好丹青。可谓有其父必有其子。

这位过着近似隐居生活之人,终未逃脱皇权的掌控与惩治。因为是废太子允礽大舅常泰之子,且为噶礼所抚养,干太被缚以九条锁逮捕鞫讯。经康熙帝批旨,发往黑龙江充当苦役。后不知所终。

七 噶礼罪案反思

五十二年九月底,康熙帝听政时对满汉大学士说:"朕并无所爱憎之人,其居官善者则爱之,不善者则憎之耳。即如噶礼,居官如此不善,不但无一人劾奏,反有从而誉之者。"① 此处所言赞誉噶礼之人,即山西太原府知府赵凤诏。

赵凤诏,江南武进人,当朝户部尚书赵申乔之子,由县令跃升太原府知府。赵凤诏是噶礼的亲信。康熙帝曾面询赵凤诏,噶礼居官何如?赵凤诏奏称:"噶礼为山西第一清廉官"②;"天下不要钱官只噶礼一人"③。噶礼获罪赐死,康熙帝遂迁怒于赵凤诏。他说,以为赵凤诏乃赵申乔之子,断不欺朕,因擢噶礼为江南总督。赵凤诏"不忠不孝极矣"④。

在康熙帝授意下,五十四年(1715)山西巡抚苏克济参奏赵凤诏受贿

---

① 台北"故宫博物院":《清代起居注册·康熙朝》,第22册,第12412页。
② 《清圣祖实录》卷265,康熙五十四年十月丁亥。
③ 中国第一历史档案馆整理:《康熙起居注》,第3册,第2076页。
④ 《清圣祖实录》卷268,康熙五十五年闰三月壬午。

三十余万两。经钦差大臣查审,赵凤诏"共婪赃一十七万四千六百两零"。康熙帝命照数追查。五十七年春,赵凤诏被斩首。① 然而时隔数月,康熙帝在不经意中透露实情:"赵凤诏甚属贪婪,因谎奏欺朕,已行正法。"② 换言之,赵凤诏罹罪被斩的首要原因,尚非"甚属贪婪",而是"谎奏欺朕",即在康熙帝前褒赞噶礼。赵凤诏案是由噶礼案派生,案主受噶礼牵连致死。该案另有复杂情况,从略。由此反观噶礼案,不禁产生疑问:无论苏克济参劾情由是否属实,赵凤诏确有"婪赃"数额。噶礼既是"极贪污之人"③,当他先被革职,后遭拘禁,数经严审查核后,为何不见"婪赃"之证据及"赃款"数额?

先看康熙五十一年噶礼、张伯行互参案。康熙帝对二人调和保全之意明显,而噶礼向为康熙帝倚重。因此,噶礼即使在两江总督任上有贪婪恶迹,人们不敢贸然指控,深文周纳。④ 张伯行咬定噶礼卖举得银五十万两,乃由坊间舆论闻知。

再看五十二年噶礼修建避暑山庄宫城时"恣意妄为",支取公库银两万两。此项工程确切需要多少银两,不得而知。但是,这是御用工程,且为康熙帝直接监管。噶礼已革职,极想以功抵罪,而滥用公款一旦事发,必致罪加一等。噶礼或有贪心,但此时会有所收敛,行事稍谨。五十三年四月刑部拟罪折中,只是称噶礼"任意贪婪,肆行奸诈",未提如何赔补公款。说明此情并不严重,不能构成案主主要罪证。

三看噶礼的家产。截至五十三年四月刑部拟罪时,共查出噶礼的房产七十五处,地一百余顷,当铺十三所及金器皿等。康熙年间,地方官员尚无于正俸外支取"养廉银"之成例。时人称噶礼"大富",名副其实。当时,旗人违制经商并不少见。如果以财富之多少,经商规模之大小论,索

---

① 《清圣祖实录》卷265,康熙五十四年十月丁亥;卷268,五十五年闰三月壬午;卷277,康熙五十七年二月壬寅。
② 《清圣祖实录》卷282,康熙五十五年十一月乙酉。
③ 中国第一历史档案馆整理:《康熙起居注》,第3册,第2076页。
④ 康熙五十一年(1712)夏,原江苏布政使宜思恭控告噶礼"需索银两"。类似情况在当地官员中并非少见。参见《清圣祖实录》250,康熙五十一年五月戊子;卷252,康熙五十一年十一月庚子。

额图与明珠等人比噶礼更有过之。① 不过，噶礼任地方大吏十余年，而且极善钻营。如果确有"巨万家资"，其中较大部分来自巧取豪夺。刑部拟将案主全部财产充公，"注册交送户部"。可是，噶礼的财产中哪些是"赃款"，具体是多少？均未言明。

康熙帝针对刑部的题请，称噶礼"居官无状又不孝，况恶迹甚多"，故"断为不可留"，却没有言及噶礼的贪墨。可以同噶礼作对比的是，赵凤诏乃因在康熙帝前称赞噶礼而得罪，但康熙帝对众臣谈到赵凤诏，一再称其"如此贪滥"②。这些情况隐约表明，噶礼绝非廉官，可是，清廷将他治罪时，并未将贪墨作为他的首要恶迹。

由于抚养废太子允礽表弟、常泰之子干太一事发露，噶礼被康熙帝视为索额图及废太子允礽的同党。这才是噶礼被赐死的首要原因。不过，抚养外戚常泰之子一事，难以详究而定重罪，故被置之于次位，噶礼的主要罪名则是谋毒其母。尽管这一罪名疑点很多，依律当凌迟处斩。③

清官修史籍中，对《康熙起居注》所记噶礼母控告噶礼抚养常泰子莽牛一事，做了改动，称"噶礼以昌泰之子干太认为己子，令妻私自抚养"④；"噶礼妻以别户子干太为己子"⑤。这种笔法或模糊、或隐去常泰之名，以此淡化、掩饰噶礼获罪与废太子允礽及其大舅常泰之间的关系。事实上，康熙帝本人就曾公开将噶礼与索额图视为一体。

噶礼被赐死两年后，康熙帝于众臣前斥责满洲大学士嵩祝趋奉二阿哥允礽，且与噶礼结亲等不能自守处。他说："索额图、噶礼，朕皆诛之。嵩祝岂更甚于索额图、噶礼，朕不能诛之乎？"⑥

---

① 索额图的行商前已述及。明珠有关情况，参见杨珍《盛世初叶（1683—1712）的皇权政治——对明珠晚年的个案分析》，1999 年《清史论丛》；刘小萌《旗籍朝鲜人安氏的家世与家事》，《清史研究》2013 年第 4 期。
② 《清圣祖实录》卷 268，康熙五十五年闰三月壬午；卷 273，康熙五十六年七月庚午。
③ 《大清律例》卷 26，天津古籍出版社 1993 年版，第 440、441 页。
④ 《清圣祖实录》卷 258，康熙五十三年四月庚寅。
⑤ 《满洲名臣传》卷 23，载《满汉名臣传》第 1 册，第 661 页；另参见《清史列传》卷 12，第 3 册，第 873 页。
⑥ 《清圣祖实录》卷 268，康熙五十五年五月辛酉。按，雍正五年（1727）嵩祝从大学士任上免职。

小 结

根据上述考察，可以对本章所述史事有新的认识和评价。

其一，孝诚皇后家族三代人在储位风波中遭殃。

以原始满文档案与汉文史籍互证，可以看出，康熙帝称索额图助皇太子允礽"潜谋大事"乃子虚乌有。康熙帝先是听信不实之词，仓促做出废黜皇太子允礽的决定，继而在情绪失控状况下，对已故索额图追加了这一罪名。

一等公常泰在康熙帝亲征噶尔丹中发挥才干，大得康熙帝赞赏，又因卷入康熙帝与皇太子允礽的矛盾而获罪革爵。在康熙帝看来，常泰既是皇太子允礽的亲信，也与索额图一样，是导引允礽习恶之人，可与索额图相提并论。只是碍于早逝的孝诚皇后，未将常泰获罪之由公之于众。

满、汉文史料还显示，常泰之子干太无官无职，钟情于书画。只是因为他自幼由噶礼抚养一事为康熙帝发觉，遂被抄家鞫审，发配黑龙江服苦役。

其二，满洲旗员的家庭矛盾看似琐屑，一旦与宫廷内部权力之争发生交集，相互作用，便有可能对宫廷政治产生影响。

噶礼之母兼有康熙帝保姆与福全舅母的双重身份。她与宫廷联系密切，但终究处于下层，本与宫廷政治无涉。可是，在家庭积怨和个人欲望的驱使下，她将亲子噶礼送上黄泉路的同时，也在为康熙帝与废太子允礽的矛盾火上浇油，推波助澜。

噶礼革去两江总督，很可能与皇太子允礽第二次被废黜有内在关联。更重要的是，满文档案证实，噶礼乃因被生母告发抚养常泰之子，遭到逮捕，勒令自尽，家产籍没。所谓噶礼谋毒生母案，应是人为制造的借口，以便给案主冠上"不忠不孝"罪名而予正法。

其三，康熙帝优宠外戚说并非全面客观。

康熙帝向以笃重亲情、为政宽仁著称。清史学界传统看法认为，"圣祖昵于外戚，待外戚之子弟宽于诸皇子"[①]。其实这只是一方面。另一方面，对于在他看来妨碍皇权集中的当朝外戚，无不予以严酷惩治，即使对

---

① 孟森：《明清史论著集刊》，中华书局1959年版，下册，第546页。

年少无辜的孝诚皇后侄儿于太,也未稍有姑息。

孝诚皇后三代亲属以及噶礼等与康熙帝的矛盾,反映了清朝统治集团内部以皇帝与储君为代表的两个利益群体之间的权力之争。这些外戚或被冠以罪名,或因牵连致罪。从个人角度看,他们多有冤抑;从清朝皇权的集中强化即将达到顶点的发展大势看,他们的获罪又有其必然性,即康熙帝必定要消除他所认为的一切权力隐患,以保证唯我独尊,乾纲独断。作为一个封建政治家,康熙帝的雄才大略中也包含了偏狭、虚伪、残忍与不择手段。

由于为君者讳等原因,清代史籍对宫廷历史若干重要内容或予隐瞒,或在不同程度上歪曲真相。治史中需要对此保持高度警觉。

第五章

宫廷政治中的满汉文士

宫廷政治的舞台上，演出了一幕幕不同利益群体之间争权夺利的生死博弈。即使处于权力边缘之人，无分满汉与职任，有时也会主动参与其中。因原始史料稀缺、史籍记载失实、清朝统治者刻意掩饰真相等原因，我们对这些人参与宫廷政治的情况不甚了解。本章通过清朝两位文士的案例，探究权力边缘人物与宫廷政治的关系。

第一节 朱天保奏请复立太子案

康熙五十七年（1718）正月，康熙帝正在昌平小汤山疗疾。时为两废太子后第六年。是月二十日，"正红旗满洲"①、翰林院检讨朱天保自京城至，具疏请求复立废太子允礽。康熙帝闻之震怒，亲自审理后，将朱天保斩首，重惩有涉人员。

对于这件轰动一时的大案，清官私史籍间有记述。可是，因为没有收录朱天保奏折原文，故所记甚略，与史实也有较大出入。

一 官私记载中的疑点

《康熙起居注》只是记述了康熙帝审讯、惩处朱天保等人的经过。②

如康熙五十七年正月二十日：

翰林院检讨朱天保奏请复立皇太子，将本交奏事六品官双全等转奏。上御汤泉行宫正门，令朱天保近前，问曰："尔奏折内云，二阿哥仁孝，

---

① 中国第一历史档案馆藏内务府奏销档，第193册，第215—216页。
② 中国第一历史档案馆整理：《康熙起居注》，第3册，第2483—2495页。

何由而知？"朱天保供云："奴才之父朱都纳语及，故得闻之。"上问曰："尔父行走之时，二阿哥无疾尚好。二阿哥学问弓马艺能，原无可议之处。但得疯疾病，发时即诸事不省，举动乖张。即如尔掌院徐元梦，二阿哥在朕前背立以手指伊，詈及父母推入河内，复引出殴打。不但此也，亲伯父及伯叔之子、皇子等，皆以不可道之言詈之。此非疾乎？此等之处，尔知之否耶？"朱天保词穷，供云："奴才不知，冒昧陈奏，理应万死。"上问曰："尔奏折内云，今二阿哥圣而益圣，贤而益贤，尔从何而知？"朱天保供云："我父闻之看守之人。"上问曰："看守之人何名？"朱天保词穷，但云该死。上问曰："朕以尔来奏此本，必有一篇大文章。使人传问，恐将尔有理之言不能详尽，或致遗漏，特亲出逐一研讯。尔一无知稚子，三语即穷，如何奏此大事？必有同谋递信之人，可据实供出。"朱天保供云："此皆我父朱都纳同戴保商议缮本，令我来奏。"上曰："将朱天保押住，朱都纳、戴保著用九条铁链锁来，交与皇子、大臣等严审。"①

《清圣祖实录》《东华录》等有关此事之记载，均以《康熙起居注》为依据，繁简有所不同。②

民国初年撰修的《清史稿·朱天保传》中，有传主在五十七年正月的"具疏"。兹将该传前半部分转录如下：

"朱天保，字九如，满洲镶白旗人，兵部侍郎朱都讷子。康熙五十二年进士，选庶吉士，授检讨（按，从七品）。五十六年，典山东乡试。

五十七年正月，疏请复立二阿哥允礽为皇太子。时允礽废已久，储位未定，贝勒允禟觊得立，揆叙、王鸿绪等左右之，欲阴害允礽。朱天保忧之，具疏上，略曰：'二阿哥虽以疾废，然其过失良由习于骄抗，左右小人诱导之故。若遣硕儒名臣为之羽翼，左右佞幸尽皆罢斥，则潜德日彰，犹可复问安侍膳之欢。储位重大，未可移置如棋，恐有藩臣傍为觊觎，则天家骨肉之祸，有不可胜言者'。疏成，以父在，虑同祸，徘徊未即上。朱都讷察其情，趣之入告。时上方幸汤山，朱天保早出德胜门，群鸦阻马前，朱天保挥之去。疏上，上歆歟久之。阿灵阿，允禟党也，媒蘖之曰：

---

① 中国第一历史档案馆整理：《康熙起居注》，第3册，第2483—2484页。
② 《清圣祖实录》卷277，康熙五十七年正月己巳、庚午、丙子，二月己丑、乙巳；蒋良骐：《东华录》卷23，第377页；《十二朝东华录》卷20，台湾文海出版社1963年版，《康熙朝》（二），第731—735页。

'朱天保为异日希宠地'。上怒，于行宫御门前召问曰：……"①

按，此传后半部分记述了康熙帝审讯朱天保等人经过，与《康熙起居注》的记载基本一致，从略。需要略加补充的是：朱天保（一作珠天保），乌苏氏，号鹤田。② 约生于康熙中期。擅诗。③ 五十七年正月上折时已婚，有女。五十一年允礽第二次被废黜后翌年，朱天保以科举入仕。

宗室昭梿（1776—1829）《啸亭杂录》中，也有《朱检讨上书事》：

"朱检讨天保，字九如，满洲人。父朱尔讷，任兵部侍郎。公中康熙癸巳进士，入词林。时理密亲王居东宫，以暴戾故，仁皇帝废之，储位久虚。廉亲王允禩觊觎其位，揆叙、王鸿绪复左右之，欲阴害理密亲王。公隐忧之，具疏曰：'皇太子虽以疾废，然其过失，良由习于骄抗，左右小人诱导之故。若遣硕儒名臣如赵申乔等羽翼之，将左右佞幸尽皆罢斥，则其潜德日彰，犹可复问安视膳之欢。储位重大，未可移置如棋，恐有藩臣傍为觊觎，则天家骨肉之祸有不可胜言者。疏成欲上，以侍郎公在，徘徊久之。侍郎公察其情，曰：'忠孝未可两全，汝舍孝全忠可也！'因趣之入告。时仁皇帝幸汤山，公早出德胜门，有百数鸦栖其马前，似阻其行者，公挥之去。疏上，仁皇帝欷歔久之，会近臣阿灵阿素为允禩党，因媒孽其间，曰：'朱某之疏，为希冀异日宠荣地步。'上大怒，置公于法，侍郎公荷校而死，而理邸卒以寿终。"④

比对《清史稿》与《啸亭杂录》，可以看出，《清史稿·朱天保传》的前半部分是以《啸亭杂录》中《朱检讨上书事》为蓝本，稍加增减而成。⑤

《朱检讨上书事》存在很多问题。

首先，该文所载朱天保的"具疏"，与《康熙起居注》所披露的内容无一相符。

---

① 《清史稿》卷286，第34册，第10213—10215页。按，清代传记中，朱天保传仅见于《清史稿》。该传及《词林典故》等均称朱天保是满洲镶白旗人，有误。参见鄂尔泰等修《词林典故》卷8，《四库全书》第599册，第649页。
② 朱汝珍：《词林辑略》卷2，《清代传记丛刊》第16册，第102页。
③ 昭梿：《啸亭杂录》卷9，第457页。
④ 昭梿：《啸亭杂录》卷4，第100页。
⑤ 以《啸亭杂录》为蓝本记述朱天保上书事，还有《清稗类钞》《清朝野史大观》等。参见徐珂编撰《清稗类钞》，中华书局1984年版，第4册，1482页；《清朝野史大观》卷5，上海书店1981年版，第3册，第24页。

康熙帝审问朱天保时，对其奏折内"引戾太子之事为比"、称"二阿哥（允礽）仁孝，于拘禁之处甚是安静，圣而益圣，贤而益贤""费扬古将二阿哥陷害"等处，一一加以驳斥。① 这些为康熙帝举出者，当属该折核心内容，《朱检讨上书事》全部阙如。

其次，下述内容难以自圆其说。

第一，因"廉亲王允禩觊觎其位，揆叙、王鸿绪复左右之，欲阴害理密亲王"，朱天保怀有"隐忧"，于是"具疏"求复东宫。

按，皇八子允禩时为和硕贝勒。他积极参与储位之争，并得到部分皇子、王公贵戚、满汉重臣的拥护。翰林院掌院学士揆叙、户部尚书王鸿绪、领侍卫内大臣阿灵阿等都是允禩的支持者。这些人暗中活动，反对皇太子允礽。四十七年（1708）九月、五十一年（1712）十月康熙帝先后两次废黜皇太子允礽的事件中，他们起有一定作用。康熙帝多次在众大臣前切责允禩，朱天保必有耳闻。不过，当朝皇子地位崇高，何况两废太子后，储位谁属，结果难料。朱天保岂有胆量直言皇子觊觎皇位，预见"天家骨肉之祸"？

第二，"遣硕儒名臣如赵申乔等羽翼之"。

户部尚书赵申乔以操守清廉著称。五十四年（1715），赵申乔之子太原知府赵凤诏被劾受赃，康熙帝称赵凤诏为"天下第一贪官"，命处斩（参见第四章第三节）。赵申乔以不能教子，求赐罢斥。康熙帝责其何不检举，仍令在任供职。② 五十六年，因户部奏销鼓铸错误，赵申乔被革职留任。朱天保奏请由革职留任的赵申乔辅佐太子，似有违情理。

第三，近臣阿灵阿"媒孽其间"。

阿灵阿，钮祜禄氏，满洲镶黄旗人，辅政大臣遏必隆之子，康熙帝第二位皇后孝昭后之兄。康熙二十五年袭一等公爵。任銮仪卫掌卫事内大臣、领侍卫内大臣、理藩院尚书。五十五年十一月卒。③ 朱天保上书时，阿灵阿作古已近两载，岂能死而复生，"媒孽其间"？

此外，"侍郎公（朱都纳）荷校而死"，也与事实不符。

---

① 中国第一历史档案馆整理：《康熙起居注》，第3册，第2485、2486页；另参见《清圣祖实录》卷277，康熙五十七年正月庚午。
② 《清圣祖实录》卷265，康熙五十四年十月丁亥；《清史列传》卷12，第3册，第837页。
③ 《满洲名臣传》卷32，载《满汉名臣传》第1册，第942页；《清圣祖实录》卷270，康熙五十五年十一月癸酉。

那么，朱天保的奏折内到底写了什么？

二　高宅揆年谱转录的朱天保奏折

在高宅揆自撰年谱《香岩小乘》（下称《年谱》）中，康熙戊戌年（五十七年）二月二十六日条有"录京抄"三字，后面则是谱主抄录的朱天保奏折。

按，高宅揆，字鹭君，江苏吴县（今苏州）人。康熙二十五年（1686）生，常熟县学廪膳生员。捐职州同知，效力河工，堵筑秦家厂大坝有劳绩。约五十七年春末，高宅揆转录京抄中朱天保奏折，收入自编年谱。奏折文字偶有衍文或涂抹，可能也有错字，当是高氏抄录时笔误所致。

京抄，即邸报，也称邸抄、科抄。清制，谕旨及臣工题奏本章应发抄者，皆下内阁，发科由六科传抄。① 各省驻京提塘官每日至六科誊录，传至四方，谓之邸抄。② 朱天保案有关情况以及朱天保的奏折，均被录入京抄。

由高宅揆录自京抄并载入《年谱》的朱天保奏折，全文如下：

"翰林院检讨朱天保为冒死陈言，求复东宫，以赞天和事。臣辛卯举人，万寿科进士，庸材陋识，皇上特简拔清班，圣恩高厚，寸长未效。伏思皇上至孝性成，因慈圣升遐，哀毁过度，以致圣体违和。道路闻之，莫不惶悚。臣青年置学道愆，匿流不涉猎，养心养气之说，未能详究。惟有焚香顶祝，以祈圣寿于万年已耳。臣更有请者，皇太子素性仁厚，学贯古今，行遵圣训，学贯古今，天下皆仰，非独臣闻。然圣心以皇太子为继世万国之君，圣愈求圣，贤愈求贤，少有愆愆，望其改之，所以幽禁两年。而皇太子处之安然，毫无怨容，深自刻责，实无罪犹若有罪。即尧之钦若，舜之乐善，武之敬圣，禹之祗承，何以异此。昔太甲被放三年，处仁迁义，伊尹复迎去为帝，此前人之行也。皇太子幽禁三年有余，谅圣而愈圣，贤而愈贤。倘复回东宫，侍左右，亲聆圣训，则学问日进，德业日隆。皇上见之无不欢欣，则圣体康宁，圣寿自无疆矣。历观前史，东宫之所以获罪，多因权奸畏罪，圣太子英敏，恐为异日之诛，所以串通内外，

---

① 清前期，臣工奏折由六科传抄前须经皇帝特准。参见光绪《清会典事例》卷15，第1册，第198页；《清世宗实录》卷22，雍正二年七月甲辰；《清高宗实录》卷109，乾隆五年正月壬戌；卷637，乾隆二十六年五月戊午。

② 纪昀等撰：《历代职官表》卷21，上海古籍出版社1989年版，上册，第407页。

多方诬陷。或诬以淫行，或诬以巫蛊，种种诬陷，不能尽述，甚有使皇太子不得其死者。戾太子称兵拒命，武帝后闻三老之言，始知太子之冤，然不能早赦，终于无救，虽筑望儿台，其何益乎？当日大小臣工，岂无一人知其情者，然苟贪富贵，上顺朝廷，下畏权臣，忍而不言，比比皆是。彼时倘有李泌之流开说君心，则戾太子何致于死。臣读史致此，未尝不痛心疾首，追恨古人。我皇上聪明睿智，洞悉古今。然费扬古犹行离间，奏闻皇上饮食宜慎，以防行毒。若非皇上圣明，则费扬古之计不几行乎！臣虽非大臣，又无言责，但世受国恩，岂敢苟恋默而不言。近闻传言，有以皇太子之事言者，不但灭族，虽婴儿之所不遗。圣旨赫然，臣非不爱身家，念及父母。但所关甚大，灭臣一族，只臣一族受累。伏念皇太子者，皇上之爱子，倘拘禁日久，抑郁成疾，万有生意外之事，追悔何益。臣念及此，愤忿不已，所以冒死陈言，以求乾断。诚使两宫和睦，圣体万安，则臣虽死之日，犹生之年也。谨奏。"①

朱天保奏折原件以及高宅揆抄录之京抄，均已无存。下述情况表明，保留在《年谱》内总计约八百字的朱天保奏折，具有较大真实性，可资征引。

第一，《康熙起居注》所记康熙帝审问朱天保时提及的朱天保上奏内容，从奏折中均能找到出处，两自相符。

第二，奏折中朱天保自述考中举人（康熙五十年）、进士（五十二年）的年份，与史籍记载一致。②所谓"慈圣升遐，（皇上）哀毁过度，以致圣体违和"等情，也与史实相合。朱天保上书前四十三天，即五十六年十二月初六日，康熙帝嫡母孝惠皇太后病逝。康熙帝抱病服丧。至五十七年正月初，"肢体不能动履，已寝卧五旬矣"③。

第三，据《年谱》："（康熙戊戌年二月）廿六日 斩翰林院编修朱天保于平则门。"④另据《康熙起居注》，五十七年正月二十七日，满九卿等

---

① 高宅揆：《香岩小乘》第8册，康熙戊戌年（1718）二月二十六日条，上海图书馆藏手稿本。
② 《八旗通志初集》卷126、125，第5册，第3441、3408页。
③ 中国第一历史档案馆整理：《康熙起居注》，第3册，第2481页。
④ 平则门即北京阜成门。按，顺治帝"定鼎燕京，分列八旗，拱卫皇居"；正红旗居西直门内，镶红旗居阜成门内。参见《八旗通志初集》卷2，第1册，第17页。另据周家楣、缪荃孙等《光绪顺天府志》8《京师志八·兵志》，北京古籍出版社1987年版，第1册，第217—218页："唯城门领"，西直门以镶红旗，阜成门以正红旗。按，正红旗满洲朱天保被解至阜成门斩首，或与此有关。

奏入此案处理方案，请将朱天保立斩。康熙帝未准，称所议尚未详尽，"朕亲御门究诘朱都纳之处，亦未载入"。二月二十六日，康熙帝令将朱天保"交与本族及该佐领，令伊父朱都纳视之，是日即行完结"①。

朱天保死于康熙五十七年二月二十六日，与《年谱》所记相符。

四十七年九月允礽第一次被废黜后，幽禁咸安宫内，至四十八年三月复立，勉强可谓"幽禁两年"。自五十一年十月二废太子至五十七年正月朱天保上书，允礽被禁锢已近七载。奏折称"皇太子幽禁三年有余"，与事实有出入。这可能是朱天保及其家人对有关情况不甚明了所致。

三 昭梿所记何以错谬

既已知道朱天保奏折的真实内容，下面对《啸亭杂录》中《朱检讨上书事》记载失实的原因略作阐析。

其一，相隔数代，间接听闻。

《啸亭杂录》撰成于道光五年（1825）前后，② 时距朱天保奏请复立皇太子已逾百年。作者昭梿，自号汲修主人，又号檀樽主人，礼亲王代善七世孙。昭梿之曾祖椿泰，生于康熙二十二年（1683），三十六年袭和硕康亲王，四十八年卒，年仅二十七岁。椿泰嫡福晋乃朱都纳之女、朱天保之姐妹乌苏氏。昭梿之祖父崇安，生于康熙四十四年，生母为侧福晋伊尔根觉罗氏，四十八年袭和硕康亲王。雍正十一年（1733）卒，终年二十九岁。昭梿之父永恩，生于雍正五年，乾隆十八年（1753）袭和硕康亲王，四十三年复原号礼亲王，嘉庆十年（1805）卒，终年七十九岁。昭梿为永恩长子，嘉庆十年袭封礼亲王，二十年缘事革爵圈禁，翌年特旨释放。终年五十四岁。③

昭梿嫡曾祖母乌苏氏是朱天保近亲。曾祖椿泰逝于朱天保案发生前九年，时昭梿祖父崇安只有四岁。昭梿出生时，崇安已故四十余年。昭梿之父永恩生于朱天保案发生九年后。所以，昭梿祖上或与该案有密切关联（如嫡曾祖母乌苏氏），或对该案有所亲闻（如祖父崇安）。他们与昭梿均有数代相隔。昭梿嗜文史，读过《国史列传》《八旗通志》等，然而没有

---

① 中国第一历史档案馆整理：《康熙起居注》，第 3 册，第 2488、2494 页。
② 参见 [美] A. W. 恒慕义主编《清代名人传略》，中国人民大学清史研究所《清代名人传略》翻译组译，中册，第 486 页。
③ 《爱新觉罗宗谱》，乙册，第 3989—3990 页。

亲眼见过朱天保奏折。他撰写"朱天保上书"的主要依据，是经过三四代人口耳相传所得，自然多有出入。

《清史稿》的撰修者也不曾见到朱天保奏折，故采用昭梿撰写的朱天保奏折内容，又补入《康熙起居注》及其他官修史籍所载该案审理情况。在此基础上，写出前虚后实、真假难辨的《朱天保传》。

其二，以帝王好恶为取舍标准。

雍正帝胤禛继位后，大力清除政敌，允禩及其支持者均受严惩。阿灵阿、揆叙已于康熙年间相继去世，然雍正帝仍多次降旨，痛斥两人与允禩等"结党妄为"。雍正二年（1724）十月，下令在阿灵阿与揆叙的墓碑上，分别镌刻"不臣不弟暴悍贪庸阿灵阿之墓""不忠不孝柔奸阴险揆叙之墓"等字样。① 昭梿将朱天保奏请复立允礽，与揆叙、王鸿绪、阿灵阿等支持允禩图谋储位相联系，其来有自，带有雍正初年政坛风云的印记。

朱天保奏请复立废太子允礽不是一个孤立事件，其背后有多种因素相互作用。

四 康熙帝拟行秘密建储

康熙五十一年（1712）十月第二次废黜皇太子后，康熙帝开始思考新的建储方式。

五十二年二月，左都御史赵申乔奏请册立储君。康熙帝未予斥责，将奏折发还。他对领侍卫内大臣、大学士、九卿说："立储大事，朕岂忘怀，但关系甚重，有未可轻立者。"又说："今欲立皇太子，必能以朕心为心者，方可立之，岂宜轻举。"②

五十六年五月，大学士王掞密奏建储。③ 康熙帝怀疑王掞"意中必有所主"④。但并未严责，仍予倚信。

这时，康熙帝着手实施秘密建储计划。这一建储计划的核心内容是：皇帝全权决定储君人选；择贤而立；暗中进行考察培养；对储君人选、册立日期严格保密。

---

① 中国第一历史档案馆编：《雍正朝起居注册》，中华书局1993年版，第1册，第354页。
② 《清圣祖实录》253，康熙五十二年二月庚戌。
③ 故宫博物院文献馆编：《文献丛编》，1930年印行，第4辑，《康熙建储案·王掞折一》。
④ 故宫博物院文献馆编：《文献丛编》第4辑，《康熙建储案·王掞折四》。

是年冬，康熙帝分别召集皇子、大臣等，面询建储之事。① "建储会议"之说，在朝野广为流传。②

十一月二十一日，康熙帝于乾清宫东暖阁召集诸皇子及满汉大学士、学士、九卿、詹事、科道等，回顾总结一生，流露早建储位之意。此即著名的长篇"面谕"③。

两天后，"面谕"聆听者之一、御史陈嘉猷等八人奏请立储。④ 康熙帝将此折与数月前王掞奏请立储的密折一并交付九卿等会议。九卿等议将王掞、陈嘉猷等从重惩处，未准。谕称："尔等票签，以为不合。伊等所奏有理，有何不是处？但不当奏请分理耳。"⑤

十二月十二日即孝惠皇太后病逝后第六天，康熙帝将"面谕"用汉字亲笔写出，命大学士马齐等翻译进呈。二十一日，马齐等译毕呈上，康熙帝认为满汉字句甚属相符，令将"此旨作何颁发之处"，"速议具奏"⑥。

五十七年（1718）正月十二日，马齐等"为钦奉上谕事"奏称："储位系神器所关，事体重大，圣心日夜关切，无容臣等渎奏，臣等惟有俯伏恭候皇上特旨。所奉上谕乃皇上亲书……不便照平常上谕，由部颁发。相应自臣等衙门谨缮谕旨，安置太和殿内。颁旨日，齐集诸王文武臣工于天安门外金水桥前，臣等照例由殿内捧出檐下，授于礼部堂官，恭置龙亭内，抬至天安门金水桥前，置于高台黄案上，令读祝官宣读晓众。礼毕，抬送礼部刊刻，颁行天下。"⑦

上述情况显示：康熙帝准备第三次建储。由于对储君人选秘而不宣，人们纷纷猜测，各种说法不胫而走。其中，既有"以皇太子之事言者，不

---

① 《清世宗实录》卷45，雍正四年六月甲子；故宫博物院文献馆编：《文献丛编》第3辑，《戴铎奏折九·康熙五十七年》。
② 吴晗辑：《朝鲜李朝实录中的中国史料》，第10册，第4344—4345页。
③ 《清圣祖实录》卷275，康熙五十六年十一月辛未。按，雍正帝胤禛将"面谕"的主要内容，写入康熙帝去世后颁布的"遗诏"中。参见许曾重《清世宗胤禛皇位继承问题新探》，《清史论丛》第4辑，中华书局1982年版。
④ 故宫博物院文献馆编：《文献丛编》第4辑，《康熙建储案·陈嘉猷等折》。
⑤ 中国第一历史档案馆整理：《康熙起居注》，第3册，第2464页。
⑥ 《清圣祖实录》卷276，康熙五十六年十二月壬辰、辛丑。
⑦ 《内阁大学士马齐等奏本》，《明清史料》丁编，中央研究院历史语言研究所1931年铅印本，第8本第788页。按，高宅揆《香岩小乘》第8册，康熙丁酉年（1717）十二月初一日条录有此谕。

但灭族,虽婴儿之所不遗"的传言,也有即将放出二阿哥之说。①

当时正在广州的一位西方传教士,对此事也有所闻。康熙五十七年他发回欧洲的信中写道:"皇帝曾患病,引起某些恐慌,不过并无大碍。或许正是患病期间他表露过指定储君的想法。人们猜测他的主意,这使所有人都惴惴不安;他不指定任何皇子,当然更不会指定任何汉人了。"这位传教士还做出推测:康熙帝以往的谈话表明,似乎要"指定一名元皇室的王子为君"②。

五十六年、五十七年之交,康熙帝逐步推行秘密建储计划,并营造出拟行立储的宫廷氛围。这种情况促使朱天保奏请复立皇太子。同样需要关注的还有事情的内因,特别是二十多年前朱天保之父朱都纳与皇太子允礽之间的一段交往。

五 朱都纳:朱天保奏折的背后主使

康熙帝面召朱天保问询时,见他年少无知,认为其背后必有主使。这一怀疑很快得到证实。朱天保在受审中,先后三次供出乃父朱都纳,并连带供出妹夫戴保等人。

于是,康熙帝令将朱都纳、戴保等缚以九条锁链,由京城绑至,分别予以亲审。朱都纳对指使其子朱天保上折供认不讳。③

清史无朱都纳传。从档案及《康熙起居注》《清圣祖实录》《亲征平定朔漠方略》等史籍中连缀零星史料,可以勾勒出朱都纳一生主要经历。

朱都纳(一作朱都讷、珠都纳、朱尔讷)约生于顺治年间。祖父多布察,闲散人;父亲鄂尔济安,原任领催。④ 康熙十一年(1672),朱都纳考中举人。不久,任内阁侍读,考试取在一等。因"为人颇优",二十五年四月补任翰林院侍讲,⑤ 充日讲起居注官。二十七年擢内阁学士兼礼部侍郎,后历任都察院左副都御史、兵部侍郎。曾任正红旗满洲佐领,缘事革退。

三十五年至三十六年(1696—1697),朱都纳先后三次扈从康熙帝亲征噶尔丹。

---

① 中国第一历史档案馆整理:《康熙起居注》,第3册,第2486页。
② [法]杜赫德编:《耶稣会士中国书简集·中国回忆录》第2卷,郑德弟译,大象出版社2001年版,第208页。
③ 中国第一历史档案馆整理:《康熙起居注》,第3册,第2486、2485页。
④ 中国第一历史档案馆藏内务府奏销档,第193册,第215—216页。另参见《八旗满洲氏族通谱》卷37,第452页。
⑤ 中国第一历史档案馆整理:《康熙起居注》,第2册,第1460页。

三十五年三月初，康熙帝谕议政大臣等："大将军费扬古题报事情，先经会议，到京即行驰奏。今土木地方距京二百余里，俟到京之时再奏，不免纡迟重复。应遣兵部大臣一员，住于土木地方，一则料理驿站，一则费扬古题奏本章到时，一面开拆誊写，启奏皇太子，一面将原本驰奏。如此则事务不致重复。"议政大臣等奏请钦派大臣前往。得旨："著侍郎马尔汉去，凡事一面启奏，一面送京，务加谨密。马尔汉未到之先，著侍郎朱都纳暂住土木料理，俟马尔汉到，交代毕，即速来。"① 于是，朱都纳暂时替代马尔汉，住于土木地方（今河北省怀来县东），料理驿站事务。率领西路军的抚远大将军费扬古奏疏至，朱都纳开拆誊写，启奏留守京城的皇太子允礽，以原本驰奏统率中路军的康熙帝。

一个多月后，因兵部送至军中马匹羸瘦，朱都纳被革职。不久，复任内阁学士兼礼部侍郎。三十五年十月至三十六年四月，奉命驻扎宁夏，管理养马事务。五月，升兵部督捕左侍郎，后为兵部左侍郎。四十年（1701）六月，因兵部拨给驿站马匹羸瘦，部议革职。康熙帝以朱都纳"行止不端，不堪任用"②，命革职。

朱都纳替代马尔汉，开拆誊写费扬古奏疏并启奏皇太子，历时月余。朱天保的奏折中，有"费扬古犹行离间，奏闻皇上饮食宜慎，以防行毒"等语，这自然闻自乃父。

查阅现存费扬古在康熙帝亲征噶尔丹时所上满文奏折，未见有上述话语。

据满文档案，康熙帝亲征期间，皇太子允礽经常派人从京城送去食品。因路途遥远，这些食品送到康熙帝手中时，其包装多有破损。允礽曾为此受到责备。如三十五年冬，康熙帝第二次亲征途中给允礽的信中说："所有送到朕处之物品，须敬谨包裹后，经皇太子亲自验视方好。所送鹿尾包裹松散，想是发送前未经皇太子验看，送到时均已残破。朕送往京城物品，俱经朕亲自看视包裹。将此情形告知负责包裹之饭上人，无脸小人，甚属不敬！"③

康熙帝首次亲征胜负未卜之际，如果费扬古于奏疏中提醒康熙帝小心

---

① 《亲征平定朔漠方略》卷21，康熙三十五年三月庚申条，康熙四十七年（1708）内府刻本。
② 《清圣祖实录》卷204，康熙四十年六月癸未。
③ 《宫中档康熙朝奏折》第8辑（满文谕折第1辑），第499页。

饮食，以防征途中发生不测，亦合情理。不过，即使如此，并无可能针对皇太子允礽进送食物而言。所谓费扬古挑拨皇帝与储君的关系，更是无稽之谈。费扬古是孝献皇后董鄂氏之弟，有才略，能文善武，为人谦逊。生前深得康熙帝倚重，逝于四十年（1701），赐谥"襄壮"①。朱都纳将他对费扬古的怀疑隐忍多年，伺机奏告，可见城府之深。康熙帝则认为，此事纯属诬陷，不值一驳："尔（按，朱都纳）又以费扬古将二阿哥陷害。费扬古系功臣。费扬古病时朕亲临看视，殁后遣二阿哥往奠。尔何得任意胡言？朕之前亦谁能离间？"②

康熙帝三次亲征时，允礽留京代理政务，"举朝皆称皇太子之善"③。康熙帝对允礽的表现也很满意，给允礽的信中多有褒美。④ 允礽与康熙帝的关系后来出现裂痕，另有其他原因（参见第四章）。朱都纳主要凭依二十年多前自己对允礽的印象，奏请复立东宫，带有较强的主观盲目性。正如他在受审时所言："原闻二阿哥之贤，意拘禁之后应益贤矣。"⑤ 康熙帝也说："尔将此等大事陈奏君前，并不明白，亦未真实，妄行具奏，可乎？尔革职已近二十年。尔行走时，二阿哥何曾不好？"⑥

朱都纳认为康熙帝可能再次复立允礽，也与下述情况有关。

允礽第二次被废黜后，其幼年子孙与他一起住在宫内，由康熙帝代为抚养。允礽的长子弘晳已成人（康熙五十七年二十五岁），为康熙帝所钟爱。这一时期朝鲜使臣给其国王的报告中，对康熙帝的立储人选有如下猜测："皇长孙颇贤，难于废立云"；"或云太子之子甚贤，故不忍立他子而尚尔贬处云矣"⑦。所谓"皇长孙""太子之子"，均指弘晳。朱都纳父子听闻这些议论，据此揣测康熙帝将再次复立允礽。

另据朱都纳女婿戴保供称："我系朱都纳之婿，望伊父子富贵，同副都统常赉商议而行。"常赉也是朱都纳之婿。为了脱掉干系，他对此一口否认。供称："此事皆伊父子希图富贵，同伊爱婿戴保商议而行之事，并

---

① 关于费扬古的事迹，参见《八旗通志初集》卷156，第6册，第3932—3944页。
② 中国第一历史档案馆整理：《康熙起居注》，第3册，第2486页。
③ 《清圣祖实录》卷235，康熙四十七年十一月戊子。
④ 《亲征平定朔漠方略》卷40，康熙三十六年闰三月乙酉条；《宫中档康熙朝奏折》第8辑（满文谕折第1辑），第516—519页。
⑤ 中国第一历史档案馆整理：《康熙起居注》，第3册，第2485、2486页。
⑥ 同上书，第2485页。
⑦ 吴晗辑：《朝鲜李朝实录中的中国史料》，第10册，第4323、4334页。

未与我相商。"① 然而两婿口供一并证实，因为希求富贵，朱都纳指授儿子朱天保奏请复立东宫。

事实上，朱都纳家族成员共同参与了上书复立太子一事。

朱都纳共有三子三女。三子中，朱天保居长，次子朱明保、三子朱宁保尚年幼。三女中，长女为和硕康亲王椿泰嫡福晋，另外二女，分别为戴保、副都统常赉之妻。② 戴保职任未详，前已罹罪拟斩，"因托疯疾拘禁"。后被其兄达寿从拘禁处"放出行走"③。康熙帝所言"曾经治罪免死之徒"（参见下文），即指戴保。朱都纳授意朱天保上书前，戴保看过奏折，常赉也曾随同商议。换言之，除去朱都纳的两个幼子和已逝女婿椿泰，这一家族的男性成员及其主要亲属都不同程度地参与其间，朱都纳是谋划人，戴保辅之，朱天保则是施行者。

在清朝统治阶层中，朱都纳父子及其部分亲属均居中下之位。为了改变这一现状，他们想方设法，寻觅捷径。在他们看来，通过奏请复立允礽为皇太子，想皇帝之所想，发他人所未言，即可抓住这一难得之机，富贵腾达。允礽从前认识朱都纳。依照常理，由朱都纳之子朱天保首请复立东宫，一旦事成，必会得到允礽的奖掖。于是，朱都纳甘冒杀身之险，将亲子的性命作为赌注。

朱都纳等人的口供还涉及平日与其来往密切的原任学士金宝、原任镶红旗蒙古都统辛泰以及原任正红旗满洲都统齐世等人。康熙帝在审问中，称"右翼金宝"乃"著名匪类"。金宝则供称："奴才往军前种地方回，见朱都纳是实。伊所奏之事，全然不知。"④ 朱都纳父子隶正红旗满洲旗下，属于八旗右翼。金宝等可能与朱都纳父子同旗。这一关系圈主要由不再担任原职的闲散旗员构成，这与朱都纳本人革职多年的情况相符。

六　朱天保奏折的满洲特点

自康熙五十一年（1712）十月二废太子至六十一年（1722）十一月康熙帝去世，总计十年。据目前掌握的史料，在此期间朝臣数次奏请立储。

---

① 中国第一历史档案馆整理：《康熙起居注》，第3册，第2487页。
② 中国第一历史档案馆藏内务府奏销档，第193册，第215—216页；《爱新觉罗宗谱》乙册，第3992页。
③ 中国第一历史档案馆整理：《康熙起居注》，第3册，第2490页。
④ 同上书，第2487页。

如赵申乔五十二年二月奏请立储；福建巡抚觉罗满保五十二年七月"奏请立皇太子"①；王掞五十六年五月和六十年二月两次奏请建储；②陈嘉猷等五十六年十一月奏请建储；朱天保五十七年正月奏请复立东宫；御史陶彝等六十年三月奏请建储。③这些奏请者只有满保和朱天保是满人，其他都是汉人。

与汉臣相比，朱天保的奏请具有某些满洲特点。

第一，明确提出复立允礽。

上述五次由汉臣奏请立储，均未涉及储君人选。只有朱天保明言奏请复立允礽。

大学士王掞在奏请立储折中反复陈述："臣，汉人也，于皇上家事不能悉知。"④ 又称："臣不过就经义所见，缄默非臣分所宜，故思效其管窥"，"岂有如此大事，臣敢意有所主"⑤。然而八旗主奴关系中，奴才也如主子的家人。朱都纳父子虽然未膺要职，奏言"皇上家事"时还是要比作为"外人"的大学士王掞等有底气。朱都纳主使朱天保奏请复立东宫，是以皇帝之家仆，建言主子之家事，急主子之所难。

第二，重贤不重嫡长。

朱天保上奏之际，清朝入关未及百年。他不愧是金榜题名，其奏言引经据典，带有浓重的书卷气。可是，在这对父子的思想深处，仍有浓厚的满洲传统意识。

奏折从不同方面褒扬允礽的"德行"，以此作为复立理由，却只字未提允礽所具有的嫡长子身份。而这一点恰恰是允礽在众兄弟中独一无二的优势，是他再次被复立的一个最有利条件。这并非由于具折人一时疏忽。满洲（女真）社会本无宗法制度。天命七年（1622），清太祖努尔哈赤定立汗位推选制，将是否贤能，能否纳谏，作为众贝勒推选嗣汗的取舍标准。⑥康熙四十七年（1708）一废太子后，满汉大臣奉旨保举皇太子人选时，仍以贤能与否为衡量，一致推举皇八子允禩。朱天保的奏折说明，直

---

① 《宫中档康熙朝奏折》第9辑（满文谕折第2辑），台北"故宫博物院"1977年印行，第350—351页。按，满保因此受到康熙帝的斥责。综合相关情况看，他在奏请建储时，并未提出储君人选。
② 故宫博物院文献馆编：《文献丛编》第4辑，《康熙建储案·王掞折四》。
③ 故宫博物院文献馆编：《文献丛编》第4辑，《康熙建储案·陶彝等折》。
④ 故宫博物院文献馆编：《文献丛编》第4辑，《康熙建储案·王掞折三、一》。
⑤ 故宫博物院文献馆编：《文献丛编》第4辑，《康熙建储案·王掞折三》。
⑥ 参见杨珍《清朝皇位继承制度》第一章第一节"汗位推选制的产生与实施"。

至康熙后期，汉族的嫡长观念在满人头脑中依然淡薄。康熙朝实施嫡长子皇位继承制以失败告终，与此很有关系。

第三，显示了不惧灭族、慨然赴死的坚定信念。

朱天保奏称世受国恩，岂能只顾身家父母；诚使"两宫和睦"，甘受重惩，虽死犹生。这是兼有八旗奴才与朝廷大臣双重身份之人，在效忠主子和忠于君上双重信念的支配下，表现出的无畏精神。因此，朱天保上奏复立太子，还不能仅仅认为是贪求私利所致。

七　朱天保案的处置及影响

1. 朱天保罪名："悖旨"与"不孝"

五十一年（1712）十月康熙帝二废太子时，颁给诸王、贝勒、贝子、大臣等一道"御笔朱书"。内称："后若有奏请皇太子已经改过从善，应当释放者，朕即诛之。"① 朱天保的主要罪名"悖旨妄奏"②，源自于此。其实，重惩朱天保还有不便明言的理由，即奏请复立太子乃违背秘密建储计划的首要宗旨：皇帝全权决定储君人选。其他奏请立储事件中，具奏人都得以保全性命。这是因为他们虽然奏请建储，并未提出储君人选，与康熙帝实施秘密建储计划并无抵牾。

朱天保获罪的另一原因，如康熙帝所言："首将伊父供出，不忠不孝极矣。"③

清朝奉行"以孝治天下"方针。康熙帝对祖母孝庄文皇后、嫡母孝惠章皇后无不竭尽孝养。他认为，忠孝相承，皆出一理，人生之大节也。④废黜皇太子允礽时所举理由，即"不孝不仁"⑤"不知忠孝"⑥。朱天保在受审中，供出是受乃父朱都纳指使，这种表现为康熙帝深恶痛绝。朱天保此时显露出的怯懦，与其奏折中表现出的无畏形成巨大反差。

---

① 《清圣祖实录》卷251，康熙五十一年十月辛亥。
② 中国第一历史档案馆藏内务府奏销档，第193册，第215页。
③ 中国第一历史档案馆整理：《康熙起居注》，第3册，第2484、2494页。
④ 《清圣祖实录》卷107，康熙二十二年正月戊辰；卷101，康熙二十一年二月壬辰；卷60，康熙十五年三月壬寅。
⑤ 《清圣祖实录》卷234，康熙四十七年九月丁丑；《雍正朝起居注册》，第1册，第353—354页。
⑥ 《清圣祖实录》卷253，康熙五十二年二月庚戌。

2. 朱天保案株连者众

康熙五十七年（1718）二月，康熙帝下令将朱天保正法，戴保斩首。朱都纳、常赉从宽免死，与金宝一并交付步军统领，戴大枷永远枷示。朱都纳二妾赵氏、蒲氏，次子朱明保、三子朱宁保，长女、次女、三女并朱天保之妻、女共九口，以及戴保、常赉之妻妾儿女，俱入官为奴，平分赏给皇孙弘曙、弘昇。齐世革去都统职衔，于宗人府拘禁，辛泰枷号鞭笞。① 十月，常赉被释放，遣往军前效力。② 六十年冬，朱都纳被释放。③

康熙帝审问朱都纳时说："尔子所奏之本，皆云尔意。"④ 朱都纳供称："此皆奴才愚昧所致，与他人无涉。应将奴才凌迟处死，罪在奴才一人。求将奴才之子宽免。"康熙帝不允："令尔看杀尔子后，始将尔凌迟。"⑤ 果然，朱都纳被勒令看杀其子。

康熙帝亦为人父，爱子如命。可是，他拒绝朱都纳代子而死的请求，令朱都纳看视亲子朱天保被斩。对于朱都纳而言，这种做法比处死他本人更加残忍。仅此一举，足以使康熙帝头上的"仁君"光环黯然失色。至于朱都纳终得获释，一个重要原因是他曾为康熙帝效力多年，且已年迈，而康熙帝年岁愈长，愈加眷顾老臣。所以，时过境迁后，对朱都纳网开一面。

朱天保因奏请复立允礽被斩首，戚属亲朋均遭连累，妇孺概莫能免。康熙帝不允许任何人对储君人选提出建议。这既是绝对专权表现，也透露出在焦虑和无奈的煎熬下，暮年皇帝出现心理失衡。

3. 震动朝野，传播海外

《年谱》有关内容表明，当时很多人通过京抄，得知朱天保因奏请复立太子而获罪。高宅揆将朱天保被斩一事，记在《年谱》康熙戊戌年（1718）二月二十六日条之首，说明他为此很受震动。这种情况在汉族士

---

① 中国第一历史档案馆整理：《康熙起居注》，第 3 册，第 2486—2488、2490、2494—2495 页；《清圣祖实录》卷 277，康熙五十七年正月丙子、二月乙巳；中国第一历史档案馆藏满文朱批奏折，署理内务府总管事郎中海章等奏，康熙五十七年四月初三日；内务府奏销档，第 193 册，第 215—216 页。
② 中国第一历史档案馆藏内务府奏销档，第 193 册，第 215—216 页。
③ 中国第一历史档案馆编：《康熙朝汉文朱批奏折汇编》，档案出版社 1985 年版，第 8 册，第 865—866 页。
④ 中国第一历史档案馆整理：《康熙起居注》，第 3 册，第 2485 页。
⑤ 同上书，第 2486 页。

人、官宦中应具有一定代表性。

前述康熙五十七年一位传教士发回欧洲的信中,也谈到此事:

"由于拿不准皇帝将选谁继位,一位大臣便让其儿子上奏皇帝,恭敬地指出,恢复皇帝第二子的储君地位对帝国安宁是多么重要。皇帝看了奏章后把上奏者叫到跟前问道:'这些话是你自己的主意还是受了他人启发?'大臣之子答道:'陛下,这是您的仆人,微臣家父令微臣上奏的。'皇帝道:'既然你只是奉父命行事,朕恕你无罪。'但与此同时,他下令处死了上奏者的父亲。无须赘言,这一严厉举措封住了所有大臣的嘴,因此再也没有人敢对他说及继承人的事,然而帝国安宁毕竟与继承人休戚相关。"①

这是记述朱天保上书的另一个文本,然与史实有相左处。远居广州的西方传教士对此也有听闻,并作为一则重要信息报告其国内。可见此事流传之广,影响之大。

4. 康熙帝继续实施秘密建储未果

康熙帝亲自审理朱天保案的同时,加紧进行册立储君前的各项准备。

朱天保上书第二天,五十七年正月二十一日,康熙帝命大学士等查核明代会典及汉、唐、宋以来典礼,修改、议定皇太子礼仪。② 不料五天后,传来拉藏汗被杀,拉萨陷落,准噶尔策零敦多布军控制西藏的消息。经过慎重考虑,康熙帝决定暂将立储一事延期。是月底,大学士、九卿等遵旨将皇太子的仪仗、冠服、一切应用之物及应行礼仪,俱查明裁减,定议具奏。得旨:"所议甚善。"③ 然而再无下文。

此后,康熙帝采取了新的方式,继续实施秘密建储。是年十月,派皇十四子允禵担任抚远大将军,率师西征,拟在解决准噶尔问题的进程中,对其属意之人予以培养、锻炼,并对储君人选严格保密。六十一年十一月,康熙帝突然病故,秘密建储计划流产。

5. 促使康熙帝拟将废太子允礽外迁昌平郑家庄

朱天保奏请复立允礽事件给予康熙帝很大刺激。五十七年二月,他对前来请安的满汉九卿说:"一二不法匪类,曾经治罪免死之徒,探知

---

① [法]杜赫德编:《耶稣会士中国书简集·中国回忆录》第2卷,郑德弟译,第209页。
② 《清圣祖实录》卷277,康熙五十七年正月庚午。
③ 《清圣祖实录》卷277,康熙五十七年正年戊寅。

朕疾，伙同结党，谋欲放出二阿哥。观此则乱臣贼子尚不乏人。每思此等事，食且不能下咽，何由万安！"① 他感到，此前对废太子允礽在朝中的潜在影响力有所低估。允礽居储位三十余年，虽然被黜圈禁，如果留住京师，终究是一隐患，对其完成秘密建储计划，实现皇位传承有妨碍。因此，五十七年十二月，康熙帝决定，在昌平州建造房屋，拟将允礽移住该处。六十年十月工程竣工。② 翌年（1722）十一月康熙帝去世，未及将允礽迁往。

雍正帝胤禛继位后，封允礽长子弘晳为理郡王（雍正六年晋封亲王），阖家移居昌平郑家庄。

6. 康熙帝对大臣奏请立储的态度由宽趋严

朱天保上书前，一些大臣相继奏请立储，均未受到责罚。朱天保案发生后，康熙帝改变了以往做法。

六十年（1721）二月，大学士王掞再次密奏建储；三月，御史陶彝等奏请建储。康熙帝勃然大怒，谕诸王大臣等："六十年大庆（按，是年为康熙帝登极六十年），王掞等不悦，以朕衰迈，谓宜建储，欲放出二阿哥，伊等借此邀荣，万一有事，其视清朝之安危休戚，必且谓与我汉人何涉……朕衰老，中心愤懑。众人虚诳，请行庆典，朕岂屑为此乎？"③ 令王掞、陶彝等俱赴西陲军前效力，以示惩处；王掞年老，由其长子王奕清代往赎罪。④

康熙帝认为，王掞、陶彝等奏请建储，就是让他再次复立允礽。真可谓谈虎色变，草木皆兵矣。事实上，朱天保奏请复立皇太子案在康熙帝心中投下的阴影，伴随他直至人生终点。

朱天保奏请复立太子案，虽然是清朝皇位继承从嫡长子继承制向秘密建储制转变过程中的一个偶然事件，但它必然会与一系列尖锐复杂的宫廷斗争和政治矛盾相联系。朱天保奏折全文的披露及相关史料辨析，使我们对该案的认识进一步接近了历史真相。

---

① 《清圣祖实录》卷277，康熙五十七年二月乙酉。
② 《宫中档康熙朝奏折》第9辑（满文谕折第2辑），第775—779页；《宫中档雍正朝奏折》第28辑（满文谕折第1辑），第236页。
③ 《清圣祖实录》卷291，康熙六十年三月丙子。
④ 同上书，康熙六十年三月丙戌。

第二节 陈梦雷二次流放案

陈梦雷,清代著名学者。福建侯官(今福州)人,字则震,号省斋,晚号松鹤老人。生于顺治七年(1650),卒年未详。① 康熙九年(1670)中进士,选翰林院庶吉士。十二年,授翰林院编修。不久,陈梦雷送双亲南归。十一月,平西王吴三桂于云南反清。十三年,靖南王耿精忠据福建反清,逼迫在籍官员附从为官。陈梦雷百计推托。这期间,他与探亲返乡的同榜进士、好友李光地商定,李光地北上向朝廷递送蜡丸密疏以通情报,他本人留闽继续与耿周旋,并设法保全李光地家人。两人相约,事成后互白对方之功,以为佐证。由于所上密疏未署陈梦雷之名,两年后李光地擢升侍读学士,陈梦雷则于十九年(1680)被刑部传讯赴京。二十一年,陈梦雷因从叛罪免死流放盛京,入旗为奴。遂与李光地结怨。三十七年赦还。奉命侍皇三子允祉读书。四十年始,编纂《古今图书集成》(初名《汇编》),历五载而成初稿。雍正元年(1723)春,陈梦雷再次获罪,发遣边外。后死于流放地卜魁(今黑龙江齐齐哈尔)。

陈梦雷的生平以及他与李光地之间的是非纠葛,已有论述。② 然而关于陈梦雷第二次被流放的原因,还有诸多疑问需要进一步探究。

孟森先生《明清史讲义》云:"世宗于继位后追理梦雷前罪,实为与允祉为难,非圣祖怜才宥过意也。"③ 学界凡论析陈梦雷二次被流放,与孟森先生的看法基本一致。④ 这种认识源于清人传记与雍正谕旨的误导,也由于陈梦雷案(指第二次流放,下同)原始史料稀缺,且未得到发掘利用。

---

① 据张玉兴考证,陈梦雷约死于雍正二年七月以后,乾隆六年以前,即1724年至1740年之间。参见张玉兴《关于陈梦雷第二次被流放的问题》,《清史研究通讯》1984年第2期。
② 谢国桢:《陈则震事辑》,载《明清笔记谈丛》,上海古籍出版社1981年版;张玉兴:《关于陈梦雷第二次被流放的问题》,《清史研究通讯》1984年第2期;王锺翰:《陈梦雷与李光地绝交书》,载《王锺翰学术论著自选集》,中央民族大学出版社1999年版;解洪兴:《一代学者陈梦雷的沉浮人生》,《边疆经济与文化》2006年第8期;等等。
③ 孟森:《明清史讲义》下册,中华书局1981年版,第536页。
④ 我曾认为,雍正帝即位后立即严惩陈梦雷,旨在打击诚亲王允祉;并以此作为允祉在康熙朝晚期储位之争中颇具实力的论据之一。参见杨珍《关于康熙朝储位之争及雍正继位的几个问题》,《清史论丛》第6辑,中华书局1985年版。

一 清人传记语焉未详

清人撰写的陈梦雷传记，对传主第二次被流放原因无明确记载。如陈寿祺《陈编修梦雷传》："雍正初，复缘事被流放，卒于戍所，子孙遂家辽阳。"① 这种写法具有代表性。②

雍正初年分任刑部满、汉尚书的陶赖和张廷枢，与陈梦雷二次被流放一案有所关联。陶赖，清史无传。张廷枢的传记资料中有如下内容。

《汉名臣传·张廷枢传》："雍正元年，（张廷枢）以与尚书陶赖审拟在诚郡王（允祉）处招摇生事之陈梦雷，有心徇纵，特命降五级调用。寻因病回籍。"③

《清史稿·张廷枢传》："雍正元年，以原任编修陈梦雷侍诚郡王得罪，命发黑龙江……尚书隆科多劾廷枢徇纵，命镌五级，逐回籍。"④

此外，《永宪录》雍正元年正月辛卯条云："复谪纂修《古今图书集成》总裁陈梦雷于戍所。梦雷号省斋，福建晋江人。庚戌进士，授编修。给假于家，耿精忠之乱波及之，遣戍奉天。康熙戊寅（按，康熙三十七年），吏部左侍郎李光地荐于圣祖，召回为纂修馆总裁，命诚亲王领其事。上以梦雷系从逆之人，不便留于诚亲王处。与家口仍遣发黑龙江船厂。"⑤

看来，时人萧奭所阅资料中，也未见到关于雍正初年陈梦雷流放原因的翔实记载。

陈梦雷二次流放缘由，上述清人著述中或未言及，或以"缘事""招摇生事""积罪恶发露""侍诚郡王得罪""系从逆之人"等语一笔带过，均未触及实质性内容。

---

① 钱仪吉纂：《碑传集》卷44，第4册，第1233页。
② 《文献徵存录》卷1、《清儒学案小传》卷4等均持此说。《词林辑略》卷2、《国朝耆献类征·寻乐堂日录》卷116等未述及陈梦雷于雍正初年流放事。此外，一些论著述及陈梦雷事迹，未详此次被流放原因。参见邓之诚《清诗纪事初编》，上海古籍出版社1965年版，下册，第969—970页；钱仲联主编《清诗纪事·康熙朝卷》，江苏古籍出版社1987年版，第5册，第2582—2583页；袁行云《清人诗集叙录》，文化艺术出版社1994年版，第496—497页。
③ 《汉名臣传》卷14，载《满汉名臣传》第2册，第1813页。《清史列传》《国朝耆献类征》等书中《张廷枢传》所述略同。
④ 《清史稿》卷264，第33册，第9928页。
⑤ 萧奭：《永宪录》卷2上，第83页。按，康熙戊寅"李光地荐（梦雷）于圣祖，召回为纂修馆总裁"之说有误。

二 雍正谕旨回避真相

雍正帝在位十三年期间（1723—1735），先后四次对众臣谈到陈梦雷案，前两次是在雍正初年，后两次则在雍正中期。

康熙六十一年十一月十三日，康熙帝病逝。是月二十日，皇四子胤禛即大位，改元雍正。据《上谕内阁》卷二，康熙六十一年十二月十二日谕内阁、九卿等：

"陈梦雷原系从耿逆之人，皇考宽仁免戮，发往关东。皇考东巡，念其平日稍知学问，带回京师，交诚亲王处行走。累年以来，不思改过，招摇无忌，不法甚多。朕以皇考恩免之人，不忍加诛，然京师断不可留。皇考遗命以敦睦为嘱，陈梦雷若在诚亲王处，将来必致有累。九卿等知陈梦雷者颇多，或其罪有可原，不妨直言，朕即赦免。如朕言允当，应将陈梦雷并伊子远发边外。或有陈梦雷之门生，平日在外生事者，亦即指名陈奏。又，杨文言乃耿逆伪相，一时漏网，公然潜匿京师，著书立说，今虽已服冥刑，如有子弟在京者，亦即奏明驱遣，尔等毋得徇私隐蔽。陈梦雷处所存《古今图书集成》一书，皆皇考指示训诲，钦定条例，费数十年圣心，故能贯穿今古，汇合经史，天文地理皆有图记，下至山川草木，百工制造，海西秘法，靡不备具，洵为典籍之大观。此书工犹未竣，著九卿公举一二学问渊通之人，令其编辑竣事，原稿内有讹错未当者，即加润色增删，仰副皇考稽古博览至意。"①

《清世宗实录》康熙六十一年十二月癸亥（十二日）条收入这道谕旨，但较略简。被删隐的语句中，有"皇考遗命以敦睦为嘱，陈梦雷若在诚亲王处，将来必致有累"等语。

《上谕内阁》纂成于乾隆六年（1741），其中雍正元年（1723）至七年谕旨，由康熙帝第十六子、和硕庄亲王允禄奉命缮录刊布，雍正九年告竣。《清世宗实录》康熙六十一年十二月癸亥条斥责陈梦雷的谕旨，即是以此为蓝本，删改润色而成。

这是雍正帝首次向诸臣提到陈梦雷案。时距康熙帝去世不及一个月，

---

① 杨文言，字道升，江苏武进人，有才学，兼通天文。由陈梦雷请至诚亲王府，修纂《律历渊源》。参见故宫博物院文献馆编《文献丛编》第3辑，《戴铎奏折·九·康熙五十七年》；谢国桢《陈则震事辑》，载《明清笔记谈丛》，第212—214页。

距雍正帝即位仅二十二天。

雍正元年二月初十日，雍正帝对总理事务王大臣、诸王大臣的讲话中，第二次谈到陈梦雷案："如陈梦雷罪大恶极，朕尚询问九卿大臣云，陈梦雷如应宽宥，尔等秉公具奏。佥云陈梦雷罪大恶极，断不可留，应行正法。朕犹免其死罪，将伊一切恶款，俱未详究，止坐以发遣之罪，系狱待遣。孰知陶赖、张廷枢竟将陈梦雷二子擅自释放。陶赖、张廷枢之罪甚大，朕犹欲保全大臣，免其治罪，止以降级结案。讵意伊等心怀怨愤，谓大臣等及朕御前行走之人，凡事何必奏闻。夫有事预先奏闻，朕犹得为之潜消默化，倘事端初起，不即奏闻，迨至彰明较著，方始具奏，不但于事无益，且必连累多人矣。"①

是月，陶赖、张廷枢二人以审拟陈梦雷一案徇纵，被降级调用。受此案牵连的刑部福建司郎中汪天与、员外郎樊贞、主事金锥保以及内阁中书林佶、举人金门诏、监生汪汉倬等"降调革杖禁锢有差"②。

方苞《记所闻司寇韩城张公廷枢事》称："其终废也，以陈梦雷久托诚王府积罪恶发露，天子震怒，姑免死，发黑龙江。而公循故事，方冬停遣，又出其子使治装，于时人皆咎公。然观过知仁，公之宅心易直，当官謇然，而不以身之利害与焉，于兹亦见矣。"③

上述史料反映：

其一，雍正帝既称陈梦雷"罪大恶极"，又云"俱未详究"，对其"恶款"内容只字未言。

其二，陈梦雷父子"系狱待遣"，至迟是在康熙六十一年十二月十二日或稍后。雍正元年二月初十日谕旨发出时，他们已在流放路上。

其三，陈梦雷父子系狱之际，正值腊月，例不发遣。所以，刑部尚书张廷枢等暂予缓遣，释其子置冬装，备戍途之用。可见，张廷枢等并不了解案情，故将陈氏父子视为一般罪犯关押。

因陈梦雷案被贬革的内阁中书林佶，是陈梦雷的同乡。林佶在返乡路上，撰有《癸卯罢官出都宿盘石庵》诗二首。其一云："银铛才释放归田，愿携鸡豚共上天。那意更遭严谴逐，顿令尽室播颠连。儿孙分析休官顷，

---

① 《上谕内阁》，雍正元年二月初十日。另参见《清世宗实录》卷4，雍正元年二月庚申。
② 萧奭：《永宪录》卷2上，第83页。
③ 钱仪吉纂：《碑传集》卷21，第2册，第722页。

行李仓皇去国先。暂借云栖留信宿,惊魂尚悸敢安眠。"① 诗句表明,此案发生突然。即使受到牵连之人,未知祸端之起因。

雍正帝第三次提及此案是在数年之后,且与诚亲王允祉的遭际紧密相连。

三 允祉罪款与陈梦雷案

雍正六年(1728)春,果郡王允礼偕户部查出,允祉曾勒索原山西巡抚苏克济银两。允礼是康熙帝第十七子,时奉命管理允祉所在镶蓝旗。允祉认为允礼与己不睦,有意刁难,故具折陈诉。雍正帝在诸王大臣前严词诘问允祉,当场让他就有关事项与其属下对质。因属下一味推托,允祉恼羞成怒,出言不逊。在雍正帝示意下,诸王大臣奏请将允祉严加议处。奉旨:著允祉明白回奏。二月初四日,允祉遵旨回奏。雍正帝阅罢,召入诸王大臣,称允礼实心为国,允祉平昔嗜利营私,诈赃累累。② 旋将允礼晋封亲王。

六月二十日,宗人府议称,允祉因被查出勒索银两,受到诘问时于雍正帝前喝责大臣,"毫无臣礼",奏请革去王爵,禁锢私第。次日,得旨:"允祉原系昏庸下质,不明大理大义之人。从前圣祖皇考因伊不孝不忠,屡经降旨切责。朕御极以来,允祉举动无礼,妄行渎奏不可枚举。……朕若将伊前后过恶悉行宣示,此所议之罪犹为未协。"令免其褫爵拘禁,降为郡王,将允祉长子弘晟拿交宗人府严行锁禁。"嗣后一应交与诸王公等会议之处,允祉不必入班。"③ 这是雍正帝首次公开严责允祉并予薄惩。时距陈梦雷案发已逾六载。

八月二十二日,雍正帝为陕西巡抚西琳题参原任刑部尚书张廷枢父子所发上谕中,复提陈梦雷案:"陈梦雷系降附耿逆之人,蒙圣祖仁皇帝宥其重罪,从宽发遣,后又开恩赦回京师,令其在诚郡王处行走。乃伊生事招摇,交结邪党,意欲扰乱国政,其种种不法之处,朕知之甚悉,此诚国

---

① 林佶:《朴学斋诗稿》卷7,《四库全书存目丛书》,齐鲁书社1997年版,集部第262册,第88页。
② 《上谕内阁》,雍正六年二月初四日;中国第一历史档案馆编:《雍正朝起居注册》第3册,第1764、1765页。
③ 中国第一历史档案馆编:《雍正朝起居注册》,第3册,第2074、2075页;另参见《清世宗实录》卷70,雍正六年六月己亥。按,《上谕内阁》《上谕八旗》《上谕旗务议覆》内均无此条。

家之逆贼，不可一日姑容者也。本欲明正其罪，置之重典，因伊恶迹多关系诚郡王，若声张究问，则牵累匪轻，朕心实为不忍。是以于雍正元年，仍令将伊发遣，不使留住内地，煽惑人心。似此重罪之犯，而刑部尚书陶赖、张廷枢于朕初登极之际，徇情枉法，故意宽纵，二人之罪实不可逭。"①

此次雍正帝谈到陈梦雷案，明确指出案主"恶迹多关系诚郡王，若声张究问，则牵累匪轻"；又称案主"交结邪党，意欲扰乱国政"，"诚国家之逆贼"。可是，对"恶迹"之内容，依然闪烁其词，欲言又止。

逾二年，雍正帝第四次也是最后一次提及陈梦雷案。

八年二月，允祉复封亲王。五月初四日，康熙帝第十三子、深受雍正帝宠信的怡亲王允祥病逝，举朝隆重治丧。十二日，康熙帝第十六子、庄亲王允禄等参奏允祉于举哀时全无伤悼之情，视同隔膜，请交与该衙门严加议处。十九日，雍正帝降谕历数允祉种种"过恶"。如：皇考之前不义不孝；对诸兄弟刻薄寡恩；在二阿哥（允礽）废黜后以储君自命；阿其那（康熙帝第八子允禩）欲引为党助；欲为允䄉（康熙帝第十子）藏匿与塞思黑（康熙帝第九子允禟）往来书信；因拘禁其子弘晟怀恨在心；遇八阿哥（福惠）之事有欣喜之色；对怡亲王之死幸灾乐祸；等等。谕称："从前陈梦雷之案败露，朕若据事根究，允祉之罪甚大。朕心不忍，姑令寝息。……朕承列祖之洪基，受皇考之付托，不能再为隐忍姑息，贻患于将来也。其作何治罪之处，著宗人府诸王、贝勒、贝子、公、八旗大臣、九卿、詹事、科道会同定议具奏。特谕。"②

这道谕旨长达约一千五百字，《上谕内阁》未录，仅见于《雍正朝起居注册》与雍正九年允禄等奉敕编纂的《上谕旗务议覆》。此外，《清世宗实录》八年五月己卯条记述此谕，不足六十字，"从前陈梦雷之案"等语全部被删隐。

比对上述四道谕旨，可以看出，虽然雍正帝对陈梦雷的指责逐步升

---

① 《上谕内阁》，雍正六年八月二十二日；中国第一历史档案馆编：《雍正朝起居注册》，第3册，第2203页。按，张廷枢父子被革职拿问，翌年（1729）张廷枢于押解途中病故。乾隆时，复张廷枢官，追谥"文端"。参见《清史稿》卷264，第33册，第9928页。

② 《上谕旗务议覆》，载《中国史学丛书续编》，台湾学生书局1976年版，第49册，第392、393页。另参见中国第一历史档案馆编《雍正朝起居注册》，第5册，第3641—3644页；《清世宗实录》卷94，雍正八年五月己卯。

级,均属定性话语,不曾透露案情。甚至当雍正帝决定治罪允祉,历数允祉的"过恶"时,也只是强调允祉与陈梦雷一案的关联,未言此案之详情。

宗人府等依据雍正八年五月十九日谕旨,会同议定允祉"不孝""妄乱""狂悖""党逆""欺罔""奸邪""恶逆""怨恨不敬""贪渎负恩""背理灭伦"十项罪款,奏请将允祉削去亲王,革退宗室,即行正法。当月二十四日奉旨:"将允祉革去亲王,其如何拘禁之处,候朕另降谕旨。"① 允祉遂被拘禁于景山永安亭。十年(1732)闰五月,允祉病逝于禁所,终年五十六岁。雍正帝命"一切殡葬之礼著照郡王例行,赏内库银五千两料理丧事"②。乾隆二年(1737年),追谥"隐",复原封"诚郡王"字号。这是后话了。

值得注意的是,宗人府议定允祉第三项罪款即"狂悖"之罪中,有雍正八年五月十九日谕旨中没有的内容:"允祉素日包藏祸心,希冀储位,与逆乱邪伪之陈梦雷亲昵密谋,遂将梦雷逆党周昌言私藏家内,妄造邪术,拜斗祈禳,阴为镇魇。及事迹败露,经大臣审明具奏,允祉罪在不赦。我皇上法外施仁,不忍加诛,并令寝息其事。"③ 所谓"大臣审明具奏",当指下面所引佛格等人的奏折。陈梦雷二次流放八载后,宗人府所议允祉罪款中,终于述及陈梦雷案内容,尽管仅是只言片语。这条史料被《上谕旗务议覆》与《清世宗实录》分别载入,并引起民国初年《清史稿》修纂者的重视。故《清史稿·允祉传》称:"(雍正)八年二月,复进封亲王。五月,怡亲王之丧,允祉后至,无戚容。庄亲王允禄等劾,下宗人府议,奏称:'允祉乖张不孝,昵近陈梦雷、周昌言,祈禳镇魇,与阿其那、塞思黑、允䄉交相党附。……当削爵。'"④

"妄造邪术""祈禳镇魇"究为何指?允祉、陈梦雷、周昌言等人各在其中扮演了什么角色?

---

① 《上谕旗务议覆》,《中国史学丛书续编》第49册,第404页;《清世宗实录》卷94,雍正八年五月辛卯。

② 《清世宗实录》卷119,雍正十年闰五月甲辰。

③ 《上谕旗务议覆》,《中国史学丛书续编》第49册,第395页;《清世宗实录》卷94,雍正八年五月辛卯。按,《雍正朝起居注册》第5册第3649、3650页载有这条谕旨,宗人府等议奏内容阙如。

④ 《清史稿》卷220,第30册,第9067—9069页。参见孟森《明清史讲义》下册,第542、543页。

四　原始档案披露内情

一件保存至今的雍正朝奏折，对上述问题做出回答。奏折全文如下：

"刑部尚书宗室臣佛格等谨奏，为请旨事。臣等屏人究问周昌言，据供：我周昌言其实并无一件实学本事，止因贪利贪名，妄想太重，所以见了陈梦雷就说会礼斗、请仙、六壬数，又说会炼樟柳神，未卜先知，不过要陈梦雷重我之心。至于每礼斗时，有祝颂之词，愿求保佑诚亲王沐帝欢心，传继大位，为诚亲王祈求是实。每次将王本命灯下所供之米，陈梦雷送王食用也是实。

再，陈梦雷有一木牌，上面画一人像，傍边写的两行字：天命在兹，慎秘勿泄；敕陈梦雷供奉云云。我问陈梦雷：这个牌何用？他说：这是我甲午年拜斗那一夜，风雨雷电，听见一声大响，案上凭空降下此牌。这个是将来大位之牌，令我供奉，必是要我辅佐之意。我又问：这个牌上又没有定是那一位，怎么虚空供奉？陈梦雷说：你在此礼斗，即是有缘之人，所以不避你。此牌未书名者，总是到传位之时，即填上那一位。你可谨慎勿泄。此牌用黄绫包着，供在斗姥座下。去年十二月十三日陈梦雷回家，他将斗坛供的箓牌等项俱焚化了。我问陈梦雷：如今皇上登位，老师何不将此牌举奏？他说：我在馆中向禅得海说过，要他向他父亲说了，通达皇上，并无回话，大约皇上不信此事。这俱是陈梦雷的骗局。镇魇之事，我周昌言不知道。

又问周昌言：据你供称会炼樟柳神，你既会如此邪术，则镇魇之术你必定也会。你若据实供出，我们就不再夹你了，若不实供，定要夹死。你系有名镇魇之人，你隐忍不吐真情使得么？可从实供来！

据周昌言供：我今投到，愿领重罪，我一切妄为之处敢不从实说出。我为诚亲王拜斗、知道六壬数、请仙俱是有的。从前得过一本书，上有请仙符、炼耳报圆光镇魇和解符、化骨符。此书曾与陈梦雷看过。陈梦雷因与李光地有仇，将李光地镇魇，试过不验，以后再不曾行此法；若验，陈梦雷原要将大阿哥、二阿哥镇魇不得出来，还要将不相对的爷们镇魇。因不灵验，所以未行等语。

随夹讯周昌言：你既会镇魇之术，说不曾举行，使得么？务将你胡行之处并邪书现在何处尽行供出。据周昌言供：我为诚亲王祈求就是我的死罪了，这样事俱已供出，如有镇魇实据，我岂肯为人隐忍，受此重刑。并无一点镇魇凭据，我怎敢妄造供出。书于去年十二月逃走之时，路上烧了等语。

镇魇之事关系甚大，或将陈梦雷等提来严行密审，或作何究讯之处，伏候圣裁。为此谨奏请旨。

雍正元年肆月贰拾伍日

刑部满尚书臣宗室佛格、经筵日讲官起居注尚书兼管翰林院掌院学士加二级臣励廷仪、左侍郎臣阿锡鼐"

朱批："此案所奏未明。再，周昌言系有名镇魇之人。著将此案明白查核具奏。密审，密奏。"①

按，此件奏折系满汉文合璧，雍正帝的朱批是满文。

周昌言的供词反映了如下情况：

第一，康熙朝晚期，陈梦雷将术士周昌言招至家中，为诚亲王允祉拜斗祈福，以保佑允祉"沭帝欢心，传继大位"。陈梦雷将允祉本命灯下所供之米，亲手送予允祉食用。

第二，陈梦雷编造了一个他将辅佐嗣君的神话，并告知周昌言：甲午年（按，康熙五十三年）风雨之夜，天降"将来大位之牌"，令其供奉，牌上未书名。这表明陈梦雷既看好允祉，认为允祉于储位之争中有望胜出，同时也为自己留有余地，以备日后侍奉其他嗣位者。

第三，陈梦雷曾镇魇李光地（逝于康熙五十七年）。此外，原拟镇魇已被禁锢的皇长子允禔、废太子允礽，使两人不得复出。还要镇魇与允祉不睦的皇子等。由于镇魇李光地不灵验，后两个方案均未实施。

第四，雍正帝即位后不久，陈梦雷在蒙养斋修书馆告知禅得海，自己手中有此牌，请禅得海通过其父转达雍正帝，以求获得辅佐之任。

雍正帝的朱批透露了两点情况，一是如佛格等所言，周昌言深谙镇魇之术，颇有名气；二是雍正帝不满所审结果，令重新查核具奏，并叮嘱办案人员严格保密。

周昌言的口供是目前所见关于陈梦雷案唯一的原始材料。雍正八年五月宗人府议定允祉罪款中，所谓"将梦雷逆党周昌言私藏家内，妄造邪术，拜斗祈禳，阴为镇魇"等语，应源于这件奏折。显然，周昌言受到严

---

① 中国第一历史档案馆编：《雍正朝汉文朱批奏折汇编》，江苏古籍出版社1989年版，第1册，第292—297页。

刑逼供。我们尚未发现其他材料,能够对周昌言的口供加以印证,这是一个重要缺憾。不过,口供内关于为诚亲王允祉祈求大位,以及陈梦雷通过禅得海之父,将自己供奉"将来大位之牌"通达雍正帝等内容,因涉及之人俱在,而且事关雍正帝本人,故不大可能是编造。

康熙六十一年十二月上旬雍正帝决定发遣陈梦雷父子,是因得知陈梦雷曾供奉此牌。事隔四个月后,刑部审出周昌言口供,为陈梦雷案增加了新内容,即案主曾偕周昌言为允祉祈求大位,从事镇魇等活动。所以,康熙六十一年十二月十二日雍正帝谕旨,仅称陈梦雷"招摇无忌,不法甚多";雍正六年八月二十二日谕旨,则有"交结邪党,意欲扰乱国政"等新罪名。

佛格等遵旨查核与复审情形,因史料缺失,目前尚不清楚。奏折称拟"将陈梦雷等提来严行密审",说明陈梦雷父子已被发遣。父子二人被提审回京的可能性不大。

关于术士周昌言,我们也未找到其他材料,其结局未详。作为"邪术"的实施者之一,周昌言是受陈梦雷指使,故为"从犯"。这或许是案发后周昌言自首的一个原因。

据周昌言口供,祈禳、镇魇等活动大都围绕允祉进行。周昌言由陈梦雷请至,偕陈梦雷为允祉"祈求大位",本是此案中心人物的允祉,反而成了一个相对超脱的角色。

陈梦雷是祈禳的策划者、参与者与镇魇的实施者。根据目前掌握的史料,康熙中晚期储位之争中,陈梦雷是卷入最深的一位汉族文士,且是主动参与其中,有具体行动。这种情况与其他卷入储位之争的人,如皇九子允禟的管家、汉族给事中秦道然和追随允禟的葡萄牙籍传教士穆景远(Jean Mourao,一作穆敬远)等颇有不同。

据周昌言口供,十二月十三日陈梦雷回家焚化箓牌等物,并告知周昌言,已托禅得海通达皇上。按,禅得海,从名字看,像是满人。据光绪进士谢章铤《与悃斋论安溪密疏书》云,陈梦雷"赦归之后,以白衣纂修《图书集成》,又以结交近侍获谴"[①]。"近侍",当指禅得海之父。其姓名未详,应是雍正帝身边之人,如侍卫。时人见陈梦雷因事求托禅得海之父,旋遭流放,故以"结交近侍"作为陈梦雷获罪之因。这种看法流传至

---

① 谢章铤:《赌棋山庄文集》卷7,载沈云龙主编《近代中国史料丛刊续编》,台湾文海出版社1975年印行,第15辑,第141册,第405—407页。

晚清。

陈梦雷赦还京师后，曾经数迁居所。康熙朝中后期，他的居所主要有两处。其一位于畅春园迤北五里许，与诚亲王允祉的别墅毗连，陈梦雷称之为"半圃（半圃斋）"或"水村别墅""别业"。这是允祉为陈梦雷购得，时间似在康熙三十八年夏陈梦雷侍允祉读书后不久。此居有"书室三楹，贮所著《汇编》三千余卷"供其校阅。① 这里应是陈梦雷编纂《汇编》所在地，距畅春园内蒙养斋修书馆较近。其二是"赐宅"，被陈梦雷称为"华屋"，位于城北德胜门之东。康熙四十六年春，陈梦雷由允祉府内梦鸠园迁居于此。从陈梦雷诗文中反映的情况看，平时大部分时间他住在"半圃"，家人则住在德胜门之东"华屋"，当陈梦雷生病休养时，也返回"华屋"。诚亲王府位于官园，距德胜门之东陈梦雷的住所尚有一段路程。陈梦雷与周昌言等为允祉拜斗祈福，未详地点，在"半圃"或在"华屋"都有可能。

康熙帝去世前后，陈梦雷大约住在与蒙养斋修书馆较近的"半圃"内；所谓"回家"，是指返回位于德胜门之东的"华屋"。陈梦雷返家后的言行，使周昌言感到大祸临头，遂仓皇出逃，途中焚毁巫书。

五 雍正帝为何"姑令寝息"

前引谕旨中，雍正帝反复强调，对陈梦雷案"姑令寝息"乃为保护允祉，使其免受牵累。"保护"允祉只是一个借口。雍正帝始终对此案情三缄其口，另有隐情。

其一，陈梦雷持有"将来大位之牌"，这为时人认为允祉"依次当立"的看法，提供了佐证。

康熙五十一年第二次废黜皇太子允礽后，康熙帝未再册立储君。角逐储位的皇子内，皇三子允祉、皇四子胤禛、皇十四子允禵等各具优势，允祉、允禵较胤禛又略胜一筹。

允祉长胤禛一岁，两人于康熙四十八年同时封为和硕亲王。满文档案反映，四十七年一废太子事件发生前，除皇太子允礽外，为康熙帝所倚重的皇子是皇长子允禔、皇三子允祉和皇八子允禩。康熙帝率皇太子、皇长

---

① 陈梦雷：《松鹤山房诗集》卷5，《水村十二景（有引）》，《续修四库全书》第1415册，第651页。

子等离京出巡，选派皇子值守京城时，必以允祉居首。诸皇子共同奏报京城事宜，以允祉领衔，胤禛等按长幼之序，列名其后。因允禔、允礽相继被幽禁，允祉于众皇子稳居领军之位。

胤禛是在一废太子事件发生后，方逐步得到康熙帝的信任。康熙朝中后期，从允祉、胤禛分别奉旨办理政务、代行祭祀等次数看，两人不相上下。不过，凡康熙帝写给允祉、胤禛两人的朱批和朱谕，均以允祉在前，次为胤禛。《永宪录》云："当储位未定，诸人妄臆诚亲王依次当立，欲趋其门，故交结梦雷。"① 时人认为允祉居长，② 继立有望。作为储位竞争对手，胤禛对允祉忌之甚深。

满洲统治集团内，隶属关系严格，从无混淆。虽然"将来大位之牌"上没有书名，但是，如果陈梦雷是胤禛属下，所谓陈梦雷得到此牌以使辅佐嗣君之说，便可作为康熙帝属意于胤禛的一个佐证。陈梦雷既然是允祉的老师兼亲信，供奉"将来大位之牌"就可用以证明允祉有望成为嗣君。

其二，倘若披露此案实情，则为散布雍正帝得位不正之人提供了口实。

康熙朝后期，八贝勒允禩、九贝子允禟、皇十子敦郡王允䄉、十四贝子允禵等结为党援，得到部分宗室王公大臣的支持。允禵可称之为储位之争中的后起之秀。允禵率师西征三载，于五十九年（1720）收复被准噶尔军占领的西藏，使清朝疆域恢复完整统一。这一功绩使他在朝内外享有声誉，为人瞩目。六十一年十一月十三日，康熙帝因病猝死，胤禛承继大统。时允禵尚在甘州，处理与准噶尔部和谈事宜。十四日，雍正帝命行文允禵，限二十四日赴京。又令收缴允禵全部奏折及所奉朱谕，封固进呈。③

关于雍正帝得位问题，这里不予析述。事实是，雍正帝即位后，关于嗣帝得位不正的议论，开始在朝野流传。允禩、允禟、允禵等对雍正帝的继统心怀不服，雍正帝视其为政敌，必予严惩。但是，即位初始，为安抚人心，稳定大局，只有先行羁縻之策，对包括允禩在内大批宗室王公施恩

---

① 萧奭：《永宪录》卷2上，第83—84页。
② 在华传教士毕天祥（Ludovicus - Antonius Appiani）于"一七一四年阳历十二月二十二日（康熙五十二年阴历十一月五日）"写给友人的信中称："皇帝第三子，亦可称为第一子，因其他二子均已下狱。"参见方豪《中国天主教史人物传》中册，第352、353页。按，"一七一四年阳历十二月二十二日"应为康熙五十三年阴历十一月十六日。
③ 中国第一历史档案馆藏满文奏折，延信奏，康熙六十一年十二月二十一日。

晋爵。

恰在此时，陈梦雷案发露。此事与皇位传承有密切关联。如果雍正谕旨中披露此案内情，允禩、允禟等人属下，必会据此进一步渲染胤禛得位不正之说，增加人们对新帝的疑虑。

寝息陈梦雷案是雍正帝不得已而为之，却在客观上对允祉起到暂时的保护作用。

雍正帝即位后，遵照康熙帝遗愿，① 对长兄允禔、二兄废太子允礽仍予禁锢。允祉是唯一没有罹罪的皇兄，且在亲王之位。康熙帝去世后次日，雍正帝任命了四位总理事务王大臣，即八贝勒允禩、十三阿哥允祥、大学士马齐、尚书隆科多。其中没有允祉。不让以往在众皇子中领衔办理政事的允祉担任总理事务大臣，是雍正帝对皇兄加以贬抑之举。同时也透露，他认为允祉在朝中的影响力以及对他的威胁，均在允禩之下，无须大加提防。

雍正八年宗人府议定的允祉罪款中，有允祉"向日与阿其那（允禩）、塞思黑（允禟）、允䄉等交相党附，时切觊觎，比昵匪类，肆无忌惮"等项，② 此为欲加之罪。允祉性格内向，不擅交际。康熙年间，他与诸兄弟的关系一直比较疏淡，即使对于皇太子允礽，虽然相睦，未尝怂恿为恶。③ 两废太子后，允祉对储位亦有所图，但与诸弟关系依旧。

允祉的罹罪是朝中形势变化使然。

雍正元年（1723）八月，雍正帝向众臣宣布秘密建储，将写有皇四子弘历之名的密旨，放在乾清宫正大光明匾额后。这一重大举措实施后，纵使雍正帝发生意外，其属意者也能名正言顺地继承皇位。因已去除后顾之忧，雍正帝在施政中处于更加主动的地位。

二年三月，年羹尧等指挥清军平定罗卜藏丹津叛乱，取得青海大捷。这是雍正帝即位后在治理边疆上首次取得重大胜利。他在朝内外的威望进一步提高。七月，颁示《朋党论》，要求众臣与他"同好恶，公是非"④。

三年二月，服阕。雍正帝对允禩等人逐步加重责罚。

四年秋，允禟、允禩相继被迫害致死，允䄉、允祉仍在拘禁中。以此

---

① 参见中国第一历史档案馆编《雍正朝汉文谕旨汇编》，第1册，第48页。
② 《清世宗实录》卷94，雍正八年五月辛卯。
③ 《清圣祖实录》卷234，康熙四十七年九月庚辰。
④ 《清世宗实录》卷22，雍正二年七月丁巳。

为标志,雍正帝清除异己的斗争取得全胜。此后,他在处理与宗室成员的关系时,无须再有顾忌。不及两载,允祉被点名斥责,数年后死于禁所。雍正帝对允祉的忌恨积蓄多年,至此终得了结。

八年允祉罹罪后,宗人府禀旨所定罪款涉及陈梦雷案。即便如此,雍正帝对此案的处置方针未变,直接导致陈梦雷二次流放的"将来大位之牌"事,始终未被披露。这也说明,雍正帝为报复允祉而遣发陈梦雷父子说与史实不符。

由于雍正帝有意寝息陈梦雷案,佛格等审讯周昌言的奏折被清廷长期封存,鲜为人知。所以,清人所撰陈梦雷传记,均未能准确记述传主二次被流放原委。

六、皇子师何以"祈禳镇魇"

关于陈梦雷的祈禳和镇魇,所涉方术问题留待有关专家做进一步探究。我们仅结合陈梦雷赦还京师后的遭际、康熙中后期时事以及社会习尚等问题,略作析述。

陈梦雷于康熙三十七年冬由盛京返京时四十九岁。他在京城度过二十多个春秋,雍正元年春第二次被流放时已过古稀。陈梦雷《松鹤山房诗集》卷首八篇序文中,所署时间最晚一篇,写于康熙五十二年十月。① 《松鹤山房诗集》和《松鹤山房文集》内,诗文落款或文字内容显示的最后时间,也是康熙五十二年。② 根据诗文集透露的情况,似可探寻陈梦雷重返京师至康熙五十二年前后的部分经历及其心态变化。

康熙三十八年正月二十一日,陈梦雷上奏"乞赐差使"。奉旨:暂住西苑椒园教书,俟回銮日别有旨意。③ 二月初三日,康熙帝离京,开始第三次南巡。允祉等扈从。不久,留守京师的皇太子允礽来到椒园万善殿。陈梦雷受召见,奉令旨讲性理太极图,并应令赋诗。五月十七日,康熙帝

---

① 陈梦雷:《松鹤山房诗集》卷首,《续修四库全书》第1415册,第529页。
② 陈梦雷:《松鹤山房诗集》卷2,《病后读坡公年谱慰二儿》,《续修四库全书》第1415册,第584页;卷8,《癸巳年皇上六十万寿恭记》《赠张道人》,《续修四库全书》第1415册,第723、724页;《松鹤山房文集》卷10,《凤池林氏族谱序》,《续修四库全书》第1416册,第148、149页。
③ 陈梦雷:《松鹤山房文集》卷1,《三十八年正月二十一日疏》,《续修四库全书》第1416册,第19页。

结束南巡返京。陈梦雷奉旨：在皇三子府中行走。① 旋入懋勤殿侍允祉读书。逾月，侍允祉扈跸畅春园，读书北园。七月十五日，陈梦雷得到皇太子允礽的赐诗，允祉则将陈梦雷的和诗转呈允礽。允礽阅后，大加赞赏，"谓语语有典，使人不觉其用典，笔墨之妙，至于用古而化，不知他胸中有几万卷书"②。是月二十五日，康熙帝庶妃章佳氏病逝。闰七月十七日，康熙帝巡视塞外，允祉等随驾。九月初十日，康熙帝一行返京。十三日，允祉因在庶母章佳氏丧期内违制剃发，由郡王降为贝勒。从陈梦雷为允祉作《恭拟责躬集后序》中可看出，③ 此事对年方二十三岁的允祉是一重大打击，对他其后为人处世产生了一定影响。他的过于拘谨、胆小怕事等特点，以及数年后陈梦雷参劾李光地，他却执意不容上达，与此都有一定关系。

陈梦雷返朝之初，既得到满洲权贵赏识，也再次感受到仕途险恶，世事无常。康熙三十九年（1700）三月，他作有《半圃纪事》组诗。其五云："即此成真赏，何须物外寻。身虽依禁阙，情已遂山林。旷揽鸢鱼趣，静观天地心。个中难索解，余兴寄瑶琴。"④ 看似恬淡的侍读生活，难以化解他内心的惆怅。故于四十年（1701）十月始，全力投入《汇编》的编纂，"三载之内目营手检，无间晨夕"⑤。

四十一年（1702），因五岁之女、三岁之男相继出天花而亡，陈梦雷忧伤成疾。康熙帝予以慰问，特书"万树江边杏，新开一夜风；满园深浅色，照在绿波中"二十大字赐之。陈梦雷感激涕零。康熙帝得知，对入奏之允祉云："朕活之至此而三矣，其感泣宜也。"⑥ 按，所谓"活之至此而三"，二十一年陈梦雷以从叛罪免死流放盛京，入旗为奴，此为一；三十

---

① 陈梦雷：《松鹤山房文集》卷1，《拟陈防海事宜疏》，《续修四库全书》第1416册，第27页。
② 陈梦雷：《松鹤山房诗集》卷8，《七月十五日蒙东宫以睿制诗十首赐示恭纪》，《续修四库全书》第1415册，第715页。
③ 陈梦雷：《松鹤山房文集》卷10，《恭拟责躬集后序》，《续修四库全书》第1416册，第137、138页。
④ 陈梦雷：《松鹤山房诗集》卷3，《半圃纪事》，《续修四库全书》第1415册，第596、597页。
⑤ 陈梦雷：《松鹤山房文集》卷2，《进汇编启》，《续修四库全书》第1416册，第38页。
⑥ 陈梦雷：《松鹤山房诗集》卷2，《蒙赐御书恭记圣恩歌》，《续修四库全书》第1415册，第581页。

七年陈梦雷被赦还，此为二；这时陈梦雷因儿女双亡，悲伤致疾，康熙帝赐字以示宽慰，此为三。康熙帝以陈梦雷的救命恩人自诩，认为受恩者理应对他万分感戴。

四十二年五月，皇太子允礽的叔姥爷、原领侍卫内大臣索额图被执，数月后饿毙于禁所。这是康熙帝打击太子党的一个重大举措。自此以降，随着与皇太子允礽的矛盾逐步加深，康熙帝转而倚用诸皇子。允祉虽然仍在贝勒之位，实际地位得到提升。

四十三年（1704）季冬，康熙帝赴南苑行围，允祉等扈从，陈梦雷随往。此行历时十天。在这期间，陈梦雷得到康熙帝亲笔所书对联："松高枝叶茂，鹤老羽毛新。"① 他为此倍感荣光。遂自号"松鹤老人"，并将"半匑斋"命名为"松鹤山房"。不久，陈梦雷再次受挫。

时李光地任吏部尚书兼管直隶巡抚事，受到康熙帝倚重。四十四年（1705）孟春，陈梦雷作诗云："翰音竟登天，鼯鼠升高屋。天道岂茫昧，阴阳有往复。履坦亦何忧，鸣豫宁真福。君子道其常，自信在幽独。仰视彼浮云，无关我心曲。"② 这首诗很可能是他听闻关于李光地的某些情况后，有感而发。五月，陈梦雷疏劾李光地，谓其"虐民欺天，罪不容诛"。又称："孤臣沉冤未白，仇不共戴。谨冒死呼天，乞赐对质，殛奸诛伪，以儆贪残，以伸国法。"允祉怕惹是非，对陈梦雷的疏劾"再三迟回，必不容上达"。且虑陈梦雷"以过刚取祸，防范备至"③。陈梦雷见此，自知洗雪无期，万分沮丧。李光地则于十一月擢升大学士。

四十五年（1706）四月，《汇编》告成，由允祉呈览。康熙帝赐名《古今图书集成》。自是年夏至四十九年（1710），陈梦雷相继四次请求允祉代奏，"恳乞圣恩，准暂回故乡一视父母坟墓"。其中，首次（四十五年夏）未详结果；第二次（四十五年秋）因允祉未予上达，陈梦雷"从此遂患心痛之疾"；第三次（四十八年二月）经允祉上达，奉旨："明年启

---

① 据《松鹤山房诗集卷之八目录》：《十一月十五日蒙皇上亲洒宸翰书松高枝叶茂鹤老羽毛新一联特赐臣梦雷臣谨赋诗六章用纪荣遇》。另据卷8正文，此组诗诗题为"十二月十九日蒙皇上亲洒宸翰书……"正文与目录所记时间有出入。参见《续修四库全书》第1415册，第696页、720页。
② 陈梦雷：《松鹤山房诗集》卷1，《有所闻》，《续修四库全书》第1415册，第556页。
③ 陈梦雷：《松鹤山房文集》卷1，《四十四年五月疏》，《续修四库全书》第1416册，第31页。

奏";第四次(四十九年)仍无结果。①

康熙四十七年、四十八年之间,数件震动朝野之事相继发生:四十七年九月,皇太子允礽被废黜;十月,皇长子允禔以镇魇废太子罪革去王爵,幽禁家中。四十八年三月,允礽被复立为皇太子,允祉、胤禛及皇五子允祺等晋封亲王。陈梦雷第三次、第四次请允祉代奏乞假,正值上述事件发生后,但这些事均未对他造成影响。

因仇敌李光地愈益得势,自己乞假未准,陈梦雷郁郁寡欢。四十八年抱病,痊愈不久,再次患病。养疴期间,一日,他在集市上见到一个"烧土作盆,叠石为岩洞"的盆景,"盆中贮水,畜小鱼,置杂藻焉"。市人又用泥土烧制成"寸人、豆马、老僧、樵子"等,小僮以钱购一二,杂置崖洞左右。陈梦雷"携幼儿扶杖间一寓目,恍身在千岩万壑中矣"。他撰文记述此事,写道:"於戏!老人老矣。先忧后乐之愿已误平生,洞天福地之思徒萦梦寐,毋亦惟是日携杖偕儿辈随在作千岩万壑观,亦晚年之一适乎?"② 四十九年孟春,陈梦雷作《水村即事》组诗。其三云:"老大宁为岁月惊,早抛事业付时英。相依鱼鸟聊观物,且课鸡豚学治生。春雨花时千树碧,秋晴月夕万峰明。得移此景归家去,乐意陶陶百念平。"③ 这些诗文,反映了作者当时对田园生活的向往。

然而,朝中形势变幻莫测,陈梦雷心中再起波澜。

五十一年十月,皇太子允礽第二次被废黜。礼部随即咨文通告各省督抚,称皇太子册宝已撤取销毁,各省呈奏皇太子笺文一并停止。④ 这一举措无异于向世人宣布,康熙帝已绝复立允礽之念。

五十二年春,针对赵申乔奏请册立太子,康熙帝提出"必须以朕心为心"的择储标准,没有表示不再立储。⑤ 这使翘首以盼的皇子们看到希望。是年九月,允祉奉命修辑律吕算法诸书,于畅春园蒙养斋立馆,考定坛庙宫殿乐器。由于进一步得到康熙帝的器重,允祉在众皇子中愈显突出。

五十二年孟秋,陈梦雷作《病后读坡公年谱慰二儿》。内云:"我贤未

---

① 陈梦雷:《松鹤山房文集》卷2,《进汇编启》《告假疏》《四十八年二月请假疏》《四十九年请假疏》,《续修四库全书》第1416册,第38、32、34、35页。
② 陈梦雷:《松鹤山房文集》卷15,《石盆岩壑畜小鱼记》,《续修四库全书》第1416册,第210页。
③ 陈梦雷:《松鹤山房诗集》卷5,《水村即事》,《续修四库全书》第1415册,第650页。
④ 《宫中档康熙朝奏折》第9辑(满文谕折第2辑),第269页。
⑤ 《清圣祖实录》253,康熙五十二年二月庚戌。

必逮坡公，万斛泉源敢谓同。潦倒依然侍朱邸，儿孙绕膝乐无穷。城内聚居有华屋，郭外别业丘壑中。……天之生我或有意，此番不死知之矣。颠倒是非万卷中，千秋公论凭谁寄。且养残躯任运游，海阔天空何芥蒂。"① 这种乐观、豁达的心态，在作者自辽东返京后的诗文中实不多见。

《松鹤山房文集》收有《木瓜崖石嵩隐先生传赞碑铭序》一文，未署时间。此文可视为康熙五十二年后作者发生思想转变的又一迹象。

石和阳（号嵩隐），庐山木瓜洞道人，被称为"明际隐君子"。康熙四十八年，以八十九岁高龄去世。② 陈梦雷的姻翁叶谦，时任江西南康府知府。③ "深服膺于嵩隐先生，为述其传，登于志乘，集其墓志碑铭并诸名流赞颂题咏为一集"。问序于陈梦雷，遂有此文。内云："余深愧乏几先之哲而陷网罗，及心迹湔白，又以桂伐膏焚，困于羁绁，每欲乞归卜居武夷不可得。尝叹谓巢由亦有命焉，不可强也，抑或者宜随地作武夷之想而任天以游耶！"④

时任贵州巡抚的刘荫枢，素与石和阳相识。撰《题庐山木瓜洞石道人嵩隐行略》云："其徒尹诚斋持道人著述及诸公赞论，越数千里来黔问余，余即其所见闻为述其略焉。"落款为"康熙甲午菊月之吉"⑤，可知写于康熙五十三年（1714）九月。

结合有关情况看，陈梦雷的序文大约作于康熙五十三年稍后，即甲午年风雨之夜得到"将来大位之牌"后。此时，陈梦雷自感将有"辅佐"大任，故绝"乞归"之念。由此也表明，《松鹤山房诗集》《松鹤山房文集》中的诗文，或有五十二年后写就者，而诗文集的刊刻，大约是在康熙末年了。

---

① 陈梦雷：《松鹤山房诗集》卷2，《病后读坡公年谱慰二儿》，《续修四库全书》第1415册，第584页。

② 关于石和阳事迹，参见吴国富《清初高道石和阳》，《中国道教》2010年第1期。

③ 叶谦，字学山（一作学三），福建闽县人，康熙五十四年（1715）任南康府知府，在任七年，以丁忧去官。参见盛元等纂修《江西省南康府志》卷12，《职官·文职》，同治十一年（1872）刊本。按，康熙五十一年孟春，陈梦雷作《半匏八玩诗·不动儿》，内称"姻家出典郡，器物宜辐辏。仅遗余一儿，馀悉他人有"。所指是否为叶谦，待考。参见陈梦雷《松鹤山房诗集》卷1，《续修四库全书》第1415册，第558页。

④ 陈梦雷：《松鹤山房文集》卷10，《木瓜崖石嵩隐先生传赞碑铭序》，《续修四库全书》第1416册，第155页。

⑤ 《庐山志》卷10，《中国佛寺志》第18册，第1133—1135页，台湾明文书局1980年印行。

综上所述，陈梦雷被赦回京后二十余年间，以五十二年为界，分作前后两个阶段。前一阶段以著书、申冤、修身养性为主，后一阶段则以天降大任、辅佐嗣君为激励，逐步介入储位之争。出现这一转变的关键原因是，二废太子后，由于皇长子允禔、皇太子允礽（排行第二子）均罹罪，皇三子允祉于世人眼中"依次当立"，他在朝中的地位也愈加显要。陈梦雷感到，这是一个施展抱负的绝佳时机。况且《汇编》业已告成，校阅之暇，陈梦雷有较充足的时间和精力。

陈梦雷刻意编造了甲午年风雨之夜天降大任的神话，且将"祈禳镇魇"作为实现这一梦想的途径。这是当时社会习尚使然。

周昌言供词所云"礼斗""请仙""六壬数"，以及"炼耳报圆光镇魇和解符""化骨符"等，均属道教方术。道教是中国本土宗教，至清代依然盛行。陈梦雷入住水村别墅后即奉允祉命，为康熙帝拜斗祈福。也就是说，他的祈禳活动早于镇魇之举。他告知周昌言，甲午年风雨之夜得到"将来大位之牌"，这似表明周昌言是在五十三年（1714）后，方由陈梦雷请至。

清前期，不少满洲皇室、宗室成员及八旗官员等也喜好"遣神役鬼""镇魇压邪"等方术活动。康熙帝的部分皇子招揽术士从事祈禳、镇魇，均以图取储位为目的。例如，皇长子允禔与相面人张明德拟谋刺皇太子允礽，允礽废黜后，允禔又密招允祉下属牧马厂蒙古喇嘛巴汉格隆，令用巫术咒诅之；① 胤禛门人戴铎在武夷山遇一道人，遂为其主算命，胤禛得到吉言，对戴铎颇有嘉语；② 皇八子允禩常将九流术士召至家中，藏之密室，遣去时便叫皇九子允禟赠送银两；③ 允禵西征期间，找来陕西临洮（今甘肃临洮县）方士张恺算命，张恺极尽奉承，说他将来定有九五之尊；④ 等等。周昌言的口供，为康熙年间储位之争与方术之间的紧密联系补充了新的实例。

将陈梦雷招术士为允祉祈求大位，放在当时的政治、文化环境中观察，是可以理解的。无论身处辽东或返归京城后，陈梦雷与僧人、道士等多有交往。不过，陈梦雷所施镇魇之术，向被清廷视为左道，加以禁止。

---

① 《清圣祖实录》卷235，康熙四十七年十月甲辰；卷235，康熙四十七年十月丁巳。
② 故宫博物院文献馆编：《文献丛编》第3辑，《戴铎奏折·康熙五十三年》。
③ 故宫博物院文献馆编：《文献丛编》第1辑，《允禩允禟案·雍正四年·秦道然等口供》。
④ 同上。

如前述允禵因咒诅废太子事发，革爵禁锢致死。另如雍正五年（1727），被指为允禩同党而拘禁数载的康熙帝第十子允䄉，为治病请来宣化府萧姓道士，用了请神符。雍正帝认为，"允䄉在拘禁之地，尚敢诅咒朕躬，为镇魇之术。……只以允䄉伎俩不过止此，不能为国家之害"，故免其正法，仍旧禁锢。① 陈梦雷为施报复，曾镇魇仇人李光地。此外，废太子允礽、皇长子允禔以及所有与允祉"不相对的爷们"，都曾是陈梦雷准备镇魇之人，其中很可能也包括胤禛。所以，陈梦雷的镇魇行为与同期同类事例有所不同，具有镇魇对象众多，攻击面甚宽等特点。

七　陈梦雷其人其案刍议

陈梦雷自康熙九年（1670）步入仕途开始，就在政治上、精神上依附于清朝最高统治集团。他历经流放盛京，赦还京师，侍读朱邸，出入宫闱，屡得"宸翰御物"等沉浮荣辱，这种依附关系也在逐渐加深。他是汉族文士，却为满洲皇室成员允祉祈求大位，期盼能够辅佐未来的皇帝，无论其人为谁。他并没有将自己的汉人身份，视为实现其志向的障碍。实际上，清前期诸帝尤重首崇满洲方针，朝中满汉轸域分明。但陈梦雷的情况比较特殊。他在诚亲王府陪侍数十年，与满洲上层人物多有接触。他有较高的满语文造诣，擅长满汉文翻译，能作"清书篆体"。可是，即便如此，根据当时情况，清帝仍无可能以一位汉族文士为辅佐或心腹。不过，陈梦雷为达到既定目标而竭尽全力时，已无暇虑及其他。

在陈梦雷身上，体现了儒家的入世精神。他的人生态度随着仕途沉浮时而消极，时而积极，而这种积极又是充满功利的。赦还京师后二十多年中，陈梦雷没有官职，但并未放弃修齐治平理想，对朝政时事仍极为关注。他不甘心在与李光地的较量中处于劣势，不满足于长期屈身诚亲王允祉翼下，从事修纂等文事，而是期望借助储位之争，改变自己的命运，跻身权力顶层，实现人生抱负。

陈梦雷热衷于方术，以之作为实现人生抱负的一种手段。他在实施方术时，以最大限度满足个人所求为目的，为此不惜置对手于死地。

陈梦雷自视甚高，所怀大志与其政治才能不相匹配。他在纂修中国历

---

① 《上谕内阁》，雍正五年四月十八日；《上谕旗务议覆》，《中国史学丛书续编》第49册，第240页。

史上现存最大一部类书——《古今图书集成》时勤勉谨严，表现出色，然而又在皇权统摄下的宫廷斗争中自作聪明，请神弄鬼，从事政治投机。他以握有"将来大位之牌"，作为实现抱负的资本和凭据，未曾想到，除允祉外，其他皇子继位，势必将此视为"扰乱国政"之罪证，遑论以允祉为主要竞争对手的雍正帝。依照常理，雍正帝即位后，陈梦雷自应对此守口如瓶，但却主动予以披露。既然是允祉亲信，一旦允祉受到惩处，陈梦雷在劫难逃。如果陈梦雷未将供奉"将来大位之牌"一事"通达皇上"，或可暂时躲过此劫。他本具有自保于一时的条件，却在名利事功的驱动下，做出蠢事，授人口实，迅即遭受厄运。

陈梦雷辗转向雍正帝通达此事，与他当年闻知康熙帝东巡，"奔迎至抚顺地方，匍伏道左"，"恭进《圣德神功恭记七言排律一百二十韵》"[①]的动机何其相似。然而两次之结果截然相反：前次受召见，赦还京师，此次获罪，再被流放。向雍正帝通达供奉"将来大位之牌"是背允祉而为，所以还有弃旧主媚新君之嫌。

陈梦雷将博学多才、百折不饶、偏执自信、善于投机又不识时务等品性集于一身，既有对待困厄从容乐观、奋发有为的一面，也有为摆脱逆境而急功近利、不择手段的一面。他以一介书生投身宦海，在宫廷政治旋涡中几经搏击而被吞噬。

发生在康雍之交的陈梦雷案，是由康熙朝后期储位之争为缘起，以案主杜撰天降"将来大位之牌"神话，偕术士进行祈禳镇魇等活动为主要内容，又因案主将供奉"将来大位之牌"事通达雍正帝而发露。它从一个鲜为人知的侧面，展示了清统治集团内部残酷怪谲的权力与利益博弈。

小　结

本章所述两案：一为翰林院检讨、正红旗满洲朱天保因奏请复立皇太子被斩首；二为诚亲王允祉之侍读、汉人陈梦雷因将供奉"将来大位之牌"通达雍正帝，再遭流放。前一案轰动朝野，后一案内情为清帝讳莫如深。

[①] 陈梦雷：《松鹤山房文集》卷1，《三十八年正月二十一日疏》，《续修四库全书》第1416册，第18页。

历史年轮已转过三百个春秋。当年参与康雍之际储位之争的人，除去皇子、宗室王公、朝廷重臣外，还有品级较低，甚至尚无官衔的满汉文士。储位之争参与人员身份之复杂，地位之悬殊，形式之多样，都在一程度上超出我们以往的看法。

这些人参与储位之争的动机十分复杂，不仅仅是由个人利益所诱使。家臣奴仆为主子之家事尽心尽责的满洲传统意识，修身治平的儒家观念以及忠君报恩思想，都可能在其中起到一定作用。上述因素掺杂一体，相互影响，促使人们做出看似并不明智之事。他们因储位问题或身死、或流放、或革职。从这些追求大富大贵、近乎赌博冒险的行为中，也隐约可见积极进取、舍身成仁的精神。

朱天保、陈梦雷两案将我们的目光引向满汉文士这群权力边缘人物。他们在清前期宫廷政治中的表现和作用，还需要更全面、更深入的研究。

第六章

清宫太监补遗

宦官制度是中国宫廷政治的组成部分，与王朝的建立、灭亡相始终。服侍皇室成员的宫廷太监地位最为低贱。但是，由于其近侍职责以及与皇帝的特殊关系，他们在王朝治盛兴衰中扮演着某种角色。考察宦官（太监）的身世、他们与皇帝的关系及其在宫廷事务中的表现，亦可加深对清前期宦官制度和宫廷政治的认识。

清朝是继明朝之后中国历史上最后一个大一统封建王朝。明朝中后期，宦官的擅权干政激化宫廷内部各派系矛盾，加速了明朝灭亡。清代史学家总结历史教训，指出"东汉及唐、明三代，宦官之祸最烈"①。清帝也认为，"明代无女后预政、以臣陵君等事，但其末季坏于宦官耳"②；"前明亡于宦官，固不待言"③。

清入关后，承袭明朝宦官制度，一些旧明太监供职清宫，转奉新主。摄政王多尔衮对宦官势力保持警惕，加以抑制。④ 顺治帝亲政后，参照明制，设立宦官机构十三衙门，显露出倚用宦官倾向。康熙初年，革除十三衙门，重新设立管理宫廷事务的内务府。除去晚清个别太监受皇太后宠任，引发众怨外，清朝在管理太监、处理太监与朝政的关系方面比较严明。这种局面的开创者是康熙帝。康熙年间，有关太监的规章制度尚不完备，太监亦无官职品秩。然而康熙帝管理太监的方针举措，为其后清帝所遵循。至乾隆时期，清宦官制度基本定型，并成功运作百余年。

---

① 赵翼：《廿二史札记》卷5，中国书店1987年版，第67页。
② 《清圣祖实录》卷179，康熙三十六年正月甲戌。按，康熙帝也曾表述相反看法："但谓明之亡，亡于太监，则朕殊不以为然。"参见《清圣祖实录》卷154，康熙三十一年正月己卯。
③ 《清仁宗实录》卷127，嘉庆九年三月壬寅。
④ 参见《清世祖实录》卷10，顺治元年十月戊辰。

宦官与宦官制度是目前清史研究中一个较为薄弱的领域。清代，"群籍中从不立宦官一门"①。清史无太监传记。有关清前期太监的史料，更为稀缺零散。学界以往对清朝宦官的探讨大都比较宽泛，清前期太监研究尤少。② 本章拟根据新发现的史料，兼用满、汉文档案，对清前期太监情况及数位太监事迹做一考察，③ 力图澄清一些有关他们身世、任用、获罪、结局等方面的问题。

第一节　清前期太监述略

一　太监的管理与惩戒

康熙十六年（1677），设立敬事房，管理太监、宫女及宫内事务。清廷规定：敬事房属总管内务府管辖，"太监系归总管内务府大臣专管"④。内务府总管大臣由皇帝从上三旗大臣内选任，无定员；敬事房总管从太监内选任。⑤ 这一管理体制是对中国封建王朝宦官管理模式的创新。太监与大臣在宫廷事务中相互牵制，既可约束太监权势，也防止皇帝过分倚重太监。

敬事房总管下，除去圆明园等个别地方，各宫一般设首领管理太监具体事务。敬事房总管可以举放首领，对行事不堪者责处参革。⑥ 但重要选任事项须由内务府总管大臣奏准，或由钦定皇子领衔办理。例如，孝惠皇

---

① 庆桂等编纂：《国朝宫史续编》卷72，北京古籍出版社1994年版，第660页。
② 参见常建华《雍正帝打击太监魏珠原因新探——魏珠其人其事考》，《清史研究》2013年第3期；杨珍《历程　制度　人——清朝皇权略探》，第232—240页；张建《内监梁九功与康雍之际的储位斗争》，"国际满学青年学者论坛"论文，吉林师范大学，2015年。
③ 康熙四十八年（1709）冬，康熙帝对大学士谈到当朝太监人数："明季宫女至九千人，内监至十万人，饭食不能遍及，日有饿死者，今则宫中不过四五百人。"参见鄂尔泰、张廷玉等编纂《国朝宫史》卷2，北京古籍出版社1987年版，上册，第13页；《清圣祖实录》卷240，康熙四十八年十一月癸未。按，目前所见档案、史籍提及姓名的康熙朝太监约数十人，其中多数人事迹无考。
④ 《钦定宫中现行则例》卷4，光绪六年（1880）武英殿刻本，第75页。
⑤ 康熙年间，"敬事房总管"也称为"总管太监""总首领太监"。康熙以降，或称为"宫殿监督领侍""乾清宫总管"。参见辽宁社会科学院历史研究所、大连市图书馆文献研究室、辽宁省民族研究所历史研究室译编《清代内阁大库散佚满文档案选编》（下述此书略去编者），天津古籍出版社1991年版，第78、83、107页等；《国朝宫史》卷2，上册，第6页；光绪《清会典事例》卷1216，第12册，第1093页。
⑥ 鄂尔泰、张廷玉等编纂：《国朝宫史》卷2，上册，第13—14页。

太后生前住在宁寿宫，康熙五十六年十二月去世。治丧期间，皇十二子贝子允祹署理内务府总管事。五十七年夏，奉先殿、孝陵等处各有一名太监病故。内务府总管大臣奏请照前例交付总管太监，补放缺额。奉朱批："与十二阿哥一道，从宁寿宫太监内派选具奏。"① 于是，允祹口奏两处太监实际需求员额。康熙帝决定，将两处太监各由十五人减至十二人。②

凡有太监赌博、酗酒、斗殴、偷窃、逃跑等情，经总管太监奏告，康熙帝交付内务府总管大臣审讯事主，议定处理方案，奏闻定夺。③ 有时，总管太监也参与审讯，并在内务府总管大臣领衔的审议奏折上列名末位。④ 目前所见原始档案中，尚未见到由总管太监单独署名的奏疏。

康雍两朝对太监的管理和处罚，为乾隆七年制定《钦定宫中现行则例》奠定了基础。满文档案等史料显示，康熙年间凡太监犯事，或交付内务府慎行司，或交付三法司。惩处方式有罚银、鞭责、杖笞、戴枷、锁禁、发往翁山等处割草、绞监候、正法等；首领太监等涉案，或免鞭笞，折取赎罪银。事实上，太监所受之酷刑，有的并未见诸《钦定宫中现行则例》中的"（太监）处分条例"。例如，康熙五十六年五月，在逃钦安殿乐班太监崔某被捕获。署理内务府总管事务郎中董殿邦等，议将崔某照例枷号三月，鞭一百。奏入，康熙帝认为惩处过轻："嗣后若拿获逃跑之太监，应割其一侧懒筋。著再议具奏。"⑤ 对逃逸或行窃之人施此虐刑以致残，这是康熙帝的惯有做法。⑥

二　太监对皇权的依附

太监每月领取银两米粮，这决定了太监对皇权的经济依附。

---

① 中国第一历史档案馆藏满文朱批奏折，署理内务府总管事务郎中海章等奏，康熙五十七年四月十一日。

② 中国第一历史档案馆藏满文朱批奏折，固山贝子允祹、署理内务府总管事务郎中董殿邦奏，康熙五十七年四月二十九日。

③ 中国第一历史档案馆藏满文朱批奏折2件：署理内务府总管事务一等侍卫关保等奏，康熙五十三年六月二十八日；署理内务府总管事务海章等奏，康熙五十八年十二月二十四日。

④ 中国第一历史档案馆藏满文朱批奏折，内务府总管李英贵等奏，康熙六十一年九月十九日。

⑤ 《清代内阁大库散佚满文档案选编》，第126—127页。

⑥ 参见中国第一历史档案馆整理《康熙起居注》，第3册，第2097—2098、2128、2304、2391页。

据《钦定宫中现行则例》，敬事房四品大总管（宫殿监督领侍），"每月食银八两，米八斛，公费制钱一贯三百"。四品大总管以下，"公费月饷"按职级递减。最下层太监"每月食银二两，米一斛半，公费制钱六百"。也就是说，等级最低太监即使不算"恩加钱粮"①等项，仅以"每月食银二两"计，一年共二十四两。顺治元年定京官支给俸禄柴直，其中从八品文官"折支银二十二两七钱八厘"②，不及太监之年薪。

有些太监因赌钱、酗酒滥花俸银，以至衣衫褴褛，"形同乞丐"，不能自给。③ 不过，从整体上看，太监不是贫困群体。他们"食钱粮，图养父母一家"④。御前太监不必言，即使地位稍低的太监内，买地置产者非居少数。⑤

皇帝与太监的关系，无疑是统治者与被统治者的关系。太监自残入宫后，以服侍皇室成员为己任，生、杀听之。一方是主子，另一方是奴才。太监如玩忽职守，偷盗财物，或犯事逃离，会遭到皇帝的苛责处罚，甚至酷刑杀戮。太监依靠皇帝所予银米生活，养赡父母，置办家产。与皇权的关系一旦终结，太监则失去生活来源。

三　汉化对皇帝与太监关系的影响

康熙时期，皇帝与太监的关系受到满洲旧制的影响。

康熙帝认为，太监"最为下贱，虫蚁一般之人"⑥，"止令供洒扫奔走之役，一嚬一笑从不假借"⑦。但是，他同部分太监的关系有时也很亲近。曾对子辈云："朕御前近侍之太监等，不过左右使令，家常闲谈笑语，从不与言国家之政事也。"⑧ 又云："我朝满洲旧风，凡饮食必甚均平，不拘

---

① 鄂尔泰、张廷玉等编纂：《国朝宫史》卷4，上册，第45、51页。
② 《清世祖实录》卷7，顺治元年八月己巳。参见唐益年《清宫太监》，辽宁大学出版社1993年版，第53—54页。
③ 鄂尔泰、张廷玉等编纂：《国朝宫史》卷4，上册，第8、9页；《清圣祖实录》卷154，康熙三十一年正月己卯。
④ 鄂尔泰、张廷玉等编纂：《国朝宫史》卷4，上册，第48页。
⑤ 已知事例如康熙朝太监郭守义、乾隆朝太监高云从等。分见中国第一历史档案馆藏满文朱批奏折，允祉等奏，康熙五十二年十二月初八日；《清高宗实录》卷963，乾隆三十九年七月癸酉、乙亥。
⑥ 鄂尔泰、张廷玉等编纂：《国朝宫史》卷2，上册，第7页。
⑦ 《清圣祖实录》卷154，康熙三十一年正月己卯。
⑧ 《圣祖仁皇帝庭训格言》，第25页。

多寡，必人人遍及，使尝其味。朕用膳时，使人有所往，必留以待其回而与之食。"① 所谓使人，应包括御前太监。康熙帝与他们闲拉家常、欢声谈笑、留食待归，两者之间的关系还保留着满洲遗风。

清人眼中，高宗乾隆帝对太监"防驭犹严"②。乾隆帝的等级观念以及对太监的鄙视，更甚于乃祖康熙帝。③ 例如，他向以同太监并坐而食为耻。宫殿监督领侍苏培盛延请皇子饮馔共食，被乾隆帝斥之为"狂妄骄恣"④。又如，同是对待祖母或生母的身边太监，康熙帝因守陵太监崔邦琪侍孝庄太皇太后年久，"诗以赐之"⑤；乾隆帝则以孝圣皇太后的太监向皇太后透露宫外情形为由，严加申饬。⑥ 看来，清朝入关愈久，汉化程度愈深，满洲旧风存留愈少。清帝与太监关系中的感情因素，也随之荡然无存了。

四 宣谕奏对 悉经中使

清制，太监见到诸王大臣、侍卫、官员等，必须起身站立，行走时必须让路，以示恭敬。⑦ 太监与大臣之间卑尊分明，自无庸论。可是，清帝某些做法，客观上大大提高了少数太监在宫中的地位。这就是由太监向诸臣口传谕旨，或代大臣口奏。少数情况下，太监也直接向皇帝转送大臣的奏折。

如康熙十七年闰三月初一日，翰林院侍讲学士张英"于内侍前转奏曰：'臣一月以来侍从皇上左右……'。随传谕曰：'尔言是，朕已知之。'"⑧ 时康熙帝每日召张英等于懋勤殿讲论学问，但君臣间的联系有时仍要通过太监。⑨

又如康熙帝南巡期间，留京工部尚书王鸿绪凡有密奏，必亲诣南书

---

① 《圣祖仁皇帝庭训格言》，第 48 页。
② 徐珂编撰：《清稗类钞》，第 1 册，第 442 页。
③ 《钦定宫中现行则例》卷 1，第 7—11 页。
④ 鄂尔泰、张廷玉等编纂：《国朝宫史》卷 4，上册，第 35、36 页。
⑤ 《圣祖御制文二集》卷 44，《守陵太监崔邦琪侍慈宁宫年久诗以赐之》。
⑥ 《清高宗实录》卷 1，雍正十三年八月辛卯。
⑦ 鄂尔泰、张廷玉等编纂：《国朝宫史》卷 2，上册，第 7 页；卷 3，上册，第 19—20 页。
⑧ 《康熙十七年〈南书房记注〉》，《历史档案》1995 年第 3 期。
⑨ 同上。

房,交管理宫报首领从内密达御前。俟宫报回日,亲诣领出。① 四十六年四月,康熙帝第六次南巡抵浙江石门。王鸿绪于道中接驾。遂将"前在苏州蒙圣谕委臣密访之事",亲写折子,封固严密,交随往御前太监李玉转达。递上十日,于扬州行宫即蒙批发矣。②

据供职清廷的意大利籍传教士马国贤(Matteo Ripa)记载,康熙五十九年(1720),康熙帝多次通过太监向来华俄国使团传达旨意:"有时候,太监也对欧洲传教士们传旨。"③

康熙五十一年春,大学士陈廷敬患病,不能入阁理事。康熙帝闻知,遣御医诊治,赐御制良药。十天之内,相继四次派人至陈廷敬榻前看望。陈廷敬第三子、翰林院侍读学士陈壮履均在场。乃父故后,陈壮履将当时情景写入碑文,以铭记"圣恩"。据碑文,四次派往人员是:

第一次,"中使李玉、翰林院侍讲学士励廷仪、修撰赵熊诏";

第二次,"内大臣公鄂伦岱、李玉、励廷仪、赵熊诏";

第三次,"乾清门侍卫觉罗六格、李玉、励廷仪、赵熊诏";

第四次,"鄂伦岱、李玉、励廷仪、赵熊诏"④。

陈壮履以丁丑科会魁步入仕途,供职内廷十余年,深谙就里。所撰碑文将太监李玉之名列于领侍卫内大臣鄂伦岱、乾清门侍卫觉罗六格后,翰林院侍讲学士励廷仪、修撰赵熊诏之前。同是钦差,御前太监位重显要,词臣文士尚在其次。

关于太监李玉奉派探望阁臣陈廷敬事,下文还将专述。

需要指出,"传宣谕旨,接奏事件,随侍坐御前更等事",是奏事随侍处太监之"专司"⑤。"奏事处"之称出现在雍正初年,康熙年间无此机构。由于奏事制度尚不完善,康熙帝选派太监传旨时具有较大随意性。⑥

---

① 中国第一历史档案馆编:《康熙朝汉文朱批奏折汇编》,第8册,第1061—1062页。
② 中国第一历史档案馆编:《康熙朝汉文朱批奏折汇编》第1册,第663页。
③ *Memoirs of Father Ripa*, selected and translated by Fortunato Prandi, John Murray, London, 1855, pp. 104—108, 111.
④ 《静坪墓地路碑》(五),载栗守田编注《皇城石刻文编》,皇城历史文化丛书,山西阳城县印刷厂,1998年版。
⑤ 《钦定宫中现行则例》卷4,第23—24页。
⑥ 除太监外,康熙帝也常让御前侍卫等向众臣传旨,并有固定人员(如"奏事治仪正傻子、主事双全"等)接收、转奏大臣的奏折。参见故宫博物院明清档案部编《关于江宁织造曹家档案史料》,第67、95、102、105页等。

而传旨太监是皇帝的代言人,当然为大臣另眼相待,恭敬之至。所以,有些传旨太监狐假虎威,尽显凌傲之气。

全祖望《翰林院编修初白查先生墓表》云:"南书房于侍从为最亲,望之者如峨嵋天半。顾其积习,以附枢要为窟穴,以深交中贵人探索消息为声气,以忮忌互相排挤为干力,书卷文字反束高阁。"① 按,"查先生"即查慎行,又称查初白,大学士明珠子翰林院掌院学士揆叙之师。康熙四十二年入值南书房,得赐进士出身。改翰林院庶吉士,授编修。因不善周旋,四十八年调至武英殿修书局从事校勘,"稍外之也"②。而修书局也属太监督管之地。衔命内使翩翩而至,颐指气使。或云:"康熙时内廷修书无廪给,以内监督之,轻亵极矣。黠者以诸邸为奥援,愿者周旋于雕珰之后而已。"③

康熙五十二年入值内廷的方苞,这样述及他在南书房的亲身感受:"中贵人气焰赫然者,朝夕至,必命事。专及于余,乃敢应唯敬对,外此不交一言。"方苞夙畏风欷,常着缁布小冠。太监见之多窃笑,或曰:"往时查翰林慎行性质颇类此,而冠饰亦同。"④ 太监在文学侍臣前恣肆之态,可见一斑。

高士奇也在南书房供奉有年。此人善逢迎,"结近侍探上起居,报一事,酬以金豆一颗。每入直,金豆满荷囊,日暮率倾囊而出,以是宫廷事皆得闻"⑤。民国年间,此事成为清朝遗老撰写《清宫词》的素材之一。⑥

也有个别满洲大臣对传旨太监"视之蔑如",如皇子师、侍读学士法海。⑦ 法海是康熙帝大舅佟国纲次子,康熙帝表弟。这位耿介外戚对传旨太监不屑一顾,实则同样是以皇权为依恃,只是表现方式不同而已。

当太监向专管太监的内务府总管大臣传旨时,双方尊卑之位全然倒换。

康熙五十年(1711)春,康熙帝抱恙巡视塞外,四月底驻跸热河。时值亢旱,祈雨未果,康熙帝焦劳烦闷。原定于五月初三日遣道士祭神祈

---

① 钱仲联主编:《广清碑传集》卷6,江苏大学出版社1999年版,第357—358页。
② 康熙五十一年(1712)查慎行奉命仍赴翰林院供职,翌年乞休归里。参见《查他山先生年谱》,载查慎行《查慎行集》,浙江古籍出版社2014年版,第7册,第341—344页。
③ 邓之诚:《清诗纪事初编》卷3,上册,第315页。
④ 方苞:《方望溪全集》卷10,第134—135页;另参见卷12,第174—175页。
⑤ 赵翼:《簷曝杂记》卷2,中华书局1982年版,第42页。
⑥ 吴士鑑等:《清宫词》,北京古籍出版社1986年版,第29—30页。
⑦ 方苞:《方望溪全集》卷12,第174—175页。

雨，由于内务府总管大臣宝柱一时疏忽，法事有所延误。翌日，"哈哈珠子太监李玉、魏珠"奉命前去问询，在行宫门前与宝柱相遇。宝柱于四十九年四月擢升此任时，康熙帝有话在先："勿升其职，朕将试用观之"。不出康熙帝所料，宝柱并未谨慎行事。当着众多守门官兵，宝柱没有依例向传旨而来的李玉、魏珠下跪。李玉等问话后，宝柱并无敬畏之色，还以道士未遵嘱携带法衣为由，高声争辩，出言不逊。时一等侍卫关保等也在场，见状，偕李玉等禀报内大臣四格。宝柱见到四格，立即跪叩，面露惧色。初六日，关保等上折参奏宝柱。内称：宝柱应向"哈哈珠子太监李玉、魏珠"下跪谢罪，反与争执，强词夺理，虽诛杀不足抵其罪。拟将宝柱执送刑部，从严查议。这件奏折上没有朱批，附有一张墨笔夹片。内称："俟宝柱到后，令伊看阅（此折），再奏。"① 康熙帝早已从李玉、魏珠口中了解此情。宝柱冒犯传旨太监，无异于得罪皇帝，后果自不待言。

太监与大臣共同办事时出错，康熙帝并不偏袒大臣。

五十七年十二月下旬，康熙帝谒陵后正在返京路上。二十三日夜三更，饭上人送祭肉抵达行宫。翌日，康熙帝差太监张朝凤问询奏事员外郎双全：京城是否有人来？双全忘记禀报三更之来人，随口应答张朝凤：没有。康熙帝得知实情后，立刻让"哈哈珠子太监魏珠"传旨：双全以有称无，隐匿未奏，交付内务府总管大臣，执拿议罪。内务府总管大臣将双全与张朝凤一并审讯，议将双全革职，枷号四十日，鞭百；张朝凤枷号一月，鞭八十。奏入，奉朱批："双全革职，免枷号鞭责；张朝凤所问没有错讹，免罪。"② 太监张朝凤只是向康熙帝转述奏事员外郎双全所言错误信息，其本人并无过衍。内务府总管大臣议将二人均予惩处，显有不公。康熙帝未采此议，而是将张朝凤免罪。

---

① 中国第一历史档案馆藏满文奏折，关保等奏，康熙五十年五月初六日。按，"哈哈珠子太监"如果在同一奏折中并指两人，只于排在前位的太监名前冠以此称。参见满文朱批奏折，内务府奏，康熙五十八年四月十三日。如果两位太监中一位是哈哈珠子太监，另一位不是，相关表述也很明确。如满文朱批奏折康熙五十五年十一月初九日内务府奏称："哈哈珠子太监魏珠、太监周进朝将讯问匠人花色之汉字文书交付并传旨……"

② 中国第一历史档案馆藏满文朱批奏折，海章等奏，康熙五十七年十二月二十四日。

第二节　清朝首任敬事房总管顾问行

康熙十六年（1677）三月初一日、初五日，康熙帝在设立敬事房之前分别下达两条关于宫中管理事项的谕旨。其一，"上谕顾问行、崔荩忠、翟霖"，即以顾问行居首；① 其二，"上谕顾太监"，即顾问行单独承旨。② 显然，顾、崔、翟三人是设立在即的敬事房总管、副总管人选。相关史料无不表明，顾问行是清朝第一任敬事房总管。③

康熙六十一年十一月十七日，康熙帝去世后第四天。尚未即大位的雍正帝用饭时，突然想起"自幼随侍皇考"的一等侍卫海青④和太监顾问行。他说："太监顾问行亦系自幼侍从皇考，效力年久之人，著赠伊为三品，俱致祭一次。"⑤ 时距顾问行去世约二十载。

一　顾问行人品特点

康熙帝认为，"用太监，不过取其当差勤谨老实，寡言稳重"。皇太子允礽所居毓庆宫太监，俱是少年首领，康熙帝不以为然，亲自选人调换。三十九年九月谕称：太监高三变"虽言语钝拙，而办事诚实，语言谨慎，又识满洲字，可以当得（毓庆宫）总首领"。又称：太监贾应选等"虽稍软弱，坐性好，言语谨慎老实，宫内可以用得"⑥。康熙帝对太监优劣的评判标准很明确。所以，首任敬事房总管顾问行应是老成持重，言行谨慎，懂满语，识满文。

康熙二十一年七月，康熙帝于晾鹰台宴请诸王大臣。众臣尚未落座，太监王进等率先坐于棚下，于是犯了"不知规矩"之罪。总管太监顾问行奉命议定处置方案，拟将王进等各鞭五十。奏入，奉旨："每人著鞭责八十。"⑦ 这也表明，顾问行虽然居太监之首，却不愿对犯过下属逞威整治。

---

① 鄂尔泰、张廷玉等编纂：《国朝宫史》卷2，上册，第6页。
② 同上。
③ 参见《清代内阁大库散佚满文档案选编》，第138、152、176页等。
④ 海青，戴佳氏，满洲镶黄旗人。康熙四十九年（1710）病逝，诏依一品大臣给予全葬，得赐御书"忠孝"二大字。赐谥"果毅"。参见杨珍《历程　制度　人——清朝皇权略探》，第228—229页。
⑤ 《上谕内阁》，康熙六十一年十一月十七日。
⑥ 鄂尔泰、张廷玉等编纂：《国朝宫史》卷2，上册，第11页。
⑦ 同上书，第7页。

他的处世风格或有比较平实和善的一面。

三十二年二月，康熙帝见宫内太监衣衫破损，拟照八旗之例，借给太监官银。"或随侍外出，急切需银，或死丧急用。"又决定，借银二十两者，每月扣一两；借十两者，每月扣五钱；遇病故，免其退扣。顾问行等公议结果，对康熙帝所定扣额有所提高："借二十两者，每月扣银一两一钱；借十两者，每月扣银五钱五分；算一分扣利，以补逃亡之数，日久庶不致亏缺。"此议站在清廷暨康熙帝一方，对借银太监增加扣额，以扣利补还逃亡之数。经顾问行口奏，奉旨："好。依议。"① 可见顾问行在处理具体事务时，较为圆通，也善于取悦。

二 与康熙帝的关系

太监是皇帝的奴仆。可是，顾问行与康熙帝的关系有一些特殊之处。

康熙帝写给太监个人的朱笔谕旨，以给顾问行的最多。② 康熙帝三次亲征噶尔丹期间，经常是在写信与皇太子允礽（"谕皇太子"）的同时，也写给顾问行一信（"谕顾太监"）。也就是说，在他亲征噶尔丹总计十余月内，将朝政全权托付与皇太子，将内宫事务完全托付给顾问行。给顾问行的信中，康熙帝毫无掩饰地流露出他当时的情绪。

例如，首次亲征时给顾问行的一封信，写于康熙三十五年四月底：

"谕（按，抬写）顾太监：朕领六军北征瀚海，夙兴夜寐，未尝少暇。展转之间，将近六旬。朕原不欲写书，奈因梦寐之际，常侍慈（按，抬写）颜和悦，妃嫔清吉（按，此二字是涂改后重写）如常，所以朕不能无一语也。……"③

时康熙帝所率中路军已临近噶尔丹军，费扬古所率西路军未能与中路军会合，而中路军面临粮米短缺之困。因形势紧迫，交战在即，康熙帝略带沉重的心情流露在字里行间。

再如，三十六年五月下旬康熙帝结束第三次亲征。在返京途中，"谕顾太监：朕远行朔漠，北度沙瀚，立心似石，主意如铁，必灭此贼而后方回。今遂其志，满其愿，岂非天乎？朕乐之极矣！喜之极矣！举手加额，焚香谢天而已。特谕"④。这种直抒心胸的情感宣泄，即使是同时期给大臣

---

① 鄂尔泰、张廷玉等编纂：《国朝宫史》卷2，上册，第9页。
② 参见杨珍《从新见康熙朱谕看清前期皇权与太监的关系》，《历史档案》2018年第2期。
③ 中国第一历史档案馆藏康熙朝朱谕，无年月。
④ 故宫博物院掌故部编：《掌故丛编》，中华书局1990年版，第29页。

的谕旨内也很少见。

康熙帝在信中写道,"此皆细事,外报不曾写得,惟叫里边知道"①。他让顾问行将这一切转告孝惠皇太后和众妃嫔时,也将顾问行当作真正的倾诉对象。这表明康熙帝不仅信任顾问行,还认为顾问行能够领会他的所言所思,所忧所喜,因而在亲笔信中不计繁简,不吐不快。康熙帝也不时向顾问行交代、叮嘱宫内事项,其口吻委婉温和,没有一句教训,未见一字责备。如果信的起始没有"谕顾太监"字样,人们会以为这是写给一位亲近老臣。

三 事迹管窥

清代档案、官私史籍内,关于顾问行的事迹记述甚简。下举数例。

康熙八年十一月三十日,顾太监传上谕:蕙池花园众太监出银六钱买得撒兰、小松树用于内廷。著自库取银六钱代支。②

康熙十二年十一月二十九日,"顾太监传旨制作"熏炉一只,制毕取讫。③

康熙十四年十一月初四日,顾太监奉上谕:传内务府大臣噶鲁、海拉逊,今选女子,萨克达嬷嬷额娘一姓族中女子止选。④

二十六年底,孝庄太皇太后病逝。"一月之祭"在即,康熙帝担心孝惠皇太后哀痛太过,让"大学士明珠、内务府总管班第、亲近蓝翎侍卫尔格、总管顾太监"奏请皇太后不必前去。四人遵旨至皇太后宫门,"总管顾太监进内,遵旨奏毕"⑤。

三十六年闰三月二十一日,"总管太监顾太监"等奏闻启祥宫太监偷窃银碟事,并遵旨将案主交付内务府总管问讯。⑥时康熙帝在第三次亲征噶尔丹途中。

三十八年十二月初六日,"顾太监以大内需用",从广储司皮库"带去里子貂皮十二"⑦。按,敬事房设立后,内务府各机构行文中提及顾问行,

---

① 故宫博物院掌故部编:《掌故丛编》,第19页。
② 《清代内阁大库散佚满文档案选编》,第134页。
③ 中国第一历史档案馆藏满文内务府杂件,康熙十二年十一月二十九日。
④ 吕萍、何晓芳、张德玉主编:《佛满洲家谱精选·吉林卷》,人民出版社2017年版,第371页。此件系满汉文合璧。按,这条史料及上文"康熙八年十一月三十日"条,均由董建中先生提供,特此致谢。
⑤ 中国第一历史档案馆整理:《康熙起居注》,第3册,第1721页。
⑥ 《清代内阁大库散佚满文档案选编》,第106—107页。
⑦ 同上书,第239页。

均称"总管太监顾太监"。此次仅称"顾太监"而无"总管太监"之衔，当有缘故，见下文。

目前所见康熙帝给顾问行的最后一道谕旨，约写于康熙四十年后：

"上谕顾问行学医之说。闻尔学医之话，朕思医者，义也。有志于此者，何畏乎不成？惟可言者，失其时也。医理虽无圣贤之经文性理之奥妙，其理不为不深。论脉有三部，五脏、七表、八里、九道之类，纷纭不一。论理有素问、难经、脉诀，分病立方，医书千卷等等。讨论变症之类，不能枚举。若溯源细求，尚心学之，未尝不成。但观者为尔，不能无虑也。恐劳心半途而成病，用力未成而年迈，曾未治人先不能治己，岂不痛哉！以当劝而罢之。若学平常市井之俗医，不如不学。"①

首先，从谕旨的内容、口吻看，康熙帝乃由旁人口中得知顾问行学医，故让人给顾问行捎话。带信人记录康熙帝旨意后，转交顾问行。因此，与以往不同，这道谕旨内并无"谕顾太监"之语。看来，无论康熙帝是于何处讲出这番话语，此时顾问行已不在宫中。

其次，顾问行可能是因有病而学医。

再次，康熙帝认为顾问行不适于学医。担心他事与愿违，积劳伤身，劝他就此罢之。

康熙帝对顾问行知之甚深。谕旨透出对顾问行的爱护关心，苦口良言，推心置腹。

四　身世存疑

康熙帝对顾问行很少直呼其名，而是叫他"顾太监"。凡单独写给顾问行的谕旨（书信），均如是称。这是平日康熙帝对顾问行的称呼，也是康熙朝宫中对顾问行的叫法。《康熙起居注》及满文档案凡述及顾问行，必称"顾太监"或"总管太监顾太监"；记述其他太监时，均于"太监"后书其名，从未称之以"某太监"。

对太监以姓称之，呼为某太监，在明朝并不少见。顾问行是顺治朝太监，应是可以肯定的。除去顾问行，尚未发现康熙朝其他太监如是称之。②待考。

---

①　故宫博物院掌故部编：《掌故丛编》，第52—53页。

②　曹化淳是留在清宫并为顺治帝所信任的旧明太监。史学家谈迁记述清初在北京的经历见闻时，顺治十二年（1655）十二月庚申条有"曹太监化淳"一语。由此或透露出顺治宫中对曹化淳的称呼。参见谈迁《北游录》（不分卷），《纪邮下》。

直隶密云县东门外一里,有忠义祠,"旧祀前代死难诸臣,康熙四十年提督太监顾问行重修"①。暮年顾问行出资修缮这座忠义祠,表明对"前代死难诸臣"怀有特殊情感,而"前代"似应主要指明代。一般来讲,亲历明清易代,亲睹"天崩地坼"场景,方会对"死难诸臣"思之念之,逾久弥深。

清制,宫内太监大部分来自直隶所属州县,少数来自山东、山西等北方省份。② 清人云:"太监为畿辅产,向无南人。"③ 但下述史料透露,顾问行或来自南方。

浙江普陀山是中国佛教名山之一。明清之际,王朝鼎革,普陀荒顿者几五六十载,至康熙年间开复。普陀山一些寺庙"系特颁谕旨修建者,非他处可比"④,住持与康熙帝及部分宫廷成员联系密切。⑤ 康熙三十八年春,康熙帝第三次南巡至杭州。遣"乾清宫太监提督"顾问行、"内务府广储司郎中"丁皂保、太监马士恩等同赍帑金到山。⑥ 普陀山的茶山有法华洞庵。"展复初,僧照洁为寺执事。请于本寺伐木构楼三间居之。辛巳(按,康熙四十年)秋,移旧楼于洞之西侧。复建祠楼三间,奉中使顾问行牌位于内。"⑦

古人之灵位被供奉某处,其生前大都与该处有着某种特殊关系。顾问行的灵位被供奉于普陀山法华寺内,或许表明他是浙江本地人,所谓落叶归根也。顾问行接到康熙帝劝止其学医的谕旨时,可能已在普陀山,并于此地去世。他离宫前,已无"总管太监"一职。

顾问行的生卒年月,无史料记载。然而他开始侍奉康熙帝时,岁数不会很大。清制,太监在宫中当差三十年以上,方可用为总管太监。⑧ 如果顾问行六七岁进宫,康熙十六年任总管太监时,年岁在三十六七岁以上。

---

① 周家楣、缪荃孙等编纂:《光绪顺天府志》24《地理志六·祠祀下》,第3册,第756页。
② 参见鲁琪、刘精义《清代太监恩济庄茔地》,《故宫博物院院刊》1979年第3期;唐益年:《清宫太监》,第36页;光绪《清会典》卷94,中华书局1991年版,第850页。
③ 徐珂编撰:《清稗类钞》,第1册,第443页。
④ 庄吉发译注:《孙文成奏折》,台湾文史哲出版社1978年印行,第22页。
⑤ 参见庄吉发译注《孙文成奏折》,第75、84、104、106页。
⑥ 许琰:《普陀山志》卷4,《续修四库全书》第723册,第280页。
⑦ 许琰:《普陀山志》卷8,《续修四库全书》第723册,第304页。
⑧ 嘉庆十一年(1806)奉旨:"向例太监当差过三十年,方准挑选首领。"光绪《清会典事例》卷1216,第12册,第1093页。另参见《钦定宫中现行则例》卷1,第105—106页。

以此推算，他应生于明末。康熙四十年后故去，其牌位供放于普陀山法华寺。他去世时，岁数应是六旬开外。

顾问行属于清入关后最早供职清宫的太监之一。因是顺治朝旧人，比康熙帝年长，故康熙帝对顾问行较为敬重。又因顾问行文化素质较高，行为处事谨慎圆熟，故康熙帝不仅予以信赖，且在一定场合下可以无话不言，视若故人。顾问行与康熙帝的关系，折射出清前期宦官制度的特点：既是典型的封建王朝宦官制度，又带有满洲主奴关系的痕迹。

第三节 "哈哈住塞"梁九功

一 罪因新解与存疑

梁九功，一作梁九公，康熙朝太监。一说梁九功和另一位太监魏珠因与皇八子允禩集团有牵连，故康熙帝死后，两人的下场都很悲惨。① 事实上，梁九功和魏珠的结局大相径庭。魏珠虽然一度获罪，但在乾隆朝又受重用；而梁九功则于雍正元年二月在拘禁地自缢身亡。他死后，雍正帝降旨曰："梁九功乃早已该死之人，既曾效力皇考，赏银二百两办理后事。"② 萧奭《永宪录》中所言，可与满文档案记载相印证："九公幼侍圣祖，与魏珠俱加信用，朝臣多相交结。后以犯法，年老宽恩，拘系景山，畏罪自尽。上（按，雍正帝）念其勤劳，特加轸恤，给银发丧。"③

梁九功之"犯法"何所指？

自康熙三十八年（1699）始，梁九功奉旨总管集祥门（gi siyang men）、永安亭（yung an ting）、南府（nan fu）等"三所"事务。④

五十一年十一月二十一日，康熙帝传旨内务府总管：集祥门、永安亭、南府等处，八年（按，四十三年二月至五十一年十月）期间节省银一万六千余两，三所总管梁九功、副总管魏国柱、永安亭首领太监郭守义等

---

① Silas H. L. Wu, *Passage to Power: K'ang-hsi and His Heir Appaent, 1661-1722*, Harvard University Press, 1979, p. 174.
② 中国第一历史档案馆、故宫博物院编：《清宫内务府奏销档》，故宫出版社2014年版，第1册，第105—107页。
③ 萧奭：《永宪录》卷2上，第91页。
④ 中国第一历史档案馆藏满文朱批奏折，内务府总管大臣赫奕等奏，康熙五十一年十二月二十二日。按，该折所言gi siyang men，并非指紫禁城养心殿后围墙东侧之"吉祥门（gi siyang men）"，而是景山北中门东侧之"集祥门"。景山之集祥门与永安亭为时人并称"东西两处"。

"既不用,又不交库",擅自借给所里之人,又坐领所内之人月钱粮,超价采买食用物品。"所内一年食用各项也有限,何以用得七千两","剩余银两存在何处,亦未可知"。令从速查明具奏。"或有不明处要问梁九功、郭守义,即去拘禁处问询。"①

谕旨透露,此前梁九功等已被拘禁。所谓滥用"三所"饭房节省银两案,是在梁九功犯罪拘禁后发露。

内务府总管大臣等遵旨分别审梁九功、魏国柱、郭守义及其他涉案人员。梁九功供称,曾于本年请旨:"将节省银交付何处?"奉旨:"够一年之用否?若够,再用一年,一年完结后,再请旨。"于是,梁九功等以节省银作为三所"小金库"使用,将三所人员需用食品诸物报以高价,贱价采购,并借与南府教习汪国正等人银两。现有剩余银两三千五百余两,"存于三所该管各处"。

十二月二十二日内务府总管大臣奏报议处结果。奉朱批:"朕既已降旨拘禁梁九功,仍予拘禁。郭守义、张进朝戴枷三个月,鞭百,给翁山割草处。张仪凤鞭百。魏国柱免之。伊等超出使用之银两,照所议赔补。"②

由此看来,梁九功等对节省银的使用是请旨而为。康熙帝的追查吹毛求疵,难脱因人构罪之嫌。那么,梁九功的"原罪"又是什么?

我们发现一件康熙帝手书汉文朱谕。内称:

"梁九功身应御前,当凡事小心才是。近来胆大乱行,以致无所不为。若依律例,必死无生。朕念他自幼当哈哈住塞,免其死罪,重罪四十板,圈在新园小饭房处。郭守义向日行事不端,无赖之徒,哄骗梁九功,认为兄弟,生死之交,梁九功就死不误。郭有义凡有事,梁九功不问是非,必竟依他。郭守义的行事(按,此二字原无,后添加)比梁九功还可恶。今将郭守义重责四十板,枷号,同梁九功一处锁禁。张炮与梁九功非亲非故,一味奉承,从膳房要来,诸事同伙,甚是可恶。今将张炮重责四十,亦同梁九功一同圈禁。"③

这件未落日期的朱笔谕旨,写于五十一年十一月二十一日传旨内务府

---

① 中国第一历史档案馆藏满文朱批奏折,内务府总管大臣赫奕等奏,康熙五十一年十二月二十二日。

② 中国第一历史档案馆藏满文朱批奏折,内务府总管大臣赫奕等奏,康熙五十一年十二月二十二日。按,张进朝是集祥门首领太监,张仪凤是平日为梁九功、魏国柱缮写文书之人。

③ 中国第一历史档案馆藏康熙朝朱谕,无年月。按,张炮可能也是太监,原在膳房当差。

总管查奏梁九功等之前。从字面看，梁九功被拘禁的原因，是与郭守义结交，被其"哄骗"，凡事必依其意。这一罪由看似荒谬，却也符合康熙帝的心理。无论任何人，康熙帝不能容忍其巴结、讨好同僚。在康熙帝看来，这样做就是对他本人疏远轻视，就是与他离心离德。郭守义是梁九功下属，梁九功凡事依从郭守义，如此则将主子康熙帝摆放何处？谕旨何以遵行？于是，梁九功被籍没家产，人口入官。①

值得注意的是，五十一年十月初一日，康熙帝第二次废黜皇太子允礽。此时正是梁九功被拘禁前后。梁九功的获罪是否与二废太子事件有所关联？因无实据，难下定论。

二 曾受倚用

梁九功自称"十三岁就已跟随主子"②，康熙帝也说梁九功"自幼当哈哈住塞"。"哈哈住塞"，满语"haha juse"，意为"男童们"。汉文亦作"哈哈珠塞""哈哈珠色""哈哈珠子"。太监名前系以"哈哈珠子"之称，表明其自幼随侍主人。梁九功虽然自幼跟随康熙帝，但所见档案中，其名前除间或冠有"副总管太监""首领太监"外，③ 未冠以"哈哈珠子太监"字样。这一点与哈哈珠子太监魏珠、李玉、陈福等人不同。④

康熙三十五年，清廷参照明帝择选教官入内教习之法，命选出年幼内监十三人，于西苑蕉园内由专人教习汉书。五十二年，受教地点移至万善殿。⑤ 康熙三十五年后，梁九功、魏珠、李玉、陈福等人方在史料中相继出现。他们与三十五年选出的年幼内监有何关联，待考。

梁九功的事迹记载，不晚于康熙朝中期。如三十八年二月康熙帝第三次南巡，梁九功随往，并奉派向大臣赐物传旨。⑥ 翌年九月康熙帝称："即

---

① 中国第一历史档案馆藏内务府奏案，档案号：05-0002-011。
② 中国第一历史档案馆藏康熙朝朱谕，无年月。
③ 中国第一历史档案馆藏满文朱批奏折，广储司银、皮库奏，康熙四十五年正月二十二日；《清代内阁大库散佚满文档案选编》，第121—122页。
④ 参见中国第一历史档案馆藏满文朱批奏折5件：内务府奏，康熙五十七年十二月二十四日、康熙五十八年四月十三日、康熙五十九年七月初五日；尚之顺等奏，无年月；署内务府总管事郎中董殿邦等奏，康熙五十八年四月十三日。
⑤ 光绪《大清会典事例》卷1201，第12册，第943—944页。
⑥ 宋荦：《西陂类稿》卷40，民国刻本，第15页。

如梁九功，人甚伶俐，凡有差遣处，朕尚时加防范。"① 事实是，由于梁九功的聪敏在众太监内十分突出，康熙帝对他有所提防的同时，差遣尤多。

四十四年春康熙帝第五次南巡，梁九功仍随往。② 返京途中，他飞马扬鞭，向大臣传旨赍物。③

此后数年内，梁九功进一步得到康熙帝器重，多次向大臣传达旨意。④

四十七年九月，康熙帝第一次废黜皇太子允礽。十一月，命满汉大臣举奏太子人选。众人一致保举皇八子允禩，并由"内侍梁九功、李玉转奏"。康熙帝对此予以否定，让梁九功、李玉"传谕"众臣"再思之"。如是往复再三，均由梁、李二人转奏并传旨，梁九功居首。⑤ 立储是封建王朝头等大事。在此事上传旨并代大臣转奏的太监，必为康熙帝倚信。

三　京城一绝"梁葫芦"

清人好以葫芦制品盛物摆放，欣赏把玩。梁九功心灵手巧。据说他将自种葫芦制成各式精美器物，"售必获巨值"。这些葫芦制品形状各异，千姿百态。"文备山水花鸟之状，细入毫发，非由刻镂，空隙处皆有梁九公制小方印，他人效之，不能及也。蝈蝈葫芦尤佳，人皆呼为'梁葫芦'。"⑥

康熙帝也喜爱葫芦。康亲王崇安的家仆，给主子献上一个内中"能作音乐之声"的"巨葫芦"。崇安"异之，因进于仁庙"。康熙帝"甚为爱惜，日置养心殿中，后随殉景陵"⑦。梁九功因善制葫芦，更得欢心。

清末太监信修明的回忆录中，称雍正初年魏珠在北海团城以种葫芦为消遣，还制造了不少葫芦器物。"这些器物工艺精巧，上面又刻制了书

---

① 鄂尔泰、张廷玉等编纂：《国朝宫史》卷2，上册，第11页。
② 宋荦：《西陂类稿》卷42，第9、14—15、19页。
③ 同上书，第20—21页。
④ 中国第一历史档案馆藏满文朱批奏折，广储司银、皮库奏，康熙四十五年正月二十二日；故宫博物院明清档案部编：《关于江宁织造曹家档案史料》，第63页；《清代内阁大库散佚满文档案选编》，第121—122页。
⑤ 《清圣祖实录》卷235，康熙四十七年十一月丙戌；另参见《清圣祖实录》卷235，康熙四十七年十一月辛卯。
⑥ 佚名：《蝶阶外史》卷4，《梁葫芦》，载《笔记小说大观》，江苏广陵古籍刻印社1983年版，第17册，第396页。
⑦ 昭梿：《啸亭杂录》卷9，第268—269页。

画。"① 信修明所得这一传闻,或是张冠李戴,将梁九功之事误为魏珠所为。

姑且不言梁九功月支银米几何,得康熙帝赏赐几何,仅出售葫芦器物一项,即可获利不菲。梁九功家财丰盈,家仆众多。例如,他的家人单四曾"领了太监梁九功的银四千九百两,赁了宣武门外轿子胡同的房子四十六间,交与民人张三开了'吉如'号油盐店"。查抄梁九功家产时,单四报出入官银两千两,被发往打牲乌喇。②又如五十二年冬,诚亲王允祉等遵旨为固伦荣宪公主调换在京下榻之邸。经查看,营造司所属官房计一百一十六处,"内有四十间以上大房三十一处",其中包括"梁九功旧房一所"③。

四 患病得救

梁九功获罪后,被拘禁在畅春园西花园内。一度患病危重,得到康熙帝的关照。

康熙后期某年五月,畅春园西花园总管尚之顺奉旨:"梁九功若有病,遣往回家后奏闻;若病重,勿遣返伊家。"原来,梁九功额上生恶疮,头、面俱肿。大方脉大夫何桂芳、外科大夫秦什禄诊视,称此病系肝、肺热毒盛旺所致,并开出汉字药方。奏入,奉朱批:"应让他服用黎峒丸(li dung wan)。"④ 康熙帝仍不放心,在另一张纸上写道:"西园总管报奏梁九功生恶疮,势不甚好。尔等打发人去看,着速救治。此症最急,倘一时有变,即交与他父亲去,梁九功名下也一同出去发送。若梁九功还在好些,将此帖与他看。"⑤ 由康熙帝所言得到以下认识:

首先,康熙帝想尽全力救梁九功一命。所以,命尚之顺不要循例将病重之梁九功送返家中,因为这样不便于御医及时救治;并亲笔写药方让梁九功服用;又说如果梁九功病故,原梁九功属下太监均去送殡;令将写有"着速救治"的亲笔谕旨,拿给梁九功看。

---

① 信修明:《老太监的回忆》,方彪等点校,北京燕山出版社1992年版,第3页。
② 中国第一历史档案馆藏内务府奏案,档案号:05-0001-017。
③ 中国第一历史档案馆藏允祉等奏,康熙五十二年十二月初八日。按,固伦荣宪公主排行二公主,与皇三子诚亲王允祉同为康熙帝荣妃马佳氏生。
④ 中国第一历史档案馆藏满文朱批奏折,尚之顺等奏,无年月。按,药名参见张建《内监梁九功与康雍之际的储位斗争》中的考证。
⑤ 故宫博物院掌故部编:《掌故丛编》,第55页。

其次，此时梁九功之父仍在世。如果梁九功事出，康熙帝让交付梁父料理。看来梁九功之父也在京城，并为康熙帝知晓。

再次，由于康熙帝的关心，梁九功治后病愈。雍正帝即大位，梁九功被移至景山关押。再次被抄家，自缢。

梁九功生年不详。他十三岁跟随康熙帝，三十八年任三所总管时，岁数当在三四十岁。以此推算，他死时应是五六十岁。

"哈哈住塞"梁九功曾获重用，后受严惩。康熙帝念旧，为之留命，终未宽恕。这种情况在康熙朝太监之中算一特例，而梁九功的获罪原因至今仍有疑点存在。

第四节　哈哈珠子太监魏珠

一　康熙三十一年（1692）后入宫为宦

定慧寺位于北京阜成门外西十里庄。① 今遗址仍存。初建于明代宣德年间，原名"善法"。正德二年（1507）增修，改名"云惠"。康熙五十一年"御前内侍魏公珠所重建"，康熙帝赐名"定慧"。

魏珠，号髻明，直隶雄县人。② 据内阁学士励廷仪撰于五十一年四月的《敕赐定慧寺碑记》：公弱龄时，随其从祖往游于此。"今二十年后，以时节因缘成兹善果，其夙根清净，福报之来，又宁可思议耶？"③ 依此观之，魏珠随其从祖至云惠寺一游，约在康熙三十一年（1692）。当时，魏珠应尚未入宫为宦。

古人称"弱龄"，泛指五六岁至二十岁前。如顺治帝死后，清廷颁诏内称："朕自弱龄，即遇皇考太宗皇帝上宾。"④ 此指顺治帝六岁，清太宗皇太极病逝。又如康熙帝亲撰祝文内称："忆自弱龄，早失怙恃。"⑤ 意为自己八岁丧父（顺治帝），十岁丧母（孝康后）。再如咸丰帝二十岁即位

---

① 周家楣、缪荃孙等编纂：《光绪顺天府志》17《京师志十七·寺观二》，第 2 册，第 546 页。
② 《承德府志》卷 16，光绪十三年（1887）廷杰重订本，台湾成文出版社 1967 年印行，第 2 册，第 599 页。
③ 《敕赐定慧寺碑记》，《北京图书馆藏中国历代石刻拓本汇编》，中州古籍出版社 1990 年版，第 66 册，第 163 页。按，《敕赐定慧寺碑记》全文见本章《附录一》。
④ 《清世祖实录》卷 144，顺治十八年正月丁巳。
⑤ 《清圣祖实录》卷 132，康熙二十六年十二月乙巳。

理政，旨称："惟朕弱龄亲政，毫无见闻。"①

碑文称魏珠之"弱龄"，可能指魏珠在八九岁上下。

据雍正九年（1731）奉敕编刊《上谕八旗》，雍正四年六月，清廷议定康熙帝第九子允禟罪状二十八款。其一曰："将伊子弘晸认内侍魏珠等为伯叔，窥探宫禁信息。"②另据乾隆敕修《国朝宫史》，雍正十三年十月乾隆帝谕称："昔者塞思黑（按，允禟）之子弘晸，呼魏珠为伯父。"③"伯叔"与"伯父"，一字之差，长幼之别大焉。关于弘晸如何称呼魏珠，屡赴内廷陪侍康熙帝的皇四子胤禛应耳闻目睹，而皇孙弘历（乾隆帝）尚为稚童，于此未必亲见。所以，雍正帝称弘晸呼魏珠为"伯叔"当为可信，即魏珠的年龄小于弘晸之父皇九子允禟。允禟生于康熙二十二年（1683），三十一年年方十岁。因此，可以肯定，魏珠随从祖往游古刹时，至多只有八九岁。如此，魏珠约生于康熙二十四年（1685）或二十五年。

清制，招募太监时报名年龄最小六七岁，最大一般不超过二十岁。在皇宫内当差，须以二十岁以内者选充。④也就是说，魏珠大约在康熙三十一年游云惠寺未久，入宫做了太监。

二 十年修庙　渐受青睐

康熙四十一年始，太监魏珠"羡忠爱之诚，矢皈依之愿"，出资重建日就堕圮的云惠寺，"用以仰资法力，祝延圣寿，上报深恩"。是年乃康熙帝五十大寿前一年。修缮工程选择此时动工，显示了重修者的长远目光和投机心理。

五十一年即康熙帝六十大寿前一年，工程竣工。工期十载，恰当其时，深合帝意。魏珠于"本年四月具奏以请，皇上赐名'定慧'，复为亲洒宸翰，御书寺名并'慈云广覆'四大字"⑤。

随着重修工程逐步完成，魏珠渐为康熙帝看重。

据现存满文档案，大约康熙五十年始，内务府大臣、侍卫、汉军大臣

---

① 《清文宗实录》卷7，道光三十年四月丙寅。
② 《上谕八旗》，雍正四年六月初三日；参见《清世宗实录》卷45，雍正四年六月甲子。
③ 鄂尔泰、张廷玉等编纂：《国朝宫史》卷4，上册，第35页；《清高宗实录》卷4，雍正十三年十月乙亥。
④ 参见光绪《清会典》卷94，第850页。
⑤ 《敕赐定慧寺碑记》，《北京图书馆藏中国历代石刻拓本汇编》，第66册，第163页。

等在满文奏折中述及魏珠传旨,均称"哈哈珠子太监魏珠"①。然而苏州织造李煦、山东巡抚李树德等汉军大臣所上汉文奏折内,述及魏珠传旨,对魏珠的称呼很不一致,如"总管太监魏珠","魏珠""太监魏珠"等。②魏珠此时是否任"总管太监",待考。

魏珠的崭露头角与康熙五十一年梁九功获罪之间,尚未发现有何关联。但是,康熙帝去世前约十年内,魏珠的确部分取代了梁九功的角色。古刹修缮竣工并获康熙帝赐名及御书匾额,正是魏珠得康熙帝欢心和器重的标志。

怀柔县境内丫髻山,距京师百里,自元明以来号为近畿福地。五十二年康熙帝六十大寿前夕,"御前太监魏珠"偕皇十子敦郡王允䄉、皇十二子贝子允祹前往赍敕降香。道士李居祥创建玉皇阁于山顶,经魏珠转奏,特赐内帑并皇会布施银五千两。五十三年阁成,赐御制碑文。③

五十四年(1715),废太子允礽于咸安宫禁所秘密写信与正红旗满洲都统公普奇,图谋二次复立。事发,康熙帝命魏珠持信面询允礽。④ 一年后,皇八子允禩染病,康熙帝派魏珠前去探望。⑤ 允禩因竞争储位被父严责,父子感情一度恶化。时康熙帝深为储位事困扰,对废太子允礽、八贝勒允禩等与他人的关系极其关注。如果魏珠表现出支持或反对哪一位皇子的倾向性,康熙帝不会用为心腹,让他代表自己,分别联系这两位储位之争中的关键人物。

三 善合上意 信任至终

康熙六十一年四月,康熙帝生前最后一次出巡塞外。仍如以往,魏珠

---

① 分见中国第一历史档案馆藏满文朱批奏折3件:关保等奏,康熙五十年五月初六日;内务府奏,康熙五十四年八月二十日;内务府奏,康熙五十九年七月初五日。另见孙文成奏,康熙五十一年二月十一日,《宫中档康熙朝奏折》第9辑(满文谕折第2辑),第197页。

② 中国第一历史档案馆编:《康熙朝汉文朱批奏折汇编》,第7册,第298页;第8册,第681、64页。另据《宫中档康熙朝奏折》第9辑(满文谕折第2辑)第176页,康熙五十年五月初十日孙文成所上满文奏折中,述及苏州织造李煦所致汉文书信,该信称"taigiyan wei ju"(太监魏珠)。魏珠名前无"haha juse"(哈哈珠子)字样。

③ 周家楣、缪荃孙等编纂:《光绪顺天府志》24《地理志六·祠祀下》,第3册,761—763页。

④ 中国第一历史档案馆整理:《康熙起居注》,第3册,第2486页。

⑤ 《清圣祖实录》卷270,康熙五十五年十月辛卯;《上谕八旗》,雍正四年二月初五日;《清世宗实录》卷45,雍正四月六月甲子。

随侍。此次，他要完成一个深藏已久的心愿。

据康熙六十一年经筵讲官、内阁学士蒋廷锡撰《云光洞碑记》（下称《碑记》）载：承德府丰宁县黄姑屯南四十里，"山势阻深，其右有泉，从石间出，东南流，会入固都尔呼河"①。山麓有洞，浑然天成，洞旁地势稍平坦。康熙帝避暑行围时，多次途经此处。这一带也是蒙古王公赴热河朝见及商贾转贩必经之地。"侍卫魏公扈从经此，屡属意焉。曰：'此宜佛场也。'"是年五六月间，魏珠捐资命工，"除秽莽，镌岩石，因邃为堂，装三世佛像而于其旁。坦处构室二十楹，奉紫微斗极及释伽大士。经始三阅月，工遂告竣，延此邱领香火以祝圣绵福"。康熙帝御书匾额曰"云宝珠光"。"魏公荣上赐，即以'云光'名洞，属廷锡为之记。"②

来年（1723）将是康熙帝七十大寿。二十年前，魏珠为了迎贺康熙帝五十寿诞，出资重修云惠寺，"祝延圣寿"。此次捐资兴建云光洞，依然是为了"祝圣绵福"。两事后先呼应，绝非巧合。魏珠多次经此山麓，盘算多时未动声色。直至此时临近康熙帝七十大寿之年，方出资命工。其用心之深，取悦之巧，由此一见。魏珠信佛，但两次出资修建寺庙，"宣佛"之意尚在其次。

《碑记》称魏珠"侍卫魏公"。清朝太监被称为"侍卫"，目前所知唯有魏珠，而且不止一次。③魏珠具有大多数太监所缺乏的"跑马射箭"技能。当康熙帝在崇山峻岭中驰骋射杀时，魏珠随扈身边，寸步不离。加之魏珠备受康熙帝信任，他被另眼相看而有"侍卫"之称，也与情理无悖。

康熙帝崇佛而不佞佛。但好题字，沿途寺庙等处留墨甚多。为刚刚竣工的洞室御书"云宝珠光"匾额，是在六十一年秋从塞外返京途中。时康熙帝年近古稀，身体多病，精力不济。这种情况下，仍泼墨挥毫，并将墨宝赐予魏珠。由此可见康熙帝同魏珠的亲近关系。

需要一提的是，雍正四年九月允禵于京城拘禁地病亡后，其子弘旺将父亲灵柩运至热河，葬在石洞沟（一称"石峒沟"）左山之阳。④葬地位于云光洞近旁。这里属于允禵生前所在旗正蓝旗地。⑤

---

① 《承德府志》卷16，光绪十三年（1887）廷杰重订本，第2册，第599页。按，《云光洞碑记》全文见本章《附录二》。
② 同上。
③ 参见中国第一历史档案馆编《康熙朝汉文朱批奏折汇编》，第8册，第391页。
④ 弘旺：《皇清通志纲要》卷4，民国抄本。
⑤ 《钦定热河志》卷52，《四库全书》495册，第841、843、844页。

四 左右逢源 罹罪保命

康熙后期，储位空悬。包括胤禛在内部分年长皇子暗中角逐，希求储位。雍正帝胤禛继位后，其政敌允禩等被揭发与魏珠"相结甚深"①。康熙后期，魏珠利用身为御前太监且受信用的有利条件，在宫中建立了深广人脉。数次延请内廷文士为其所建庙宇撰文并书写镌刻，即是一例。不过，善于观察世事、精明过人的魏珠，对允禩等人的拉拢只是虚与委蛇，并未与其结为党援，而在诸皇子储位之争中基本保持不偏不倚。所以，他屡被康熙帝委以要任，也未被允禩对手雍正帝抓住致命把柄。

据清宫造办处档案，雍正元年正月十九日，魏珠请旨办理有关事项。魏珠名前，已无"哈哈珠子"之称。②九月，魏珠因家人在景陵风水地动土建房而获罪，抄家拘禁。事实上，致使魏珠获罪的一个深层原因，是以魏珠和总理陵寝事务、总管内务府大臣董殿邦为代表的先帝近侍，与以陵寝副将、马兰口总兵范时绎为代表的地方官吏产生矛盾。此时魏珠等已失老主之庇护，而范时绎得到嗣帝的支持。③但总的来说，魏珠在宫廷权力之争中能左右逢源，为康熙帝信用却未倚势张狂。也正是由于这个原因，魏珠破坏陵寝风水案发露后，雍正帝怒詈魏珠一贯骄纵，"是个疯狗相似"④，"即凌迟处死，不足以蔽厥辜"⑤。但是，最终仍以魏珠"侍奉圣祖多年"为由，"不忍加诛，仍看守"⑥。雍正帝胞兄允祉因与储位之争有涉，雍正八年革爵圈禁，病死拘所。骨肉至亲尚不足惜，如果太监魏珠曾为允禩图谋储位出力，雍正帝岂能从轻惩处！

魏珠在拘禁中度过十二载（1723—1735），由未及不惑变为半百之翁。

五 再受重用 位至"宫殿监督领侍"

雍正十三年（1735）九月，乾隆帝即大位。魏珠被宽宥，令于景山寿

---

① 《上谕旗务议覆》，载《中国史学丛书续编》，台湾学生书局1976年版，第49册，第236页。
② 中国第一历史档案馆、香港中文大学文物馆合编：《清宫内务府造办处档案总汇》，人民出版社2005年版，第1册，第6页。
③ 参见中国第一历史档案馆编《雍正朝汉文朱批奏折汇编》，第32册，第137—138页；《宫中档雍正朝奏折》第28辑（满文谕折第1辑），第710页。
④ 中国第一历史档案馆编：《雍正朝汉文朱批奏折汇编》，第32册，第138页。
⑤ 中国第一历史档案馆编：《雍正朝起居注册》，第1册，第107页。
⑥ 萧奭：《永宪录》卷2下，第143页。

皇殿当差，但"不许出门"①。时魏珠已过知天命之年。这一限制未知解除于何时。事实是，魏珠很快受到乾隆帝的重用，逐步坐上清宫太监第一把交椅。

造办处档案中，有魏珠以不同职衔传旨制造物什等记载。

如乾隆六年（1741）三月初二日七品首领萨木哈等传旨："……（鼎、炉等）花头上所烧之红，着催总邓八格、太监魏珠另配好红，进六所烧造，务要十一月进呈。"②

十年八月初九日"催总邓八格、八品官魏珠持去掐丝法琅汉文夔龙鼎炉一对……九月初三日八品官魏珠、首领吴书将改画得天喜壶纸样一张呈览，奉旨：着照样再做一对。钦此"③。

十六年三月十三日"宫殿监督领侍刘玉、监副侍魏珠、潘凤同传：御花园水法着照年例收拾"④。九月初一日，"宫殿领侍魏珠"传旨制作中正殿物件。⑤

二十年三月初一日，"宫殿监督领侍魏珠、监副侍贾进禄同传："御花园水法着年例收什"⑥。

按，雍正四年（1726），定敬事房总管、首领等职衔。正四品总管为宫殿监督领侍衔，这是清宫太监最高职位。六品副总管为宫殿监副侍衔。八品首领为侍监衔。⑦乾隆帝继位后，雍正年间"身获重罪"的魏珠升迁之快，令人瞠目。

敬事房总管等"专司"事项之一是："察视（宫内）各门启闭，巡看火烛、关防等事。"⑧乾隆二十六年九月初四日夜，寿安宫内失火。⑨乾隆帝得知，立令严查。谕旨内称："魏珠奏内所称首领九十三，说是同太监李世福无点引灯，黑影巡查之语。其为心虚回护，已属显然。著内务府大

---

① 鄂尔泰、张廷玉等编纂：《国朝宫史》卷4，上册，第39—40页。
② 中国第一历史档案馆、香港中文大学文物馆合编：《清宫内务府造办处档案总汇》，第9册，第735页。
③ 同上书，第14册，第97页。
④ 同上书，第18册，第373页。
⑤ 同上书，第317页。
⑥ 同上书，第21册，第292页。
⑦ 鄂尔泰、张廷玉等编纂：《国朝宫史》卷20，下册，第439页。
⑧ 《钦定宫中现行则例》卷4，第14页。
⑨ 鄂尔泰、张廷玉等编纂：《国朝宫史》卷4，上册，第62页。

臣等将是夜如何失火之处，逐一研究，令其明白供吐，如敢谎供狡赖，即加以刑讯，务得实情。"① 经总管内务府大臣议准，首领九十三、太监李世福等六人受到惩处。魏珠身为敬事房总管，没有尽到"巡看火烛、关防之责"。事发后，魏珠按例奏报寿安宫失火案情，被乾隆帝认为袒护事主，然而未受责惩，仍在"总管"之任。②

魏珠在康熙朝深受信用，但在雍正初年获罪圈禁。由于他稔熟宫中事务，经验丰富，人也灵慧，关键是他在宫廷斗争中未曾忤帝意；故至乾隆朝又东山再起，升至四品大总管，达到清朝太监名位之巅。这种历经三朝、大起大落的太监生涯，堪称传奇。

魏珠卒年未详，去世时已至耄耋之年。

第五节　哈哈珠子太监李玉、陈福与太监张启麟

一　哈哈珠子太监李玉

前述诸例显示，康熙中后期，御前太监内李玉的排名一度在梁九功之后、魏珠之前。李玉是受康熙帝差遣最多的太监之一。

康熙三十八年（1699）康熙帝第三次南巡、四十二年第四次南巡、四十四年第五次南巡，李玉都随往。已知姓名的太监中，李玉随侍康熙帝南巡次数最多。在南巡路上，李玉或单独，或随同御前侍卫等频频向大臣赐物传旨。③

夏秋之际，康熙帝赴塞外避暑行围，李玉多次随往。如五十年五月，随扈大学士张玉书病故。康熙帝在行宫命李玉传谕大学士温达，妥善办理后事。④

康熙五十一年春大学士陈廷敬病重期间，李玉偕翰林院侍讲学士等赍旨至病榻前。李玉问道："老大人喜食何物，令尔子壮履奏请。"时壮履因乃兄豫朋在前，"未敢越对"。于是李玉对壮履云："汝系内廷行走旧人，

---

① 《清高宗实录》卷642，乾隆二十六年八月甲戌。
② 中国第一历史档案馆、香港中文大学文物馆合编：《清宫内务府造办处档案总汇》，第26册，第281页；第27册，第259页。
③ 分见宋荦《西陂类稿》卷40，第3、14页；卷41，第15、19页；卷42，第3页。
④ 台北"故宫博物院"：《清代起居注册·康熙朝》，第19册，第10704页。

旨意俱指名问汝，不必瞻顾。"壮履遂一一奏对。① 四月，陈廷敬故。壮履至宫门恭请"御书挽章"。康熙帝本拟仍遣李玉传旨。因即将赴巡塞，谕陈壮履曰："汝父病时，屡遣李玉来看。今汝父初殁，朕又即日出口，彼系近御之人，不便遣来向汝说之。"② 显然，此次李玉仍随侍康熙帝去塞外。他善于察言观色，也很善解人意。康熙帝用他相当顺手，对他的表现也满意，故时刻带在身边。

因为是"近御之人"，李玉为人们所巴结。湖南巡抚潘宗洛曾于内廷任职多年。为谋升迁，五十一年五月，"交通太监李玉立合同券"。翌年九月，潘宗洛被革职。交通李玉事发露，命"彻底审明具奏"③。此事于康熙帝对李玉的看法会有影响。

李玉不是安分之人。雍正四年，诸王大臣遵旨议定允䄉罪状，其一是："既革贝勒之后，暗以银马等物，要结汝福等人入党；又密同太监李玉，擅革膳房行走之厄穆克托。……"④ 这是康熙四十七年一废太子事件之后。

乾隆四十五年，原圆明园太监苏常缘事被惩处。此前苏常以患病为由，告退为民。谕称："看来苏常病废，必非实情。……彼时总管太监李玉，看顾情面，遂听其告退。今李玉业经身故，姑免深究，若使尚在，必重治其罪。"⑤ 可见，李玉逝于乾隆四十五年（1780）前，生前曾任圆明园总管。⑥ 生年未详。

二 哈哈珠子太监陈福

乾隆帝曾将陈福与魏珠并论："从前魏珠、陈福服勤日久，各有身分，称为'御前太监'。"⑦ 康熙中后期，陈福也向内廷大臣等传达旨意，⑧ 但次数相对较少。

---

① 《静坪墓地路碑》（五），载栗守田编注《皇城石刻文编》。
② 《静坪墓地路碑》（四），载栗守田编注《皇城石刻文编》。
③ 中国第一历史档案馆整理：《康熙起居注》，第 3 册，第 2209 页。
④ 《清世宗实录》卷 45，雍正四年六月甲子。
⑤ 《清高宗实录》卷 1115，乾隆四十五年九月甲午。
⑥ 《钦定宫中现行则例》卷 4，第 52 页。
⑦ 鄂尔泰、张廷玉等编纂：《国朝宫史》卷 4，上册，第 43 页。
⑧ 中国第一历史档案馆整理：《康熙起居注》，第 3 册，第 2287 页；中国第一历史档案馆藏满文朱批奏折，署内务府总管事郎中董殿邦等奏，康熙五十八年四月十三日。

雍正年间，陈福任"宫殿监督领侍"①。七年二月，雍正帝决定赏赐太监生息银两二万两。陈福等议将此银开设典当铺一座，所得利息可补不时之需。奏入，奉上谕：尔等同内务府总管商议办理。②

雍正十年春，陈福仍在是职。③至迟当年十月，陈福降为"宫殿监副侍"④。十二年春，陈福仍列名三位"监副侍"之首。⑤

陈福曾屡奉雍正帝训旨，传谕皇子宝亲王弘历（乾隆帝）、和亲王弘昼等。据乾隆帝回忆，凡严饬教训旨意，陈福等"必皆正颜厉色，告诫周详，毫无瞻顾之私，甚合大体。及至寻常进见，则复敬谨小心，周旋尽礼"。乾隆帝还以此为例，告诫众太监："设彼时伊等传宣谕旨，而稍有曲意迎合，不顾体统之处，朕必鄙薄而问其罪，岂复肯加恩任用乎？"⑥陈福做太监数十年，虽升高位，依然言行规范，礼数周全。

乾隆帝嗣位伊始，陈福偕太监张保奉派侍奉乾隆帝生母孝圣皇太后。⑦

乾隆元年（1736）初秋，皇太后想重修顺天府东一座废寺。乾隆帝遂降旨陈福、张保，令二人俟皇太后驾过时，指与看明系哪座庙宇。陈福等未亲往查看，而是奏闻太后留人在彼处查询。乾隆帝得知，大为不满。谕称："张保糊涂不知事务，陈福随圣祖多年，理合深知体统。……嗣后如遇此等事务，陈福等不行奏止，轻易举动，多生事端，朕断不轻恕。将此旨传与陈福、张保知悉。"⑧

二年正月，皇太后对乾隆帝言及，慈宁宫佛堂还有收拾不到处，太监和尚还少几名。乾隆帝据此认为，有太监在太后前擅自传播信息，陈福等"就该结实办理，禁止小人妄言"。遂令陈福、张保"严传无知小人，不可妄言胡说，结结实实管着"⑨。

陈福奉命总管皇太后宫事务，说明在乾隆帝看来，陈福老成安静，不

---

① 中国第一历史档案馆、香港中文大学文物馆合编：《清宫内务府造办处档案总汇》，第3册，第587、593页；第4册，第329—330页。
② 鄂尔泰、张廷玉等编纂：《国朝宫史》卷3，上册，第27—28页。
③ 中国第一历史档案馆、香港中文大学文物馆合编：《清宫内务府造办处档案总汇》，第5册，第574页。
④ 同上书，第561、588页。
⑤ 同上书，第6册，第333—334页。
⑥ 《清高宗实录》卷4，雍正十三年十月丙子。
⑦ 参见《清高宗实录》卷1，雍正十三年八月辛卯。
⑧ 鄂尔泰、张廷玉等编纂：《国朝宫史》卷4，上册，第39页。
⑨ 《清宣宗实录》卷127，道光十二年八月丁丑。

是多嘴添事之人。

陈福生卒年未详。

三 "宫殿监督领侍诰封通议大夫"张启麟

张启麟，亦作张起麟、张琦麟。生于康熙四年（1665）九月初二日，卒于雍正十二年（1734）十一月二十八日，终年七十岁。葬于北京西郊。其碑文内称："年十八入禁廷，年三十三除养心殿首领，年三十六迁四执事大首领。雍正元年授乾清宫宫殿监督领侍加二级……侍奉两朝，前后五十余年。……"①

张启麟不是哈哈珠子太监。康熙晚期，他经常承旨办事。如五十三年六月康熙帝驻跸热河期间，张启麟相继两次向领侍卫内大臣等传旨。② 又如五十四年春，康熙帝巡视霸州等处，发现运送行李之人十分混杂。返宫后，令相关人员详查回奏。谕旨内称："嗣后出行李时，著刘进忠、张起麟、王以诚三人轮流察看。"③ 按，康熙帝去世前数年，陈其泰、王朝卿等都曾担任总管太监，④ 刘进忠是副总管太监，⑤ 张启麟则是四执事大首领。谕旨中列名张启麟之后的王以诚，可能是宫中某处首领太监。康熙帝命刘、张、王三人轮流查看行在行李，表明每次出巡，此三人必随侍，而且是管事之人。

"四执事"是宫内太监部门之一，设于皇帝寝宫近旁。"专司伺候上用冠袍带履，随侍执伞执炉，承应上用武备，收存赏人衣服，坐御前更等事。"⑥

四执事大首领张启麟的处事风格，在下述事例中有所体现。

康熙六十一年九月，张启麟等随侍康熙帝拟由热河返京。启行前一夜，四执事太监金亭林醉酒后与其他太监吵闹。张启麟接到太监禀报，让众人各自歇息，明早再论。不料听到金亭林高声叫骂，遂出面相劝。金亭

---

① 参见鲁琪、刘精义《清代太监恩济庄茔地》，《故宫博物院院刊》1979 年第 3 期。
② 中国第一历史档案馆整理：《康熙起居注》，第 3 册，第 2095、2096 页。
③ 鄂尔泰、张廷玉等编纂：《国朝宫史》卷 2，上册，第 15 页。
④ 分见中国第一历史档案馆藏满文朱批奏折 2 件，隆科多奏，康熙五十五年六月二十一日；海章等奏，康熙五十八年十三月二十四日。
⑤ 参见中国第一历史档案馆藏满文朱批奏折，海章等奏，康熙五十八年十二月二十四日。
⑥ 《钦定宫中现行则例》卷 4，第 21—22 页。按，四执事设大首领一名，七品执守侍，每月食银四两，米四斛；公费制钱一贯。

林事后承认，平日与张启麟并无过节。此时他乘着酒兴，先在张启麟前求饶，未准，继而辱骂张启麟祖父，欲行相拼。张启麟见状，令将金亭林捆绑后，禀告副总管刘进忠。事发翌日，张启麟又向内务府大臣详述原委，联名奏闻。① 此事可见，张启麟遇事较冷静，处理问题方式也较妥帖。他很快得到嗣帝的器重。

六十一年十一月康熙帝病逝。清宫造办处档案显示，雍正元年正月始，张启麟已在"总管太监"之任。②

张启麟去世一年后，甫即大位的乾隆帝仍有念及："至如张起麟，乃效力最久之人，年已老迈。见朕兄弟犹必长跪请安，不敢怠忽。或我辈赐坐，伊必叩头席地而坐，此宫中太监所共见者，至今思之，殊可悯念。"从乾隆帝的追忆中，一位白头衰迈，在少年皇子前跪叩请安，竭尽敬顺的总管太监，几可呼之欲出。

比起魏珠等人，张启麟不曾被康熙帝特别看重。因数十年谨慎供职，勤勉有加，他受到雍正帝的倚重和乾隆帝的嘉赞，并得诰封。

小　结

经上析述，我们对清前期宦官群体有了进一步的认识。本章所举顾问行、梁九功、魏珠、李玉、陈福、张启麟等六位太监，代表三种类型：

第一类，老一辈太监，如顾问行。顾问行资历最深，他与康熙帝的关系以及他的归宿，与晚辈太监有所不同。

第二类，康熙帝培养的哈哈珠子太监，如梁九功、魏珠、李玉、陈福。

第三类，年长入宫为宦，如张启麟。张启麟与康熙帝的关系较哈哈珠子太监疏远，然而率先被嗣帝雍正看中，付托总管之任。

六位太监的禀赋个性、命运遭际各有特点。顾问行深沉持重，梁九功伶俐敏捷、略少心机，魏珠善于审时度势、人情练达。李玉聪慧，陈福沉稳，张启麟勤慎。梁九功获罪自尽，顾问行终老寺庙。魏珠为康乾祖孙所

---

① 参见中国第一历史档案馆藏满文朱批奏折，内务府奏，康熙六十一年九月十九日。
② 中国第一历史档案馆、香港中文大学文物馆合编：《清宫内务府造办处档案总汇》，第1册，第2、3页。

信赖,大约是善终。李玉、陈福都侍奉三朝,张启麟则老来得志。这些差别分别与六人不同的处世风格有一定关系。

康熙帝对太监的管理颇具特点:宽严适中,任用而不袒护;处理太监与大臣的矛盾时秉公持平;善于总结失误并采取预防措施。[①] 从总体看,康乾时期既未出现所谓宠监,亦无太监干政行为。

清朝宦官制度既有封建宦官制度的典型性,又带有满洲传统社会主奴关系的特征。宦官并非宫廷政治的局外人。他们侍奉皇室成员,是奴才,是被压迫者和被奴役者。同时,他们的身家性命与皇权之兴衰息息相关,他们中的一些人是清帝指令的传达者和执行者。因此,部分宦官也是统治集团的下层成员。

清宫服侍人员中,太监是一个庞大群体。由于失载或史料未详,清前期绝大多数太监事迹至今鲜为人知。应当加强对宫廷下层人物,特别是宦官的关注,因为这一群体以其特殊方式,服务于清朝最高统治者,在宫廷政治的发展演进中起到他们的作用。

附录一 《敕赐定慧寺碑记》[②]

定慧寺者,御前内侍魏公珠所重建也。寺在阜成门西香山乡垂杨柳村。创于前明宣德十二年,初名"善法"。正德二年增修,改名"云惠"。万历中益拓而大之,门殿廊庑始为完具。迄今百余年,日就堕圮。魏公欸忠爱之诚,矢皈依之愿,于是鸠工庀材,大启土木,用以仰资法力,祝延圣寿,上报深恩。经始于康熙四十一年,蒇事于本年四月。具奏以请,皇上赐名"定慧"。复为亲洒宸翰,御书寺名并"慈云广覆"四大字。龙飞凤翥,日丽星辉,永为法门镇宝,宁止幢盖香花,庄严整肃,顿改昔日之观而已哉。且兹地南带桑乾,北枕香山碧云诸胜,林木绣错,畦塍棋布,土脉厚而水泉滋,不待冥搜幽讨,而得尘外之观。闻魏公弱龄时,随其从祖国辅往游于此,睹殿宇倾颓,即慨然于中。适有道人顾而语曰:"红虎

---

① 例如,为防止随侍太监从地方官员手中骗取财物,康熙四十四年(1705)康熙帝第五次南巡时,手谕三处织造官员人等:"凡有人取东西,不论大细,一概奏明"。若不奏有觉,"一同从重治罪,决不轻饶"。参见杨珍《从新见康熙朱谕看清前期皇权与太监的关系》,《历史档案》2018年第2期。

② 《北京图书馆藏中国历代石刻拓本汇编》,第66册,第163页。

时年至,重修结胜缘"。时魏公心窃异之。今二十年后,以时节因缘,成兹善果。其凤根清净,福报之来,又宁可思议耶?廷仪仰瞻,欣逢盛事,爰书岁月,以志赞叹云。

  日讲官起居注直南书房翰林院侍讲学士静海励廷仪撰

  钦取武英殿纂书留京知县王曾期书

  鸿胪寺序班梅裕凤镌

康熙五十一年四月初八日立

附录二 《云光洞碑记》①

  直热河北六十里曰"中关",又西北三十里曰"石洞沟",辽青城地,元兴州城也。我皇上岁行秋狝之礼,先驻跸热河。青城以北番部贡觐,商贾转贩,道必经石洞沟。其地山曲势阻,草深林茂,流泉绕山之右,潆潆东出,合黑水、汤泉南流为热河,所谓十八台河也。山麓有洞,豁然而启,洞旁地亦稍坦缓。侍卫魏公扈从经此,屡属意焉。曰:"此宜佛场也。"乃捐资命工,除秽莽,镵岩石,因邃为堂,装三世佛像而于其旁。坦处构室二十楹,奉紫微斗极及释伽大士。经始三阅月,工遂告竣,延此邱领香火以祝圣绵福。御书匾曰"云宝珠光",恭悬洞中。宸章法相辉耀洞谷,闻钟磬梵呗之声,晨夕与流泉南循苑墙而回环转注也。而番部商贾之往来者,瞻仰之余亦得休憩焉。魏公荣上赐,即以"云光"名洞,属廷锡为之记。公名珠,号髻明,直隶之雄县人也。

  康熙壬寅秋,经筵讲官内阁学士蒋廷锡撰,翰林院侍读学士陈邦彦书。

---

① 《承德府志》卷16,光绪十三年(1887)廷杰重订本,第2册,第599页。

结论

研究实践与理论思考

本书对清前期宫廷政治中若干问题进行了释疑。释疑过程也是探索历史真实的过程。这一研究实践，促使我们思考一些相关的史学理论问题。

一 历史的客观性问题

我们面对的第一个问题，是历史的客观性问题。为了回答这一问题，应首先明确历史和历史学（历史研究）的区别。

历史是先于我们的客观存在。无论我们知道或不知道，知道多少，都不能改变或复制过去的历史。有些我们完全不知道的历史人物和事件，即使对我们没有任何意义，也不能否认它们曾经的存在。因此历史的客观性是绝对的，不以人们的意志为转移。

历史学，也常被称为"历史"，它是人们对历史存留物和史料进行研究而获得的历史认知。历史学当然包括人的主观因素：如研究者的立场、观点和方法，但主观因素必须以客观史料为依据。尽管人们对同一史料可能做出不同诠释，然而如果没有史料，人们无从做出任何诠释。因此，历史学的客观性虽然是相对的，或多或少要受到研究者主观因素的影响；但归根结底，这种相对的客观性制约着史学研究中的主观性。

搞清历史真相是历史研究首要的一步，但不是历史研究的最终目的。历史研究的最终目的是依据客观历史揭示人类社会发展规律。由于只能利用现存史料去分析、认识和阐述历史，我们无法完全复制历史的原貌。换言之，我们只能相对地而不能绝对地了解历史真实。有鉴于此，需要警惕两种错误倾向：第一种，借口没有绝对的历史真实而否定历史的客观性和真实性，随意编造历史；第二种，声称以发现真相为最终目的，用枝节的、片面的，甚至是道听途说的所谓真相，以偏概全歪曲历史，以历史虚无主义来否定或推翻以往对历史事件和人物的客观认识。

我们认为，尽管人们对历史真实的认识是相对的而不是绝对的，研究者的任务就是不断推进这种相对真实的认识。依靠对历史客观的、不断加深的认识，依然可以揭示历史发展的规律，达到历史研究的最终目的。

二 历史人物的评价问题

历史是客观的。对历史人物的评价也必须全面客观，必须建立在充分占有史料，对相关问题有充分了解的基础之上。

以康熙帝为例，本书通过实例，将康熙帝的雄才大略与自私狭隘，帝王权术和与人为善，知人善任与任人唯亲，乾纲独断与胆怯犹豫，宽厚仁义与狠毒残忍，重视亲情与不近人情，唯我独尊与平易近人并观。康熙帝曾严惩孝诚皇后家族三代人、原两江总督噶礼以及朱都纳父子等。这些人的罪名并非全部属实，有的罪名是康熙帝任意捏造的。但是，他们与康熙帝同为统治集团成员，两者之间的矛盾是统治阶级内部矛盾。他们所受的惩处虽有冤抑，但从国家利益层面，从巩固王朝统治的角度看，难做善恶曲直之辨。

康熙帝是一位杰出的封建帝王。我们在肯定他历史功绩的同时，也指出他性格的多面性，以求完善对他的认识。然而，他身上的阴暗面与他开创康乾盛世的历史功绩相较，是次要的。因此，评价封建统治者的功过是非，主要看他们在历史发展中所起的作用。个人层面的品德才干、性格特点、行为善恶应当放在从属地位。

三 历史个案研究与"碎片化"问题

本书从大处着眼，小处着手，所阐释的疑点均属个案。然而我们力图从整体视角，从皇权巩固和皇位继承这一宫廷政治的主线来考察、分析、评价；避免以偏概全，仅据某件事、某一行为做出片面的结论。

对历史个案的研究有可能被误认为是"碎片化"。需要明确的是：任何具体个案对于整体历史来说当然只是一块"碎片"，但不等于"碎片化"。两者的区别在于：个案是研究对象，"碎片化"是研究方法。

历史研究的对象，即便是十分宏大的课题，对于整个人类历史来说，也只是一块"碎片"，不过是一块较大的碎片而已。尤其是研究远古社会，研究对象可能只有一些"碎片",如古人类牙齿、陶器残片等。史家可窥一斑而见全豹,以客观、整体和综合的方法,用大大小小的"碎片",来还原历史全貌。反之,"碎片化"则是将研究课题(不管是宏大的还是具体的)加以"解构""去中心",将原本相对完整的历史过程拆解得支离破碎,将历史说成是无方向无规律、无数偶然事件的叠加。因此,无论研究历史个案还是宏大选题,我们都要警惕"碎片化"倾向。

还应当指出:研究历史个案与研究宏大课题之间存在着辩证关系:一方面,具体个案研究成果的积累,为宏大课题的研究提供了基础。另一方面,研究具体个案,必须置之于宏观的历史背景之下,才能对其有全面、客观和深入的认识。因此,我们在提倡研究宏大历史选题时,不能忽视对历史个案和具体问题的研究。

四 历史研究中的"求新"问题

我们对历史的认识需要与时俱进。清前期宫廷政治史应当不断拓宽研究范围。关键是在发掘和利用新史料基础上,研究新的历史人物,选择新的研究视角。

第一,发掘和利用新史料。

发掘和利用新史料,并与旧史料相互参照、相互补充,是推进宫廷政治史研究的基础。例如,朱天保奏折全文在原始档案和史籍中均无载,却在高其倬自撰《年谱》所录"京抄"中发现,使研究得以向前推进。又如,清史无太监传记,关于清前期宫中太监的史料尤少。发掘和利用方志、碑刻等,兼用满、汉文档案及官私史籍,可以考察某些著名太监的身世与遭际,一定程度上填补阙如。

第二,研究新的历史人物。

本书所研究的历史人物,不仅有清前期皇帝、皇子、后妃以及宗室、重臣等,而且包括不少"初来乍到"之人:如孝康章皇后佟佳氏、原两江总督噶礼及其母亲、一等公常泰父子、汉文士陈梦雷以及敬事房总管顾问行、"哈哈住塞"梁九功等。这些新的研究对象是清统治集团不同层级的成员,既有满人,也有汉人,既有后妃、外戚、太监,也有封疆大吏、无名之辈、妇道人家。研究他们在清初宫廷政治中的作用,无疑拓宽了研究范围。

第三,选择新的研究视角。

本书以新视角审视乌兰布通之战。不仅从战争角度,而且从宫廷政治角度,不仅以战役为考察对象,而且还以参与者为考察对象,故能推进这一专题研究的深度与广度,使它成为宫廷政治史研究的一个独特组成部分。再有,清廷最初没有为康熙帝生母孝康皇后佟佳氏加庙谥,没有将她的牌位升祔太庙、奉先殿。本书将这一礼仪问题纳入宫廷政治视野,进行深入分析,发现宫闱幕布之后隐藏着复杂的宫廷政治因素。

发掘新史料,研究新人物,选择新视角都存在一个"求新"问题。

求新赋予学术研究以生命力。改革开放以来,学界对外交流日益增多。西方史学崇尚求新,新理论、新观念层出不穷,其中虽不乏真知灼见,但也存在不顾客观史实,为"求新"而求新的倾向。有些西方学者用所谓的"新理论""新方法"来研究中国历史,犹如"盲人摸象"。"盲人摸象"中的盲人用触摸来认识大象,这的确是不同于常人的新角度和新方法,但所得认识却与大象的整体形象有天壤之别。

因此要特别指出:第一,求新不能脱离历史唯物主义轨道。第二,求新本身不是目的。求新是为了更全面、更客观、更深入地认识历史,而不是为了标新立异。盲目追捧西方的"新",很可能导致主观片面的研究结果,将历史研究引入歧途。

五 清史研究与满汉史料并重

本书释疑的每一个个案,有的仅存于满文档案,有的仅见于汉文档案,还有的在满、汉两种档案史料均有载,但所记内容有一定差异,记载方式或有所不同。可见,不仅满文档案有局限性,汉文档案也有局限性。只有将满、汉档案史料相互参照,同样重视,才有可能比较全面、比较完整地了解当时的情况。例如,多尔衮"皇父摄政王"称号的满文书写无"皇父"二字,是将汉文史料与满文档案相互对照、相互比较之后得出的结论。满汉史料缺一不可。所以,满汉语言之异同及其对清前期宫廷政治的影响,也是我们应当关注的问题。

除满、汉文史料以外,其他文字的史料也很重要。如俄罗斯商人义迭思在其《聘盟日记》中,详细描述了索额图招待他的家宴,从一个侧面反映出索额图生活的奢华,弥补了满、汉文史料记载之缺。

因此,我们不仅要满汉史料并重,而且对任何文字的史料都要予以重视。从历史研究的角度来看,一件史料的价值,不在于它是何种文字的记录,而在于它在多大程度上承载了客观真实的信息。那种认为某种文字史料优于其他文字史料的说法，在历史研究中是不能成立的。

　　由于受到史料限制，释疑的同时，往往会出现新的疑点。例如，鳌拜"欺君轻慢圣母"背后有无授意者？"元凯马公"到底是谁？噶礼之母为什么要出首噶礼？梁九功获罪与两废太子之间究竟有无联系？等等。因此，发现疑点，诠释疑点，再发现，再诠释，这种不断求索推动我们一步步接近历史真实。

　　清前期宫廷政治史研究仍有广阔的发展空间。

参考文献

档案

中国第一历史档案馆藏满文内国史院档。
中国第一历史档案馆藏满文朱批奏折。
中国第一历史档案馆藏满文奏折。
中国第一历史档案馆藏满文内务府杂件。
中国第一历史档案馆藏康熙朝朱谕。
中国第一历史档案馆藏八旗世袭谱档。
中国第一历史档案馆藏历朝八旗杂档。
中国第一历史档案馆藏内务府奏销档。
中国第一历史档案馆藏内务府奏案。
中国第一历史档案馆藏玉牒。
《宫中档康熙朝奏折》第8辑（满文谕折第1辑），台北"故宫博物院"1977年印行。
《宫中档康熙朝奏折》第9辑（满文谕折第2辑），台北"故宫博物院"1977年印行。
《宫中档雍正朝奏折》第28辑（满文谕折第1辑），台北"故宫博物院"1980年印行。
《宫中档雍正朝奏折》第30辑（满文谕折第3辑），台北"故宫博物院"1980年印行。
《宫中档雍正朝奏折》第32辑（满文谕折第5辑），台北"故宫博物院"1980年印行。
《旧满洲档》，台北"故宫博物院"1969年影印本。
日本满文老档研究会译注：《满文老档》，东洋文库丛刊本。
中国第一历史档案馆整理、编译：《内阁藏本满文老档》，辽宁民族出版社

2009年版。

中国第一历史档案馆、中国社会科学院历史研究所译注：《满文老档》，中华书局1990年版。

中国第一历史档案馆：《清初内国史院满文档案译编》，光明日报出版社1989年版。

中国第一历史档案馆、故宫博物院编：《清宫内务府奏销档》，故宫出版社2014年版。

中国第一历史档案馆、香港中文大学文物馆合编：《清宫内务府造办处档案总汇》，人民出版社2005年版。

朱家溍、张荣选编：《养心殿造办处史料辑览》第1辑，故宫出版社2013年版。

张荣选编：《养心殿造办处史料辑览》第2—8辑，故宫出版社2012—2016年版。

中国第一历史档案馆整理：《康熙起居注》，中华书局1984年版。

台北"故宫博物院"：《清代起居注册·康熙朝》，台湾联经出版事业公司2009年版。

中国第一历史档案馆编：《雍正朝起居注册》，中华书局1993年版。

中国第一历史档案馆编：《康熙朝汉文朱批奏折汇编》，档案出版社1985年版。

中国第一历史档案馆编：《雍正朝汉文朱批奏折汇编》，江苏古籍出版社1991年版。

辽宁社会科学院历史研究所、大连市图书馆文献研究室、辽宁省民族研究所历史研究室译编：《清代内阁大库散佚满文档案选编》，天津古籍出版社1991年版。

中国第一历史档案馆译编：《康熙朝满文朱批奏折全译》，中国社会科学出版社1996年版。

中国第一历史档案馆译编：《雍正朝满文朱批奏折全译》，黄山书社1998年版。

庄吉发译注：《孙文成奏折》，台湾文史哲出版社1978年印行。

中国第一历史档案馆编：《清代中俄关系档案史料选编》，中华书局1981年版。

中国第一历史档案馆编：《雍正朝汉文谕旨汇编》，广西师范大学出版社

1999 年版。

中国第一历史档案馆编：《御笔诏令说清史——影响清朝历史进程的重要档案文献》，山东教育出版社 2003 年版。

故宫博物院明清档案部编：《关于江宁织造曹家档案史料》，中华书局 1975 年版。

故宫博物院明清档案部编：《李煦奏折》，中华书局 1976 年版。

《明清史料》丁编，中央研究院历史语言研究所 1931 年铅印本。

《明清史料》丁编，中央研究院历史语言研究所 1948 年铅印本。

故宫博物院文献馆编：《文献丛编》第一、二、三、四辑，1930 年印行。

故宫博物院掌故部编：《掌故丛编》，中华书局 1990 年版。

《上谕八旗》，雍正朝内府刻本。

《上谕内阁》，浙江书局刊本。

《上谕旗务议覆》，中国史学丛书续编本，台湾学生书局 1976 年版。

《康熙三十二年俄罗斯商人义迭思〈聘盟日记〉》，《历史档案》2004 年第 4 期。

《康熙十七年〈南书房记注〉》，《历史档案》1995 年第 3 期。

《康熙十八年〈南书房记注〉》，《历史档案》1996 年第 2 期。

文献

《史记》，中华书局 1959 年版。

《清实录》（含《满洲实录》），中华书局影印本，1985—1987 年版。

《十二朝东华录》，台湾文海出版社 1963 年版。

蒋良骐：《东华录》，中华书局 1980 年版。

王先谦：《东华录》，续修四库全书本，上海古籍出版社 2001 年版。

高宅揆：《香岩小乘》，手稿本，上海市图书馆藏。

奉宽：《清理红本记》，近代中国史料丛刊续编本，台湾文海出版社 1974 年印行。

《多尔衮摄政日记》，故宫博物院 1933 年印行。

《皇朝文献通考》，浙江古籍出版社 2000 年版。

《钦定宫中现行则例》，光绪六年（1880）武英殿刻本。

《圣祖仁皇帝庭训格言》，光绪十六年（1890）泾阳柏氏经正堂刊本。

满文精写本《平定罗刹方略》，康熙朝内府刻本。

《平定朔漠方略》（《圣祖仁皇帝亲征平定朔漠方略》），四库全书本，上海古籍出版社1988年版。

《亲征平定朔漠方略》，康熙四十七年（1708）内府刻本。

《圣祖御制文集》，光绪朝武英殿刻本。

《清高宗（乾隆）御制诗全集》，中国人民大学出版社1993年影印本。

《王文靖公集》，四库全书存目丛书本，齐鲁书社1997年版。

熊赐履：《经义斋集》，四库全书存目丛书本，齐鲁书社1997年版。

林佶：《朴学斋诗稿》，四库全书存目丛书本，齐鲁书社1997年版。

《八旗满洲氏族通谱》，辽沈书社1989年版。

《八旗通志初集》，东北师范大学出版社1985年版。

《钦定八旗通志》，吉林文史出版社2002年版。

《清代碑传全集》，上海古籍出版社1987年版。

钱仪吉纂：《碑传集》，中华书局1993年版。

钱仲联主编：《广清碑传集》，江苏大学出版社1999年版。

鄂尔泰等修：《词林典故》，四库全书本，上海古籍出版社1988年版。

李元度：《国朝先正事略》，岳麓书社1991年版。

《满汉名臣传》，黑龙江人民出版社1991年版。

《清史列传》，中华书局1987年版。

《国朝耆献类征初编》，清代传记丛刊本，台湾明文书局1985年印行。

《从政观法录》，清代传记丛刊本，台湾明文书局1985年印行。

《清史稿》，中华书局1977年版。

金梁：《清帝外纪·清后外传》，1934年铅印本。

谈迁：《北游录》，中华书局1960年版。

萧奭：《永宪录》，中华书局1959年版。

杨宾：《柳边纪略》，黑龙江大学出版社2014年版。

宋荦：《西陂类稿》，民国刻本。

方苞：《方望溪全集》，中国书店1991年版。

吴振棫：《养吉斋丛录》，北京古籍出版社1983年版。

弘旺：《皇清通志纲要》，民国抄本。

张煌言：《张苍水集》，上海古籍出版社1985年版。

张宸：《张青琱集》（《平圃遗稿》），咸丰九年（1859）何绍基抄本，中国社会科学院历史研究所图书馆藏。

张宸:《平圃遗稿》,四库未收书辑刊本,北京出版社 2000 年版。
张宸:《平圃遗稿》,清代诗文集汇编本,上海古籍出版社 2010 年版。
张宸:《平圃杂记·补遗》,庚辰丛编本,1940 年排印。
汪由敦:《松泉文集》,清代诗文集汇编本,上海古籍出版社 2010 年版。
黄伯禄:《正教奉褒》,载韩琦、吴旻校注《熙朝崇正集 熙朝定案(外三种)》,中华书局 2006 年版。
龚鼎孳:《定山堂文集》,载《定山堂全集》,民国十三年(1924)刊本。
[韩] 林中基编:《燕行录全集》,韩国东国大学校出版部 2001 年版。
吴晗辑:《朝鲜李朝实录中的中国史料》,中华书局 1980 年版。
昭梿:《啸亭杂录》(含《啸亭续录》),中华书局 1980 年版。
姚元之:《竹叶亭杂记》,中华书局 1982 年版。
李伯元:《南亭笔记》,上海古籍书店 1983 年版。
魏源:《圣武记》,中华书局 1984 年版。
光绪《清会典》,中华书局 1991 年版。
光绪《清会典事例》,中华书局 1991 年版。
陈廷敬:《陈廷敬集》,张建伟、李卫锋点校,山西出版传媒集团·三晋出版社 2012 年版。
王士禛:《居易录》,载《王士禛全集》,齐鲁书社 2007 年版。
王士禛:《香祖笔记》,上海古籍出版社 1982 年版。
钱泳:《履园丛话》,中华书局 1979 年版。
陈梦雷:《松鹤山房诗集》,《松鹤山房文集》,续修四库全书本,上海古籍出版社 2001 年版。
陈梦雷:《闲止书堂集钞》,上海古籍出版社 1979 年版。
钱大昕:《潜研堂文集》,商务印书馆 1936 年版。
查慎行:《查慎行集》,浙江古籍出版社 2014 年版。
王之春:《清朝柔远记》,中华书局 1980 年版。
祁韵士:《皇朝藩部要略》,浙江书局光绪十年(1884)刊本。
张穆:《蒙古游牧记》,同治六年(1867)刊本。
何秋涛:《朔方备乘》,光绪七年(1881)刻本。
金兆燕:《耕烟先生传》,辽海丛书本,辽沈书社 1985 年版。
陈廷敬等编,张廷玉等续编:《皇清文颖》,上海古籍出版社 1994 年影印本。
《爱新觉罗宗谱》(含《星源集庆》),奉天爱新觉罗宗谱修谱处 1938 年版。

龚自珍：《龚定盦全集·定盦续集》，清代诗文集汇编本，上海古籍出版社 2010 年版。

贺长龄、魏源等编：《清经世文编》，中华书局 1992 年版。

张伯行：《正谊堂文集》，商务印书馆 1933 年版。

《张清恪公年谱》，北京图书馆藏珍本年谱丛刊本，北京图书馆出版社 1999 年版。

赵翼：《簷曝杂记》，中华书局 1982 年版。

赵翼：《廿二史札记》，中国书店 1987 年版。

佚名编：《京秩王公大小官员每岁俸银考》，近代中国史料丛刊续编本，台湾文海出版社 1979 年印行。

谢章铤：《赌棋山庄文集》，近代中国史料丛刊续编本，台湾文海出版社 1975 年印行。

李光地：《榕村语录　榕村续语录》，中华书局 1995 年版。

李清植纂辑：《文贞公年谱》，道光刊本。

姚廷遴：《历年记》，上海市文物保管委员会编，1962 年。

刘献廷：《广阳杂记》，中华书局 1957 年版。

梁份：《秦边纪略》，青海人民出版社 1987 年版。

《钦定热河志》，四库全书本，上海古籍出版社 1988 年版。

盛元等纂修：《江西省南康府志》，同治十一年（1872）刊本。

《庐山志》，载《中国佛寺志》，台湾明文书局 1980 年印行。

康熙《歙县志》，《中国方志丛书·华中地方》第 713 号，台湾成文出版社有限公司 1975 年印行。

许琰：《普陀山志》，续修四库全书本，上海古籍出版社 2001 年版。

周家楣、缪荃孙等编纂：《光绪顺天府志》，北京古籍出版社 1987 年版。

《承德府志》，光绪十三年（1887）廷杰重订本，台湾成文出版社 1967 年印行。

《北京图书馆藏中国历代石刻拓本汇编》，中州古籍出版社 1990 年版。

鄂尔泰、张廷玉等编纂：《国朝宫史》，北京古籍出版社 1987 年版。

庆桂等编纂：《国朝宫史续编》，北京古籍出版社 1994 年版。

《大清律例》，天津古籍出版社 1993 年版。

徐珂编撰：《清稗类钞》，中华书局 1984 年版。

《清朝野史大观》，上海书店 1981 年版。

章乃炜、王蔼人：《清宫述闻》（初、续编合编本），紫禁城出版社1990年版。
方豪：《中国天主教史人物传》，中华书局1988年版。
栗守田编注：《皇城石刻文编》，皇城历史文化丛书，1998年版。
邓之诚：《清诗纪事初编》，上海古籍出版社1965年版。
钱仲联主编：《清诗纪事》，江苏古籍出版社1987年版。
袁行雲：《清人诗集叙録》，文化艺术出版社1994年版。
杨钟羲撰集：《雪桥诗话》，北京古籍出版社1989年版。
吴士鑑等：《清宫词》，北京古籍出版社1986年版。
佚名：《蝶阶外史》，载《笔记小说大观》第17册，江苏广陵古籍刻印社1983年版。
[法] 白晋：《康熙帝传》，马绪祥译，载《清史资料》第1辑，中华书局1980年版。
[法] 费赖之：《在华耶稣会士列传及书目》，冯承钧译，中华书局1995年版。
[意] 卫匡国：《鞑靼战纪》（鞑靼在中国战争的历史），戴寅译，载杜文凯编《清代西人见闻录》，中国人民大学出版社1985年版。
[德] 魏特：《汤若望传》，杨丙辰译，商务印书馆1949年版。
[英] 约·弗·巴德利：《俄国·蒙古·中国》，吴持哲、吴有刚译，陈良璧校，商务印书馆1981年版。
[法] 杜赫德编：《耶稣会士中国书简集·中国回忆录》1—4卷，郑德弟、吕一民、沈坚、朱静、耿昇等译，大象出版社2001—2005年版。
[法] 李明：《中国近事报道（1687—1692）》，郭强、龙云、李伟译，大象出版社2004年版。
苏联科学院远东研究所等编，黑龙江大学俄语系翻译组、黑龙江省哲学社会科学研究所第三室合译：《十七世纪俄中关系》第2卷，商务印书馆1975年版。
[法] 张诚：《张诚日记》，陈霞飞译，陈泽宪校，商务印书馆1973年版。
《张诚日记》，张宝剑等译，杨品泉等校，载《清史资料》第5辑，中华书局1984年版。
Memoirs of Father Ripa, selected and translated by Fortunato Prandi, John Murray, London, 1855.

专著

孟森：《明清史论著集刊》，中华书局1959年版。
孟森：《明清史论著集刊续编》，中华书局1986年版。
孟森：《明清史讲义》，中华书局1981年版。
萧一山：《清代通史》，中华书局1986年版。
萧一山：《清代史》，辽宁教育出版社1997年版。
郑天挺：《清史探微》，北京大学出版社1999年版。
郑天挺：《探微集》，中华书局1980年版。
王锺翰：《王锺翰学术论著自选集》，中央民族大学出版社1999年版。
王锺翰：《清心集》，新世界出版社2002年版。
姚念慈：《康熙盛世与帝王心术》，生活·读书·新知三联书店2015年版。
许曾重：《许曾重史学论文选集》，故宫出版社2012年版。
杨珍：《康熙皇帝一家》，学苑出版社1994年初版，2009年修订版。
杨珍：《清朝皇位继承制度》，学苑出版社2001年初版，2009年修订版。
杨珍：《历程 制度 人——清朝皇权略探》，学苑出版社2013年版。
朱家溍：《故宫退食录》，北京出版社1999年版。
恩格斯：《家庭、私有制和国家的起源》，载《马克思恩格斯选集》第4卷，人民出版社1995年第2版。
彭卫：《汉代婚姻形态》，三秦出版社1988年版。
《清代人物传稿》上编1—10卷，中华书局1984—2001年版。
[美] A.W.恒慕义主编：《清代名人传略》，中国人民大学清史研究所《清代名人传略》翻译组译，青海人民出版社1990年版。
谢巍：《中国历代人物年谱考录》，中华书局1992年版。
爱新觉罗·瀛生：《满语杂识》，学苑出版社2004年版。
定宜庄：《满族的妇女生活与婚姻制度研究》，北京大学出版社1999年版。
富尔哈察·玄海：《春窗杂谈》，中国博雅出版社2010年版。
王宏钧、刘如仲：《准噶尔的历史与文物》，青海人民出版社1984年版。
信修明：《老太监的回忆》，方彪等点校，北京燕山出版社1992年版。
刘凤云：《清代三藩研究》，中国人民大学出版社1994年版。
黑龙：《准噶尔蒙古与清朝关系史研究》（1672—1697），上海古籍出版社2014年版。

孟昭信：《康熙大帝全传》，吉林文史出版社1987年版。
王思治主编：《清朝通史·康熙朝分卷》，紫禁城出版社2003年版。
李秀梅：《清朝统一准噶尔史实研究——以高层决策为中心》，民族出版社2007年版。
毛宪民：《清宫武备兵器研究》，文物出版社2013年版。
蔡美彪：《中华史纲》，社会科学文献出版社2012年版。
华尔嘉：《清代贪污受贿大案》，群众出版社2007年版。
朱金甫、张书才主编：《清代典章制度辞典》，中国人民大学出版社2011年版。
刘小萌：《清代北京旗人社会》，中国社会科学出版社2008年版。
谢国桢：《明清笔记谈丛》，上海古籍出版社1981年版。
王彬、崔国政辑：《燕京风土录》，光明日报出版社2000年版。
林乾：《康熙惩抑朋党与清代极权政治》，复旦大学出版社2013年版。
张德泽：《清代国家机关考略》，中国人民大学出版社1981年版。
金启孮：《金启孮谈北京的满族》，中华书局2009年版。
唐益年：《清宫太监》，辽宁大学出版社1993年版。
[日]宫胁淳子：《最后的游牧帝国——准噶尔部的兴亡》，晓克译，内蒙古人民出版社2005年版。
[苏]伊·亚·兹拉特金：《准噶尔汗国史》（1635—1758），马曼丽译，商务印书馆1980年版。
[法]戴廷杰：《戴名世年谱》，中华书局2004年版。
Silas H. L. Wu, *Passage to Power: K'ang-hsi and His Heir Appaent, 1661-1722*, Harvard University Press, 1979.

论文

陈捷先：《多尔衮称"皇父摄政王"研究》，台湾《故宫文献》第1卷第2期，1970年。
姚念慈：《王锺翰先生的学术成就及其在史学领域中的地位》，《燕京学报》第25期，北京大学出版社2008年版。
姚念慈：《多尔衮与皇权政治》，1996年《清史论丛》，辽宁古籍出版社1996年版。
姚念慈：《顺治遗诏与清初政局》，载《庆贺王锺翰教授九十华诞清史论集》，紫禁城出版社2003年版。

姚念慈：《康熙初年四大臣辅政刍议》，2007年《清史论丛》，中国广播电视出版社2007年版。

王戎笙：《顺治遗诏与清初权力斗争》，1994年《清史论丛》，辽宁古籍出版社1994年版。

高翔：《五十年来的清史研究》，1999年《清史论丛》，河北教育出版社2001年版。

乔治忠、孔永红：《康熙帝与孝庄太皇太后政治关系的解构》，《齐鲁学刊》2013年第2期。

许曾重：《太后下嫁说新探》，《清史论丛》第8辑，中华书局1991年版。

杨珍：《索额图研究》，1996年《清史论丛》，辽宁古籍出版社1996年版。

杨珍：《盛世初叶（1683—1712）的皇权政治——对明珠晚年的个案分析》，1999年《清史论丛》，河北教育出版社2001年版。

杨珍：《关于康熙朝储位之争及雍正继位的几个问题》，《清史论丛》第6辑，中华书局1985年版。

杨珍：《史实在清代传记中的变异：佟国纲、华善奏请改隶满洲考辨》，2013年《清史论丛》，中国广播电视出版社2013年版。

杨珍：《从新见康熙朱谕看清前期皇权与太监的关系》，《历史档案》2018年第2期。

江桥：《"父汗""汗父"辨——读〈无圈点档〉及其抄本札记》，《历史档案》2014年第4期。

程大鲲：《清代大将军满文名号考》，《满语研究》2013年第2期。

白新良：《康熙擒鳌拜时间考》，《满族研究》2005年第3期。

金国平、吴志良：《耶稣会传教士安文思手稿所记顺治晏驾与康熙继位》，载《明清档案与历史研究论文集：庆祝中国第一历史档案馆成立八十周年》，新华出版社2008年版。

袁森坡：《乌兰布通之战考察》，《历史研究》1983年第4期。

袁深波：《乌兰布通考》，《历史研究》1978年第8期。

赵秉忠：《略论康雍乾三帝对外戚重臣的驾驭》，《清史研究》1994年第1期。

杨丹霞：《试论清康熙帝书法的渊源、分期和影响》，《故宫博物院院刊》2008年第5期。

程学军：《忆先贤 话馆藏——写在江西省图书馆建馆九十周年之际》，《江西图书馆学刊》2010 年第 4 期。

崔岩：《噶尔丹死亡问题考辨》，《清史研究》2007 年第 1 期。

张羽新：《乌兰布通之战的胜败问题》，《历史研究》1986 年第 5 期。

黑龙：《乌兰布通之战再考》，《中央民族大学学报》2006 年第 4 期。

陈垣：《抄本张青琱平圃遗稿跋》，《图书季刊》第 1 期，1940 年。

吴伯娅：《苏努研究》，载《史料与视界：中文文献与中国基督教史研究》，上海人民出版社 2007 年版。

王思治：《索额图其人——兼论助皇太子"潜谋大事"》，《清史研究》1992 年第 1 期。

王思治：《"太后下嫁疑案"辨证》，《历史研究》2011 年第 2 期。

华立：《从日本的"唐船风说书"看康熙二十九年的乌兰布通之战》，《中国边疆史地研究》2010 年第 3 期。

罗丽达：《清初江南地方行政上的满汉政治冲突——张伯行噶礼互参案研究》，台湾《新史学》第 7 卷第 3 期，1996 年。

何孝荣：《康熙帝与噶礼》，《历史档案》1997 年第 4 期。

毕卫涛：《康熙帝判决噶礼张伯行互参案心路历程探究》，《枣庄学院学报》2016 年第 6 期。

廖桔香：《噶礼研究》，硕士学位论文，湘潭大学，2015 年。

成积春：《从噶礼——张伯行互参案看康熙的"满汉一体"论》，《历史教学》2007 年第 11 期。

范金民、孔潮丽：《噶礼张伯行互参案述论》，《历史档案》1996 年第 4 期。

马俊亚：《盛世叩阍：清前期的皇权政治与诉讼实践》，《历史研究》2012 年第 4 期。

沈欣：《再论清代皇室之乳保》，《北京社会科学》2016 年第 8 期。

刘小萌：《旗籍朝鲜人安氏的家世与家事》，《清史研究》2013 年第 4 期。

吴国富：《清初高道石和阳》，《中国道教》2010 年第 1 期。

杨海英：《清前期的道教与宫廷》，《道教文化研究》第 23 辑。

张玉兴：《关于陈梦雷第二次被流放的问题》，《清史研究通讯》1984 年第 2 期。

解洪兴：《一代学者陈梦雷的沉浮人生》，《边疆经济与文化》2006 年第 8 期。

陈晓红：《清初"太后下嫁"疑案新释》，《广西师范大学学报》1995 年第 4 期。

王俊义：《清初"三大疑案"的由来与学术论争——关于"太后下嫁"、"顺治出家"、"雍正继位"之谜》，《史苑》2005 年第 8 期。

滕绍箴：《太后下嫁研究钩沉——驳太后下嫁说》，《满学论丛》第 4 辑，辽宁民族出版社 2014 年版。

徐广源：《清朝帝后妃谥号浅议》，《清史研究》1997 年第 4 期。

戴维·基德：《宫廷肖像画中的规范和现实主义——一幅杰出的十七世纪中国肖像画》，赵世瑜节译，《清史研究通讯》1984 年第 3 期。

谢正光：《新君旧主与遗臣——读木陈道忞〈北游集〉》，《中国社会科学》2009 年第 3 期。

李文益：《清代"哈哈珠子"考释——兼论满文"haha juse"与"haha jui"的翻译》，《清史研究》2016 年第 1 期。

鲁琪、刘精义：《清代太监恩济庄茔地》，《故宫博物院院刊》1979 年第 3 期。

常建华：《雍正帝打击太监魏珠原因新探——魏珠其人其事考》，《清史研究》2013 年第 3 期。

张建：《内监梁九功与康雍之际的储位斗争》，"国际满学青年学者论坛"论文，吉林师范大学，2015 年。